普通高等教育创新型人才培养规划教材

大学生健康教育

栗庆山　高春梅　主编

北京航空航天大学出版社

内 容 简 介

《大学生健康教育》是根据教育部、卫生部有关文件精神组织编写的。

全书包括绪论、人体结构与生理、生命活动的基本特征、健康体检、青年期的生理与心理特征、大学生心理健康、性的卫生知识、生活方式与健康、环境与健康、毒品与禁毒、传染病概论、常见传染病的防治、流行性感冒、结核病、性传播疾病、艾滋病、学校突发公共卫生事件防控、药物的基本知识、常见病的防治、急救医学基础知识、献血卫生知识。

本书系统完整，适合大学生群体特点，符合时代要求，既可作为健康教育读本，也可作为大学生公共基础课教材。

图书在版编目(CIP)数据

大学生健康教育 / 栗庆山主编. -- 北京 ：北京航空航天大学出版社，2017.8

ISBN 978-7-5124-2465-4

Ⅰ. ①大… Ⅱ. ①栗… Ⅲ. ①大学生—健康教育—高等学校—教材 Ⅳ. ①G647.9

中国版本图书馆 CIP 数据核字(2017)第 162277 号

大学生健康教育

栗庆山　高春梅　主编

责任编辑　蔡　喆　曲　岩

*

北京航空航天大学出版社出版发行

北京市海淀区学院路 37 号(邮编 100191)　http://www.buaapress.com.cn

发行部电话:(010)82317024　传真:(010)82328026

读者信箱: goodtextbook@126.com　邮购电话:(010)82316936

北京九州迅驰传媒文化有限公司印装　各地书店经销

*

开本:710×1 000　1/16　印张:18.75　字数:422 千字

2017 年 8 月第 1 版　2024 年 8 月第 10 次印刷　印数:21 851～22 170 册

ISBN 978-7-5124-2465-4　定价:45.00 元

《大学生健康教育》
编 委 会

主　编　栗庆山　高春梅

副主编　景中军　梁绪玲　马欲晓　李海燕
王鲁奎　明国林　孙宪丽　吴　芸
王晓雯　韩　宁

编　写　栗庆山　高春梅　景中军　梁绪玲
马欲晓　李海燕　王鲁奎　明国林
孙宪丽　吴　芸　王晓雯　韩　宁

前　言

身心健康是所有人共同追求的目标，社会进步促进了人类健康的发展。但随着科学技术发展，自然环境和社会环境发生了改变，影响人类健康的因素也在发生改变。

影响人类健康的因素是综合的，包括生物学因素、心理因素、环境因素和社会因素。尤为突出的是社会发展带来了新的问题，如某些传染病发病率居高不下，新发传染病流行对人群的侵袭；生活水平提高后的膳食结构改变、酗酒和药物滥用对身体的危害；人口密度增加、人口老龄化、文化多元化和社会竞争压力加大导致的心理问题；资源紧张、环境污染对生存条件的威胁等。这些新的因素都会给人类健康带来严重影响。

如何消除危险因素，维持和促进人群的健康，既关系到人类的健康繁衍，又影响到社会的发展。流行病学证明，广泛开展健康教育，是促进人类健康的重要措施之一。

高校在校生来源复杂，群体密集，流动性较强，免疫水平参差不齐，是突发公共卫生事件的易发群体。另外，在校生的主体正处在青春发育后期，身体和心理不成熟，面临着学习、择业和考研压力，身心健康状况不容乐观。近二十多年来，发生在大学生群体中的各类事件，引起了全社会的高度关注。因此，在高校学生中系统地开展健康教育意义非凡，这有助于他们树立现代健康意识，培养良好的生活习惯，自觉避免危险因素的干扰，维持健全的身心状态。

根据《国家中长期教育改革和发展规划纲要》（2010—2020年）和教育部《学校卫生工作条例》有关文件精神，我们在认真总结十多年健康教育教学经验的基础上编写了本书，以期更好地开展大学生健康教育。在编写过程中，我们查阅了大量资料文献，认真听取了有关专家的意见和建议，反复论证本书内容，力争突出其实用性和时代特点。

本书侧重了健康新概念、良好生活习惯培养、心理健康与疾病、传染病的防治和常见病的自我保健等内容的编写。同时对当今社会出现的新问题，如结核病、艾滋病和吸毒等对青少年身心的危害进行了探讨。本书系统完整，通俗易懂，科普性强，可作为参考书使用。

在本书的编写过程中，得到了有关领导和部门的大力支持，在此表示衷心感谢！尽管我们精心努力，但不足之处在所难免，竭诚欢迎广大读者给予指正。

栗庆山　高春梅

2017年7月

目　录

第一章 绪 论

第一节 健康的概念和内容

一、健康的概念

“健康”一词的原始意思是强壮、结实和完整。随着社会的进步和科学技术的发展，人类对自身的认识也逐步深入。世界各国的医学家们发现，人类的疾病谱、死亡谱与半个世纪以前相比，已经发生了根本的变化。传染病发病率、死亡率明显下降，一些非传染性慢性疾病如心血管疾病、脑血管疾病、精神病、肿瘤等，逐渐成为威胁人类健康和生命的主要疾病。同时发现这些疾病的发病率、死亡率与个体的心理、行为、社会因素、生活方式关系密切。这种新情况的出现，使传统的医学模式遇到了挑战，因而，健康的概念也进一步深化。

1978年世界卫生组织(WHO)将健康定义为：健康不仅是没有疾病和衰弱现象，而是一种躯体上、精神上和社会上的完满状态。世界卫生组织所提倡的身体、心理和环境适应三位一体的模式，深化了健康的概念，揭示了健康概念的精髓。完全符合现代医学模式，即生物—心理—社会的医学模式，因此是确切的定义。

二、健康的内容

根据健康的定义，健康的内容应包括躯体健康、心理健康和良好的社会适应能力。可大体分为生理健康和心理健康两大部分。

（一）生理健康

单纯从生理学上谈健康，首先是人的发育正常，所有脏器没有缺陷；体重要适当，身材均匀，站立时头、肩、臂的位置协调；反应灵敏，眼睛明亮，眼睑不发炎，牙齿清洁无空洞，无痛感，无出血现象，齿龈颜色正常；头发光泽无头屑；肌肉和皮肤有弹性，走路轻松匀称。只有生理上健康才能增强对各种疾病的抵抗力，而生理学上的健康与心理学上的健康是相互依存的。例如患脑血管疾病后，影响了记忆力，智力活动下降，脑动脉硬化后，脑功能改变而使心理行为出现异常反应。心理上的变化也会引起一系列生理上的变化，强烈刺激、持久的情绪低落会引起器官病变或功能失调，造成生理方面的疾病。

（二）心理健康

心理健康与生理健康一样，是健康不可分割的部分。对心理状况的划分通常用“常态”和“变态”或“正常”与“异常”来表示。其界限是相对的，要达到心理健康大体上应满足以下三个方面。

(1) 心理与环境相统一。每一个体的意识水平、思维方式必须顺应整个社会环境，与社会发展趋势相一致。

(2) 心理与行为相统一。行为是心理活动的表现，正常的心理表现为正常的行为，要做到心一言一行一致。

(3) 人格具有稳定性。在个性、道德培养方面，要做到高尚、独立、不随意模仿，逐步形成一种符合自身条件的人格特性。

第二节 影响健康的因素

人的身心发育过程是机体不断适应外界环境的过程，既是机体和外界环境矛盾统一的过程，也是遗传性和适应性矛盾统一的过程。影响人体健康的因素归纳起来主要有以下几方面。

一、遗传因素

在个体的生长发育过程中，遗传因素起着决定性的作用，它是构成机体潜在特征的要素，个体的体型、长相、性格和气质等，都会受到其父母遗传起因的影响，这其中也包括某些遗传性疾病的影响，如色盲、精神病等。但遗传程度又受后天环境的影响，如子女的身高在良好的物质生活条件下都会超过父母的平均水平。这种后天获得的优良体质和体格特征继续若干年后，都能遗传给下一代。因此，在人一生中注意卫生保健，养成健康的行为和生活方式，提倡科学健身、科学婚姻及优生优育，都会促进遗传变异向良好方面进化。

二、环境因素

环境对人类健康影响极大，几乎所有影响人类健康的因素都与环境有直接关系。根据人类所处的环境可分为自然环境和社会环境两大方面。

(一) 自然环境

自然环境包括阳光、空气、水、土壤、气候，以及各种物理、化学和生物等因素，是人类赖以生存和发展的物质基础，是人类健康的根本。人类与自然环境之间是相互依存、相互影响的。保持自然环境与人类的和谐，对维护、促进健康有着十分重要的意义。众所周知，有益于健康的居住环境比有效的医疗服务更能促进健康。在优美适宜的环境中能使人的心情舒畅，内分泌协调，精力充沛，对青少年儿童的身心成长健康更为重要。但当外界环境受到污染或气候突然变化，环境刺激超过机体的适应能力时，机体与外界环境之间的平衡被破坏，人体健康就会受到影响，出现病理状态。因此，各级行政部门和学校要高度重视校园环境的规划和建设，积极创造良好的校园环境条件，促使学生身心健康。

(二)社会环境

每一个个体时刻都与社会的组织结构和意识结构发生联系。社会组织结构是指家庭、单位、医疗保健设施和其他社会团体。社会意识结构是指信仰、道德观念、风俗习惯、文化生活以及政策法令等。这两类社会因素都可能成为影响人体健康的因素。家庭是人类物质和精神生活的结合体,对青少年身心健康成长起决定性作用。

三、心理因素

人类有着非常复杂的内心世界,既有生理、生化等物质活动,又有情绪、思维、意志等心理活动,因此人的身心健康不仅受生理因素影响,也受心理因素制约。现代医学临床实践和科学研究证明,消极的情绪,如焦虑、怨恨、忧郁、悲伤、恐惧、惊慌、紧张、愤怒等,可以引起人体各系统功能失调,导致失眠、心动过速、血压升高、食欲减退、尿急、腹泻、月经失调等。相反,积极的、稳定的心理状态是保持和增进健康的必要条件,同时也能经得起成功和挫折的考验。

四、行为和生活方式

行为是人类为生存和种族延续所进行的一切活动的总称,包括人的一些本能性活动和高级的社会活动。行为是影响健康的重要因素,几乎所有影响健康的因素都与行为有关。

生活方式是社会及其组成人群中占优势的行为模式。是人们长期受一定民族、文化、经济、习俗、规范以及家庭影响而形成的一系列生活意识、生活习惯和生活制度。在现代社会,人们越来越清楚地认识到,不良的生活方式是影响人类健康的重要因素。世界卫生组织曾经对发达国家疾病谱和死因谱的变化进行过详细的调查,认为 20 世纪 70 年代以后,心脑血管病、恶性肿瘤与人们滥用酒精、药物,过度饮食,缺乏体育锻炼料,吸烟等不良行为有关。

五、保健服务因素

一是医疗保健服务,如提供较好的医疗保健设施,能及时诊治危害健康的疾病;二是卫生保健服务,能及时得到卫生保健指导和帮助,以及预防疾病的发生、发展和促进健康;三是自我保健服务,每个人都能得到自我保健教育,培养自我保健意识和能力,懂得如何保持和增进健康,如何对待“异常”,并能及时进行自我诊治和寻求医疗保健帮助。医疗和卫生保健服务是健康的重要基础,而自我保健是医疗卫生保健服务措施真正落实到每个具体的人的重要前提,是实现健康的重要保证。

六、体育锻炼

科学的体育锻炼不但能够增强人体各系统器官的功能,提高大脑皮层及神经系统的协调指挥能力,全面促进机体的新陈代谢和体格的正常发育,而且还能促进机体的生理、心理及免疫等产生一系列良好的变化。经常性的体育锻炼,可提高神经活动过程的强度、平衡性和灵活性，使人的感知力、记忆力、想象力和观察力得到提高，对事物的认识反应迅速、思维敏捷、精力充沛、注意力集中；还可以陶冶情操，锻炼思维，培养顽强、果断的意志，增强集体观念，使人们达到身心健康的目的。

第三节　健康教育

一、健康教育的概念

世界卫生组织召开的第35届世界卫生大会指出，健康教育是帮助并鼓励人们建立达到健康状态的愿望，知道怎样才能实现健康的目的。每个社会成员都应尽力做好自身和集体应做的努力，并在必要时寻求适当的帮助。健康教育通过有计划、有组织、有系统的教育活动，传播有关健康的知识，促使人们自愿采用有利于健康的行为，消除或降低危险因素对健康的影响，从而提高生活质量和生命质量。健康教育和卫生宣传的根本区别在于后者仅仅着眼于卫生知识的传播，而前者则在传播卫生知识的同时，强化了行为意识和干预措施的落实。

健康教育是健康与教育的有机结合，其核心问题是积极教育人们树立正确的健康观，养成良好的行为和生活方式，促使个体和群体改变不健康的行为和生活方式，增强自我保健和群体保健的意识和能力，创造一种全民族乃至世界范围的卫生意识。通过健康教育帮助人们了解哪些行为是正确的、健康的，哪些行为是不正确的、危害健康的，使其自觉地选择有益于健康的行为和生活方式。健康教育提供人们改变行为所必需的知识、技能与服务，并促使人们合理地利用这些服务（如免疫接种和定期体检等），达到预防疾病、治疗疾病和促进康复的目的。

健康教育不仅是一种教育活动，而且是有计划、有组织、有系统的一种社会活动。在健康教育中，行为与生活方式的改变不应视为个人孤立的行动，而是受文化背景、社会关系、社会经济状况及个性等因素的影响。在生活方式中，各种行为之间是相互作用、相互影响的，如吸烟、喝酒、酒后驾车等。更多的行为还涉及生活状况，如居住条件、饮食、娱乐、工作状况等。同时，当个人做出有关健康行为决定时，往往受到个人无法控制的因素的制约，如工作条件、市场供应、教育水平、经济和环境状况、社会规范和社会习惯等。作为个人应该积极地接受健康教育并掌握有关健康的知识、信息，自觉地改变不利于健康的诸多因素，养成良好的健康行为和生活方式，提高生活质量。

二、健康教育的目标

学校健康教育的目标是指在学校这一特殊的时空范围内，健康教育应达到的期望要求和标准。它既是学校健康决策和管理的出发点，又是学校健康教育工作应达到的落脚点。

国家教委于1993年1月18日颁发《大学生健康教育基本要求（试行）》，作为高等学校对大学生开展健康教育的指导法规，其中明确指出我国高等学校健康教育的总目标是：健康教育是以传授健康知识，建立卫生行为，改善环境为核心内容的教育。高等学校的健康教育，以处于青春发育后期的大学生为主要对象，应有计划、有目标、有评价地进行，其中总目标包括两个方面。一是增进大学生的卫生知识，使其进一步了解健康的价值和意义，增强维护自身健康的责任感和自觉性，提高自我保健和预防疾病的能力；二是帮助大学生自觉选择健康的行为和生活方式，消除或减少危险因素的影响，从而促进身心健康，提高生活质量。

三、健康教育的要求

（1）帮助大学生树立现代的健康意识，使他们真正认识到健康不仅是躯体无病，体格健壮，还应有良好的心理素质和社会适应能力。

（2）使大学生掌握必要的卫生防病知识和急救知识，养成用脑卫生、用眼卫生、起居卫生、运动卫生、环境卫生、心理卫生、性卫生、营养和饮食卫生等良好的习惯，并促进他们身体力行，以增进自我保健能力。

（3）使大学生认识到不健康的行为和生活方式（最突出的是吸烟、酗酒、膳食结构不合理、缺少体育运动和心理应激）给自身健康带来的危害，帮助他们改变不健康行为和不良生活方式。

（4）使大学生强烈地认识到健康是当代成才的重要素质，并进一步认识到增进健康是历史赋予大学生的使命，而这不仅是对自己负责，也是对社会负责，从而增强他们维护健康的责任感和自觉性。

（5）针对大学生健康方面存在的问题进行教育，并从大学生卫生知识的掌握、良好卫生习惯和生活方式的形成以及体质健康状况的改善等方面来检验健康教育的效果。不断充实教育内容，改进教育方法，总结和交流教育经验，探索具有中国特色的大学生健康教育模式和体系。

四、健康教育的内容

大学生健康教育的内容包括健康及健康教育、大学生身心发育和疾病特征、心理卫生、学习卫生和起居卫生、饮食与营养、运动卫生、行为环境与健康、性生理与卫生、传染病、各科常见病、急症自救与互救和用药知识等 12 部分的内容，可概括为以下三个方面。

（一）躯体健康

主要包括防治躯体疾病、改进卫生习惯、增进大学生躯体健康的教育。如通过传染病防治知识的教育，帮助大学生改进卫生习惯，减少传染病在学生中的发生和传播；通过合理饮食、注意营养卫生的教育，减少大学生中维生素缺乏症、贫血等营养性疾病的发生率。通过大学生躯体健康教育，增进大学生的自我保健意识，防止和减少常见病、多发病的发病率。

（二）心理健康

主要是向大学生及时传授维护心理健康的知识和技巧，帮助他们掌握和建立各种积极、合理和有效的心理防御机制，在遭受挫折、心理失衡时，能合理地宣泄情感，调节情绪，调整心理状态；指导、帮助大学生提高社会适应力，提高生活技能，增进自我了解，建立良好的人际关系；培养良好的心理素质，及时防治心理障碍和心理疾病，提高心理健康水平。

（三）行为健康

良好的行为习惯和生活方式是维护身心健康的重要保证。在大学生中开展行为健康教育的重点在于指导大学生养成良好的行为习惯，以减少各种身心疾病的发生。如通过戒烟教育，帮助大学生戒除吸烟的不良行为习惯，消除或降低主动或被动吸烟对大学生健康的危害。

第二章 人体结构和生理

人体的结构和功能十分复杂，其基本的结构和功能单位是细胞。人体内细胞的形态和功能是多种多样的。许多形态相似、功能相近的细胞聚集在一起，构成组织。人体的组织有四大类，即上皮组织、结缔组织、肌组织和神经组织。几种不同的组织构成具有一定形态、完成一定功能的器官，如心、肝、肺、肾等。许多功能相关的器官连接在一起，完成某一方面的功能，构成系统，如运动系统、消化系统、呼吸系统等。各个系统在神经体液调节下，相互联系、紧密配合，共同构成了一个完整统一的人体。

第一节 基本组织

一、上皮组织

上皮组织简称上皮。上皮组织的结构特点是细胞多、排列紧密、细胞间质很少。

（一）单层扁平上皮

细胞呈扁平形，细胞核扁圆，位于细胞的中央。从游离上看，细胞为不规则的多边形；在垂直切面上，细胞为梭形(图 2－1)。

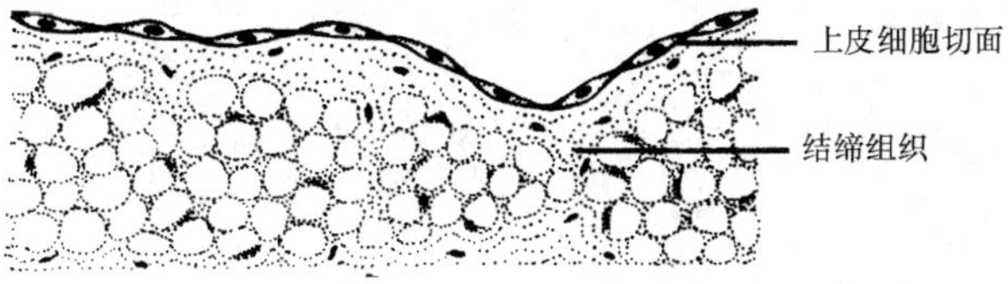

图 2－1 单层扁平上皮

单层扁平上皮分布于血管、腹膜、肺泡及肾小囊等处，其游离面光滑而湿润，可减少器官活动的摩擦。

（二）单层立方上皮

细胞呈立方形，细胞核为球形，位于细胞的中央(图 2－2)。单层立方上皮分布于小叶间胆管及肾小管等处。

（三）单层柱状上皮

细胞呈棱柱状，细胞核为椭圆形，多位于细胞的基底部(图 2－3)。单层柱状上皮分布于胃、肠等处的内面，具有保护和吸收等功能。

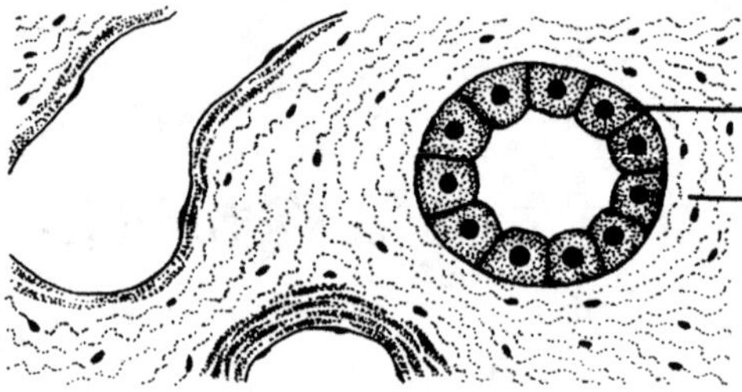

图 2-2　单层立方上皮

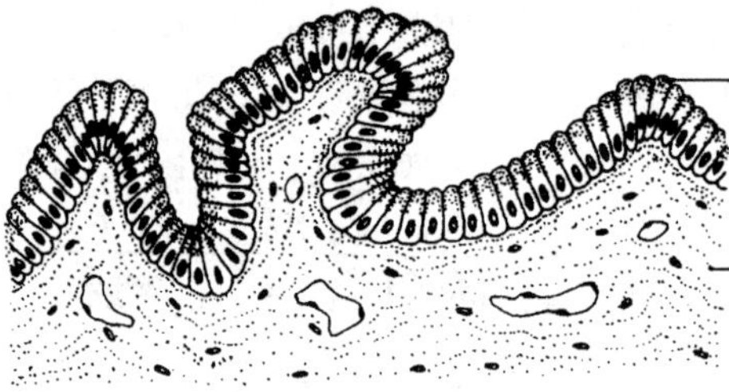

图 2-3　单层柱状上皮

（四）假复层纤毛柱状上皮

由柱状细胞、梭形细胞及椎体形细胞等构成，其游离面有纤毛（图 2-4）。假复层纤毛柱状上皮主要分布于呼吸道的内面，具有保护功能。

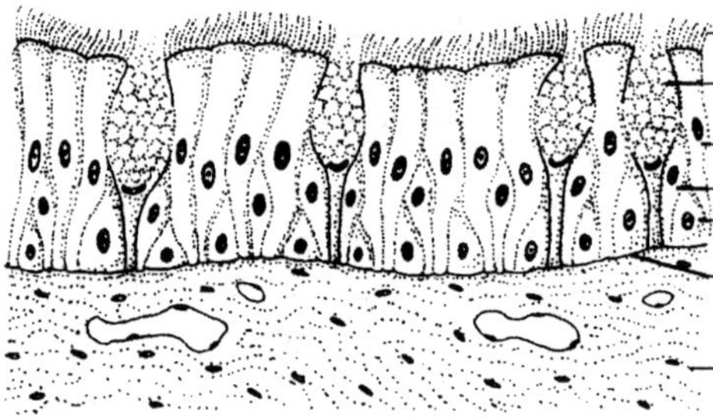

图 2-4　假复层纤毛柱状上皮

（五）复层扁平上皮

也称复层鳞状上皮，由多层细胞构成（图 2-5）。复层扁平上皮主要分布于皮肤的表层，以及口腔、食管、肛门和阴道的内面，具有保护功能。

（六）变移上皮

由多层细胞构成，分布于输尿管和膀胱等处的内面，由于上皮细胞的层数及形态可随所在器官的容积变化而发生相应的改变，故称为变移上皮（图 2-6）。变移上皮有保护功能。

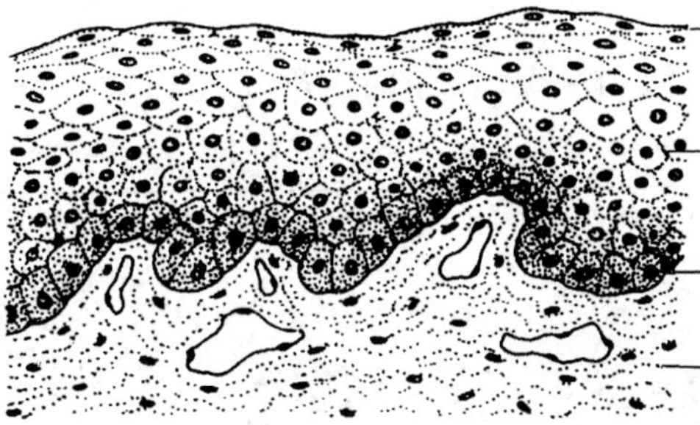

图 2－5 复层扁平上皮

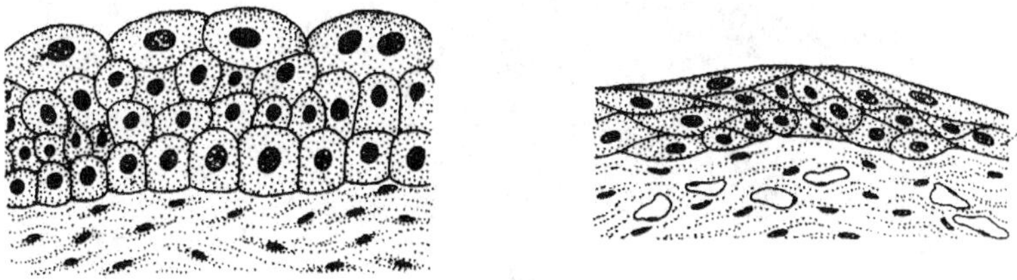

(a) 膀胱空虚时

(b) 膀胱充盈时

图 2－6 变移上皮

二、结缔组织

结缔组织由细胞和大量细胞间质构成。其结构特点是细胞种类多、数量少，分布稀疏；细胞间质多，有基质和纤维两种成分。

（一）疏松结缔组织

疏松结缔组织又称蜂窝组织，细胞种类较多，细胞间质中的纤维排列散乱、疏松，基质丰富（图 2－7）。疏松结缔组织广泛地存在人体的组织、器官之间，并进入器官内，构成器官的组成成分。疏松结缔组织具有连接、支持、营养、防御和修复等功能。

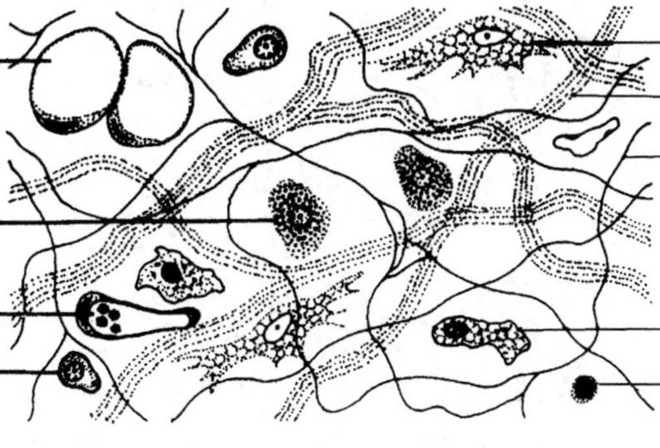

图 2－7 疏松结缔组织铺片

（二）致密结缔组织

致密结缔组织的结构与疏松结缔组织近似，二者的主要区别是：致密结缔组织的细胞种类很少，主要有成纤维细胞；细胞间质中的基质很少；胶原纤维数量很多，外形粗大，排列致密（图 2－8）。致密结缔组织分布于腱、韧带、皮肤的真皮及器官的被膜等处，具有连接、支持和保护等功能。

图 2－8　致密结缔组织

（三）脂肪组织

脂肪组织主要由大量脂肪细胞构成，并被疏松结缔组织分隔成许多脂肪小叶（图 2－9）。脂肪组织主要分布于浅筋膜、网膜及肠系膜等处，具有贮存脂肪、缓冲机械性压力、阻止体内热量散发，以及参与脂肪代谢等功能。

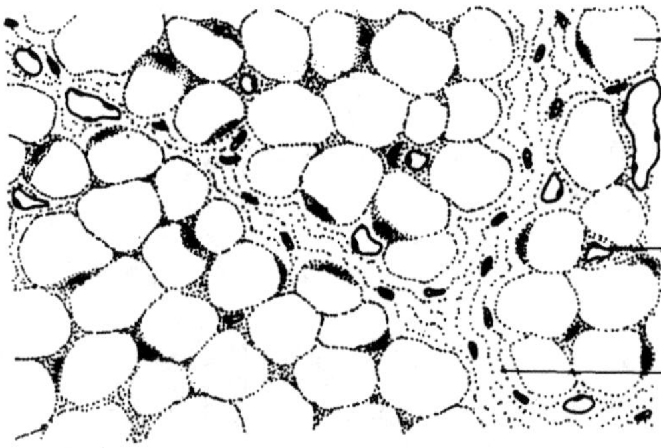

图 2－9　脂肪组织

（四）网状组织

网状组织主要由网状细胞和网状纤维构成。网状细胞为一种星形多突的细胞，相邻网状细胞的突起彼此连接成网，网状纤维沿网状细胞分布（图 2－10）。网状组织主要分布于骨髓、淋巴结、脾和淋巴组织等处，参与构成这些器官的支架。

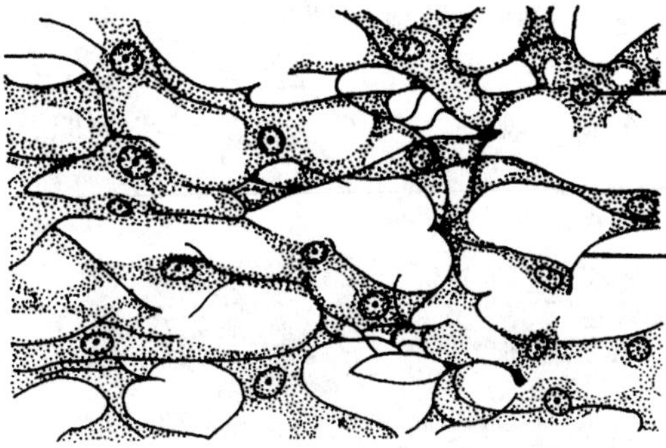

图 2-10 网状组织

三、肌组织

肌组织主要由肌细胞构成。肌细胞之间有少量结缔组织、血管、淋巴管及神经等。肌细胞细长，呈纤维状，因此又称肌纤维，肌纤维具有收缩性。肌纤维的细胞膜称为肌膜，细胞质称为肌浆，肌浆内有许多丝状的肌原纤维，肌纤维的收缩性，是由肌原纤维来实现的。

（一）平滑肌

平滑肌主要由平滑肌纤维构成，分布于内脏及血管等处，它收缩缓慢而持久，不受意识支配，是不随意肌。

平滑肌纤维是一种长梭形的细胞，长短不一，每条平滑肌纤维有一个细胞核，核形椭圆，位于细胞的中央（图 2－11）。

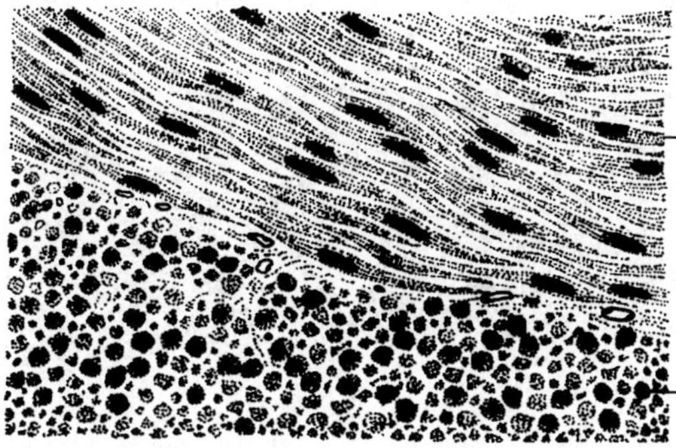

图 2-11 平滑肌

平滑肌纤维多呈层排列，但相邻肌层内平滑肌纤维的排列方向不同，在同一层内，相邻的平滑肌纤维彼此平行排列，互相嵌合，肌纤维之间有少量结缔组织起连接作用。

（二）骨骼肌

骨骼肌主要由骨骼肌纤维构成，主要分布于躯干、头部和四肢，它收缩迅速而有力，一般受意识支配，是随意肌。

骨骼肌纤维呈细长的圆柱状，细胞核呈扁椭圆形，数量较多，紧靠肌膜的深面。细胞质内含有大量与肌纤维长轴平行的肌原纤维。在肌原纤维内有色浅的明带和色深的暗带，明带和暗带交替排列。在同一肌纤维中，所有肌原纤维的明带和暗带，都互相对齐，位于同一平面上，因而肌纤维呈现出明暗相同的横纹（图 2－12）。

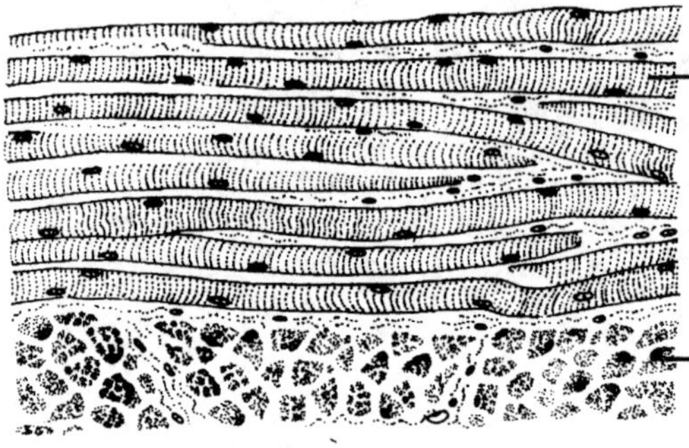

图 2－12　骨骼肌

（三）心　肌

心肌主要由心肌纤维构成，分布于心壁等处，心肌能发生节律性收缩，但不受意识支配，是不随意肌。心肌纤维具有以下结构特点。

（1）心肌纤维呈短圆柱状，有分支，与相邻心肌纤维连接成网，因此，心肌可同时收缩；心肌纤维也有横纹，但不如骨骼肌纤维的明显；一般有一个椭圆形的细胞核，位于心肌纤维的中央（图 2－13）。

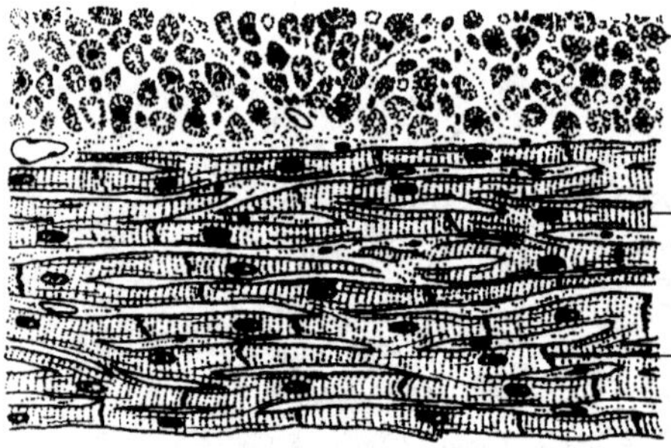

图 2－13　心　肌

（2）心肌纤维的互相连接处，有一条染色较深的带状结构，电镜观察，闰盘处有中间连接和缝隙连接。所以，闰盘不仅连接相邻的心肌纤维，还可允许离子及小分子物质通过，使许多相连的心肌纤维在功能上成为一个整体。

四、神经组织

神经组织由神经细胞及神经胶质细胞构成。神经细胞又称神经元，能感受刺激，传导冲动。神经胶质细胞有支持、营养和保护等功能。

（一）神经元

神经元的形态多样，但都有突起，所以神经元分胞体及突起两部分（图2－14）。

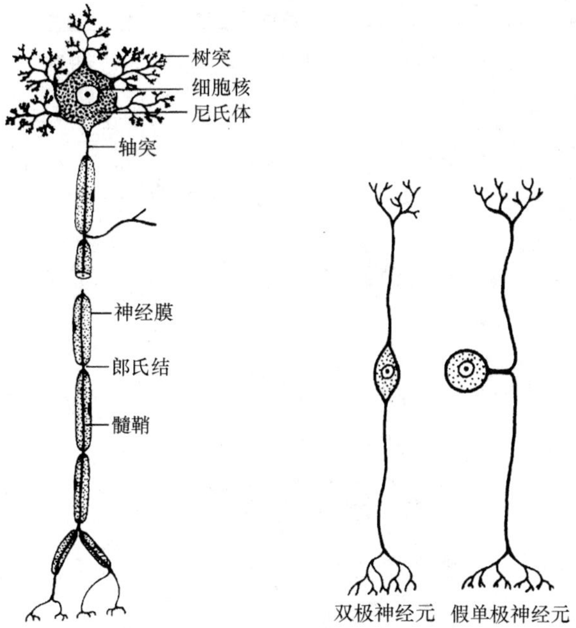

图 2－14　神经元模式图

（1）胞体。神经元的胞体形态不一，有圆形、梭形、星形和锥体形等。细胞核较大呈圆形，染色淡，位于细胞的中央。

（2）突起。由神经元的细胞膜和细胞质突出形成。神经元的突起分树突和轴突两种。

（二）神经胶质细胞

神经胶质细胞散布于神经元之间，种类较多，分为中枢和周围两种（图 2－15）。

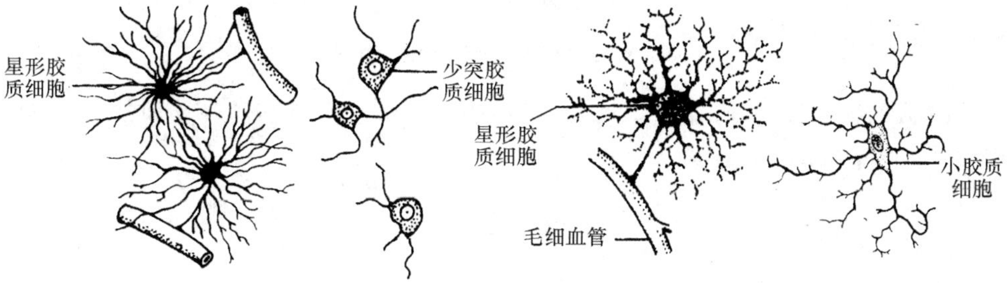

图 2－15　神经胶质细胞

中枢神经系统中的神经胶质细胞是一类有突起的细胞，但它们的突起没有传导神经冲动的功能。中枢神经系统中的神经胶质细胞主要有三种类型：

(1) 星形胶质细胞,它有许多突起与毛细血管相接触,在神经元的物质交换中起媒介作用;

(2) 少突胶质细胞,形成中枢神经系统内神经纤维的髓鞘;

(3) 小胶质细胞,来源于血液中的单核细胞,具有吞噬功能。

周围神经系统中的神经胶质细胞称为施万(Schwann)细胞,它沿神经元的突起分布,并与突起共同形成神经纤维。

第二节　运动系统

运动系统由骨、骨连结和骨骼肌组成。骨通过骨连结互相连结在一起,组成骨骼(图 2-16)。

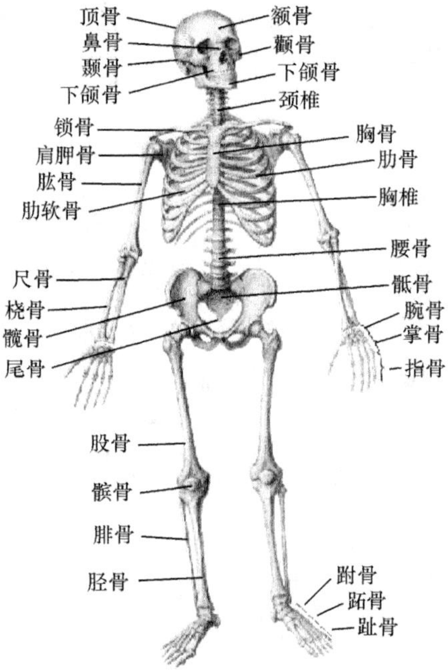

图 2-16　人体全身的骨骼(前面)

骨骼肌附着于骨上,收缩时牵动骨骼,产生各种运动。骨骼和骨骼肌构成了人体的支架,并赋予人体基本形态。

一、骨与骨连结

(一) 骨的形态与功能

1. 骨的形态

骨的形态、大小多种多样,根据其形态可分为四类:长骨、短骨、扁骨和不规则骨。长骨呈长管状,主要分布在四肢,它可分为中间的体(骨干)和两端的骺。长骨在运动中起杠杆作用。短骨一般是立方形，多位于小幅度复杂运动的部位，如腕部和足部。扁骨呈板状，常围成骨性腔的壁，支持和保护腔内的器官，如颅顶骨。不规则骨形状多样，如椎骨。

2. 骨的构造

骨是由骨质、骨膜、骨髓和神经、血管等组成（图 2－17）。骨质是骨的主要部分，表现为密质和松质两种形成，密质坚硬、抗压、抗扭曲，构成长骨干和其他类型骨及骺的外层；松质由许多整齐的纵横排列片状的骨小梁交织排列而成呈蜂窝状，分布于骨骺和短骨、扁骨内部，也有抗压、抗扭曲作用。

骨髓充填于骨髓腔和骨松质间隙内，分红骨髓和黄骨髓。红骨髓有造血功能，在胎儿和幼儿时期，所有骨髓腔内全是红骨髓。成人后骨髓腔内的红骨髓逐渐为脂肪所代替，成为黄骨髓。而扁骨和不规则骨终生都有保持造血功能的红骨髓。

骨膜是一层纤维结缔组织膜，紧贴于除关节面以外的骨表面。骨膜含有丰富的血管、神经和成骨细胞，对骨的营养、生长、修复有重要意义。如果剥离骨膜，骨就易于坏死，并不能修复。

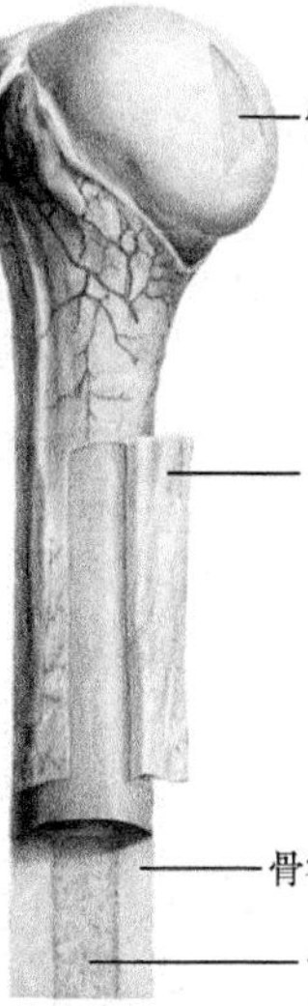

图 2－17 骨的构造

3. 骨的理化特性

成年人的骨由 1/3 的有机质和 2/3 的无机质（主要是磷酸钙）组成，有机质与无机质的结合，使骨既坚硬又有一定的弹性。幼儿的骨内有机质相对多些，易变形，但不易发生完全性骨折。老年人的骨内无机质相对较多，较脆，稍受暴力即易骨折。外界生活环境对骨的形态，结构也有不可忽视的影响，例如经常体力劳动或体育锻炼，能使骨变得粗壮，长期卧床和瘫痪的病人，骨质变得疏松。长期不正确的坐立姿势，可引起脊柱和胸廓的变形。

（二）骨连结的结构与功能

骨与骨之间的连结称为骨连结。按连结方式可将骨连结分为两大类，即直接连结和间接连结。直接连结是骨与骨之间由结缔组织膜（如颅顶骨间的缝）或软骨（如椎体之间的椎间盘）直接连结，其间无缝隙，不活动或仅有少许活动。间接连结（关节）是体内主要的骨连结方式，其特点是骨与骨之间有间隙，因而能作大幅度的活动。在运动中，关节如同枢纽，形成杠杆装置的支点，骨骼以关节为轴心，在肌肉牵拉下产生运动。

关节由关节面、关节囊、关节腔组成。关节面是相邻两骨的对应面，上面覆盖一层光滑的关节软骨，可以减少运动时的摩擦、震荡和冲击。关节囊由结缔组织构成，其两端附于关节面以外的骨面，关节囊内层为柔润的滑膜层，能分泌滑液。关节囊内两关节面之间密封的腔隙构成关节腔，内含少量滑液，润滑关节（图 2－18）。

关节在肌肉的牵引下，可以作屈、伸、内收、外展、旋转和环转等形式的运动，是生命

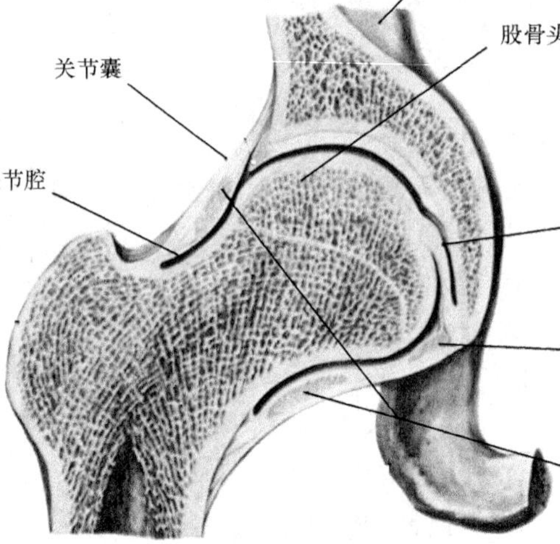

图 2－18　关节的构造

运动和活动的基础。

（三）骨骼的分部与组成

人体共有骨 206 块，按部位不同，可分为躯干骨、四肢骨和颅骨三部分。

1. 躯干骨及其连结

躯干骨由脊柱、肋骨和胸骨组成。脊柱是躯干背部中央的长形骨柱，它由 24 块椎骨（颈椎 7 块、胸椎 12 块、腰椎 5 块）和骶骨 1 块、尾骨 1 块所组成。脊柱是人体躯干的支架，上承头颅，下部与髋骨构成骨盆，将人体重力传给下肢，故椎体由上向下逐渐增大。脊柱从侧面观，可见呈颈、胸、腰、骶 4 个弯曲，使脊柱形似弹簧，可减少运动对脑的震动。

胸廓由脊柱胸部、12 对肋骨和 1 块胸骨围成，有上下两口。胸廓内有心、肺、纵膈等重要器官，起着支持和保护这些器官的作用，并参与呼吸运动。

2. 四肢骨及其连结

上肢骨每侧共 32 块，包括肩胛骨、锁骨各 1 块，肱骨 1 块，尺骨、桡骨各 1 块，腕骨 8 块，掌骨 5 块，指骨 14 块。下肢骨每侧共 31 块，包括髋骨 1 块，股骨 1 块，胫骨、腓骨各 1 块，髌骨 1 块，跗骨 7 块，跖骨 5 块，趾骨 14 块。

上肢骨形体轻巧，关节松弛，附属结构少，运动灵活。特别是手的骨骼形体小而数量多，结构复杂，有利于手的精细动作，拇指又能与其他四指作对掌运动，有利于使用工具。下肢适应于支持体重、行走和跳跃的功能，故骨骼较粗大，其关节由坚强的韧带加固，其稳固性大于灵活性。髋骨与骶骨、尾骨构成骨盆，它们之间几乎不能活动，以利于重力的传递，同时容纳并保护盆腔内脏器，如膀胱、直肠、子宫、卵巢等。足部的跗骨粗大，与小腿骨构成踝关节，结构牢固，足趾短小，使足底形成上凸的足弓，具有弹性，减少跳跃对躯体特别是大脑的冲击，并保护足底血管和神经。

3. 颅骨及其连接

颅由23块大小、形态不同的骨组成(3对听小骨未计在内)。除下颌骨及舌骨外,其余各骨借骨缝或软骨牢固相连。颅可分脑颅和面颅两部分。

脑颅位于颅的后上方,由额骨、顶骨、颞骨、枕骨和蝶骨等共同围成颅腔。颅腔的形态基本上与脑的形态相适应。颅后窝的枕骨大孔是脊髓与脑相连的孔道。

面颅各骨分别构成眶腔、鼻腔和口腔的骨性支架。鼻腔周围的颅骨(额骨、上颌骨、筛骨和蝶骨)内,有大小不等的含气腔称鼻旁窦,有调节鼻腔内空气的温度和湿度的功能。骨性口腔由上、下颌骨组成,不仅具有咀嚼功能,并参与发声和语言等活动。

二、骨骼肌

骨骼肌是运动系统的动力部分,在神经系统的支配下牵引所附着的骨,使关节产生运动。因全身骨骼肌数量大,各部肌肉活动复杂,因此本节只述其一般形态及功能。

肌肉的大小和形态是多种多样的,大致可分为长肌、短肌、阔肌和轮匝肌四种(图2-19)。长肌多分布在四肢,收缩时引起大幅度的运动。短肌多分布于躯干深部,收缩时只产生小幅度运动。阔肌扁而薄,多分布于胸、腹壁。轮匝肌由环形肌纤维组成,位于眼、口裂的周围,收缩运动可关闭孔裂。

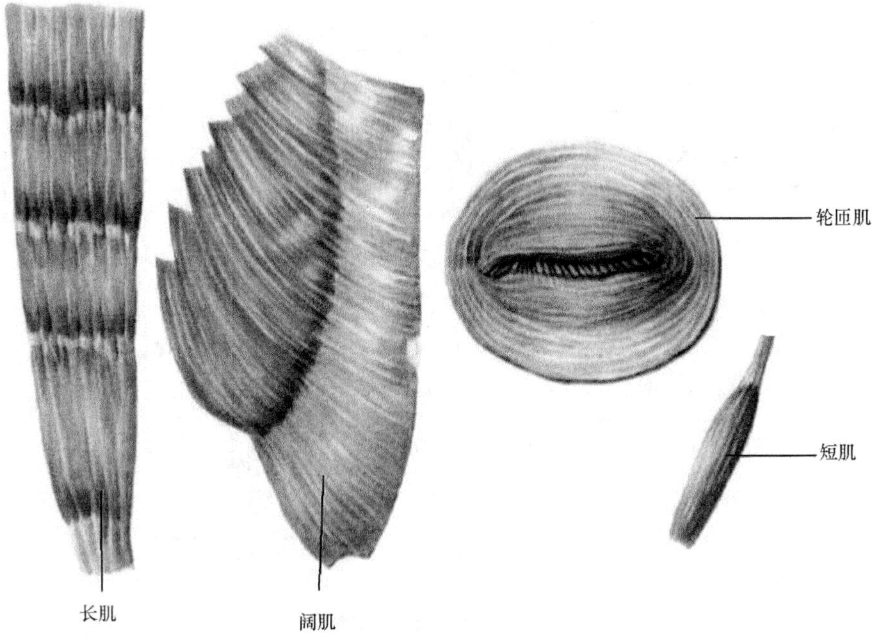

图2-19　肌肉的形态

每块肌肉分为肌腹和肌腱两部分。肌腹由骨骼肌纤维组成,有收缩能力。肌腹外包有结缔组织膜,进入肌腹内的纤维膜将其分割为较小的肌束。肌腱位于肌腹两端,主要由胶原纤维束构成,坚韧无收缩能力,是力的传递装置,肌肉一般以肌腱附着于骨骼上。

肌肉分布在关节周围,通常两端分别附着于两块或两块以上的骨面,中间跨过一个或多个关节。肌肉收缩时使两骨彼此靠近而运动。在日常生活中,任何一个动作均是由几组肌群共同完成的。

第三节 呼吸系统

机体各种生命活动及社会活动需要能量供应。能量来自体内物质的氧化,同时组织细胞在代谢过程中要产生代谢终产物二氧化碳。机体与外界环境之间的气体交换过程,称为呼吸。外界环境与血液在肺部进行的气体交换是通过呼吸系统来实现的。

呼吸系统由运送气体的呼吸道和进行气体交换的肺两部分组成(图 2-20)。呼吸道又包括鼻、咽、喉、气管和支气管等。有时常称鼻、咽和喉为上呼吸道,因此,当此部位有感染发生炎症时,习惯上称上呼吸道感染。气管以下部位为下呼吸道。

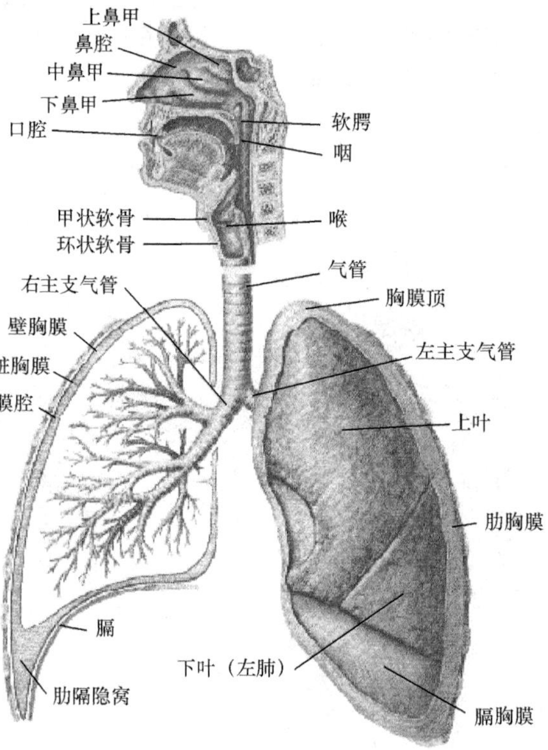

图 2-20 呼吸系统概观

一、呼吸道的结构和功能

(一) 鼻

包括外鼻、鼻腔和鼻窦。外鼻包括鼻根、鼻背、鼻尖、鼻翼和鼻孔。鼻腔为呼吸系统的门户，被鼻中隔分为两个鼻腔，每个鼻腔的外侧有上、中、下三个鼻甲，每个鼻甲下方为一个鼻道，即共有上、中、下三个鼻道。鼻腔内衬黏膜，其中有丰富的血管。鼻黏膜又有大量腺体，分泌黏液。因此，鼻腔可加温、湿润、过滤吸入的干燥、污浊的冷空气，对肺起保护作用。鼻腔前部叫鼻前庭，鼻前庭生有鼻毛，具有阻挡病菌、灰尘等异物进入鼻腔的作用。因此，我们应养成用鼻呼吸的良好习惯，不要拔去鼻毛，因为拔去鼻毛不仅失去阻拦异物的作用，还容易引起感染，并易通过血液引起颅内感染。

鼻窦与鼻腔相通。鼻窦有四个：上颌窦、额窦、筛窦和蝶窦，总称为副鼻窦或鼻旁窦。鼻窦是颅骨内含气的空腔，内有黏膜覆盖。故亦可加温空气，且在发音时起共鸣作用。如果炎症扩散到鼻窦，则引起鼻窦炎。

此外，鼻黏膜的上 1/3 含有大量嗅觉感受器，可辨别气味，因此鼻又是嗅觉器官。

（二）咽和喉

进食时，食物由口腔经咽进入食管；呼吸时，气体由鼻经咽进入喉，再进入气管。

喉位于颈前部，上接咽，下通气管，由甲状软骨、环状软骨、会厌软骨、杓状软骨、韧带及喉肌组成。喉腔内有声带和声门，是发音的部位。如果声带发炎水肿，可引起声音嘶哑；如果喉部有炎症水肿，可造成呼吸困难甚至窒息。

（三）气管和支气管

气管是喉的环状软骨以下的管道，长约 12 cm。气管壁内有 C 形软骨环，使气管具有弹性。气管在胸骨角水平分为左、右两支气管。左右支气管夹角为 70°，右支气管粗短，近于垂直；左支气管细长，趋于水平。所以落入气管的异物多在右支气管内。支气管入两肺后，反复分支，愈分愈细，呈树枝状。气管和支气管内黏膜层为柱状纤毛上皮，在正常情况下，纤毛不断向咽部摆动，以排除异物及痰液。

二、肺的结构和功能

（一）肺的结构

肺位于胸腔内，左、右两肺分居纵膈两侧、膈以上。两肺各分肺尖、肺底和两个侧面。外侧面（肋面）呈凸形，在内侧面支气管、血管和肺进出的地方，叫做肺门。右肺分上、中、下三叶，左肺分上、下两叶。每个肺叶又分成几个肺段。每个肺段由许多小叶构成。每一小叶有一细支气管，细支气管再分支，最后形成肺泡管。每一肺泡管又连着许多肺泡，很像葡萄。两侧肺泡总数约 7.5 亿个，如果展开，估计有 130 m^2，如此大的呼吸面积，为气体交换提供了非常广阔的场所，保证了机体对氧的摄取和对二氧化碳的排出。由于肺泡间的结缔组织中含有丰富的弹力纤维，使肺具有弹性，像海绵一样。

肺表面为胸膜脏层所覆盖，胸壁的内面衬有胸膜的壁层。胸膜的脏层和壁层相连续而围成一密闭的腔，叫做胸膜腔。左右胸膜腔不相通，内有少量浆液，可减少呼吸运动时的相互摩擦。

胸膜腔内的压力，在正常呼吸过程中总低于外界大气压，故为负压。负压使肺保持扩张状态。如果外伤或某些肺部疾病（如肺结核等），使胸膜破坏，胸膜腔与外界相通，使空气进入,胸膜腔负压消失,称之为气胸。气胸时,表现为呼吸困难和缺氧。严重时会引起肺萎缩导致窒息而死亡。

(二) 肺的生理功能

肺是进行气体交换的场所。肺本身自己不能扩张或收缩,肺的活动是靠胸廓的扩张和缩小,而胸廓的活动又靠呼吸肌的收缩舒张。因此,呼吸肌的收缩活动是呼吸运动的动力。

呼吸运动分为平静呼吸和用力呼吸。当平静吸气时,肋间外肌收缩,使肋骨和胸骨向上向外移动,胸廓前后径和横径增大;又因膈肌收缩下降,上下径也增加,这样使整个胸廓容积扩大,牵引肺脏扩张,使肺容积增大,肺内压低于外界大气压,气体由外界流入肺内,称为吸气。当平静呼气时,肋间外肌舒张,胸廓因本身弹性和重力关系恢复到原来位置;膈肌舒张而上升,使胸廓容积缩小,肺脏因本身弹性回缩而肺容积缩小,使肺内压高于外界大气压,气体由肺排出体外,称为呼气。因此平静呼吸时,吸气是主动的,呼气是被动的。但用力呼吸时,肋间内肌也收缩,因此吸气和呼气都是主动的。另外,在用力呼吸时,除肋间外肌、肋间内肌和膈肌收缩外,其他辅助肌如胸锁乳突肌、斜角肌、胸小肌腹壁肌等都有收缩活动而参与呼吸。

在临床上还将呼吸方式分为胸式呼吸和腹式呼吸。如果呼吸运动主要由肋间肌活动引起,胸壁的起落动作较明显,称为胸式呼吸。腹膜炎时,膈的活动减弱,病人往往表现为胸式呼吸。如果呼吸运动主要由于膈肌活动引起,腹壁的起落动作较明显,称为腹式呼吸。胸膜炎时,由于胸痛,往往病人表现为腹式呼吸。医生在做腹部检查时,嘱受检查者做腹式呼吸,目的是触摸肝脏。一般情况,人们都是胸腹混合式呼吸,女性以胸式呼吸为主,男性则相反。

呼吸肌是骨骼肌,无自动节律性。呼吸运动之所以能够自动和有节律地进行,是中枢神经系统调节的结果。在延髓有控制呼吸的吸气中枢和呼气中枢。当吸气中枢兴奋时,就引起吸气运动,吸气后肺脏扩大,肺感受器受到刺激,再把信息传到呼气中枢,就引起呼气运动。另外呼吸除了受延髓呼吸中枢直接控制外,也受大脑皮层的控制,我们可以随意吸气和呼气,因此可以讲话和唱歌。

肺所容纳的气体量称为肺容量。肺容量随呼吸深度的不同而变化。可以通过测定肺活量来了解肺通气功能的情况。在用力吸气后,再用力呼气,所能呼出的最大气体量为肺活量。正常成人的肺活量,男性平均为 3.5 L,女性平均为 2.5 L。肺活量大小随年龄、性别和健康情况而不同,青壮年比老年人大,男性比女性大,运动员比一般人大。

肺与外界环境间的气体交换,称为肺通气。肺与血液之间进行的气体交换,称为肺换气。在肺内,肺泡气的氧分压高于静脉氧分压,所以肺泡气中的氧就弥散到静脉血;相反,静脉血中二氧化碳的分压高于肺泡气中的二氧化碳分压,因而静脉血中的二氧化碳就弥散到肺泡中去。因此,血液流经肺后,变成了含氧量多而含二氧化碳量少的动脉血。肺泡内气体,由于与血液进行了气体交换,变成了含氧量少而含二氧化碳量多的肺泡气,再经过肺与外界气体交换,补充肺泡内的氧,排出过多的二氧化碳,完成换气。

第四节　消化系统

消化系统包括消化管和消化腺两大部分(图 2－21)。消化管分为口腔、咽、食管、胃、小肠、大肠和肛门等部分。消化腺有唾液腺、肝、胰腺及消化管壁内的小腺体。消化系统的功能是对食物进行消化和吸收。消化的方式包括机械性消化和化学性消化。消化管壁的平滑肌舒缩活动进行机械性消化,消化腺分泌的消化液进行化学性消化。另外,消化管壁黏膜层内还有内分泌细胞,分泌多种胃肠激素。

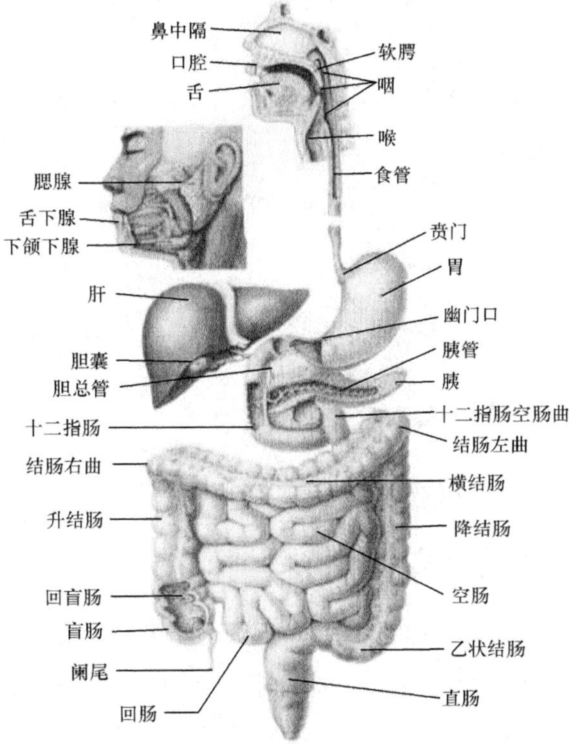

图 2－21　消化系统概况

一、消化管的一般结构

(一) 黏　膜

黏膜是进行消化和吸收的重要部分。黏膜向管腔内突出,形成环行或纵行的皱壁。黏膜内有腺体,分泌消化液中的黏液,帮助消化食物、湿润和保护管壁。

(二) 黏膜下层

黏膜下层为疏松结缔组织,可使黏膜有一定移动性。其内含有丰富的血管、淋巴管、淋巴组织、神经和黏膜下层腺体。

（三）肌　层

消化道的食管上部和肛门周围为骨骼肌，消化道的其余部分均为平滑肌。肌层排列成两层，内层为环行，外层为纵行。肌层收缩与舒张，产生消化道的蠕动。

（四）外　膜

外膜为薄层结缔组织，外膜表面覆盖一层间皮，则称浆膜，其表面光滑，可减少消化道蠕动时的摩擦（图 2－22）。

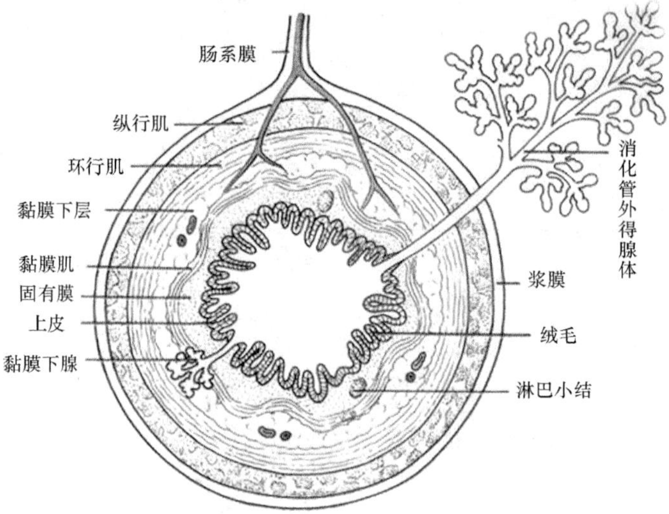

图 2－22　肠壁的一般构造模式图

二、食管的结构与功能

（一）食管的结构

食物从口腔进入胃所经过的管道，称为食管。其长约 25 cm，位于气管后面。食管自上而下有三个较狭窄的部位：第一个在食管起始部；第二个在食管的中段；第三个在食管的下段。如果吞咽下大而硬的东西（如骨、纽扣等），往往会梗塞在该三个狭窄的部位。此部位也是食管癌的好发部位。

食管的组织结构包括三层：内层（黏膜层）、中层（黏膜下层）和外层（肌层）。

（二）食管的生理功能

食管是食物由口腔进入胃的管道。食管肌层从上而下的收缩运动可帮助食物很快进入胃内。

三、胃的结构与功能

（一）胃的结构

胃呈袋状，位于上腹部，上接食管，下连十二指肠。胃分三部分：胃底、胃体和胃窦。

食管入口处称为贲门，进入十二指肠的出口处称为幽门。胃又分小弯和大弯。胃小弯和幽门部是胃溃疡病的好发部位。

胃壁有四层结构：内层是黏膜层，在黏膜层内有大量腺体，称为胃腺；胃腺分泌胃液，对食物进行化学性消化；第二层是黏膜下层，其中有丰富的血管和神经；第三层是肌层，由斜行肌、环行肌和纵行肌组成，其收缩活动，对食物进行机械性消化；外层是浆膜层，为腹膜脏层的一部分。

胃的神经支配来自植物性神经，包括交感神经和副交感神经（迷走神经），前者使胃活动减弱，后者使胃活动加强。

（二）胃的生理功能

（1）贮存食物。进食后食物在胃内贮存并缓慢排入小肠。

（2）消化吸收作用。通过胃的运动，将食物磨碎，使食物与胃液充分混合，并将食物向下推送，进行机械性消化。胃液中胃蛋白酶原，在胃酸作用下变成胃蛋白酶，可分解蛋白质，进行化学性消化。胃也能吸收酒精及少量的水分和葡萄糖。

（3）防御作用。胃液中的盐酸能杀死进入胃内的细菌。胃液中的黏液和胃黏膜分泌的 HCO_3^- 共同构成“黏液—碳酸氢盐屏障”，发挥表面中和作用，保护胃黏膜，有效地防止胃酸和胃蛋白酶对胃黏膜的侵蚀。有些药物，如酒精、阿司匹林等能破坏“黏液—碳酸氢盐屏障”，使 H^+ 侵入胃黏膜，破坏黏膜细胞，刺激盐酸和胃蛋白酶的分泌，并引起组织胺的释放，导致胃黏膜肿胀、出血甚至形成溃疡。

（4）内分泌功能。胃幽门部的 G 细胞可分泌胃泌素，胃泌素可促进胃酸和胃蛋白酶原的分泌，促进胃窦收缩和消化道黏膜生长。

四、小肠的结构与功能

（一）小肠的结构

小肠是消化道最重要的部分，是主要的消化和吸收的场所。人若缺少食管、胃或结肠仍可生存，但如果小肠被切除全长的 70%以上，则难以保证营养供应，生命难以维持。成人小肠全长 5～6 m，分为十二指肠、空肠和回肠三部分。

（1）十二指肠。是小肠的开始部分，长约 25 cm，因其长度大约为 12 个指头宽，故得此名。其分四段：第一段从幽门开始，为十二指肠球部，是溃疡病的好发部位；第二段为下降部，是胆总管开口部位；第三段为横行部；第四段为上升部。

（2）空肠和回肠。空肠为十二指肠以下小肠的前 1/3，回肠为后 2/3。

小肠壁的结构同胃壁，也是由四层构成，但其黏膜层内有许多肠腺，分泌小肠液，对食物进行化学性消化。小肠的最大特点是黏膜有很多皱褶和大量绒毛，为吸收营养物质提供了有利条件。

（二）小肠的生理功能

小肠的主要功能是消化食物和吸收营养物质。此外，还有内分泌功能。

（1）消化食物。小肠通过紧张性收缩、蠕动和分节运动，将食物与消化液充分混合，并向下推送，进行机械性消化。小肠内有来自胰腺的胰液、来自肝脏的胆汁和来自小肠肠腺分泌的小肠液，这些消化液中含有大量消化酶，如胰淀粉酶、胰脂肪酶和糜蛋白酶等，将食物中的三大营养物质淀粉、脂肪和蛋白质分解成结构简单的可被吸收的小分子物质，即进行化学性消化。

(2) 吸收营养物质。食物被消化后，变成了可被吸收的小分子物质，如葡萄糖、氨基酸、脂肪酸、甘油等；还有食物所含的各种维生素、无机盐和水等，这些物质绝大部分在小肠内被吸收。因此小肠是营养物质吸收的主要部位。

(3)内分泌功能。小肠黏膜内有内分泌细胞，可分泌胃泌素、促胰液素和胆囊收缩素等胃肠激素，对消化系统的活动起着重要作用。

五、大肠的结构与功能

(一) 大肠的结构

大肠起自回肠末端的回盲瓣，止于肛门。分为盲肠、阑尾、升结肠、横结肠、乙状结肠和直肠等部分。

回盲瓣是回肠末端突入盲肠所形成的瓣膜，其作用一方面使回肠内食物残渣间断性进入结肠，另一方面阻止盲肠内容物倒流入回肠。在回肠与盲肠交界处有一蚯蚓样的突起，称为阑尾。如果肠内容物进入阑尾腔内并致梗阻时，可引起阑尾炎。

(二) 大肠的生理功能

大肠没有消化食物的能力，它的主要功能是吸收食物残渣中的水分，并暂时贮存粪便。另外，在大肠内寄生大量细菌，主要是大肠杆菌，其次是葡萄球菌等，称为“肠道常居菌群”或“共生菌”。细菌中含有酶能分解食物残渣。细菌分解糖和脂肪称为发酵，细菌分解蛋白质称为腐败。分解产物中，有些被人体吸收是有害的，但细菌可在肠道内合成维生素 B 族和维生素 K，被吸收后，对身体是有益的。当然，大肠内的细菌侵袭身体其他部位，可引起感染性疾病。

由于结肠的蠕动，将食物残渣向下推送。当送到直肠并达到一定量时，便引起便意，通过排便反射，将粪便通过肛门排出体外。如果某些原因导致粪便在大肠内停留时间过长，水分过多地被吸收，会引起便秘。

六、肝的形态与功能

(一) 肝的形态和位置

肝是体内最大的腺体，也是重要的代谢器官。成人肝脏质量约 1 200～1 500 g。正常肝脏表面光滑，边缘薄，质地柔软，呈红褐色。

肝分为右叶和左叶两部分，位于腹腔上方，大部分占右季肋部和上腹部，小部分在左季肋部。肝上界达右侧 4～5 肋间高度，下缘到肋缘。肝上面靠膈，其他各面分别与腹壁、胃和十二指肠等相邻。呼吸时肝可随膈的运动而上下移动，故医生在触摸肝时，嘱被检查者作深呼吸运动。

（二）肝的生理功理

肝的生理功能相当复杂，不仅参与食物的消化吸收，对毒物的破坏、排泄等，而且像是一个化工厂，制造和加工各种代谢所需要的物质。如果肝功能下降可引起机体各种代谢紊乱和生理功能失调，难以生存。肝的主要生理功能如下。

1. 促进消化和吸收作用

肝通过分泌胆汁，促进脂肪的消化和吸收。

2. 对物质代谢作用

（1）碳水化合物代谢。肝能将葡萄糖、果糖、半乳糖等加工成肝糖元，贮存在肝内备用。当人体活动加强而增加葡萄的消耗时，肝糖元就分解成葡萄糖，以维持适当的血糖浓度；肝通过糖异生作用，将体内过剩的脂肪、蛋白质转化成肝糖元。

（2）蛋白质代谢。储存蛋白质，合成血浆蛋白，参与氨基酸的代谢和尿素的合成等。

（3）脂肪代谢。制造和转化胆固醇、磷脂、酮体等；影响脂肪的合成与贮存。

3. 造血和凝血作用

（1）肝脏是胚胎期和新生儿时期的造血器官。

（2）生成参与血液凝固的凝血因子，因此当肝功能受损时，由于凝血因子的减少，凝血时间延长，容易发生出血倾向。

（3）合成某些维生素。主要有维生素 A、D、K 和 B 族维生素等。

（4）解毒作用。体内某些有害物质或药物在肝内被降解、转化，变为无毒物质排出。

（5）排泄作用。胆色素（血红蛋白的代谢产物）通过胆汁由肠道排泄。

七、胆道系统

（一）胆道系统的组成

胆道系统由胆管、肝管、胆囊管、胆囊和胆总管组成，参见图 2－21。

肝内胆管起自肝内毛细胆管，汇合成较大的胆管出肝门成为肝管。胆道系统由左右肝管、总肝管、胆囊管和胆总管组成。胆总管开口于十二指肠壁，开口处有奥迪（Oddi）氏括约肌，可控制胆汁的排放。

胆囊位于肝下面，是贮藏胆汁的器官，成人可容纳 30～60 mL 胆汁。胆囊可吸收胆汁中的碳酸氢盐，并使胆汁浓缩。

（二）胆汁的生理功能

成人肝 24 h 平均分泌胆汁约 800～1 000 mL。胆汁为金黄色或橘棕色，味苦。胆汁成分除水分外，还含有胆盐、胆色素和胆固醇等。正常胆汁中的胆盐和胆固醇的适当比例是维持胆固醇呈溶解状态的必要条件，当胆固醇分泌过多或胆盐减少时，胆固醇可沉积下来，形成胆结石，这只是胆结石成因之一。胆汁有以下重要生理作用：① 胆汁中的胆盐对脂肪有乳化作用，使之增加与脂肪酶的接触面积，促进脂肪的消化，胆盐与脂肪酸结合成水溶性复合物，促进脂肪的吸收，继而也促进脂溶性维生素 A、D、E、K 的吸收；② 排泄胆色素；③ 被肠道吸收后可刺激肝细胞分泌胆汁。

八、胰腺的结构与功能

（一）胰腺的结构

胰腺位于腹后壁，在胃的后面，长约12～30 cm，厚2～3 cm，重约60～160 g。胰腺分胰头、胰体和胰尾三部分，中央有胰管贯通，胰管与胆总管汇合开口于十二指肠壁。

（二）胰腺的生理功能

胰腺是最重要的消化腺。成人24 h内分泌胰液约1 000～2 000 mL。胰液中含有胰淀粉酶、胰脂肪酶、胰蛋白酶和糜蛋白酶等，是食物中淀粉、脂肪和蛋白质的主要消化酶。此外，胰液中的碳酸氢盐为酶提供最适酸碱度。

胰腺除分泌胰液外，还能分泌胰岛素、胰高血糖素等。如果胰岛素分泌缺少，则引起糖尿病。

第五节　脉管系统

脉管系统由一系列封闭和连续的管道构成，包括心血管系统和淋巴系统两部分。心血管系统中流动着血液，淋巴系统中流动着淋巴，淋巴最终也注入心血管系统。此节只详述心血管系统。

一、心血管系统的组成

（一）心

心位于胸腔正中稍偏左，其两侧为肺，下为横膈，前为胸骨和肋骨，后为食管和脊柱。心形状似桃，其尖向下偏左前，称为心尖。底朝上偏右，称为心底，有动、静脉出入（图2－23见书末彩图）。

心是一肌性空腔器官，包括心壁、心房和心室、房室瓣和半月瓣。

（1）心壁。由心肌构成，心肌内面衬有心内膜，外面是心外膜。

（2）心房和心室。心腔被房间隔和室间隔分成左右两半，分别称左心和右心，互不相通。每侧又分为上、下两腔，上者为心房，下者为心室。因此心脏有四个腔：左心房、左心室、右心房和右心室。

（3）房室瓣和半月瓣。房室之间有心内膜形成的瓣膜，叫房室瓣。左侧房室间有两个瓣膜，称为二尖瓣，右侧房室有三个瓣膜称为三尖瓣。这些瓣膜在两侧压力差作用下可自动开关，但只能向心室开，让血液流入心室，而不能返流。在心室与动脉间也有三个半圆形瓣膜，叫半月瓣。在肺动脉口上的叫肺动脉瓣，在主动脉口上的叫主动脉瓣，其作用是只能使血液从心室射出，防止血液从动脉返流回心室。

（二）血　管

（1）动脉。动脉是使血液由心流向外周的血管，一般位置较深。有些动脉如肱动脉、桡动脉、股动脉在体表可摸到其搏动，称动脉脉搏，这些部位常被用来止血、测脉搏或测血压。动脉壁分三层：内膜、中膜和外膜。内膜主要由内皮细胞、纤维结缔组织和内弹力膜组成。内皮细胞属扁平细胞，衬在内壁使血管内表面光滑，有利于血液流动，防止发生血液凝固。如果内膜下有大量脂质沉着，使管壁增厚，内径变小，弹性降低，便形成动脉粥样硬化。中膜最厚，含有大量弹力纤维和平滑肌，因此动脉具有弹性，特别是主动脉和大动脉（称弹力贮器血管）有缓冲动脉血压和维持舒张压的作用。中、小动脉壁的平滑肌受神经体液因素的调节，通过改变血管口径的大小，影响血流阻力，从而可调节血压和器官的血流量。外膜有保护、营养和修复动脉的功能。

（2）静脉。静脉是使血液由外周流回心脏的血管，分浅静脉和深静脉。由于静脉壁薄，易于扩张，因此可贮存大量血液（又称容量血管）。静脉的收缩或扩张，可影响回心血量和心输出量。

（3）毛细血管。从动脉过渡到静脉的小血管为毛细血管。由于其数量多、壁薄，物质易于透过管壁，因此，毛细血管是血液与组织间进行物质交换的场所。

二、心血管系统的功能

心血管系统的生理功能是使血液在全身不断地流动，完成对气体和物质的运输，确保组织细胞对氧和营养物质的需要以及对代谢产物的运走；同时传送信息，调节各种功能活动。血液循环包括两部分：一部分是血液从右心室射出，经肺动脉到达肺，在肺内放出二氧化碳，吸收氧气，血液由静脉血变为动脉血，再经肺静脉流回左心房，称为肺循环，又叫小循环；另一部分是血液从左心室射出，经主动脉到全身各组织，放出氧气，吸收二氧化碳，血液由动脉血变为静脉血，再由上、下腔静脉流回右心房，称为体循环，又叫大循环（图 2－24 见书末彩图）。

（一）心的生理功能

心是血液循环的动力器官，由心肌细胞构成。心肌细胞有两大类：一类是工作细胞，又称普通心肌细胞，包括心房肌细胞和心室肌细胞；另一类是特殊分化的心肌细胞，构成心脏的特殊传导系统，包括窦房结、房室结、房室束、左右束支及浦肯野纤维。此系统是心肌电兴奋的传导途径。正常的心脏活动是在窦房结的自动兴奋节律下进行的，故称窦性心律。

在心脏活动过程中，由于瓣膜的关闭、开放，心肌的收缩，血流速度和方向的改变等，引起心壁振动，产生声音，称为心音。医生可借助听诊器听心音。根据心音来判断心的功能状态及某些心脏病。

（二）血管的生理功能

血液能在血管内流动，是由于血管内存在压力梯度，即大动脉的压力＞小动脉压力＞毛细血管的压力＞静脉的压力＞心房内压力。因此，血液顺压力梯度，由心室射出，经动脉、毛细血管、静脉流回心房。

血液对于血管壁单位面积的侧压力称为血压。平时所说的血压是指大动脉的血压，可用血压计测得。动脉血压包括收缩压和舒张压。收缩压是指心脏收缩时动脉血压最高值，舒张压是指心脏舒张动脉血压的最低值。收缩压与舒张压之差为脉搏压，简称脉压。正常成人安静时动脉血压的正常值是：收缩压 12～18.6 kPa(90～140 mmHg)，舒张压为 8～12 kPa(60～90 mmHg)，脉压为 4～5.3 kPa(30～40 mmHg)。

血压可随不同年龄、性别和生理状态而有所变化。如儿童的血压低于成人；老年人的血压高于青年人；安静时血压低，而运动或激动时血压高。

（三）心血管活动的调节

安静与运动时，心血管活动明显不同。这是由于神经和体液因素调节的结果。

(1) 神经调节。心脏受心交感神经和心迷走神经支配，前者加强心脏活动，后者抑制心脏活动。人体绝大多数血管只受交感缩血管神经的单一支配。安静时，交感神经紧张性降低而迷走神经紧张性增高，因此心率慢，心缩力弱，心输出量减少；当运动时，交感神经兴奋，迷走神经抑制，心率快，心缩力增强，使心输出量增加，血压升高。支配心血管的神经受心血管中枢的控制，中枢通过神经反射来调节心血管的活动。

(2) 体液调节。主要是肾上腺素和去甲肾上腺素对心血管活动的调节。当运动或激动时，交感—肾上腺髓质系统活动加强，肾上腺素和去甲肾上腺素分泌增加，使心脏活动加强，心输出量增加，同时大部分血管收缩使外周阻力增大，使血压升高。

第六节　泌尿系统

泌尿系统包括肾、输尿管、膀胱和尿道(图 2 - 25)。

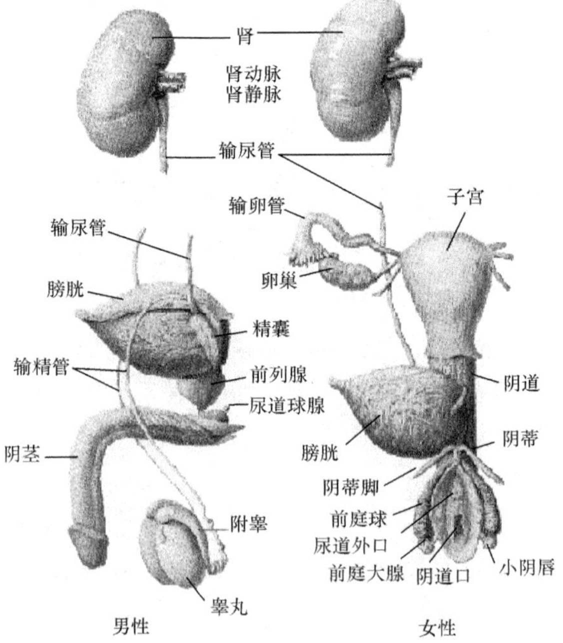

图 2 - 25　泌尿生殖系统概观

一、肾的结构与功能

(一) 肾的形态结构

肾是实质性器官,位于腹腔后上部,脊柱两侧,左右各一,形似蚕豆,成人每个肾平均质量为120～150 g。肾的内侧缘中部凹陷,称为肾门,是肾血管、淋巴管、神经和肾盂出入的部位。这些出入肾门的结构称肾蒂。肾的外面有三层被膜:紧贴肾外表面的一层为纤维膜,最外的一层为肾筋膜,两层间是一层较厚的脂肪囊。

在肾的额状切面上,可见肾实质分为两部分:浅层为皮质、深部为髓质。在髓质可见到三角形的肾锥体,其类端钝圆,称肾乳头。肾乳头顶端有许多乳头孔,肾生成的尿液由此流入肾小盏内,2～3 个肾小盏合成一个肾大盏,肾大盏再集合成肾盂。肾盂出肾门后,移行为输尿管(图 2 - 26 见书末彩图)。

(二) 肾脏的生理功能

(1) 生成尿液、排泄代谢终产物和异物。肾脏最重要的功能是分泌尿液,以尿的形式排出水溶性代谢终产物,如尿素、尿酸、肌酐、硫酸盐和磷酸盐等。还排泄激素、肠道被吸收的腐败产物和肝脏解毒后的产物,如酚、马尿酸等。此外,还排泄进入人体内的异物,如药物、毒物等。

(2) 保持内环境的相对稳定。肾脏通过激素和神经对尿生成的调节,随时改变对水、盐、酸和碱的排出量,以维持体液容量、成分、渗透压和酸碱度的相对稳定。所以肾是维持内环境相对稳定的极为重要的器官。如果肾功能受损,最主要的临床表现是水、电解质和酸碱平衡紊乱。

(3) 分泌生物活性物质。肾所分泌的生物活性物质包括肾素、促红细胞生成素、1,25 -二烃维生素 D_3 和前列腺素。其中肾素与人体的血量和血压有关,促红细胞生成素可调节红细胞的生成。

二、输尿管、膀胱和尿道的结构与功能

输尿管是细长的肌性管道,长约 20～30 cm,上接肾盂,在腹后部沿脊柱两侧下行达盆腔,进入膀胱。输尿管有三个狭窄部位,是输尿管结石常嵌顿的地方。

膀胱是暂时储存尿液的器官,位于盆腔前部。成人膀胱可集存尿液 300～500 mL。膀胱底部内面有一三角区,称膀胱三角,尿道内口和两侧输尿管均开口于此,该处是膀胱肿瘤的好发部位。膀胱壁由三层组织构成:内为黏膜层,中为肌层,外为外膜。肌层是平滑肌,又称逼尿肌。逼尿肌收缩可增加膀胱内压,压迫尿液由尿道排出。在尿道与膀胱交界处有较厚的环行肌,形成尿道的内括约肌。内括约肌收缩可关闭尿道开口,防止尿液由尿道口流出。

尿道是从膀胱通向体外的管道。男性尿道细长,长约 16～22 cm。行程中通过前列腺部和阴茎海绵体部。女性尿道粗而短,长约 5 cm,经阴道前方,开口于阴道前庭。因女性尿道短直,所以容易因逆行感染而患膀胱炎、输尿管炎和肾盂炎等。

三、尿　量

正常成人每 24 h 排出的尿量为 1 000～2 000 mL，平均为 1 500 mL。尿量的多少主要取决于每天摄入的水量和其他途径所排出的水量。如果摄入水量少，或其他途径排出的水量多（如出汗、腹泻等），尿量减少；反之则尿量增多。

如果每 24 h 尿量显著增多、减少，甚至无尿，均属于病理情况。如果 24 h 尿量长期保持在 2 500 mL 以上，称为多尿；24 h 尿量长期保持在 100～500 mL 之内，称为少尿；24 h 尿量不到 100 mL，称为无尿。无论多尿或少尿都会给机体带来不良影响，尤其是无尿，后果更为严重。如果无尿，代谢终产物在体内积聚而不能排出，则引起水、电解质紊乱和酸碱平衡失调，给机体带来严重危害。

第七节　内分泌系统

内分泌系统包括内分泌器官和内分泌组织两部分。内分泌器官即内分泌腺，是指结构上独立存在、肉眼可见的内分泌器官，如甲状腺、甲状旁腺、肾上腺和垂体（图 2－27）等，内分泌组织是内分泌细胞团块，散在于其他器官组织中，如胰腺中的胰岛、睾丸中的间质细胞、卵巢中的卵泡和黄体，以及消化管壁内的内分泌细胞等。

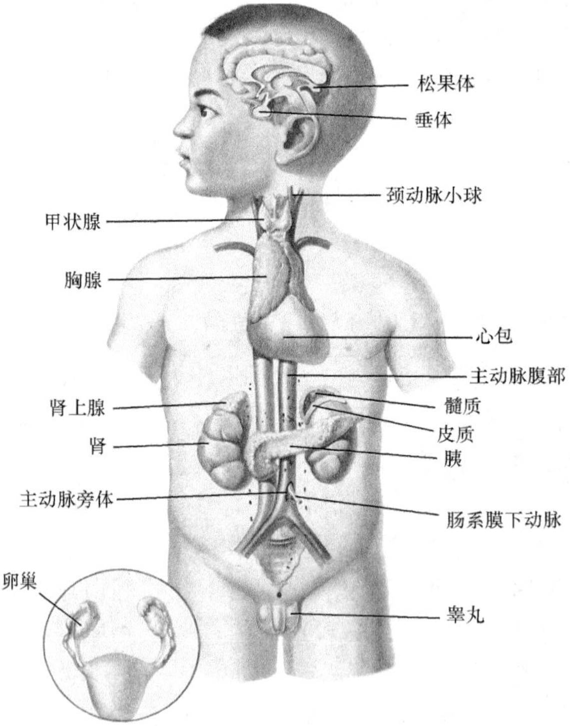

图 2－27　人体的内分泌腺

内分泌腺的细胞多排列成索状、团状或围成滤泡，周围有丰富的毛细血管和淋巴管。内分泌细胞的分泌物称激素，激素进入血液，周流全身，调节人体的新陈代谢、生长发育和生殖功能等。一种激素一般只能作用于特定的器官或细胞。内分泌系统的任何器官或组织的功能亢进或低下，均可引起机体的功能紊乱，甚至形成疾病。

内分泌系统和神经系统，两者在结构和功能上都有密切联系：一方面几乎所有的内分泌腺和内分泌组织，均直接或间接地受神经系统的调节和控制；另一方面内分泌系统也可影响神经系统的功能，如甲状腺分泌的甲状腺素，能影响脑的发育和功能，另外，某些神经元具有分泌激素的功能，如下丘脑的视上核及室旁核中的神经元等。这些具有分泌激素功能的神经元称为分泌神经元，所分泌的激素称为神经激素。

一、激素的作用机制

目前已发现的激素按其化学结构可分为三大类：第一类是含氮类激素，如胰岛素、脑垂体的 9 种激素等是蛋白质和肽类，甲状腺素、肾上腺素是胺类，都属含氮激素；第二类是类固醇激素，如肾上腺皮质激素和性腺激素；第三类是固醇类激素，如胆钙化醇。

无论含氮激素还是类固醇激素，在血中的浓度都很低，一般在 ng/100 mL 的水平，甚至只有 pg/100 mL 水平，但引起的生理效应却很明显。激素虽可接触所有的细胞，但只对特定的靶细胞(组织)产生作用。因而激素是具有高度特异性、高效能的化学物质。含氮激素与类固醇激素的作用机理不同，现分述如下。

含氮激素与靶细胞膜上相应的专一受体结合，从而激活细胞膜上的腺苷酸环化酶系统，在 Mg^{2+} 参与下使 ATP(三磷酸腺苷)转变为 cAMP(一磷酸环腺苷)。如果激素作用为第一信使将调节信息从内分泌腺传递到靶细胞表面，则可把 cAMP 看做第二信使，它将调节信息从细胞膜传入细胞内，激活一系列酶促反应，引起靶细胞的固有反应，如使腺体分泌或肌肉收缩等(图 2－28)。

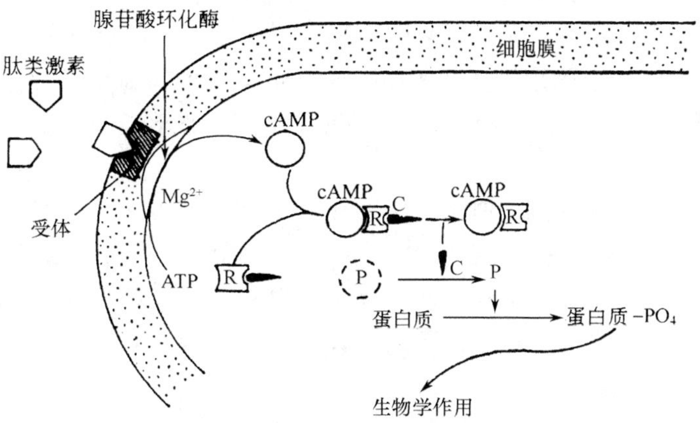

P—蛋白激酶调节部分；C—蛋白激酶催化部分；R—受体

图 2－28　第二信使学说示意图

类固醇激素是分子量较小的脂溶性物质，可以透过细胞膜进入细胞内，与胞浆受体结合，再进入细胞核内，促进某些蛋白质合成，通过这些诱导蛋白实现激素的作用（图 2－29）。

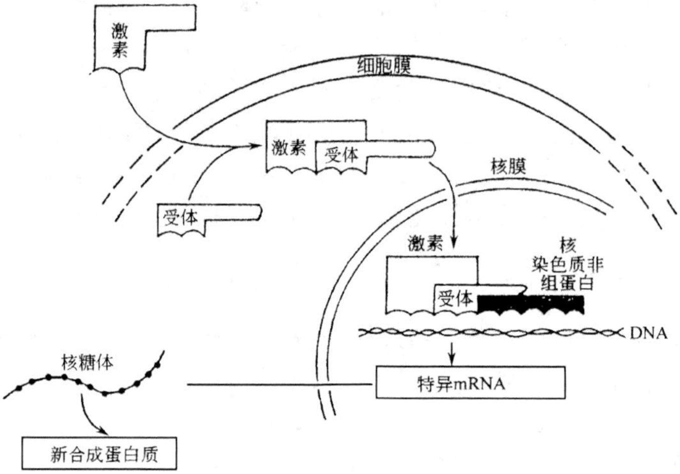

图 2－29　甾体激素作用机制示意图

二、脑垂体的结构和功能

脑垂体位于脑底的垂体窝内，与下丘脑相连。脑垂体很小，重量不足 1 g，女性的垂体较男性稍大。人的脑垂体可分为腺垂体和神经垂体两部分。二者的结构和生理功能都大不相同。

腺垂体位于垂体前叶和中间部，分泌 7 种激素，都是含氮激素，分别属于两种作用类型：一类专门调节控制其他内分泌腺的活动，称为促激素，共有 4 种，即促甲状腺激素、促肾上腺皮质激素和男女性腺激素的促激素。另一类包括生长素、生乳素和黑色细胞刺激素。生长素可促进机体生长发育，幼年时如腺垂体患病，生长素分泌过多，则会成为体格巨大的巨人症。如在成年后垂体患病，则会导致下颌、耳、鼻、手足肥大，变成肢端肥大症。

神经垂体位于脑垂体后部，神经垂体没有腺细胞，所谓的神经垂体激素不过是来自下丘脑的神经末梢在神经垂体贮存和释放的。神经垂体释放两种激素，即抗利尿激素和催产素，都是肽类。抗利尿激素可促进肾小管对水的重吸收，有明显的抗利尿作用。较大量的抗利尿激素可以升高血压，所以又称加压素。催产素可刺激妊娠末期的子宫平滑肌收缩，并可促使乳汁排出。

三、甲状腺的结构和功能

人的甲状腺重 20～30 g，位于气管上端两侧，分为左右两叶，中间以较窄的峡部相连成“H”形。甲状腺体的实质由许多大小不等的腺泡构成。甲状腺激素由腺泡上皮细胞分泌后，贮存在腺泡腔内，为胶样的甲状腺球蛋白，是甲状腺激素的复合物。在腺泡上皮之间还有少量腺泡旁细胞，该细胞分泌另一种激素——降钙素。在甲状腺两侧叶的后缘内，还有两对甲状旁腺，分泌甲状旁腺素，参与钙磷代谢的调节。

甲状腺激素是一组含碘的酪氨酸，其生物学作用主要有三方面。

(1) 促进生长发育。在婴儿时期作用最明显，主要促进骨骼、脑和生殖器官的发育。若没有甲状腺素，腺垂体的生长素也不能发挥作用。幼年时甲状腺激素缺乏，可引起呆小症，患者身体矮小，特别是腿短明显，智力低下。

(2) 促进代谢。对糖、蛋白质、脂肪代谢都有复杂的影响，总的作用是促进蛋白质合成、脂肪分解、血糖升高、机体耗氧量和产热量增加。

(3) 对中枢神经系统和心血系统的兴奋作用。甲状腺机能亢进的病人表现为易激动、失眠、心跳快等。

碘是制造甲状腺素的原料之一，食物中如果缺碘，甲状腺为了维持甲状腺素的分泌，腺细胞产生代偿性肥大，表现为“粗脖子”。因为碘的缺乏往往有地区性，因此缺碘引起的甲状腺肿大称为地方性甲状腺肿。

四、胰岛的结构和功能

胰岛是散在于胰腺泡之间的细胞团。人体胰腺中约有几十万到一百多万个胰岛，但仅占胰总体积的1%～2%。胰岛所含的细胞至少有5种，其中最重要的有α和β细胞，α细胞约占胰岛细胞总数的20%，分泌胰高血糖素。β细胞约占胰岛细胞总数的66%，分泌胰岛素。此外，胰岛有少量G细胞，分泌生长抑制素。

胰岛素是一种小分子蛋白质，其主要生物学作用是调节糖、脂肪和蛋白质代谢，特别在调节糖代谢和维持血糖水平方面起重要作用。其作用机理是，胰岛素可促进血浆中的葡萄糖进入全身各组织，特别是肝细胞和肌细胞，从而使血糖水平下降。胰岛素分泌不足时；葡萄糖不能有效地被组织细胞所利用，存留在血浆中，使血糖水平升高。当血糖浓度升高到超过肾小管重吸收能力时，就会从尿中排出葡萄糖，出现尿糖，这就是糖尿病。

胰高血糖素是肽类激素，其生物学作用与胰岛素相反，可促使体内贮存的糖原分解及糖异生(即非糖物质转化为糖)过程，因而使血糖上升。

胰岛素和胰高血糖素的分泌都受血糖水平高低的调节。饱餐后，肠道吸收的葡萄糖增多，血糖浓度升高，则负反馈性抑制胰高血糖素的分泌，促进胰岛素的分泌和使血糖水平恢复正常。饥饿时血糖水平降低，则发生相反作用，使贮存糖原分解入血，恢复血糖水平。在胰岛素和胰高血糖素这一对作用相反的激素的配合调节下，血糖水平保持恒定。

五、肾上腺的结构和功能

肾上腺位于肾脏上方，左右各一，总重10～15 g。人的肾上腺左侧呈半月形，右侧呈三角形。腺体的实质分为两部分：外周部分称为皮质，占腺体的大部分；中心部分为髓质。肾上腺皮质和髓质在胚胎发生、组织结构、激素的化学结构和生理功能方面均不相同，实质上是两个完全不同的内分泌腺。

（一）肾上腺皮质激素

肾上腺皮质分泌三种激素，分别是盐皮质激素、糖皮质激素和性激素，其化学结构都属类固醇。肾上腺皮质是维持生命所必需的内分泌腺，切除动物的双侧肾上腺皮质，动物将在1～3周内死亡。死亡原因主要有两方面，一是水盐损失严重，循环衰竭而死；二是由于糖、蛋白质、脂肪代谢发生严重紊乱，以及机体对有害刺激的应激反应下降，虚脱而死。这主要是由于缺乏盐皮质激素和糖皮质激素所致。盐皮质激素以醛固酮为主，主要作用是调节体内的水盐代谢。糖皮质激素主要是皮质醇，其生理作用主要有：

（1）调节三大营养物质的代谢，使血糖升高，脂肪和蛋白质分解加强；

（2）增强机体对创伤、感染、中毒、恐惧等有害刺激的适应能力，即增强机体的应激反应能力，保护机体的生存；

（3）增强骨髓造血功能，使红细胞和血小板增多，但使淋巴细胞和嗜酸性粒细胞减少；

（4）临床应用糖皮质激素可起到抗炎、抗毒、抗过敏、抗休克的作用。肾上腺皮质分泌的性激素数量不多，其中主要是雄激素及少量雌激素。

（二）肾上腺髓质激素

肾上腺髓质与交感神经同一来源，接受交感神经节前纤维支配，相当于交感神经节，交感神经兴奋时促进髓质激素分泌，形成交感神经—肾上腺系统。

肾上腺髓质激素包括两种激素，即肾上腺素和去甲肾上腺素。两者的主要作用特点为：

（1）肾上腺素对心脏作用较强，使心率加快、心缩力增强、心输出量增加，去甲肾上腺素对心脏的作用较弱；

（2）肾上腺使肌肉血管舒张，内脏和皮肤血管收缩，总外周阻力变化不大，去甲肾上腺素能使全身小动脉收缩（冠状动脉除外），外周血管阻力增加，血压升高明显；

（3）肾上腺素能使胃、肠、支气管平滑肌明显舒张，并能促进糖原和脂肪分解，去甲肾上腺素在这方面的作用较弱。

第八节　血　液

人体含有的全部溶液，称为体液。机体的体液总量约占体重的60%，按其所在的部位，体液又可分为细胞内液和细胞外液。存在于细胞内的液体称为细胞内液，占总体液量的2/3，存在于细胞之外的液体称为细胞外液，占总体液量的1/3。细胞外液约4/5存在于组织间隙，称组织间液，约1/5循环于心、血管系统内，称为血浆。各部分体液之间被细胞膜或毛细血管壁等相隔，但由于细胞膜和毛细血管壁都有一定的通透性，所以各部分体液间仍可进行物质交换。

细胞外液是细胞直接的生活环境，生理学上称之为机体的内环境。由于血液在血管内不停地流动循环于全身，所以它是内环境中最活跃的部分。

人体的血液总量约占体重的 7%～8%。血液是由液体成分和悬浮于液体成分中的有形成分两部分组成。液体成分称为血浆，有形成分主要是红细胞和较少的白细胞及血小板，其生理功能各不相同，概括地讲，血液的功能有五个方面。

（1）运输功能。运送养料，代谢产物和气体。

（2）调温功能。运输热量，缓冲各部位温度的变化。

（3）防御保护。含有吞噬细胞、抗体、凝血因子、抗毒素等。

（4）调节功能。通过运送激素来实现。

（5）维持酸碱平衡。含有多种缓冲对，缓冲血浆酸碱度的变化。

一、血　浆

血浆含水 90%～92%，含溶质 8%～10%。溶质中含量最多的是血浆蛋白，占 6.2%～7.9%，晶体物质约占 0.9%。血浆蛋白又可分为白蛋白、球蛋白和纤维蛋白原三种。其中，白蛋白、纤维蛋白原和 α1、β 球蛋白是肝脏产生的。血液中 γ 球蛋白几乎全部是抗体，发挥重要的免疫作用，清除致病因素（细菌、病毒等）和异物。纤维蛋白参与血液凝固过程。

血浆中的另一类成分是小分子的晶体物质，包括有机物和无机盐类。有机物中有些是营养物质，如葡萄糖、氨基酸、脂类、维生素等；另一些为代谢终产物，如尿素、尿酸、肌酐。另外还含有激素等。无机盐在血浆中大部分以离子状态存在，主要有 Na^+、K^+、Cl^-、Ca^{2+}、Mg^{2+}、HCO_3^- 等。血浆及组织液中各种离子对保持神经、肌肉的正常生理特性起重要作用。血浆中的 NaCl 是形成血浆晶体渗透压的主要物质，并参与维持血浆与细胞内的渗透压平衡。

正常人血浆的酸碱度 pH 值变化于 7.35～7.45 之间，其比值能保持相对的稳定，是机体多方面调节的结果。首先由于血浆中存在着缓冲物质，其中最主要的是 $NaHCO_3/H_2CO_3$ 缓冲对，通常其比值为 20∶1。另外在血浆和红细胞内还有其他缓冲体系。肺和肾脏也参与体内酸碱平衡的维持。

二、血细胞

在循环血液中，血细胞的种类及正常值如下。

- 血细胞
  - 红细胞
    - 男性 $(4.5～5.5)\times10^{12}$/L（400 万～550 万/mm^3）
    - 女性 $(3.5～5.0)\times10^{12}$/L（350 万～500 万/mm^3）
  - 白细胞
    - 有粒白细胞
      - 中性粒细胞 0.50～0.70（50%～70%）
      - 嗜酸性粒细胞 0.005～0.05（0.5%～5%）
      - 嗜碱性粒细胞 0.00～0.0075（0%～0.75%）
    - 无粒白细胞
      - 淋巴细胞 0.20～0.40（20%～40%）
      - 单核细胞 0.01～0.08（1%～8%）
  - 血小板 $(100～300)\times10^9$/L（10 万～30 万/mm^3）

在光镜下观察血细胞，一般多采用瑞氏染色的血液涂片标本（图 2－30 见书末彩图），各种血细胞的生成、发育及功能极为复杂，在此不详述。

三、血型和输血

（一）血　型

100 多年前，已有人尝试应用输血来治疗某些疾病，并且取得了一定效果。但在采用输血治疗的初期，由于供血者和受血者未加选择，经常发生意外伤亡事故。后来人们观察到有些人的血液放在一起不凝集，而有些人的血液混在一起却发生凝集。经过进一步研究才知道，人类血液不都是一个类型，而是有几种类型，这就是血型。

人类红细胞上所含的抗原不同，根据这种抗原差别，可以区分若干种血型，已经发现的人类血型有 ABO、MNS、P、Rh 等 15 种血型系统，其中最重要、最有临床实用意义的血型是 ABO 型血。

就 ABO 血型来说，人类所以有不同的血型，主要是因为人血红细胞表面含有不同的抗原物质 A 或 B。人类 ABO 血型就是根据人血红细胞表面所含抗原而命名的。具体地说，红细胞上有 A 抗原者为 A 型血；有 B 抗原者为 B 型血；同时有 A、B 两种抗原者为 AB 型血；无 A 及 B 抗原者为 O 型血。另外，人类各型血的血清中含有与另一血型相对应的抗体，即 A 型血清中有抗 B 抗体，B 型血清中有抗 A 抗体，AB 型血中没有抗体，O 型血中有抗 A 和抗 B 两种抗体。人类 ABO 血型的抗原、抗体关系见表 2－1。

表 2－1　人类 ABO 血型的抗原、抗体

血　型	红细胞上的抗原	血清中的抗体
A 型	A	抗 B
B 型	B	抗 A
O 型	无	抗 A、抗 B
AB 型	A＋B	无

（二）输　血

临床上进行输血之前必须对献血者和受血者的血型进行鉴定。只有血型适合者才能输血，否则会引起输血反应，甚至危及生命。因此，血型鉴定是非常重要的一项临床检验工作。

血型鉴定是根据免疫学原理，即抗原与相应抗体在一定条件下发生凝集反应而进行的试验。例如，含有 A 抗原的 A 型血红细胞与含有 A 抗体的 B 型血清相混后可发生凝集，而与含有抗 B 抗体的 A 型血清相混，就不发生凝集；相反，含有 B 抗原的 B 型血红细胞与含有 B 抗体的 A 型血清相混后发生凝集，而与含有 A 抗体的 B 型血清相混则不发生凝集；含有 A、B 两种抗原的 AB 型血红细胞与 A 型、B 型血清相混都可发生凝集；不含 A、B 抗原的 O 型血红细胞则与 A 型、B 型血清相混都不发生凝集。因此，临床上在选择输血治疗疾病或抢救生命时，必须按上述原理对供血者和受血者的血液进行严格的配血试验，否则会出现严重的不良后果。

（三）血型的遗传性

血型由遗传决定，也就是说亲代〔父母〕决定子代〔子女〕的血型，亲代 ABO 血型遗传见表 2-2。

表 2-2　人类 ABO 血型遗传关系

父母血型	子女可能有的血型	子女不可能有的血型
O+O	O	A、B、AB
A+O	A、O	B、AB
A+A	A、O	B、AB
B+O	B、O	A、AB
B+B	B、O	A、AB
A+B	A、B、AB、O	
AB+O	A、B	O、AB
AB+B	A、B、AB	O
AB+A	B、A、AB	O
AB+AB	A、B、AB	O

第三章　生命活动的基本特征

第一节　生命活动的基本形式

只有生物才具有生命活动，但生物体也可能在一定时间内不表现生命，如处于特殊冷冻状态下的组织和结晶状态的病毒颗粒等。生物与非生物的区别，不在于二者在化学元素构成上有何原则上的差异；而在于生物体内一些元素组成了生物大分子，包括蛋白质、核酸、糖和脂类。这些大分子都具有很强的种系特异性和个体特异性，这是由组成这些大分子的基本单位在数量和排列顺序上的轻微变化所致。蛋白质和核酸是任何生物都具有的。最简单的生物，如病毒颗粒，基本上就是由蛋白质和核酸组成的。在进化过程中，由于细胞膜的出现，包围了构成生物体的物质，使之与环境隔开，形成细胞。形成细胞以后，生物就有了独立生活的条件。细胞是生物的基本构成单位，高等生物是由许多结构和功能不同的细胞构成的。通过对各种生物体，包括对单细胞生物以至高等动物基本生命活动的观察和研究，发现生命现象至少包括三种基本活动，即新陈代谢、兴奋性与生殖。

一、新陈代谢

生活在适宜环境中的生物体，总是在不断地重新建造自身的特殊结构，同时又在不断地破坏自身已衰老的结构。虽然从生物体的外表可能看不出什么明显变化，但实际上它的各个部分都在不断地以新合成的生物分子代替旧的。这个过程称为新陈代谢，或称为自我更新。生物体只有在适宜的环境中才能自我更新，一方面它要从环境中摄取各种营养物质，经过改造或转化，以提供建造自身结构所需的原料和能量；另一方面，生物体内的分解产物，均需排出体外；物质分解时释放的能量，除用于合成体内的新物质外，还用于生物做各种外功。这就是说，生物体只有在与环境进行物质与能量交换的基础上才能实现自我更新。新陈代谢是不能停止的，如果生物体停止自我更新，它的生命也就结束了。因此，新陈代谢是一切生物体最基本的表现。

在新陈代谢过程中，生物体内各种物质的合成、分解、转化、利用等，大都是各种生物分子在水溶液中进行的成系列的化学反应。例如，糖和脂肪在生物体内分解供能的过程，就是通过一系列循序进行的化学变化，利用从环境中吸入的氧，将这些物质氧化分解，释放出能量并同时形成二氧化碳和水。这些化学变化和一般无机物的化学变化都服从同样的物理化学规律；然而这些化学反应基本上都是由蛋白质所构成的生物催化剂——酶所催化的，因而又是以复杂的特殊形式表现出这些物理化学规律的。等量的糖，在体内氧化与在体外燃烧所消耗的氧、产生的二氧化碳和释放的能量都相同，但在体内的氧化过程却是在远低于100℃的温度条件下完成的。在生物分子的合成过程中，由于酶的催化作用有高度特异性，因而可以在细胞的同一部分内同时进行多个不同的反应而能井井有条、互不干扰，这在一般化学试管里是不能实现的。所以，生命也是一种物质运动的形式，而且是一种高级的运动形式。

二、兴奋性

各种生物体都生活于一定的环境之中，这是进行新陈代谢的必要条件，而当它所处的环境发生某些变化时，生物体又能主动地做出相应的反应，以适应环境的变化。单细胞动物如阿米巴，在附近的环境中出现食物颗粒时，即伸出伪足将食物包围而摄入体内。引起生物体出现反应的各种环境变化统称为刺激。

低等动物如水螅，当环境发生某些变化时，常常是直接受刺激部分的细胞发生反应，反应的形式也比较简单。高等动物对环境变化的反应，则经常是机体各部分协调配合的整体性反应。这种反应的形式常很复杂，特别是动物进化到高级阶段，机体内已分化出一些专门感受环境中不同性质变化的感受细胞，并出现了主要由神经组织构成的调节系统，以及由肌肉、腺体等参与构成的效应器。环境中出现某种变化时，刺激了相应的感受细胞，这些感受细胞立即将所感受的刺激转变为生物电信号，由这些生物电信号将环境变化的信息传送到中枢神经系统，经过神经系统分析处理以后，仍然以生物电信号的形式将信息传送到机体各部分的效应器细胞，使它们迅速产生生物电变化，从而激起它们所特有的功能活动，如肌肉的收缩和腺体的分泌等。神经、肌肉和腺体等组织，即使从肌体分离出来后，用人为的刺激也可以较迅速地引起它们的生物电反应和其他反应。通常将这些受到刺激后能较迅速产生某种特殊生物电反应的组织——神经、肌肉、腺体统称为可兴奋组织，将受刺激后产生生物电反应的过程及其表现称为兴奋，而这种感受刺激产生兴奋的能力则称为兴奋性。

生物体对环境变化做出适宜反应，是一切生物体普遍具有的功能，也是生物能够生存的必要条件，所以兴奋性也是生命的基本表现。

三、生　殖

生物体生长发育到一定阶段后，能够产生与自己相似的子代个体，这种功能称为生殖或自我复制。烟草斑纹病毒颗粒进入烟叶毛细胞后，迅速复制出大量烟草斑纹病毒颗粒，这就是最原始的生殖过程。单细胞生物的生殖过程，就是一个亲代细胞通过简单的分裂或较复杂的有丝分裂，分成两个子代细胞。在此过程中，亲代细胞核内的染色质将均分给两个子代细胞，其中的脱氧核糖核酸（DNA）将亲代的遗传信息带到子代细胞内，控制子代细胞中各种生物分子的合成。子代细胞中的各种生物分子，包括各种酶系，均与亲代细胞相同，于是子代细胞能具有与亲代细胞相同的结构与功能。高等动物个体发育到一定阶段，同样具有生殖功能。但是它们分化为雄性与雌性个体，要由两性生殖细胞结合以生成子代个体。这种生殖过程虽然复杂得多，但父系与母系的遗传信息也是分别由雄性和雌性生殖细胞中的脱氧核糖核酸带给子代的。

任何生物个体生命过程都是有限的，必然要衰老、死亡。一切生物都是通过产生新个体来延续种系的，所以生殖也是生命的基本表现之一。

第二节　生命活动的特征

一、内环境与稳态

高等动物特别是哺乳动物多数是生存在大气环境中，但它们的大多数细胞并不直接和大气环境（外环境）接触，也不能直接与大气环境进行物质交换。对于体内多数细胞来说，它们实际是生活在一个特殊的液体环境之中，这就是内环境。它是包绕着各个细胞而又相互沟通的细胞外液。内环境所起的作用是为机体细胞提供必要的理化条件，使细胞的各种酶促反应和生理功能得以正常进行。内环境同时也为细胞提供营养物质，并接受来自细胞的代谢产物。细胞的正常代谢活动需要内环境理化因素的相对恒定。正常机体内，在神经体内调节下，各系统、器官进行相互协调的活动，实现在代谢活动正常进行的条件下，内环境理化性质仍能保持相对恒定。例如，通过消化系统的活动，不断补充内环境中营养物质的浓度；通过呼吸和循环系统的活动，使内环境中的 O_2 含量得到补充，而 CO_2 得到排除；通过肾脏的活动，使进入内环境中的固体代谢产物得到清除，等等。由此可见，内环境最重要的特征是它们的理化性质能保持相对恒定，而这一特征又是维持整个机体生存的基本条件。

维持内环境是理化性质相对恒定的状态，叫做稳态或自稳态。稳态乃是一种复杂的、由体内各种调节机制所维持的动态平衡：一方面是代谢过程使这种相对恒定遭到破坏，另一方面是通过调节使平衡恢复。整个机体的生命活动正是在稳态不断受到破坏而又得到恢复的过程中得以维持和进行的。一旦内脏系统的活动发生严重紊乱，稳态将难于维持，新陈代谢将不能正常进行，机体的生存即受到威胁。目前，稳态的概念已经扩展开来，它不仅用于内环境理化特性的动态平衡，也可用于某一细胞、某一器官、某一系统的活动乃至整个机体的相对稳定状态的维持和调节。

二、生物节律

生物体内的各种功能活动常按一定的时间顺序发生变化。如果这种变化按一定的时间重复出现，周而复始，这种变化叫节律性变化，而这类变化的节律就称为生物节律。人和动物的生物节律，按频率的高低，可分为高频、中频和低频三类节律。节律周期低于一天的属于高频节律，如心动周期、呼吸周期等。低频周期有周周期、月周期和年周期。例如人类的月经周期即属月周期，年周期和月周期多与生殖功能有关。中频周期是日周期，这是最重要的生物节律。人体内几乎每种生理功能都有日周期，即一天一个波动周期，只是波动的幅度和明显程度不同而已。最明显的如血细胞数和体温的日周期波动。此外，血压、尿成分、各种代谢过程强度及对药物反应等均有日周期变化。由此可见，机体内环境理化性质稳态的水平是有昼夜节律性变化的，也就是说，稳态的调定点是有节律性波动的。

身体内各种不同细胞都有各自的日周期节律，但是在自然环境中生活的人体器官组织只表现一种日周期节律，就是说这些器官组织的日周期都同步化了。可是一旦人与自然环境因素隔离开来生活，不给予任何时间因素刺激，经过 2 个月以上的隔离，各生理系统的日周期便不再同步了。这说明人机体内有一个总的控制生物节律的中心，它控制着体内所有细胞、组织的节律，使各种位相不同的生物节律统一起来，趋于同步化。一旦机体与自然环境隔绝，总的节律中心失去了控制作用；各个生理系统的节律中心便按自己的节律活动，因而各生理系统便出现不同的生物节律。

生物节律最重要的生理意义是使生物对环境变化作更好的前瞻性的适应。以日周期为例，它可使一切生理功能和机体活动以日周期的形式，根据外环境的昼夜变化，有秩序有节奏地进行。在医疗工作中，可利用日周期中生理功能特征的变化和对药物反应强度的差异来提高治疗效果。生物节律的知识也将帮助我们正确掌握和解释各种生理数据。

三、人体功能活动的调节

人体对外环境变化的反应，总是与这些环境变化相适应的，而且总是作为一个整体来进行的。整体反应包括两方面：一方面是运动系统按一定方向路线进行一系列活动，另一方面则是内脏系统活动作相应的调整。这是因为运动系统的活动必将影响人体新陈代谢活动，从而影响内环境的稳态；有些剧烈的外环境变化甚至可以直接破坏稳态，必须相应地调整内脏活动才能维持稳态。所以在人体发生适应性反应时，既要调节运动系统以完成一定的动作，又要调节内脏活动以保持稳态；而这些调节是由人体内三种调节机制来完成的，即神经调节、体液调节，以及器官、组织、细胞的自身调节，其中神经调节是人体内最重要的调节机制。

（一）神经调节

神经调节的结构基础是，中枢神经系统通过传入神经与各种感受器相联系，又通过传出神经与骨骼肌和内脏系统相联系。例如进食时，食物送入口腔后，一方面引起咀嚼运动，包括咀嚼肌以及舌部肌肉有节奏的、密切配合的舒缩运动，另一方面又引起唾液分泌与咀嚼相配合；与此同时，还引起胃腺、胰腺等分泌消化液，为食物进入胃和小肠继续消化做好准备。这些活动的发生，首先是由于食物刺激了舌和口腔黏膜的感受器，并通过传入神经将感受器兴奋所激发的神经冲动传入中枢神经系统，传到调节这些活动的神经元所组成的“食物”中枢，传入信息在中枢经过分析处理后，由中枢发出的神经冲动又将控制信息分别由不同的传出神经传送到咀嚼肌群和有关消化腺，最终产生协调一致的消化活动。又如，一条肢体因某种意外情况而受伤产生疼痛感觉时，一方面这条受伤的肢体将缩回，同时还伴有一系列调整姿势的动作以避免身体倾倒；另一方面还将发生心跳加快，呼吸活动加深或暂停，消化活动受抑制等一系列内脏活动的变化。这同样是由于痛觉感受器所激发的神经冲动将疼痛信息沿传入神经传入中枢相应部位，在中枢经分析处理后，由中枢发出的神经冲动将信息沿各传出神经分别送到有关的骨骼肌和内脏器官的结果。高等动物机体在中枢神经系统的参与下，对内外环境变化产生的适应性反应，称为反射。

反射是神经调节的基本方式。完成反射所必需的结构则称为反射弧。通常构成反射弧的五个环节是：感受器→传入神经→反射中枢→传出神经→效应器。按照这个传统概念，神经信息由感受器传到效应器，反射过程即告结束。实际上，人体内各种效应器上也都分布有特殊的感受细胞或感受器，能够将效应器活动情况的信息随时又传回到中枢，因而中枢能适时调整所发出的神经冲动，使各效应器活动能够准确、协调。例如在前述进食或创伤引起的反射中，各内脏活动和肢体动作，常能协调配合，分寸适当，这就是由于各效应器的活动或所产生的效应能够随时为某些感受器所感受，并形成神经信息传送到相应的中枢，中枢可据此随时调整效应器的活动。

人和动物的反射活动，又可进一步分为非条件反射和条件反射。非条件反射是生来就有的、比较固定的反射。在非条件反射中，刺激性质与反应之间的因果关系，是由种族遗传因素决定的。前面所举的两个例子都是非条件反射。条件反射是建立在非条件反射基础之上的，是人或高等动物个体在生活过程中根据个体所处的生活条件而"建立"起来的，因而刺激性质与反应之间的关系不是固定的，而且是后天获得的，也是灵活可变的。例如在动物实验中，狗吃食物时有唾液分泌，这是非条件反射；而某种声响则不能引起唾液分泌，但若在每次饲喂这条狗时，都预先或同时伴有这种声响，在声响与食物两种刺激多次结合以后，单有声响而不伴有食物也能引起唾液分泌。这就是在一定条件下，建立了由声响引起唾液分泌的反射，因而称为条件反射，声响则由"无关"刺激变成了条件刺激。如果以后声响又长期不与食物刺激相结合，声响将不再引起唾液分泌。通过建立条件反射，可以使大量无关刺激成为预示某些环境变化即将来临的信号，从而扩大了人或动物适应环境变化的能力。

（二）体液调节

体液调节主要是通过人体内分泌细胞分泌的各种激素来完成的。这些激素经血液运送到全身各处，主要调节人体的新陈代谢、生长、发育、生殖等重要的基本功能。因为激素通常通过血液运输到远距离的部位发挥作用，因而称为体液调节。

血液中激素的浓度大都是相对恒定的。这些激素所影响的组织或细胞的活动以及所产生的效应，也是相对稳定的。这样，机体才能保持稳态。例如人颈部的甲状旁腺，它分泌的甲状旁腺激素随血流运送到机体各部分骨组织，促使骨中的钙释放入血，增加血浆中的钙离子浓度。但另一方面，甲状旁腺又能感受血浆中钙离子浓度变化的化学信息，并根据这些信息相应地调节激素分泌的速度；血浆中钙离子浓度高，则甲状旁腺激素分泌减少。正是这种相互影响，使得血液中甲状旁腺激素和钙离子浓度均保持相对稳定。其他各种激素调节的过程可能复杂些，但基本原理是相同的，即激素的化学信息调节着效应细胞或组织的活动，同时，后者所产生的效应又通过不同途径调节着激素的分泌。一般可将各种内分泌腺体构成的内分泌系统看做是一个独立的调节系统，其中一部分内分泌腺或内分泌细胞可以感受内环境中某种理化成分或性质的变化，直接做出相应的反应。但是，不少内分泌腺本身直接或间接地受中枢神经系统的调节；在这种情况下，体液调节成了神经调节的一个环节，这种情况又称为神经-体液调节。

（三）自身调节

自身调节是指内外环境变化时，组织细胞不依赖于神经或体液调节而产生的适应性反应。例如，心肌收缩的强度在一定范围内与收缩前心肌纤维的长度成正比，即收缩前心肌纤维愈长，收缩强度愈大。又如，脑血管的血流量在理论上应取决于动脉血压的高度，但平均动脉压在一定范围内升降时，脑血管可相应地收缩或舒张以改变血流阻力，使脑血流量能保持相对恒定。一般来说，自身调节的调节幅度较小，也不十分灵敏，但对于生理功能的调节仍有一定意义。

自身调节常局限于一个细胞或一小部分组织之内，产生的效应与神经和激素调节相似，也常常是准确、稳定的。这种准确和稳定，看来也是通过原因和效果之间的相互影响来达到的。例如细胞内某一种酶的活性可影响某种物质的生成量，但该物质反过来又影响酶的活性，这就使该物质的浓度能通过对酶活性的调节而维持相对恒定。

第四章　健康体检

第一节　健康体检的概念和意义

一、健康体检的概念

中华人民共和国卫生部2009年8月5日颁布文件《健康体检管理暂行规定》(卫医政发〔2009〕77号),提出“健康体检是指通过医学手段和方法对受检者进行身体检查,了解受检者健康状况、早期发现疾病线索和健康隐患的诊疗行为。”

健康体检是用医学手段和方法进行身体检查,包括临床各科室的基本检查,及超声、心电、放射等医疗设备检查,还包括围绕人体的血液、尿便的化验检查。

健康体检是以健康为中心的身体检查。医学家一般认为,健康体检是指在身体尚未出现明显疾病时,对身体进行的全面检查,以便了解身体情况,筛查身体疾病。即应用体检手段对健康人群的体格检查,就是“健康体检”,或称之为“预防性体检”。

健康体检用于了解受检者健康状况,根据检查结果,明确有无异常体征,进一步分析这些异常体征的性质。有些异常体征本身就是生理性变异,可以定期复查,有些异常体征可能是疾病危险因素,需要通过健康促进手段去干预和纠正;而有些体征则就是疾病的诊断依据,需要进一步检查和确诊。

体格检查是医疗的诊断环节,是医疗的第一步,是针对症状或疾病及其相关因素的诊察手段。由于以往都是有病才去找医生,一般把以疾病诊治为目的的体检,称为“医疗性体检”。在办理入职、入学、入伍、驾照、出国、结婚、保险等手续时的体检,是为某项特定工作或行为的体检,称之为“社会性体检”。而针对未病、初病或将病的健康或亚健康人群的体检,属于健康体检。

随着食品安全和环境污染等问题的日益突显,人们越来越多的把注意力放在了自身健康情况的提前判断上,“有病早治、无病预防”的健康理念逐渐深入人心,从“患病求医”向“健康管理”的转变也已经成为21世纪世界医疗卫生体系的重要思想。因此,我国各地医疗卫生机构相继推出以“健康为中心”的体检服务以满足人们的需求。这些健康体检机构主要为健康人群提供体检服务,并且发展迅速,成为全国健康管理的重要组成部分,对我国医疗卫生事业的发展做出了重要贡献。

全国每年有近亿人进行体检,体检市场规模正以每年2位数的速度增长,其中高端消费市场以每年30%的速度递增。随着人们生活水平及保健意识的提高,人们越来越认识到日常保健、定期检查对于健康的重要性,作为健康产业中当前的热点,体检业务正在各地兴起，健康体检前景十分看好。

健康体检是在 20 世纪 40 年代首先在美国出现的。第二次世界大战后，人们需要健康，需要了解自己是否能够耐受致病因素的侵袭，怎样保持身体的健壮，是患病后的被动诊治，还是主动找医生检查，这些都成为人们的健康需求，因此，体检行业应运而生。1947 年美国医药协会首次提出了"健康体检"的概念，并郑重建议 35 岁以上的健康人，应每年做一次全面的体格检查。

二、健康体检的意义

(1) 健康体检能够早期发现疾病和影响健康危险因素。疾病是在损害性因素下发生内部调节机制紊乱的异常生命活动。定期体检，及早发现，可以对抗和抵制其异常活动，避免出现症状时的痛苦。

(2) 健康体检为受检者提供检查结果的客观描述和健康隐患的提示，对疾病的进一步检查明确方向。

(3) 定期健康体检，从视触叩听检查的结论中，发现新的异常体征，成为自我保健、主动健康的重要方式。

(4) 定期健康体检，从常规化验数据的量变中，查出身体质变的信息，有利于疾病的早期发现。

(5) 定期健康体检，可随着年龄的增长，补充新的项目、新的内容，实现早诊断、早治疗。

(6) 定期健康体检，可以寻找影响健康的不利因素，纠正不良生活方式的影响；指导修正自身调节机制，维持机体内外环境平衡。

(7) 健康体检还能节省医疗经济开支。从长远考虑，万一有病而未及时发现，将来花的钱要多得多，而且病痛更不是金钱所能计算的。

医学是在与疾病的长期斗争甚至是生死搏斗中出现并发展的。随着经济的发展，饮食和生活条件的改善，旧的疾病发生谱等已经成为过去。体力劳动强度的降低，工作节奏的加快，心理压力的增加，环境和致病因素的变化，使人们必须认识新的疾病。定期健康体检，及时早期发现异常体征，做出正确诊断和有效处理措施，及早防控疾病，为健康提供了超前保障，成为促进身心健康的必要手段。

健康是每一个体在身体上、心理上和社会上的一种完满状态。要维持这种状态，必须明了：

健康是自己的。定期全面健康体检，实现个体预防为主的目标。

健康是动态的。定期全面健康体检，不断优化生活方式，消除致病因素。

健康是社会的。定期全面健康体检，发现健康与环境、家庭和社会的相互关系。

健康是主动的：定期全面健康体检，了解自己的健康状态，采取最佳方式，提高免疫和抗病能力。

第二节　健康体检项目和类别

一、健康体检项目

根据卫生部有关文件精神，目前我国现行的健康体检项目如下：

(1) 一般形态：主要检查身高、体重、胸围差、腹围、臀围等，对照《中国成年人体质测定标准》，评估营养、形态发育等一般情况。

(2) 内科：主要检查血压、脉搏、心肺听诊、腹部触诊、神经反射等项目。

(3) 外科：主要检查皮肤、淋巴结、脊柱、四肢、肛门、疝等。

(4) 眼科：检查视力、辨色、眼底等。

(5) 耳鼻喉科：检查听力、耳疾及鼻咽部的疾病。

(6) 口腔科：包括口腔疾患和牙齿的检查。

(7) 妇科：已婚女性的检查项目，根据需要行宫颈刮片、分泌物涂片、TCT(液基薄层细胞学检查)等检查。

(8) 放射科：进行胸部透视，必要时加拍 X 光片。

(9) 检验科：包括血尿便三大常规、血生化(包括肝功能、肾功能、血糖、血脂、蛋白等)、血清免疫、血流变、肿瘤标志物、激素、微量元素等检查。

(10) 辅诊科：包括心电图、B 超(肝、胆、胰、脾、肾、前列腺、子宫、附件、心脏、甲状腺、颈动脉)、TCD(经颅多普勒超声检查)、骨密度等项检查。

二、健康体检类别

健康体检主要分为入学体检、入职体检、个人体检、团队体检、入伍体检和婚检等，根据各行业要求的不同，某些行业对人体的健康状况要求也不一样，比如，某些岗位不适合色盲等有先天性缺陷者工作，这使入职体检成了健康体检中的一个分类。个人体检一般都是出于自愿，随着生活水平的提高，很多人开始关心自己的身体健康，这类的体检叫做个人体检。

根据年龄，还可分为学生体检，青年体检，中年体检，老年体检等。

三、健康体检和医疗体检对比

健康体检与医疗体检在体检方法上，有很多共同之处，而在项目组合、科室构架、制度管理、体检结果处理等方面与医疗体检有很多不同，见表 4－1。

表 4-1　健康体检和医疗体检比较表

<table>
<tr><td rowspan="2">项　目</td><td colspan="2">不　同</td><td>相　同</td></tr>
<tr><td>健康体检</td><td>医疗体检</td><td rowspan="6">1. 医务人员的组成和一般检查方法相同。
2. 医疗设备和特殊检查方法相同。
3. 各种体检指标判定和评价标准相同。</td></tr>
<tr><td>体检对象</td><td>健康人群</td><td>患者</td></tr>
<tr><td>体检目的</td><td>预防或疾病筛查</td><td>明确诊断或疗效评估</td></tr>
<tr><td>体检项目</td><td>根据体检类别分别设计</td><td>根据临床需要有针对性进行</td></tr>
<tr><td>体检结果</td><td>形成体检报告(给受检者)</td><td>病历组成部分(一般不给患者)</td></tr>
<tr><td>体检场所</td><td>体检中心</td><td>各临床科室</td></tr>
</table>

第三节　体检注意事项

体检注意事项如下：

(1) 体检前一天忌酒，限高脂高蛋白饮食，避免使用对肝肾功能有影响的药物。

(2) 检查前 3～5 天饮食宜清淡，勿食猪肝、猪血等含血性的食物，检查前一日晚上十二点以后，请完全禁食(包括饮水)。

(3) 做 X 线检查时，宜穿棉布内衣，勿穿带有金属钮扣的衣服、文胸；请摘去项链、手机、钢笔、钥匙等金属物品。怀孕及有可能怀孕的女性受检者，请先告知健检服务人员，慎做 X 光检查。

(4) 抽血及肝、胆 B 超须空腹进行；做膀胱、前列腺、子宫、附件 B 超时，须憋尿；如无尿，需饮水至膀胱充盈。

(5) 女性生理期，不宜作妇科检查及尿检；做妇科检查前应排空膀胱；乳腺远红外线复查最好选择在生理期后一周内；未婚女士不宜做妇科检查，有特殊需求者要签署相关协议(告知书)方可进行相应检查。

(6) 内科体检前，请先测血压、身高、体重。

(7) 检查当天需抽完血、做完上腹部超声检查后，方可进食、饮水。

(8) 体检项目中有热成像项目时，检前须排空便、尿，还须禁饮食。

(9) 体检当日穿着要求：穿脱方便的服装、鞋袜，最好不佩戴项链等，女性的文胸不要带钢托，不要穿带金属亮片的内衣。

附件：

普通高等学校招生体检工作指导意见

一、患有下列疾病者，学校可以不予录取

1. 严重心脏病(先天性心脏病经手术治愈，或房室间隔缺损分流量少，动脉导管未闭返流血量少，经二级以上医院专科检查确定无需手术者除外)、心肌病、高血压病。

2. 重症支气管扩张、哮喘、恶性肿瘤、慢性肾炎、尿毒症。

3. 严重的血液、内分泌及代谢系统疾病、风湿性疾病。

4. 重症或难治性癫痫或其他神经系统疾病；严重精神病未治愈、精神活性物质滥用和依赖。

5. 慢性肝炎病人并且肝功能不正常者(肝炎病原携带者但肝功能正常者除外)。

6. 结核病除下列情况外可以不予录取。

(1) 原发型肺结核、浸润性肺结核已硬结稳定；结核型胸膜炎已治愈或治愈后遗有胸膜肥厚者。

(2) 一切肺外结核(肾结核、骨结核、腹膜结核等)，血行性播散型肺结核治愈后一年以上未复发，经二级以上医院(或结核病防治所)专科检查无变化者。

(3) 淋巴腺结核已临床治愈无症状者。

二、患有下列疾病者，学校有关专业可不予录取

1. 轻度色觉异常(俗称色弱)不能录取的专业：以颜色波长作为严格技术标准的化学类、化工与制药类、药学类、生物科学类、公安技术类、地质学类各专业，医学类各专业；生物工程、生物医学工程、动物医学、动物科学、野生动物与自然保护区管理、心理学、应用心理学、生态学、侦察学、特种能源工程与烟火技术、考古学、海洋科学、海洋技术、轮机工程、食品科学与工程、轻化工程、林产化工、农学、园艺、植物保护、茶学、林学、园林、蚕学、农业资源与环境、水产养殖学、海洋渔业科学与技术、材料化学、环境工程、高分子材料与工程、过程装备与控制工程、学前教育、特殊教育、体育教育、运动训练、运动人体科学、民族传统体育各专业。

2. 色觉异常 II 度(俗称色盲)不能录取的专业，除同轻度色觉异常外，还包括美术学、绘画、艺术设计、摄影、动画、博物馆学、应用物理学、天文学、地理科学、应用气象学、材料物理、矿物加工工程、资源勘探工程、冶金工程、无机非金属材料工程、交通运输、油气储运工程等专业。专科专业与以上专业相同或相近专业。

3. 不能准确识别红、黄、绿、蓝、紫各种颜色中任何一种颜色的导线、按键、信号灯、几何图形者不能录取的专业：除同轻度色觉异常、色觉异常 II 度两类列出专业外，还包括经济学类、管理科学与工程类、工商管理类、公共管理类、农业经济管理类、图书档案学类各专业。不能准确在显示器上识别红、黄、绿、蓝、紫各颜色中任何一种颜色的数码、字母者不能录取到计算机科学与技术等专业。

4. 裸眼视力任何一眼低于 5.0 者，不能录取的专业：飞行技术、航海技术、消防工程、刑事科学技术、侦察。专科专业：海洋船舶驾驶及与以上专业相同或相近专业(如民航空中交通管制)。

5. 裸眼视力任何一眼低于 4.8 者，不能录取的专业：轮机工程、运动训练、民族传统体育。专科专业：烹饪与营养、烹饪工艺等。

6. 乙型肝炎表面抗原携带者不能录取的专业：学前教育、航海技术、飞行技术等。专科专业：面点工艺、西餐工艺、烹饪与营养、烹饪工艺、食品科学与工程等。

三、患有下列疾病不宜就读的专业

1. 主要脏器如肺、肝、肾、脾、胃肠等动过较大手术，功能恢复良好，或曾患有心肌炎、胃或十二指肠溃疡、慢性支气管炎、风湿性关节炎等病史，甲状腺机能亢进已治愈一年的，不宜就读地矿类、水利类、交通运输类、能源动力类、公安学类、体育学类、海洋科学类、大气科学类、水产类、测绘类、海洋工程类、林业工程类、武器类、森林资源类、环境科学类、环境生态类、旅游管理类、草业科学类各专业，及土木工程、消防工程、农业水利工程、农学、法医学、水土保持与荒漠化防治、动物科学各专业。专科专业不宜就读烹饪工艺、西餐工艺、面点工艺、烹饪与营养、表演、舞蹈学、雕塑、考古学、地质学、建筑工程、交通土建工程、工业设备安装工程、铁道与桥梁工程、公路与城市道路工程、公路与桥梁工程、铁道工程、工业与民用建筑工程专业。

2. 先天性心脏病经手术治愈，或房室间隔缺损分流量少，动脉导管未闭返流血量少，经二级以上医院专科检查确定无需手术者不宜就读的专业同第三部分第一条。

3. 肢体残疾(不继续恶化)，不宜就读的专业同第三部分第一条。

4. 屈光不正(近视眼或远视眼，下同)，任何一眼矫正到 4.8 镜片度数大于 400 度的，不宜就读海洋技术、海洋科学、测控技术与仪器、核工程与核技术、生物医学工程、服装设计与工程、飞行器制造工程。专科专业：与以上相同或相近专业。

5. 任何一眼矫正到 4.8 镜片度数大于 800 度的，不宜就读地矿类、水利类、土建类、动物生产类、水产类、材料类、能源动力类、化工与制药类、武器类、农业工程类、林业工程类、植物生产类、森林资源类、环境生态类、医学类、心理学类、环境与安全类、环境科学类、电子信息科学类、材料科学类、地质学类、大气科学类及地理科学、测绘工程、交通工程、交通运输、油气储运工程、船舶与海洋工程、生物工程、草业科学、动物医学各专业。专科专业：与以上相同或相近专业。

6. 一眼失明另一眼矫正到 4.8 镜片度数大于 400 度的，不宜就读工学、农学、医学、法学各专业及应用物理学、应用化学、生物技术、地质学、生态学、环境科学、海洋科学、海洋技术、生物科学、应用心理学等专业。

7. 两耳听力均在 3 m 以内，或一耳听力在 5 m 另一耳全聋的，不宜就读法学各专业，外国语言文学各专业以及外交学、新闻学、侦察学、学前教育、音乐学、录音艺术、土木工程、交通运输、动物科学、动物医学各专业，医学各专业。

8. 嗅觉迟钝、口吃、步态异常、驼背，面部疤痕、血管瘤、黑色素痣、白癜风的，不宜就读教育学类、公安学类各专业以及外交学、法学、新闻学、音乐表演、表演各专业。

9. 斜视、嗅觉迟钝、口吃不宜就读医学类专业。

此部分内容供考生在报考专业志愿时参考。学校不得以此为依据，拒绝录取达到相关要求的考生。

四、其　他

1. 未列入专业目录或经教育部批准有权自定新的学科专业，学校招生时可根据专业性质、特点，提出学习本专业对身体素质、生理条件的要求，并在招生章程中明确刊登，做好咨询解释工作。

2. 公安类普通高等学校招生体检按公政治[2000]137 号文件执行。

3. 中国人民解放军院校招收学员体格检查按[1997]后联字 2 号文件执行。

第五章　青年期的生理与心理特征

第一节　青年期的生理特征

一、人类生命阶段的划分

世界卫生组织将10～20岁定为青春期。青春期又分为青春前期(10～14岁)和青春后期(15～20岁),青春前期为发育迅猛阶段。青春后期将进入生理成熟期,是生长发育逐渐缓慢阶段。我国一般把人的一生分为胎儿期(受孕～分娩)、乳儿期或婴儿期(0～1岁)、幼儿期(1～6岁)、童年期(6～10岁)、少年期(10～14岁)、青年初期(14～18岁)、青年中期(18～23岁)、青年晚期(23～28岁)、成年期(28～60岁)、60岁以后进入老年期。

目前中国大学生一般在20～23岁,已步入青年中期阶段。大学生形态发育经过人生青春期生长发育的第二期后,无论是人体的外形或内脏器官,都发生了重大的变化。身体迅速发育增长,体力与活动能力急剧上升,出现了成年人的标记,形成了青春期形态发育的特点,这是一个相当复杂的变化过程(图5-1)。

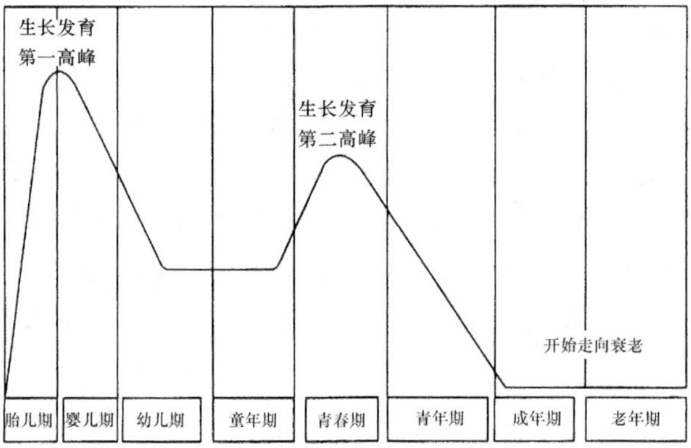

图5-1　人类生长发育过程示意图

二、青年期的基本特征

青春期是生理发展的时期,生理急剧发展是青年期不同于其他人生阶段的最重要特征,个体的身高、体重、骨骼、内脏、性器官等生理发育十分显著。就女生而言,开始有月经;就男生而言,开始有射精现象。女生的卵子与男生的精子日渐成熟。但个体的发育是有差异的。年龄虽不能真正代表个体的发展与成熟程度,但人类的发展成熟事实上是受遗传基因控制,到一定年龄时即会发育到达某种程度。

由少年到成年之间的过程,是一个连续的、有高峰的、不断发展的过程,同时又是人生发展过程中的蜕变、转折和转型期。

青年是人生发展的自我辨认与认定的重要时期,尤其是性别角色学习与分化的关键时期。此期不顺利者,将阻碍人生的进程。

青年期有一定的范围特点,见表 5－1。

表 5－1　青年期的范围特点

发展层面	青年初期	青年末期
生理	发育增长期	生理与性达到成熟状态,如具有生理能力
情绪认知与就业	开始减少对父母的信赖,独立自主	达到自我修正的个人认定状态,并且情绪自主
认知与就业	开始作逻辑思考、掌握解决问题及作决定的技能	能够逻辑思考与自主地作决定
人际	由父母转至同伴	增加对同代成人的亲密度
社会	开始进入个人、家庭与工作角色中	拥有成人的权利与责任
教育	进入中学	中学或大学毕业
宗教	准备确认,受洗或接受成人礼	在宗教社区中,获得成人地位
法律	到达青少年法定年龄	到达成人法定年龄
文化	开始接受仪式与庆典的训练或作相关准备	完成仪式与庆典

三、青年期的生长发育

从生物学上说,人体发展可分为三个阶段:生长发育阶段、相对稳定阶段和衰老退化阶段。从人体产生到成熟,大约 20 多年,称为生长发育阶段。生长是指人体细胞和细胞间质的数量和大小的增加,是一个量变的过程。发育是指在量变基础上导致的人体器官和组织的分化、结构的完善和机能的成熟,又称为质变过程。生长和发育这两个过程,是相互联系、相互促进的过程,生长导致发育,发育进一步促使生长,并由此形成个体生长发育的两个大高峰。第一高峰处于婴幼儿期,第二个高峰便是在青春期。青年的生长发育,集中体现在以下几个方面的变化上。

(一) 身体形态和功能的变化

身体形态和功能主要包括身高、体重、体形(宽度和围度)、心肺功能等方面的变化。

(1) 女性在 9～10 岁时身高、体重、肩宽、骨盆宽的发育水平超过同龄男性,15 岁左右男性各项发育水平超过同龄女性,18 岁左右男性的上述四项指标绝对值超过女性,形成男子身材较高,肩部较宽,而女子身体丰满,髋部较宽的身体特征。

中国城市青年身高平均 10 年增长 2.21 cm,2005 年上海市男性平均身高 175.5 cm,女性平均身高163.1 cm。南北、东西、城乡都有差异。

(2) 女性骨骼比男性轻20%，肌肉重量约为男性的60%，女性承受力和耐力比男性差。中国青年(18～25岁)的平均体重分别为男性61 kg，女性53.5 kg。

(3) 心脏迅速增大，心肌变厚，心、肺功能提高。在青春期心脏重量、容积增高约1.5倍，心排血量增加约1.5倍，血压、心率更加稳定。

(二) 脑形态与功能变化特点

(1) 从兴奋过程强于抑制过程，发展到兴奋与抑制达到平衡；

(2) 从第一信号系统占优势，发展到成年期第二信号系统占优势；

(3) 脑的体积和重量接近成人，脑发育基本成熟；

(4) 脑功能产生很大变化，记忆力、理解力、思维能力都有大幅度提高，求知欲旺盛。

青年期脑形态与功能变化情况如表5-2所列。

表5-2 脑形态与功能的变化

阶段	代表年龄/岁	脑重量/g	占成人脑重百分比/%	作用
出生		350	25.00	
3～10月	0.5	700	50.00	直观行为思维
2～4岁	2.5	1050	75.00	具体形象思维
6～8岁	5	1260	90.00	形象抽象思维
10～12岁	10	1330	95.00	经验型抽象逻辑思维
14～15岁	女18～20	1300	100.00	理论型抽象逻辑思维
14～15岁	男25～30	1400	100.00	

(三) 内分泌系统的变化

人体内分泌活动既受中枢神经的调节，又受各内分泌腺之间的相互作用，形成三个层次，见表5-3。

表5-3 内分泌系统的变化

激素名称	英文缩写	分泌腺体	对人体的作用
1. 促性腺激素 促卵泡激素 黄体生成激素	Gn FSH LH	脑垂体(前叶) 脑垂体 脑垂体	女性卵巢泡的生长 ① 促女性排卵；② 卵巢黄体形成
2. 生长激素	GH	脑垂体	① 蛋白质合成；② 骨骼的发育；③ 减少脂肪
3. 肾上腺皮质	ACH	肾上腺	① 调节三大代谢；② 促进肌肉生长
4. 睾丸酮 (雄激素)	T	睾丸 肾上腺 (DNH)	① 雄性器官的发育；② 精子的生成与成熟；③ 第二性征(男)；④ 延长寿命；⑤ 蛋白质合成和造血；⑥ 性欲

续表 5-3

激素名称	英文缩写	分泌腺体	对人体的作用
5. 雌激素	E	卵巢 肾上腺	① 雌性器官的发育；② 卵子的生长；③ 第二性征(女)；④ 性欲
6. 孕激素	P	卵巢	① 子宫内膜的增长；② 乳腺的生长；③ 抑制子宫的运动；④ 抑制排卵
7. 甲状腺素	T	甲状腺	① 促进新陈代谢；② 维持神经稳定性；③ 促进性腺的发育

第一层次：下丘脑(中枢神经部分)分泌各种促内分泌腺释放因子作用于脑垂体。

第二层次：脑垂体分泌各种相应的促内分泌腺激素作用于其他各种内分泌腺(肾上腺、甲状腺、性腺)。

第三层次：由各种内分泌腺分泌相应激素进入血液(淋巴)作用于人体各部分。

内分泌系统变化的特点如下。

(1) 卵巢和睾丸都能产生雄激素和雌激素，男性以雄性激素为主，也有少量雌激素；女性以雌性激素为主，也有少量雄激素。女性血液中睾丸酮约为男性的1/6。

(2) 除了性腺、睾丸、卵巢分泌雄、雌激素外，肾上腺也能分泌雄性激素和雌性激素。男女的体毛是靠雄激素来维持的。调节失衡，会出现多毛或无毛现象。

(3) 青春期前身高只由生长激素和甲状腺素来维持，身高的突增是由睾丸酮增加引起的。女性身高还与肾上腺雄性激素有关。

(4) 还有其他激素参与协同或拮抗作用。

(四) 生殖系统形态及功能的变化

这是人体最后发育的一个系统，重点是性发育及性心理的变化。

(1) 男性性成熟的器官是睾丸，其发展顺序是：激素平衡改变→骨骼开始生长→生殖器增大→长出直的阴毛→声音变化→出现遗精→阴毛卷曲→生长达到高峰→生出胸毛、腋毛→声音低沉→长出胡须。

(2) 女性青春期的第一信息就是乳房发育，卵巢是女性最主要的性器官。女性性成熟的发展顺序是：激素平衡改变→骨骼开始快速增长→乳房发育→长出直的阴毛→身体生长达到高峰→阴毛卷曲→初潮→腋毛出现。

四、青年期生理发展障碍

(一) 生理发展常见问题

(1) 身高过高或过矮。原因有种族、遗传、营养、经济水平、体育锻炼、疾病、社会经济、战争、发育的早晚等。一般来说，世界文化中，都期望男性愈高愈好，身材不高的男生通常面临很多困扰。女性身体被社会容纳领域较大，但成年女性身高超过男性也会带来压力。各种文化中的男性通常不太喜欢与比自己高的女性交往，但特殊行业例外，如时装模特。

(2) 身体过胖或过瘦。同等情况相比,女性比男性更注意自己的体重。由于女性发育较男性早,再加上脂肪沉积,青春期女性身材轻度发胖属正常生理现象。产生肥胖症的青少年常常伴随许多心理问题。同样,体重过轻也会形成烦恼,大多有自卑心理,男性怕别人说自己没有男子汉气,女性怕说自己胸部不丰满等。同等情况,太瘦的男性比女性面临困难更多。

(3) 青春痘(痤疮)的问题。易发生在16～29岁的青少年身上,大约80%的人在此期间会患痤疮,形成原因有:内分泌影响、毛囊阻塞、细菌破坏、皮肤发炎、免疫功能失调等,主要长于面、胸、背部。目前没有彻底的根治办法。

(4) 青年期各种病痛。有头痛、牙痛、感冒、胃肠不适、近视眼等,以头痛常见,其形成的原因有:心因性、血管性、症状性,有的是生理性,以女孩多见,如神经官能症。

(二) 生理发展障碍的指导原则

(1) 适当的营养改善,不要暴饮暴食,也不要过度节食,多增加蛋白、蔬菜、水果等饮食。

(2) 适当的身体锻炼,既可减肥又可增胖,还可以缓解心理紧张,减轻症状。

(3) 心理咨询,认知自己的心理状态,发挥身体优势,以补偿自己生理缺陷或不足。

(4) 保证睡眠,有良好的休息,才能有良好的精神状态。

(5) 改善人际关系,让大家更好地适应你,使你感到不孤独。

(6) 较严重的生理障碍,排除器质性病变,可行手术减肥及药物治疗等。

第二节　青年期的心理特征

一、青年期的心理发展特征

青年是一个处于过渡期的群体,其心理的发展正是“暴风骤雨”的时候。他们能够认识自我、体验自我,其自我意识逐步成熟;他们思维灵活、见解敏锐、具有较强的创造性和批判意识,智力水平达到高峰阶段;他们重视友谊、交往密切、注重修养,情感日益丰富多彩;他们能够自觉行动、毅力坚强,能够克服困难,意志品质不断增强,等等,从而促使了青年的心理成熟和人生观的基本构筑。这些特点集中表现在青年自我意识的形成和青年心理特征的发展变化上。

(一) 青年自我意识及意义

青年对自我的认识和理解的发展,使青年的自我意识有了更深的含义。自我是指个体对自己的理想、情感与态度等的总和,即个体对自己的整体看法。可表现为以下几个方面。

(1) 青春期自信心和独立性迅速发展。青春期是人一生中最宝贵、最富有朝气的时期,也是个性形成和发展的重要阶段,出现了成人感,向往独立自主的学习和生活。

(2) 更全面、更深刻地关心自己。青少年早期最关心自己身体的变化和形象。女孩最关心的是自己的月经，还关心自己长得漂亮不漂亮。而男孩关心自己能否长高，希望自己长得潇洒，等等。他们非常关心自己的前途，能够把自己的前途与国家的需要联系在一起。有一部分青年还非常关心自己的生活，希望能交一个理想的异性朋友作为终身伴侣；有的非常注意自己在同学当中的形象和气质，有的非常关心自己的身体健康。

(3) 自尊心增强。青春期的青年，由于学到的知识日益丰富，各种能力不断增强，并显示出自己一定的才华，在同学中的地位提高了，自尊心明显增强。如果能把自尊心作为自己奋发努力的动力，会使自己的意识不断走向健康、成熟。自尊和尊重别人应是人健康的心理，往往与品质相联系。

(二) 青年的心理特点

(1) 阶段性。青年本身的特点决定青年是一个发展阶段，而不是以统一的年龄为依据的，而是以个体的生理、心理和社会三方面成熟程度为标准。青年期的年龄下限，是从个体性器官的成熟开始，其年龄上限，则以心理与社会发展成熟为止。因此青年心理的特点，具有鲜明的时间阶段性。

(2) 连续性。青年是儿童与成人间的过渡阶段，尽管其心理有其他独特的品质，但是其心理从心理背景承接了幼年的心理发展的基础，同时，青年的心理变化又将成为成年人心理演变的最直接的前提条件，心理的发展是一个连续的过程，也可以说是意识流，承上启下。

(3) 矛盾性。矛盾性是青年(包括大学生)最富个体化的特征，也是青春期心理的显著标志。处于青年期的青年，其身心发展呈不平衡状态，幼稚与成熟、开放与闭锁、独立与依赖、自负与自卑、理想与现实等特点同时并存。这主要是由于青年的生理发展超前，心理发展相对滞后，而导致主我与客我的矛盾。但是矛盾是发展的结果，同时促进了青年的发展。

(4) 差异性。由于每一个青年个体发展的生物、生理、自然环境、社会环境、文化传统、教育、营养等多种因素的不同，决定了每一个体的成长也不是同步的，因此他们的生理、心理发展就会形成较大的差异，从而使青年各具特点。

(5) 情绪性。由于青年的神经机制还未完全成熟，其兴奋与抑制常常处于不稳定状态，再加上青年性心理的发育，使青年的情绪处于波动状态，有人称之为“情感风暴期”，青年爱美、喜欢新生事物，追求光明与理想，充满了正直和真诚，但同时又容易出现偏激、冲动、不满、牢骚等急性情绪，使青年期心理像大海波涛，起伏不定，汹涌澎湃。

二、青年期心理发展的指导原则

(1) 为青年提供参与的机会。根据每个人的实际情况，为他们创造一些参与社会的机会，如家教、社会募捐、义务劳动、试验小组、社团活动等。

(2) 承认青年内在的潜力。接纳青年，承认青年，注重他们积极、优势、特点的一面，以鼓励、引导为主。

(3) 培养青年的挫折意识。让青年自己去分析自己的缺点,并尝试做一些吃亏、有压力、失败的小试验,使青年具有一定的承受挫折的能力。

(4) 建立自我鼓励的奖励机制。对青年人有价值的行为给予肯定,同时让他们自己去尝试新的竞争,给自己以鼓励,让他们自己奖励自己。

(5) 训练适应社会的技巧。辅导培养青年以微笑、问候、关怀、谈话、表达等去关心周围的人,从中学会一定的社会技巧。

(6) 确立个体化的辅导方式。激励优秀青年,带动普通青年,关怀帮助落后青年,用不同的方法开展不同的辅导。

第六章　大学生心理健康

第一节　心理健康的概念及标准

一、心理健康的概念

人体本是生理与心理的统一体，健康的意义不仅在于生理方面，在心理方面也是极为重要的。健康是一个系统的、整体的概念，而心理健康是健康中重要的部分。世界卫生组织规定心理健康为：心理和社会适应方面的健全与最佳状态。包含和谐的人际关系、正确的自我评价和自我评价情绪体验，正视现实、人格完整等。

二、心理健康的标准

关于心理健康的标准，中外学者专家诸多见解都有一定的正确性。但是抛却人们生活的时代、环境、社会状况、文化层次、政治和经济地位而强求统一的标准，则是不科学的态度。心理健康的人应具有正常的智力和逻辑思维，积极稳定的情绪，坚强的意志，良好的性格，应激反应适度，心理与行为相协调等特征。评价心理健康大体包括以下几个方面。

（一）自我意识

自我意识是个体对自己的认识和评价，在头脑里确定“自我”的形象，它反映个人对自己的态度，是心理健康的重要过程。人是在个人与现实环境的相互关系中，在个人的实践活动中来认识自己的。一般正常的人对自己的认识，即关于“自我”的形象，是比较接近现实的，即所谓有“自知之明”。在认识自己的同时，还要有相应的评价伴随着某些情绪体验，如对自己的长处和优点感到欣慰，并产生的自豪感，但又不至于狂妄自大；同时对自己的弱点、缺点既不回避迁就，也不感到不可容忍和自暴自弃，而是持积极的态度来对待自己。这被称之为“自我接纳”。大学生在入学不久就要经历一次自我观察、自我认识、自我判断和自我评价的过程。在接受那些不可避免而又令人不安的现实过程中，在不断调整“现实我”与“理想我”的差距中得到自我观念的完善，建立起明确的自我意识。

（二）人际关系

建立良好的人际关系是与外界正常交往的必要条件，也是心理健康的标志。心理健康的人都有正常的交往活动，没有人天生喜欢孤独，长期的离群索居，会使人性格变态。性格孤僻者一般不愿主动与人交往，缺乏彼此间的交流，不仅影响集体间交往的效果，更影响个人活动的积极性和学习效率。良好的人际关系的建立有赖于个体自己、对他人以及两者之间关系的正确认识和评价。个体在集体中有一种稳定感和归属感，从而增强自信心和克服困难的能力。能"接纳自我"，又能"接纳别人"，才能与别人友好相处，达到人际关系的和谐。只有懂得怎样尊重别人的人才会得到别人的尊重。在现实生活中，不论是现代化大工业生产、科研或是一般社会工作都需要协同合作，良好的人际关系往往是成功的重要保证。

（三）生活态度

一个心理健康的人，不会因工作、学习或生活中的失败和不胜任而经常产生困惑、焦虑、绝望等情绪障碍，而是能动地致力于自己所从事的活动，并能从中得到乐趣。即使遇到困难和阻力，也能设法克服和排除，直至取得成功，在活动中显示出效率，从成功中体验到自尊、自信等。因此，一个心理健康的人对待工作、学习和生活的态度是积极的，富有建设性的，这需要个体具备正常的智力水平和良好的意志品质。

（四）适应能力

心理健康者应当能适应自己所处的各种环境，这包括正确认识以及正确处理个人和环境之间的关系。在人们所处的各种环境当中，较为复杂的是社会环境，要了解个人在周围环境中的地位和各种社会规范，要自觉地用社会规范来约束自己，使个人行为符合社会规范的要求，而不致发生越轨行为。心理反应在某些方面体现了一个人的性格，而高度的文化素养和道德修养又能改善心理反应的过激或不足，提高适应各种环境的能力，特别是不断变化的各种人际关系。

（五）自控能力

心理健康者在一般情况下，其内部心理结构总是平衡和协调的，既有适度的情绪反应，又不为消极情绪所驱使而导致情绪的失调。在一般情况下都能保持比较稳定的心境，清醒的头脑和控制行为的自觉性，并且积极的情绪总是居于优先地位。这样就会经常保持愉快、乐观、满足等积极的情绪体验，对其适应环境及活动效率形成一个良性循环。

（六）行为特点

心理健康者的心理活动随着年龄增长而不断变化，虽然个体间存在一定的差异，但不应超出一定的限度。目前的大学生正处于青年的初期和中期，个性已基本形成，而且精力旺盛，兴趣广泛，富有理想和朝气，认识能力强，记忆力已达顶峰，情感丰富热烈，思想活跃，行为协调，逻辑思维比较规范。但情绪容易波动，要注意正确引导，多接受一些正面教育，充分发挥个体的优势，加强同学间的思想交流，培养良好的行为。

（七）性心理

性心理的形成是人体发育成熟的重要标志之一。健康的性心理是受理智控制和调节的，是区分人类和其他动物的重要标志，是受社会环境和道德规范约束的。失去约束就是病态心理，两性交往在大学生中应该摆脱低级趣味，伴随文化知识的加深以及对性知识的了解，高雅适度的两性交往对自己及社会都是一种美好的事物。

第二节　大学生心理问题及产生原因

新生入学适应是迈进大学校门的新生都要经历的第一难关，时间长短因人而异，一般为一个学期左右。处在这一阶段的大学生，面临着从中学生活到大学生活的急剧变化。环境角色、人际关系、生活方式和学习方法都发生了变化，经过一段时期的调整适应后，大学生进入稳定发展阶段，这是大学生活最主要、最长久的时期，这时大学生自我认识进一步深入，人际交往增多，一些大学生还建立了较稳定的恋爱关系。大学生活后期进入了就业准备阶段，这是大学生从学校向社会的过渡时期。但在大学期间，群体中各种心理问题普遍存在，现已引起全社会的高度关注。

一、常见心理问题

1. 新生发展性危机

自我认识的落差造成了强烈的失落感，生活上难以适应，人际关系紧张。每年九月，对于刚迈入大学校园的学生来说意味着人生又开始了新的历程，他们对周围的一切充满了幻想。然而随着军训、专业课的初步接触，曾经在脑海中憧憬了无数次华丽的大学梦逐渐在现实中降温，他们渐渐感到大学校园并不是他们心目中想象的那样，而是学习紧张、生活枯燥、亲人远离、人际关系复杂。在高手如云的集体内，昔日那种“鹤立鸡群”的优越感已荡然无存，无形中在心理上产生了一种失落感。另一方面，多数同学首次住校，一切生活琐事都需要自理，于是便会出现对生活环境的不适应。这些都会给习惯以自我为中心、不懂体谅他人的新生带来适应压力。

2. 学习焦虑

经过一段时间的学习和生活，一些学生对于大学的学习方式不得要领，多门功课成绩不理想；也有一些学生由于没有明确的发展定位，逐渐失去了学习动力，成绩步步下滑。同时由于大学与中学教学方法的不同，学生们的外在压力陡然减轻，随之而来的负面作用是学习热情的消失，睡懒觉司空见惯，很多人便开始挥霍时间和精力，学习成绩一降再降，焦虑和抑郁心理随之而生。

如果不能及时制定适合自己的学涯、生涯规划，调整学习方法，就无法顺利完成每学期的学习要求，部分同学的自我定位逐渐丧失，自卑、焦虑和抑郁心理进一步加重，甚至采取沉迷于网络等自我逃避的方式，自暴自弃。

3. 情感困惑

人际交往不适导致严重的孤独感，同时情感导向的偏差引发情感危机。由于心理发展的不成熟性、缺少社会经验和人生阅历，相当一部分大学生不能准确地认识自己，给自己一个较合理的定位，从而出现自我认识偏差。一是高估自己，自以为是，在人际交往中骄傲自大、以自我为中心，强求别人的认可和尊重。二是自我意识偏低的同学则滋生自卑感，消极退缩，自我封闭，在人际交往中由于过分地倾向于自我防护而陷入孤立的境地，产生严重的孤独感。当封闭的内心不能承受高压时，他们又变得暴躁易怒、愤世嫉俗，甚至倾向于采取攻击行为。

另一方面，伴随着年级的升高，同学间熟悉度的加强，大学生班级集体意识趋于下降，个人意识以及小团体意识占主流，很多同学渐渐不再与身边的同学和老师真诚交流，出现孤独感。很多人选择用恋爱的方式来排遣。大学期间的恋爱，感受力很强，成功率很低。大学校园里的恋爱往往只重过程，不重结果。所谓“不在乎天长地久，只在乎曾经拥有”便是他们的心声。这种不成熟的恋爱观，造成了大学生不可回避的情感危机甚至失恋和多角恋。因此出现的极端行为案例时有发生。

4. 择业彷徨

就业压力和社会环境不适应易产生挫折感。在大学四年中，临毕业的学生似乎最珍惜时光。毕业生在临别之前，很多人都有一种失落感，回首望一望校园，大有“子在川上曰，逝者如斯夫”的心境。虽然绝大多数同学经过几年的专业学习和心理发展具备较为稳定的人生观、丰富的知识、良好的心理自我调控能力，但也有少数学生因在学业或求职中遇到挫折，产生种种心理问题或悲观失望，无所适从。

二、心理问题产生原因

1. 群体意识缺乏

进入大学后，同学们的交际需求有了很大的提升，渴望着与他人建立良好的人际关系。然而受交往范围和技巧的限制，出现了障碍而陷入交往的误区。正是由于这种高期望值与低成果之间的巨大落差，造成了他们心理上的苦闷。

目前，独生子女群体已成为当今大学生的主体。成长中的教育不当造成了一些负面效果，如任性自私，为所欲为，缺乏集体感与合作精神，独立生活能力缺失。这些势必会给同学间的相处带来隔阂，由此便产生自闭偏执等心理问题。另一方面因无倾诉对象，有问题的学生更会加重心理压力，逐渐变得性格更加孤僻，人际关系敏感、对人有敌意，形成忧郁症、交际恐慌症等心理疾病。

2. 网络依赖

不少大学生一方面因交际困难、无所事事而在网络的虚拟世界里寻找心理满足，另一方面也被网络本身的精彩深深吸引。所以，有些大学生对网络的依赖性越来越强，有的甚至染上网瘾，每天花大量时间泡在网上，沉湎于虚拟世界，自我封闭，与现实生活产生隔阂。

3. 学习压力

相当一部分学生所学专业非所爱，使他们长期处于冲突与痛苦之中；课程负担过重，学习方法不得当，精神长期过度紧张也会带来压力；另外还有参加各类证书考试及考研所带来的应试压力等。精神长期处于高度紧张的状态下，极可能导致大学生出现强迫、焦虑甚至是精神分裂等心理疾病。由于大学和高中阶段的学习规律不同，一些学生在进入大学后，未能及时运用自觉、自立、自主、创造的大学学习方法而导致考试不及格，从而导致自信心下降，继而带来的心理症状如焦虑、抑郁、强迫、考试恐惧等。

4. 情感矛盾

大学生情感十分丰富，但弱点明显，内心细腻，外表敏感，情绪具有较大的波动性，但爱情强烈的体验欲极强。每个大学生都明白，大学是缺乏成熟恋爱条件的，如经济上实力不济，双方都存在变化发展的可能，未来工作的不确定性等。然而爱情又是大学生的生理和心理上的强烈需求。这种情感矛盾也是心理问题产生的重要因素。另外，因失恋引发的心理疾患屡见不鲜。

第三节　心理健康的维持

一个人的心理健康直接影响一个人的身体健康，也影响一个人的理想、信念和人生观，甚至影响一个人的成材。作为现代的大学生，要以新的姿态去面对新世纪，必须具有健康的心理素质。健康心理的维护是现代人所必须注重的一种心理教育内容，也是预防心理异常的最好方法。维护心理健康的基本原则和途径如下。

一、保持良好的自我意识

自我意识是指个体对自己本身以及自身与客观世界关系认识的心理状态和过程。良好的自我意识，不是那种自我感觉良好，而是理性地认识自己，其实质是自知自爱。要正确地看待自己，最好从历史、现实和未来三维角度来看自己。对自己的成长历程予以肯定，从中找出自己发展的优势人格特质，增强对生活的自信心。那些在恶劣环境中成材的大学生，比那些拥有优越生活条件成长的大学生，更有理由拥有奋斗的自豪、拼搏的勇气和成功的自信。客观地评价自己，善于接纳自己，倾听朋友忠言，要善于创造未来，设计自己明天的生活。

二、调控自己的情绪状态

稳定而良好的情绪状态，使人心情开朗、轻松、安定、精力充沛、对生活充满乐趣与信心，对身体状态的自我感受是良好的、舒适的。相反，如果一个人情绪波动不稳，患得患失，喜怒无常，处在不良的情绪状态中，而自己又不会调节与控制，就会导致心理失衡和心理危机，甚至精神错乱。因此要维护和保持心理健康就必须学会对情绪的自我控制。

在生活中，人们难免会遇到不良刺激而出现情绪反应。然而，剧烈的情绪，尤其是强烈的愤怒会降低人的理智水平。一旦丧失理智而发生冲动，一个人会做出许多过激行为，甚至会带来难于弥补的诸多不良后果。为此还可产生内心不安和后悔。所以，一个人应该在自己情绪剧烈发展的进程中及时给予控制，以避免愤怒情绪的最终爆发。总之，培养良好的情绪控制能力对每个人的身心保健都是非常有益的。

三、建立和谐的人际关系

人际关系的适应是大学生心理健康的一项重要标准，大学生的苦恼多半来自人际矛盾。人际关系的不协调，对个人心理健康和事业追求会带来不良影响，导致自己经常陷入心理紧张和情绪压抑之中。要建立良好的人际关系，应把握好以下原则。

（一）尊重原则

社会中的人们在能力、性格、气质等方面不尽相同，并会因社会分工不同而具有不同的社会身份，但在人格上人人都是平等的，每个人都有自己的人格尊严，并期望在各种场合中得到尊重和平等地位。在人际交往中，尊重能够引发人的信任、坦诚等积极的情感，缩短相互间的心理距离，而尊重别人也必然为他人所尊重。

（二）真诚原则

真诚是人与人之间沟通的桥梁，只有以心换心，以诚相待，才能使双方相互同情和理解，建立信任感，进而结成浓厚的友谊。有些大学生渴望得到他人的理解与同情，但又不愿意袒露心扉，这样就会阻碍自己与他人的正常交往，使自己陷入苦恼中。只有坚持待人以诚才能产生人际交往之间的信任感，只有真诚才能得到知己。

（三）互相原则

人际交往是双方满足需要的途径，只有在相互满足对方的需要时，其关系才会继续发展。因此，交往双方都应本着互助互利的原则，以情还情，以礼还礼，当一方需要帮助时，要尽全力给予帮助。

（四）宽容原则

人际交往中往往会产生误解和矛盾，各种不同层次的人在交往中也会显示出差异，这就要求人们在交往中遵循宽容的原则。待人宽容能扩大交往的空间，有助于消除人际间的紧张关系。

四、合理调整自己的生活内容

人的心理保健是同生理健康联系着的，健康的心理寓于健康的身体。生理上的缺陷、疾病，特别是痼疾往往会使人产生烦恼、焦躁、忧虑、抑郁、灰心、绝望等情绪，影响其感情、心境、气质、意志、性格，形成各种不正常的心理状态。心理上的长期不健康状态，如长期过度忧虑、烦闷、猜疑、嫉妒、愤怒等，又会导致生理上的异常和病态，有时两者互为因果，恶性循环，后果日趋严重。要做到身体健康与心理健康的相互促进，合理地调整、适应生活是十分必要的。

（一）加强体育锻炼

体育运动对防治疾病、增强体质有良好的作用，同时亦有益于心理健康。人体在运动时，大脑会施放一些能引起精神愉快的化学物质——内啡素。内啡素分泌得越多，人的愉快感、放松感越强烈。因此，经常从事体育运动能显著地松弛紧张感和消除失望、沮丧情绪。

（二）保证充足睡眠

长期睡眠不足，对健康会有很大损害。它会导致神经系统过度疲劳，以致可能发生神经衰弱，它会使体力和脑力劳动效率低，精力不足，记忆力减退，出现头晕脑涨、眼花耳鸣、全身乏力等症状，严重者还影响心血管系统、呼吸系统、消化系统的功能，进而导致器质性病变或早衰。因此，保证充足的睡眠是维护健康必要的手段。

（三）改善生活环境

人与环境的关系非常密切，是相互联系、相互依存、相互制约的关系。人不能离开环境而生存，各种环境因素时刻作用于人体。人的各种生理功能在神经系统的调节下，产生适应环境的变化。如果这种适应性变化不完全，就会对人的健康产生不良影响，因此，应对睡眠、学习、就餐、休息等环境合理安排和布置。良好、优美的生活环境不仅可以使人精神愉快，而且也可潜移默化中改变人们的思想情操和精神面貌。

五、培养生活情趣

大学生的心理健康是在各种活动中形成和发展的。也只有通过具体的活动才能表现出来。心理健康的人珍惜和热爱生活，积极投身于生活，并在生活中尽情享受人生的乐趣。心理健康的人能将自己的智慧与能力有效地运用到学习和工作中去，能够不断地学习和接受新事物，并能取得一定的成就。这些成就又将为他们带来喜悦与满足，转而又增加他们学习和工作的兴趣。但是，有的大学生不是这样，他们盲目地认为自己太笨或没有考上一个好大学、好专业，或抱怨自己没有学好是老师教得不好，怨天尤人，苦闷失望，继续发展就会影响正常的学习和工作，这就是心理不健康的征兆。

六、锻炼坚强的意志

健康的意志应该具有目的性，即自觉地确定行为的目的。在控制和执行计划时，既不轻信盲从，又能集思广益。需要做出决定时，既能毫不犹豫，当机立断，又能深思熟虑，灵活机动，应具有坚韧性，即既有持之以恒，一干到底的精神，不朝三暮四，见异思迁，同时又知通达变而不顽固执拗，应具有自制性，即能够为了达到目的而控制一时的感情冲动，约束自己的言行。

第四节　心理咨询与心理治疗

一、概　念

心理咨询即通过咨询者和来访者的交谈、接触的过程给来访者以心理健康知识的指导和帮助，并进行心理卫生宣教，从而提高来访者的适应能力，缓解心理紧张和冲突，解决心理上的忧困和精神上的苦恼，帮助他们在社会中积极有效地发展和取得成就。同时，对心理异常者起到预防和治疗作用。简单地说，心理咨询就是用心理学的方法，凭借语言帮助人们解决心理问题,促进个体适应和发展的过程。

心理治疗是指以一定理论体系作指导,用成套的心理学方法,经过专业培训的专业人员来进行治疗的方法。关于心理治疗其定义是含糊的,心理咨询、心理治疗的界定并不明显,实际更是如此。二者都是运用有关心理科学的理论和方法解除咨询和治疗对象的心理问题来维持和增进心理健康,促进个体发展。如果说咨询和治疗两者之间有所差异的话,这种差异是细微的、非本质的,即前者以发展性咨询为主,后者为障碍性治疗为主;前者内容以疑惑不适为主,后者以障碍疾病为主;前者可在非医疗情境中开展,后者一般在医疗情境中开展,也就是说两者是同一心理服务过程中的不同阶段。心理咨询在某种意义上来说是心理治疗的一种有效方法,而心理治疗在心理咨询过程中往往是不可缺少的环节。

二、内容和条件

(一)内　容

狭义的观点认为心理咨询和心理治疗主要是针对心理疾病患者,如各种神经症、早期或恢复期精神病人的咨询与治疗。一般的观点认为除心理疾病以外,心理咨询和心理治疗还应包括心身疾病、各种心理不适以及情绪调节等。广义的观点则认为,心理咨询不仅仅只是对有心理问题者的咨询和治疗,即障碍性咨询和治疗,同时还应当从事教育的、发展的心理咨询,帮助人们很好地认识自己和社会,增强适应能力,充分挖掘潜力,提高生活质量,实现人的全面发展。这三种不同的观点代表了心理咨询和治疗的三种模式,即障碍性模式、适应性模式和发展性模式。具体地说心理咨询包括以下四方面内容。

(1) 宣泄疏导来访者的情感,以缓解情绪压力,鼓励来访者自行说出内心的痛苦,帮助解除心理上的压力。

(2) 协助来访者改善认识结构,以正常经验取代旧的、不正常的经验,树立对人对己对事物的正确观点和态度。

(3) 为来访者在日常生活中重新建立与人相处的和谐关系,培养良好的社会适应能力和行为习惯。

(4) 指导来访者实行心理卫生的自我监护和自我调节,包括解除紧张、焦虑、挫折等一系列问题。

(二)条　件

并非所有有心理问题的人都愿意接受心理咨询和治疗,而且也并非所有愿意接受咨询与治疗的人都是合适的,这就存在对象选择的问题。为使咨询、治疗取得好效果,求助者应该符合以下条件。

(1) 要有强烈的愿望和动机。

(2) 要有内省的能力,能从心理学的角度剖析自己的心理行为;所存在的问题是属于心理的。

（3）有较成熟且稳定的人格。

（4）有弹性的性格与足够的智慧。

一般说发作期的精神病患者及幼儿不适宜接受直接的心理咨询与治疗。

三、基本程序

美国明尼苏达大学的威廉逊教授认为，心理咨询、心理治疗包括六个阶段：收集分析资料；综合概括出最有意义的资料；诊断，即找出产生心理问题的原因；预测，即估计发展趋势及咨询结果；劝导或治疗；追踪，以检查和确定咨询效果。一般认为，心理咨询、治疗过程包含了三个阶段，即诊断、咨询和治疗、巩固。

四、心理医生的基本条件

心理咨询与治疗者必须具备良好的思想品质、全面的知识结构及健全的心理素质，应具有较丰富的人生经验和咨询、治疗的经验，有扎实的心理学、医学、社会学等知识；有较强的感知能力；善于体会、理解、分析对方的意思；为人热情、善良、耐心、温和、自信；能保持一种客观、公正的立场，既能设身处地体会对方的一切，同时又能保持某种超脱感，即参与观察防止完全受对方情绪影响；自身有健全的人格和良好的情绪状态，遵守职业道德规范，刻苦钻研业务，提高理论和实践水平。心理咨询与治疗是一门科学，一门技术，又是一门艺术。只有在实践中把握了它的规律，才能更好地发挥它的作用。

五、交谈技术

心理咨询、治疗的关键在于通过与求助者的交谈而达到目的，因此交谈技术是心理咨询、心理治疗的基本技术。

（一）一般要求

交谈技术的要点，不在于谈，而在于听；不只在于听，还在于有反应。反应的目的仍在于影响求助者，使之能澄清问题、稳定情绪、改善行为。交谈是双方互相间一连串的反应，一方面获取信息，了解问题实质；另一方面制定对策、影响对方。为此交谈应注意以下几点。

（1）专心倾听，设身体会。首先要有兴趣听；其次要思索求助者“想讲什么”；第三要注意对方如何讲，如何反应。注意不到关键地方，不要打断对方的陈述。

（2）小心询问，适当反应。发问时要能充分追寻，检验求助者所提出的主要问题，澄清问题实质；能有系统、全盘地了解对方生活背景，注意对方所关注的事；根据有关理论去分析；察言观色，以探索真意。

（3）广泛思索，融会贯通。思索中应注意理出头绪，保持现在与过去的逻辑联系，兼顾意识与潜意识的统一，综合归纳对方的行为反应模式，改变其不良行为是咨询、治疗的重点。

（4）观察并利用与求助者之间的关系。这种关系有助于了解对方的心理与行为。

（5）制订咨询、治疗方案并予以实施。

（二）咨询的面谈程序

如果咨询是属于知识性的、信息性的，一般一次可获得解决。如某疾病对神经系统有何影响，乙肝对生育的影响，家属中有传染病对家庭成员的影响，等等，诸如此类的咨询，只要有足够的知识，一次即可圆满解决。另一类是心理问题，一次解决不了，就必须设计面谈程序。

1. 初级阶段

了解情况，建立关系。首先咨询者要给来访者一个较好的第一印象，要推销自己，取得信任，要仔细倾听，接纳咨询者，并有必要的反馈。在倾听的基础上要判断咨询的适合性，看来访者的问题是否能够通过咨询来解决，有的也需要通过药物来治疗。

要使咨询者看到希望，使他树立解决问题的信心，要与来访者订立无形的契约，如咨询时要不要其他人在场，我要不要助手，要不要做一些心理测试等。

2. 诊断与分析

对来访者进行全面了解，包括心理状况、工作状况、未来的打算、业余活动、人际关系、家庭、亲友、同事、同学等情况的了解，这样便于分析心理问题原因所在，同时可加用心理测试，对心理疾病进行辅助诊断。

3. 辅助治疗

（1）支持疗法。支持性心理咨询与治疗是最基本的方法，可以广泛地运用于许多领域中。通过支持与鼓励使面临困难而无所适从或情绪低落、抑郁者看到光明，得到依靠，恢复自信。通过细听倾诉，使内心有痛苦、怨恨不满者有机会宣泄内心积压的情绪，从而减少其心理负担。通过解释指导使因缺乏知识或受不正确观念影响而产生的烦恼、忧虑者调整原有的认知结构及观念，培养合理的适应方式。

（2）心理分析法。心理分析法力图破除患者的心理阻抗，把压抑在潜意识中的冲突诱发出来，使患者明了症状的实质，从而使症状失去存在的意义而消失。一般常涉及到四种方法：自由联想、梦的解析、阐释、移情，即让患者在安静舒适的环境中，无所顾虑地倾诉内心之苦，分析患者梦境的意义与个人愿望的关系，帮助患者分析各种心理活动，释其疑，宽其心，使患者把对亲人的感情移到咨询、治疗者身上，取得患者的信任，从而解决其痛苦。这种方法较适应于心因性神经症等。

（3）行为疗法。又称行为矫正疗法，其科学根据是来自实验心理学的资料和有关学习的理论。它认为变态行为是学习得来的不良习惯或对普通情境的反常反应。

经过咨询、治疗已达到预期效果，此时应对来访者综合所有资料，做出结论性解释，使他对自己的问题有更清楚的印象，用学到的东西回到生活中去。

第五节　大学生常见的神经症及调适

一、神经症的概念

神经症（Neurosis）又称为神经官能症，是指一组非器质性的心理疾病的总称。神经症根据不同症状又分为多种类型。例如，癔症、恐怖症、强迫症、抑郁症、焦虑症、疑病症、神经衰弱等。

在神经症的发病过程中，各种心理因素都具有直接的作用。个体神经系统机能的削弱是发病的先导，个性心理特征的缺陷则是发病的基础。青少年期是该疾病的高发期，神经症是大学生心理疾病中最常见的一类。调查显示，大学在校学生神经症的发病率就高达 9.48%，而整个社会平均发病率为 2.4%。可见，大学生的神经症的发病率明显高于整个社会群体。最近几年的调查显示问题更加严重。

二、常见神经症及调适

（一）神经衰弱的诊断与调适

神经衰弱（Neurasthenia）是一种神经系统功能失调症，是由各种精神因素引起的高级神经活动过度紧张，导致大脑神经功能活动紊乱而暂时性失调。神经衰弱在大学生中是一种常见的心理障碍，除了少数人因此不能坚持学习而休学或退学外，还有相当多的学生虽能坚持正常学习，但其学习效率和成绩也受到不同程度的影响。

1. 神经衰弱的发病原因

一般来说，大脑皮层的神经细胞具有较高的耐受性，在紧张的工作和学习产生疲劳之后，经过适当的休息和放松便可得到恢复。生命活动都依赖于能量，当能量因消耗下降到一定水平时，就会感到疲劳。在疲劳的情况下，精神、躯体方面的效率降低，主动性下降。疲劳是正常的生理和心理现象，休息可以消除疲劳。但神经衰弱患者由于精神长期紧张，再加上有睡眠障碍，疲劳就不能及时消除，精神和躯体的活动都受到影响，便表现出神经衰弱的一些症状。近来的研究表明，任何原因引起的神经活动过度紧张，如不良的情绪反应，则往往是神经衰弱的主要致病原因。可以说，神经衰弱是由持续存在的精神因素所引起的焦虑紧张的心理反应。健康人在同样条件下也会产生这种反应，但大多是暂时的，当情况改善后，反应就会消失。一般来讲，神经衰弱的一些常见致病因素主要有：

（1）遭遇某些负性生活事件。例如亲人亡故，与家人、同学或老师及上级领导关系紧张，失恋，学业上的失败等。由这些负性生活事件所引起的忧虑、愤怒、怒恨、委屈及悲伤等情绪体验可导致大脑皮层的神经活动失调，进而发生神经衰弱。

（2）生活及学习安排不当。对所计划或规定完成的学习任务难以完成时所产生的慌乱和紧迫感，以及对学习、生活环境突然改变的适应困难等，都可促成大脑神经活动的过度紧张而产生神经衰弱。

（3）脑力劳动时间过长。大脑高度紧张，缺乏良好的休息和睡眠，同时伴有思想负担或压力。这种情况如持续时间过长，可能导致神经衰弱的发生。

（4）身体患某些急慢性疾病、长期失眠也能诱发神经衰弱。

（5）个性也与神经衰弱的发病有关。

神经衰弱除了少数是由于某种过强的精神刺激引起外，大多是上述多种原因共同作用所致。

2. 神经衰弱的诊断

根据神经衰弱的症状学标准,病情严重影响了学习或工作,且求医心切,病程长达3个月以上,同时排除了其他一切可以引起类神经衰弱症候群的任何躯体性或器质性疾病和其他精神病、神经症之后,即可诊断为本症。神经衰弱的症状复杂,表现也多种多样,但其主要表现有如下几点:

(1) 易于疲劳和衰弱;

(2) 情绪改变;

(3) 兴奋与易被激惹;

(4) 紧张性疼痛;

(5) 睡眠障碍。

应指出,必须同时具有上述症状或表现中的三项,才考虑患神经衰弱的可能。

3. 神经衰弱的调适与治疗

(1) 心理调适。心理调适在神经衰弱患者的康复中起着重要的作用。其基本原理是通过个别、小组或者集体心理咨询,把该病的发生原因及变化规律、防治原则和方法等传授给患者,协助其消除对本症的无知、顾虑和恐惧,端正其对疾病的不正确认识和错误态度,使其树立战胜疾病的信心,并积极主动配合医生进行治疗。此外,可根据患者的具体情况对症指导。如调整学习计划,学会合理安排作息时间,科学用脑,对自己订出切合实际的期望和指标;教会患者了解自己的生物节律,学会利用自己的最佳体能和精力去学习或处理最困难的问题。

(2) 生理调适。对紧张性头痛和肌肉痛大学生,可指导其自我保健按摩或小组互相按摩。通过生理调适来调整心理状态,也是治疗本症的一种有效措施。

(3) 药物治疗。主要在病情较重及必要时在医生的指导下使用,常用的抗焦虑药,如安定等,对本症有较好的辅助疗效;对严重的睡眠障碍患者,可服阿普唑仑、阿司唑仑等催眠药物或中药等。

(4) 物理治疗。对本症采用体针、耳针、电针和水疗等,也有一定的辅助性效果。此外,还可采用体力活动疗法。因为体力活动不仅能增强体质,而且还可使人精神轻松愉快,并能提高大脑皮质的张力。但在开始时要注意活动量不宜过大、过多,要逐渐增加,并要坚持每天有规律地进行。祖国传统的气功及太极拳等,对神经衰弱的防治和恢复也有很好的效果。

(二) 抑郁症的诊断与调适

抑郁症(Depressive Neurosis)又叫忧郁症,是指一种持久的心境低落状态,常伴有焦虑、躯体不适和睡眠障碍等。此症被称为精神病学上的"流感",说明其发生率是很高的。该症主要是对痛苦经历的抑郁反应,但抑郁的程度常与其痛苦经历不相称。通常表现为情绪低落、焦虑不安、凄凉悲哀,暗自伤心落泪,对任何事都不感兴趣,不愿与人交往,感到处处不如意。总觉得有什么不幸的事情要发生,甚至悲观厌世,觉得活着没意思,想以死来寻求解脱。据美国国家心理卫生研究所估计,约有15%的患者可能会自杀。此外,患者常伴有身体不适感,如食欲减退,失眠等。

1. 抑郁症的发病原因

抑郁症可以由多种原因导致，但主要与患者的心理素质有关。例如，自信不足、自卑严重，悲观失望，胆小软弱，敏感多疑等不良个性特征，常常成为患抑郁症的内部原因。因为具有上述不良心理品质的人，绝大多数无力应付负性生活事件的打击。例如，当他们在遭遇了亲人的死亡、与亲友分离；或者由于躯体疾病久治不愈；或者学习或工作上的挫折，经济困难，持久的精神紧张，特别是当自尊心受损和自我贬低时，就容易促发抑郁症。

2. 抑郁症的诊断

根据抑郁症症状学标准，病程在一年以上，而且一年中有 2/3 的时间自觉心情压抑、忧郁、苦闷等，其间歇每次最长不超过两个月，符合阴性标准，即可诊断。诊断本病时，要详细询问病史，排除内源性抑郁症、反应性抑郁症、药物所致抑郁状态，脑器质性疾病或躯体性疾病伴发的抑郁状态，以及其他神经症或精神病伴发的抑郁状态。

3. 抑郁症的调适与治疗

(1) 心理调适。在心理咨询中，支持、鼓励与解释等心理调适手段，对本症的调适与治疗效果较好。其中，合理情绪疗法或认知行为疗法所起的作用最大。心理治疗主要是使用认知和支持疗法，以帮助患者认识或找出致病的心理因素。这些因素有时比较明显，易于发现；有时则比较隐晦，不易察觉，常需要帮助患者仔细回顾与分析方能发现。总之，心理治疗是一项细致而费时的工作，医生和患者都应有耐心、有信心。由于患者的抑郁情绪继发于不正确的、非现实的认识，所以，调适的目标应当是改变其错误观念。通过自我监察、自我说理和自我强化，以建立正确的观点和改善情绪。咨询中，对患者伴有的焦虑、睡眠障碍、多种躯体不适感，可指导其运用松弛法、气功法、森田技术等一并加以调适；并适当参加一些文体活动，如观看喜剧，其功效特别显著。

(2) 辅以药物治疗。药物治疗常用三环类抗抑郁药，如应用得当，多能收到良好疗效。抑郁症患者大多有睡眠障碍，有些人甚至以失眠为主要临床表现。为了让心理调适技术产生更理想的效果，可适当采用抗抑郁药，这对消除抑郁情绪、改变认识结构，具有良好的作用。

（三）焦虑症的诊断与调适

焦虑症(Anxiety)是指持续性精神紧张或者发作性惊恐状态，常伴有头晕、胸闷、心悸、呼吸困难、口干、尿频、出汗、震颤和运动不安等，但并非实际威胁所引起，是其紧张程度与现实事件很不相称的一种情绪状态。焦虑这种情绪反应是个体在面临不良刺激，或预感到会出现挫折情境时，所产生的一种复杂的消极或不愉快的情绪状态。轻度焦虑在正常人的生活、学习和工作中经常会发生，这是正常的情绪反应，不要将其看成是焦虑症。从某种意义上说，这还是一种有益的保护性反应，因为适度的焦虑对学习和工作会起到一定的促进作用，还会使你设法去应付不良的处境，度过难关；而真正的焦虑症却不同，它是一个人在毫无原因或在一些无关紧要的情况下，反而呈现出严重的焦虑不安、胆战心惊等症状。

1. 焦虑症的发病原因

引起焦虑症的原因主要有：

(1) 遗传因素。本病与遗传因素有关，据研究，同卵双生子的同病率为35%，高于全部其他的神经症。

(2) 心理因素。心理素质在焦虑症的发生中也有着重要的作用。焦虑症患者大都谨小慎微、胆小怕事、情绪不稳，对轻微的心理挫折或身体不适，或遭遇重大的生活事件(如亲人死亡等)，就更易于发生焦虑症。值得注意的是，儿童时期的创伤性体验常会由于现实生活中某些事件的唤起作用而诱发焦虑症。

2. 焦虑症的诊断

根据焦虑症的急性焦虑发作或焦虑的精神性症状，植物神经功能亢进和运动性不安等症状，即可作诊断。不过还应排除躯体疾病，如器质性疾病引起的阵发性心动过速、冠心病、高血压、甲状腺机能亢进、脑器质性病变、药物中毒、精神分裂、抑郁症等。

焦虑症通常分为急性和慢性两种形式：

(1) 急性焦虑症(或称惊恐发作)。患者常出现大祸临头或死亡来临之感，使他们恐慌不安、尖叫或逃离，同时伴有心慌、心悸、气急等，发作时通常可持续数分钟。

(2) 慢性焦虑症(或称普遍性焦虑)。这是一种更为常见的焦虑症，主要表现为精神不安、心情紧张和容易激怒等，有时感到心惊肉跳、头痛、背痛、全身颤抖等，患者常因不明原因的惊恐感而意志消沉、忧虑不安，夜间入睡困难。

3. 焦虑症的调适与治疗

目前，对焦虑症多主张采用以心理调适为主，服用抗焦虑药为辅的治疗方法。

(1) 心理调适。首先采用认知领悟治疗法，让患者了解焦虑症和躯体变化之间的关系，以减轻患者的心理压力及焦虑程度，尽可能地揭示焦虑症背后的潜在冲突；然后，进行支持性心理调适，增强患者的信心；特别是对那些病程较短、症状较轻的焦虑症患者，施以支持性心理疗法即可使症状迅速缓解，获得较好的疗效；适当运动，根据个人的兴趣和爱好，在感到焦虑紧张时做一些简便易行的运动，可消除疲劳，减轻压力，保持良好充足的睡眠；适当做一些放松活动，如反复用腹式呼吸做几遍深呼吸等；调整自己的目标或期望值，放弃那些不切实际的想法。

(2) 心理治疗。放松疗法对该症有明显效果。当个人全身松弛时，生理警醒水平也全面降低，心率、呼吸、脉搏、血压、肌电、皮电等生理指标可出现与焦虑状态逆向的变化。许多研究证实，松弛不仅产生生理效果，亦有相应的心理效果。生理反馈疗法、音乐疗法、瑜伽、静气功等都具有放松的效果。此外，焦虑症患者病前常经历较多的生活事件，病后又常出现所谓的"期待性焦虑"，总担心结果不妙，在过分警觉的状态下又会对周围环境和人物产生错误感或评价，因而常常伴有草木皆兵或大祸临头之感，此时，可用认知疗法帮助患者提高认识和理解能力，进而解决这些问题。

(3) 药物治疗。治疗焦虑症的常用药物主要有抗焦虑类药、镇静药及抗抑郁药等。

(四) 恐怖症的诊断与调适

恐怖症(Phobia)是指对某一特定的物体、活动或者处境所产生的持续紧张、毫无理由的惧怕，从而出现回避反应。患者也明知这种反应不合理，但在相同场合或情景中仍会反复出现，并难以自控。恐怖症是焦虑障碍的子类，又称为恐怖神经症。患者的特点多为羞怯、胆小、内向、依赖性强，遇事易出现焦虑和强迫倾向。大多数成人的单纯恐怖来源于儿童期曾有过的体验，明显的精神刺激可诱发恐怖症的产生。

1. 恐怖症的主要类型及表现

恐怖症的临床特点是患者对某一特定对象或环境产生强烈的恐怖。根据诊断本症的症状学、严重程度（妨碍学习、工作或日常生活的正常进行）、病程及阴性标准等四项评定，就可以确诊。但还应排除焦虑症、抑郁症、强迫症和精神分裂症。常见的恐怖症主要有以下几种类型。

（1）社交恐怖症。主要表现为在社交场所出现恐怖。患者在大庭广众下害怕被人注视，或害怕会当众出丑。因此，在这种场合下，患者不敢看人，不敢有自豪感，不敢写字，甚至不敢进教室，严重者可出现面红耳赤、出汗、心慌、震颤、眩晕、呕吐等。患者可因恐怖而回避朋友及同学，不愿出门，不愿上学，几乎与社会隔绝，失去学习和工作的能力。若患者害怕与他人对视，称为对视恐怖。若因害怕而与人相处时会脸红或坚信自己有脸红，称为赤面恐怖。

（2）场所恐怖症。场所恐怖症主要表现为对公共场所产生恐怖，因而害怕到各种公共场所中去。当患者看到周围都是人时，便会产生强烈的恐怖感，担心自己无法自控或晕倒，或出现濒死感而焦虑不安。有些患者对高空或黑暗等产生恐怖，不敢在高处停留，甚至不敢在高楼上居住，或不敢独自一人处于黑暗中。

（3）物体恐怖症。物体恐怖症主要表现为对某些特定的物体产生恐怖。如对动物的恐怖，害怕猫、老鼠、狗、蛇、鸟类及昆虫等；有些患者表现为对尖锐物体的恐怖，不敢接触尖锐物体，害怕自己或他人会受到这些物体的伤害等。

2. 恐怖症的调适与治疗

恐怖症的调治方法，一般可先用药物减轻患者的焦虑或恐怖，然后，采用包括行为疗法在内的心理治疗，以消除患者的恐怖回避行为。

心理调适以建立良好的咨访关系为起点，让患者了解病因、症状及预后情况等有关知识，给患者以心理支持，鼓励患者要面对现实，树立战胜疾病的信心，然后，采用行为疗法，如系统脱敏、现场脱敏、肌肉松弛训练、焦虑解放制约等，这些方法是治疗恐怖症的常用方法。其治疗的关键是让患者不要回避引起痛苦的某种刺激（或恐怖唤起的诱因），而是在一定心理准备下敢于去面对它、适应它、克服它，并作出健全的相称反应。

（五）强迫症的诊断与调适

强迫症（Obsession）是指个体被持续的、反复出现的、不必要的，且患者又感到不能阻止出现的概念或思想所干扰而出现的失调行为。其特点是意识的自我强迫与反强迫同时并存，二者的冲突导致患者紧张不安，十分痛苦。轻微的强迫行为则属于强迫性人格障碍，而强迫症通常是由强迫性人格障碍发展而来的。

1. 强迫症的发病原因

在患者的强迫行为的发展过程中，没有看到遗传和其他生理因素的作用，这种失调行为基本上是一种习得的反应模式。如果个体发现某一行动能缓解焦虑，那么，这种满足就进一步加强了强迫动作，并逐渐发展为强迫观念与行为的神经性反应模式。此外，患者病前常常具有强迫性人格障碍，可概括为“不完善感”、“不安全感”和“不确定感”等。

2. 强迫症的诊断

患者有种种强迫症状并为之深感苦恼，而且严重影响了学习、工作和生活。大体有下列表现形式：

(1) 强迫观念。例如强迫性对立思维、强迫性穷思竭虑、强迫疑虑、强迫回忆等。

(2) 强迫情绪。常常表现为十分害怕失控而发生严重的问题。

(3) 强迫意向。表现为经常感到有立即行为的冲动或强烈的内在驱动，被一种与当时情景不吻合的意向纠缠，但并不产生行动。

(4) 强迫行为。常常表现为在强迫观念作用下的重复动作，例如反复洗手、反复记楼梯台阶等。

只要有上述四项强迫症状之一，同时符合严重程度标准及病程标准，即可诊断。强调应排除精神分裂、抑郁症和某些器质性疾病(如脑外伤、脑炎、中毒等)。

3. 强迫症的调适与治疗

强迫症的治疗以心理调适为主，再辅以其他疗法效果较好。在治疗时，应根据不同患者与不同症状，融入相应的心理疗法。如精神分析法、支持性心理辅导、行为矫正、合理情绪治疗法等技术，其调适效果就更理想。在采用支持性心理治疗时，应针对个体疾病的性质、症状和预后等具体情况，给予疏导，鼓励其以坚强意志去克服心理疾病；同时，再配以合理情绪疗法，施以家庭治疗或布置作业，这对那些有求治愿望能真诚合作的患者，就可以收到明显的疗效。此外，还可以运用自控、意向逆转、电击厌恶等行为疗法，同时辅以松弛疗法和生物反馈技术，其效果也不错。总之，本症调适与治疗的关键是让患者认识自己的强迫观念、强迫情绪、强迫意向和强迫动作的性质及成因，认识到本症临床表现的幼稚、不合理，同时增强自信、恢复理性，努力去克服它。

(六) 疑病症的诊断与调适

疑病症(Hypochondriasis)是指个体因过度关切自己的身体健康或者身体某一部分功能而出现的一种神经性反应。其主要特征是个体总怀疑自己罹患某种躯体或精神疾病，处在对疾病或失调的持续的强烈恐惧之中。即使医生对其疾病进行了客观检查，也不能消除患者固有的疑病观念。

1. 疑病症的发病原因

(1) 疑病症患者往往具有强迫人格、癔病人格缺陷，他们性格敏感、多疑、固执、谨小慎微、自我中心、自怜孤独，对身体健康特别关心。

(2) 疑病症发病往往有诱因，例如重大生活事件的刺激，期末考试来临，不科学的卫生宣传和其他媒体的暗示，疾病之后医生用语不慎等。

(3) 患者把不存在的疾病症状当作逃避冲突、竞争和压力的借口，一遇到困难，就退缩到幼稚状态，以避免责任或可能遭受的心理挫折。这种心理衰弱或挫折状态，也许是疑病症发病的动因和基础。

2. 疑病症的诊断

根据患者心理测验所表现出的个性特征、存在的诱因、临床症状表现，对医检与解释持怀疑态度，但还未达到妄想程度，主动求医并不断埋怨医生无能和不负责任，而且病程已超过 3 个月，符合本症的阴性标准，即可确诊。同时，应排除与疑病观念一致的躯体疾病或脑器质性疾病、内分泌失调和其他神经系统疾病。

3. 疑病症的调适与治疗

疑病症治疗难度大，一般性解释说服很难奏效，而且过多的医检和不当的解释又会造成许多医源性暗示。本症最主要的问题是患者反复坚持认为自己有病，而且在患病中已产生了满足感，缓解了冲突、竞争和压力。只有当他(她)不再需要自编自信的疾病症候时，才有可能打破疑病症的恶性循环。因此，在咨询时，首先要获得患者的高度信任，要培植融洽的咨访关系，并建立高度的权威感，这是打破患者疑病循环的前提条件。另外，调适过程一定要在亲切、稳重的状态中进行，解释要明确，协助其与不合理信念作斗争。其次，到权威机构进行适度的医检和解释。在心理调适过程中，由于患者常有一种莫名其妙的害怕、担忧和焦虑，因此，还应帮助患者认清此病的实质，从心理上找到症结，并调节好内心冲突。当患者遭遇困难而无法应付产生退缩时，应当采用支持性辅导，帮助其重新建立或恢复信心。这些方法是调适疑病症的主要方法，同时也可用抗焦虑药进行辅助治疗。

第七章　性的卫生知识

第一节　性器官的形态及功能

一、男性性器官的组成及功能

男性的外生殖器包括阴囊和阴茎，内生殖器包括睾丸、附睾、输精管、射精管、精囊、前列腺、尿道球腺，参见图 2-25。

（一）男性生殖器官的结构

（1）阴囊和阴茎。阴囊为一皮肤囊袋，位于阴茎后下方，内容纳睾丸和附睾。阴囊皮肤对外界温度变化较敏感，通过阴囊皮肤松紧的改变，来调节阴囊内的温度，保证睾丸内精子的正常发育和成熟。阴茎为男性交接器，由两个阴茎海绵体和一个尿道海绵体构成，外包以筋膜和皮肤。尿道贯穿阴茎全长。

（2）睾丸。睾丸为椭圆形，左右各一，位于阴囊内。睾丸实质分成许多睾丸小叶，睾丸小叶由曲细精管盘曲而成，曲细精管上皮具有生精作用，小管之间有间质细胞，有分泌雄激素的功能。

（3）附睾。附睾呈新月形，紧贴睾丸的上端和后缘，略偏。附睾的功能是贮存精子，其分泌的液体除供给精子营养外，还具有促进精子成熟和维持其活力的作用。

（4）输精管和射精管。输精管是附睾的直接延续，长约 50 cm，沿睾丸后缘上升进入腹腔，与精囊腺的排泄汇合成射精管。射精管长约 2 cm，开口于尿道。

（5）精囊腺和前列腺。精囊腺为一囊状腺体，位于膀胱与尿生殖膈之间，其分泌物排入射精管，是精液组成部分。前列腺形似栗子，由腺组织和肌组织构成，位于膀胱之后，尿道贯穿于前列腺，所以老年人患前列腺肥大时，常压迫尿道引起排尿困难。前列腺分泌物排入尿道，是精液的主要组成部分，有稀释精液和利于精子活动的作用。

（二）睾丸的生理功能

（1）生精作用。睾丸中的曲细精管是产生精子的场所，曲细精管的上皮有两类细胞：生殖细胞和支持细胞。生殖细胞有生精子的作用。最原始的生殖细胞称为精原细胞，经多次分裂而体积增大成为精母细胞，再分裂成为精子细胞，最后发育成为成熟的精子，形如蝌蚪。成人每克睾丸组织在每秒钟内可产生 300～600 个精子，即每天双侧睾丸大约可产生上亿个精子。

（2）内分泌功能。睾丸的间质细胞分泌雄激素，称为睾（丸）酮。睾酮的作用主要是:促进精子的生成与发育;促进男性副性器官的发育、成熟及维持其正常活动;能刺激男性副性征的出现并维持其正常状态;维持正常性欲,促进蛋白质的合成。

(三) 精子的形态

精子形似蝌蚪,长约 60 μm,分头、尾两部。头的正面呈卵圆形,侧面观呈梨形,主要由染色高度浓缩的细胞核构成。头的前 2/3 覆盖着顶体,顶体内含多种水解酶,能分解卵外周的结构,在受精中起重要作用。尾细长,能使精子快速运动(图 7-1)。

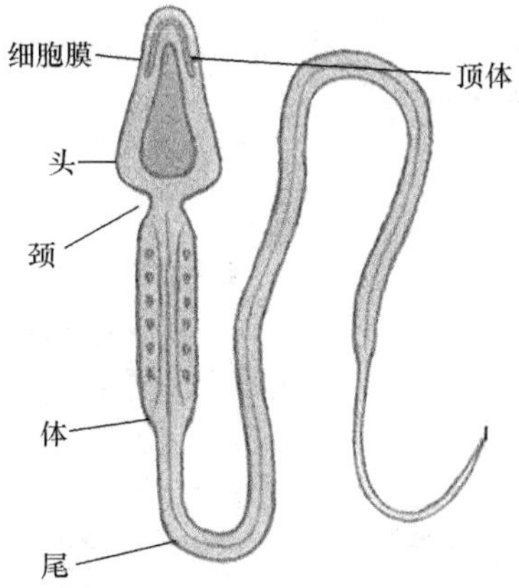

图 7-1 精子的形态

精子形成后,暂存于附睾内,当达到性高潮而射精时,精子经输精管到达射精管和精囊液会合,在进入尿道时,混入前列腺和尿道球腺的分泌液,然后从尿道排出体外,每次射精总量为 2～5 mL,含 3～5 亿个精子。

二、女性性器官的组成及功能

女性的外生殖器即女阴,内生殖器包括卵巢、输卵管、子宫、阴道和前庭大腺。

(一) 女性生殖器的结构

1. 外生殖器(参见图 2-25)

(1) 阴阜。位于耻骨联合前面的皮肤隆起,下衬有较多脂肪组织。性成熟后,皮肤表面生有阴毛。

(2) 大阴唇。是一对纵起的皮肤皱襞,位于大腿内侧,其前端和后端左右互相连合。成年后长阴毛,皮下有丰富的脂肪和静脉丛。

(3) 小阴唇。位于大阴唇内侧,左右各一,为一对薄的皮肤皱襞,表面光滑无毛。

(4) 阴蒂。位于两侧小阴唇前端,是一种海绵体组织。其上面有丰富的神经末梢,因此非常敏感。

(5) 阴道前庭。是位于两侧小阴唇间的裂隙,前部有尿道口,后部有阴道口。在小阴唇与处女膜间的沟内,左右各有一前庭大腺开口。

(6) 处女膜。阴道口有一层膜,称为处女膜。处女膜中央有一个或多个小的裂孔,月经从此孔流出。性交后处女膜破裂,旧传统认为,处女膜是处女的象征,这是不完全正确的。因为当今社会妇女从事同男人一样的劳动、体育锻炼、比赛、骑自行车等,因此未有性行为的女性处女膜也可破裂。

(7) 前庭大腺。在大阴唇的下部各有一个前庭大腺,其分泌黏液,润滑阴道口。前庭大腺很易发炎,所以应注意月经期卫生和外阴部的清洁。

2. 卵　巢

卵巢呈卵圆形,左右各一,位于盆腔内子宫两侧(图 7-2)。其一端以卵巢韧带与子宫相连,另一端靠近输卵管的开口。卵巢内有各期发育中的卵泡。卵巢的功能是产生卵子和分泌女性激素(雌激素和孕激素)。

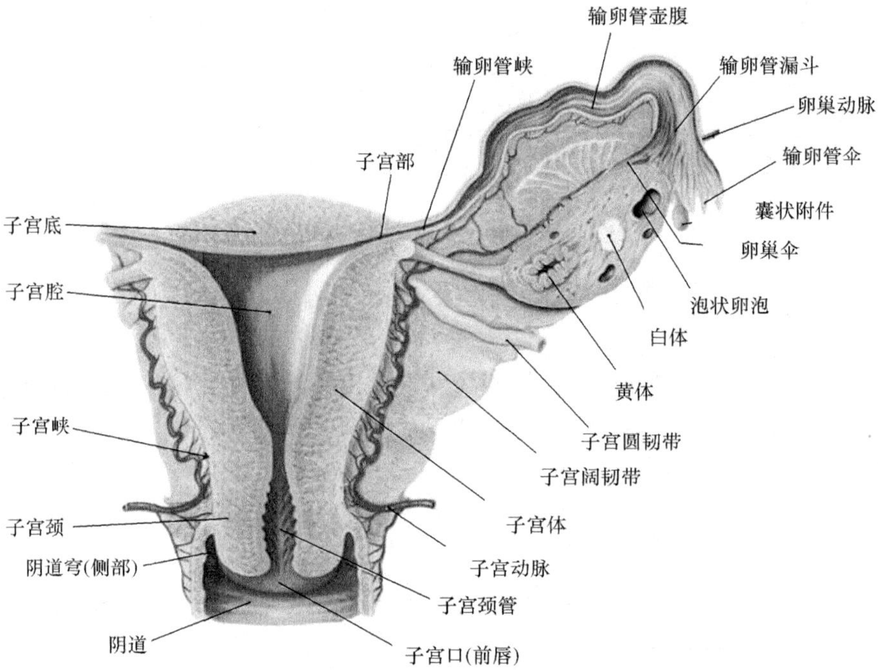

图 7-2　女性内生殖器

3. 子　宫

子宫为肌性器官,是胎儿发育成长的地方。其外形如倒置的梨状,位于直肠与膀胱之间,两侧上方与输卵管相连,下与阴道相接。子宫分三部分:上为子宫底,下为子宫颈,两者之间为宫体,子宫腔为三角形。

子宫内膜的周期性变化及其与卵巢周期性变化的关系自青春期到绝经期,子宫内膜在卵巢分泌的激素的影响下,呈现周期性变化,表现为 28 天左右,发生一次内膜脱落和出血,这种周期性变化,称月经周期。

4. 输卵管

输卵管是输送卵子的管道,也是连于子宫底两侧伸展的管道。长约 10～12 cm,管的末端开口于腹腔，开口的游离缘呈伞状，故称输卵管伞。覆盖于卵巢表面，卵巢释放出的卵子，由此处进入输卵管内。在近子宫端较细部分为峡部。外侧扩大部分为壶腹部，此处为卵子受精部位。

5. 阴　道

阴道为一肌性管道，长约 6～8 cm，阴道上端接子宫，下端开口于阴道前庭。阴道壁由黏膜肌层和外膜构成。

（二）卵巢的生理功能

1. 生卵作用

女性在青春期后，在卵泡刺激素和黄体生成素的刺激下，卵巢内的卵泡开始生长、发育和成熟。成熟卵泡将卵子从卵巢排出，称为排卵（一般在月经周期的第 14 天左右）。排卵后的残余卵泡，在黄体生成素作用下变成黄体。排出的卵子经输卵管伞部进入输卵管腔。如果遇上精子，卵子与精子在输卵管内结合，形成受精卵（称为受精），后被运送到子宫，在子宫内膜植入（着床），逐渐发育成胚胎。如果不受精，卵子几天后死亡，被排出或吸收。一般情况，人类每月可有多个卵泡发育，但只有一个能发育成熟，即只排出一个卵子。

2. 内分泌功能

卵巢主要分泌雌激素和孕激素，还分泌少量的雄激素。

(1) 雌激素，又称求偶素。卵巢分泌的雌激素为雌二醇。雌激素主要促进并维持女性性器官的发育；使子宫内膜出现增生期变化；维持女性副性征和性欲。

(2) 孕激素，主要由黄体产生，又称孕酮。孕激素的主要作用是：使子宫内膜出现分泌期变化，如果受孕，受精卵就在分泌期的内膜上发育成胚胎；降低子宫平滑肌对催产素的敏感性，有保胎作用，促进乳腺腺泡的生长，使乳腺具有分泌乳汁的能力。

（三）乳　房

1. 乳房的位置和形态

乳房位于胸大肌的前方，成年未产妇的乳房呈半球形，紧张而有弹性。乳房中央有乳头，其顶端有多个输乳管的开口（图 7－3）。乳头周围的环形色素沉着区称为乳晕。乳晕区的表面有许多圆形小隆起，其深部有乳晕腺，后者可分泌脂状物，润滑乳头及周围的皮肤。乳头和乳晕的皮肤薄弱，易于损伤，哺乳期尤应注意卫生以防感染。

2. 乳房的内部构造

乳房由皮肤、乳腺、致密结缔组织和脂肪构成。乳腺位于胸肌筋膜和皮肤之间，被脂肪组织和致密结缔组织分隔成 15～20 个乳腺叶，以乳头为中心，呈放射状排列。每个乳腺小叶均有一条排泄乳汁的输乳管，开口于乳头。

乳房表面的皮肤和胸肌筋膜、乳腺之间连有许多结缔组织带或小束，称为乳房悬韧带，它对乳腺有支持作用。当有癌组织浸润时，乳房悬韧带缩短，牵拉皮肤，使皮肤形成许多小凹坑，是乳腺癌早期的征象之一。

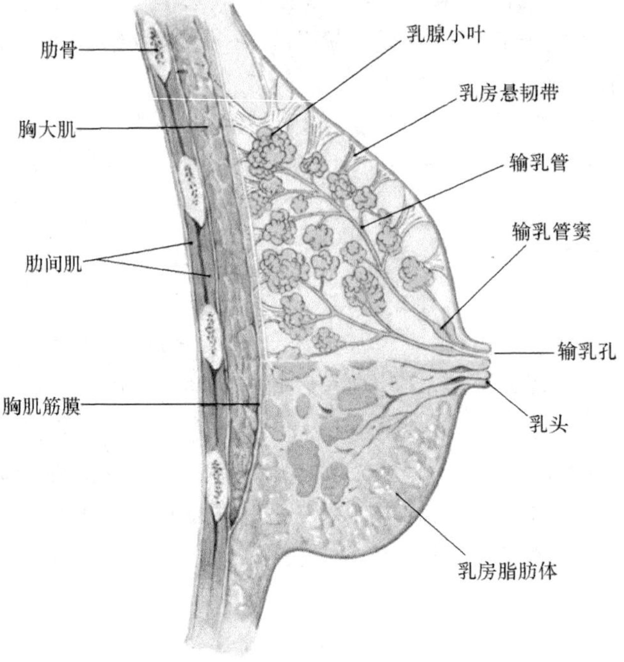

图 7-3　女性乳房的构造模式图

第二节　青春期的性成熟标志

青春期前期，儿童身体发育相对缓慢，尤其是性器官的发育。到了青春期，由于体内激素的急剧变化，引发儿童性器官的迅速发育和体征的急剧变化，儿童似乎在很短的时期内就长高了，长大了，成熟了。

一、女性的性成熟标志

（一）第一性征

青春期到来时，女性身体出现一系列变化；内外性器官发育渐渐成熟，月经周期开始，这一切都表明女性生理上的性机能开始成熟。

由于卵巢的发育及性激素分泌的增加，女性其他内外性器官均出现明显变化。子宫发育从 10～18 岁呈迅速上升态，长度增加一倍，容积明显增大，宫颈相对变短，青春期开始后受卵巢激素的影响，子宫内膜呈周期性变化并出现月经，阴道变长、变宽，颜色变为灰色，黏液腺发育，开始出现一些分泌物，与此同时，外性性器官也从幼稚型变为成人型，如阴阜隆起，上有阴毛呈倒三角分布，大阴唇变肥厚，小阴唇变大并出现色素沉着等。

月经周期的出现标志着女性在性成熟道路上迈出了最重要的一步。

（二）第二性征

在第一性征出现的同时，由于体内激素水平的变化，还会出现乳房隆起、乳晕形成，声音变尖细、骨盆变宽大，皮下脂肪增多，腋毛、阴毛形成并逐渐增多。以上变化统称为女性的第二性征。

二、男性的性成熟标志

（一）第一性征

青春期前，男孩的睾丸容积是1～3 mL，而成年男子的睾丸容积则是12～25 mL，这种容积的变化，几乎完全是青春期生长的结果。

男性青春期发育与睾丸酮（最重要的雄性激素）水平增高有关。睾丸酮刺激男性的副性器官（前列腺、精囊与附睾等）的生长，并导致它们发育成熟。

睾丸和阴囊增大，阴茎变长，周径增加，阴茎头充分发育。在阴茎根部和耻骨部出现短小、稀疏、色浅、柔软的阴毛，逐渐变黑、浓密并出现卷曲。

青春期男孩都会出现遗精现象，这是青春期性成熟的重要标志之一。

（二）第二性征

在第一性征出现的同时，由于体内男性激素水平的变化，还会出现胡须、腋毛、阴毛，皮下脂肪变薄，肌肉强壮，喉结变高，声音低沉等男性第二性征。

第三节　性心理及其调适

一、性心理的概念和内容

（一）性的概念

人类文明的发展，已逐渐把性从纯生殖的功能中分离出来，追求情感的交流和快乐的满足。因此，目前众多学者都认为，应从生理、心理和社会三种方式来认识、理解性的概念。从生理的角度说，性是人类最基本的生物学特征之一，性的需要，就如人需要呼吸、饮食一样，都是人的一种自然本能。从社会的角度说，性是人类得以繁衍、进化之本，性活动则是人类社会生活的基本内容之一。无论何时何地，人类的性观念和性行为都受制于一定的社会意识形态和道德规范，而不是“两个人的私事”。从心理的角度说，性的基本意思是指与“性”有关的一切心理现象，它不仅包括性交、性爱抚等，所有直接的性活动，还包括人们对于性的情感、态度、价值观和性方面的喜好等心理方面的表现。尤其是它不仅指人们普遍认为是“正常”的性活动，也包括所有被认为是“反常”的性行为。

（二）性心理的内容

人的性心理活动是围绕性征、性欲和性行为而展开的一个动态的过程，大致包括如下几方面的内容。

(1) 性感情。指因性而生的两性之间微妙的感情有关,正是这种性感情促成两性之间具有充分的吸引力。

(2) 性意识。是对性的言语水平的觉知,主要包括是男是女的性别意识和青年期后萌发的性欲意识。

(3) 性知识。是经耳闻目睹而获得的有关性问题的知识内容。

(4) 性经验。是经身体力行而获得的关于性的实际感受和体验。

(5) 性观念。是指对有关性问题的较为稳定的看法和持有的态度评价。

(三) 性行为的方式

性行为是指男性或女性的性别行为,一般而言是受到性欲的驱使。性行为在人们的日常生活和社会活动中是普遍存在的,而对这种行为的认同要依行为人之间的相互关系和所处的不同文化群体而定。例如,在西方社会可能属于一般性礼仪的拥抱和接吻,在我国通常是男女相爱的一种表达方式。性行为的表现形式十分多样,可以作为多角度的划分。

按照性行为发生的对象划分:在异性之间发生的性行为,这也是通常意义上的性行为;在同性之间发生的性行为;自慰方式发生的性行为。

按照性体验的程度划分:性感,通常仅是在视觉意义上的性兴奋;边缘性性行为,泛指除性行为外的一切亲昵行为,如拥抱、接吻、性爱抚等;性交,也就是狭义的性行为。

按性质划分:正常的或一般的性行为,通常指发生在男女两性之间的符合当地社会习俗的性行为;异常的或变态的性行为,包括同性恋和各种性变态,如恋物癖、窥阴(淫)癖、暴露癖、异装癖、性虐待等。同性恋是否属于性变态,是一个引起广泛争议的问题。在大学生中,恋物癖、窥阴(淫)癖、暴露癖等性变态行为时有发生。我国现行刑法(1997年刑法)将上述变态行为排除在犯罪行为之外,但行为人要受到应有的治安和纪律处罚。

二、大学生的性心理与性行为

(一) 大学生的性心理特征

从年龄特点看,绝大多数大学生正处在青年中晚期,他们的性心理不可避免地会带上该年龄段的特征。同时,大学生的社会角色和所处的社会环境,也不可避免地会对其性心理产生影响。因此,大学生的性心理发展一般具有以下特征。

1. 性心理的本能性和朦胧性

大学生的性心理,尤其是低年级大学生的性心理,通常缺乏深刻的社会内容,主要还是生理发育成熟带来的本能作用,好像情不自禁地对异性发生兴趣、好感和爱慕。加上不少学生不了解性的基本知识,对性有较浓厚的神秘感,使得这种萌动又罩上了一层朦胧的色彩。由于性生理和性心理的日趋成熟,大学生向往与异性交往的需要十分强烈。大学生对异性兴趣增加,喜欢探索异性的心理秘密,对与异性交往十分敏感,总希望有机会和异性接触与交往。

2. 性意识的强烈性和表现上的文饰性

大学生对性的关心程度明显增强。从大学生晚上的卧谈会内容、课桌文学、厕所文学等，都可以看出大学生对性的关心程度很高。

大学生十分重视自己在异性心目中的形象，十分看重来自异性的评价，并常常按照异性的要求和希望来进行自我评价和塑造自己的形象。尽管在心理上对性问题和异性都很敏感，但在行为表现上却可能显得拘谨和羞涩，具有明显的文饰性。例如，有的大学生心理上对某一异性很感兴趣，表面上却有意无意地表现得无动于衷，甚至不屑一顾，或作出回避的样子。有的表面上很讨厌男女间的亲昵动作，可内心里可能很希望得到体验。

3. 性心理的动荡性和压抑性

青年期是一生中性欲最旺盛的时间。大学生心理不够成熟，尚未形成稳固的道德观和恋爱观，自控和自制的能力有限，他们的性心理易受外界各种影响而显得动荡不安。与此同时，大学生并不具有通常意义上满足性冲动的配偶条件，易导致过分的焦虑和压抑。

4. 性宣泄的普遍性

在强烈的性驱力的影响下，大学生有了性的需要和欲求，甚至会产生性冲动。因此，在大学生中性幻想、性梦等现象极为突出。然而，由于主客观条件的限制，缺乏正常地满足性生活要求的条件，因此，自慰便成为大学生性宣泄的主要形式，有的大学生甚至出现边缘性性行为或性行为。

5. 性别差异性

大学生的性心理存在着明显的性别差异。例如，在对异性感情的流露上，男生显得较为外向热烈，女生往往表现得含蓄而温存。在内心体验上，男生更多是新奇、神秘和喜悦，女生则常常惊慌、羞涩和不知所措；在表达方式上，男生比较主动和直接，女生往往采取暗示的方式等。不过，这种差异近年来有缩小的趋势，如在表达方式上，女生变得较为主动的情况已是越来越常见。

当然，由于个人的生理、心理条件的不同，家庭环境、地区及文化背景的差异，大学生性心理发展的各种特征呈现出参差不齐的复杂局面。需要指出的是，由于性问题本身的复杂性、敏感性和隐蔽性，加重了这种混乱的状况，使其较之任何心理的其他方面的发展状况更为复杂。

（二）大学生的性心理

1. 性　梦

性梦，是指在梦中与异性发生性行为。例如，接吻、搂抱、抚摸和性交等。据广泛调查，做过性梦的人，男生多于女生。做性梦的学生从一年级到二年级猛增，到三年级增长缓慢，四年级已略呈下降。

从性梦的内容看，男生在梦中有接吻、拥抱、性交行为的人数比例大大超过女生，表现出强烈的性欲望，许多男生的遗精就是在性梦中发生的，这是大学生性生理成熟的一种正常的生理现象和心理现象。

2. 性幻想

性幻想又称性爱的白日梦，是指在白天清醒的状态下想象与异性发生性行为。性幻想心理活动的基础是性吸引，它主要是通过联想异性的形象，特别是异性的性特征、性表现外露的部分、一些性情景，以及在已有性感的经验基础上编织出符合自己性审美的性爱对象而产生的。调查显示，有性幻想的学生多于有性梦的学生。

性梦的产生是无意识的，性幻想的产生则不是完全无意识的。沉湎于性幻想的学生往往在学习时注意力分散，思想无法集中，对学习的妨碍很大。因此，大学生应充分认识到，大学时期正是延缓性欲望的社会适应期，应集中精力于学习。

3. 性自慰焦虑

性自慰(手淫)，是指通过抚摸自己的性器官，或者用其他器具、其他方式刺激性器官获得快感，疏泄性冲动、满足性欲望的一种行为方式。由于受到错误观念的影响，许多青少年手淫后常常会陷入负罪感、羞耻感、伤身感等诸多焦虑不安情绪中，成为性自慰焦虑的主要心理原因。大学生中自慰的发生率较高，男生多于女生。

自慰是性宣泄的方式之一，对身体无害。如果说自慰影响身心健康，原因并不在自慰本身，而在于自慰所带来的心理负担。许多学生自慰后导致主观躯体不适的状态，如精力分散、精神不振、焦虑不安、失眠多梦、体弱多汗、腰背酸痛等。可见，自慰后的症状主要与不良心理状态有关。

(三) 大学生的性行为

大学生恋爱中的性行为，可以分为两点：一类是除性交外的边缘性性行为，如接吻、搂抱、抚摸等；另一类就是性交行为。大学生在恋爱中的性行为随年级升高而升级，人数也随年龄升高而递增。

1. 边缘性性行为

指恋爱过程中的接吻、搂抱、抚摸等行为，是表达感情的一种方式，是很自然、很正常的现象。但是，如果把这些性行为作为恋爱中追求的主要目标，并且不顾传统的社会风尚和习惯，在大庭广众之下表现出一些过于亲昵的边缘性行为，不仅不能为社会成人所接受，也不易为有文明教养的对方所接受。

应该指出，爱情虽然与性行为有联系，但二者在性质上和成熟的进程上都不是一致的，爱情的发展需有一个相互了解、认同而加深和积累的过程，性行为的加速并不意味着情感的加深。

2. 性交行为

调查显示，大学生中有性交行为的不在少数。其实，大学生发生两性关系不符合我国传统的道德风尚和学校纪律的要求，必须会承受巨大的社会心理压力，家庭不满，舆论谴责，以及随之而面临的许多现实问题，会使双方都因此而焦虑、恐惧不安，导致双方相互责怪、埋怨，使感情发生破裂。为一时的性爱而冒诸多的风险是很不理智的。

近年来，各方面专家对大学生的性观念问题进行过广泛的调查研究。结果表明，当代大学生的性观念总体上是乐观的。大多数大学生仅是性观念趋于开放，但并没有出现偏离；绝大多数大学生认为恋爱、婚姻是严肃的，双方都应坚守贞操观念。

三、性心理障碍的调适

（一）性意识困扰产生的原因

大学生性意识困扰的产生，并非突发的，而应追溯到青少年时期。其产生原因主要有：

1. 性无知

对青春期性意识发展的特点缺乏正确认识。在性发育基本成熟后，由于性激素的作用和性生理的巨大变化，必然在心理上产生相应的反应，如出现性梦、性幻想、关注异性，或者产生接触异性的念头。若将这种正常的心理反应视为异常，自然会心情焦躁、丧失自信、产生自我否定的评价。

2. 性罪恶、性淫秽观念

这个观念与我国几千年来封建社会遗留下来的保守观念相联系。多数大学生在中小学未受到系统的性科学教育，学校、家庭、社会未给他们消除陈旧观念提供必要的客观条件。

3. 性压抑

大学生处在性心理发展的交往异性和恋爱期这两个阶段，本应通过适当的异性交往来满足自己的心理需要。但产生性意识困扰的学生，大多是人为地压抑了自己合理的需求。由于内心的自责、恐惧不安，而主动回避异性，更加重了焦虑、紧张、困惑和压抑。这种性压抑往往导致强迫性观念和神经衰弱，越想让自己不去想与“性”有关的内容，结果越适得其反，以致心理失调，学习成绩下降。

4. 性行为

这与个体的认知相关。例如，自慰作为一种常见的性心理活动，本来是一种自然的性行为，但如果自慰过度，特别是个体因为自慰行为而产生了强烈的自我道德谴责感时，那就可能导致大学生的心理困扰，使其产生自卑感，进而影响其正常的学习与人际交往，有的甚至产生社交恐惧。

（二）大学生性意识困扰的调适

1. 要纠正性认知的偏差，形成正确的性观念

由于中国国情特殊，加之大学生缺乏系统的性知识的教育，不少大学生对性缺乏正确的认知，把性看成是不健康的、低级的东西。这种认识往往导致对性的敏感、性方面的焦虑和自卑、情绪抑郁。作为青年期的大学生，应该科学地学习性生理、性心理的有关知识，了解青春期性意识发展的规律，正确看待和处理自己的性幻想、性梦以及被异性吸引常想到性方面的问题等。要认识到这些性意识活动是青春期性心理的正常反应，避免产生或消除因为性意识活动所带来的罪恶感、自卑感和种种自我否定的评价等。

我们要认识到性是人的一种本能，是人性的表现。作为大学生，应该学习、掌握性知识，应该具有与自己的年龄和文化程度相吻合的性知识水平和性行为方式，认识到性的自然属性，同时，也要充分认识到人是社会性动物，人的性观念和性行为应符合社会道德和社会规范。

2. 要有效地消除性冲动

性冲动是男女大学生的正常生理和心理现象。适度的压抑是人社会化的需要，但是过度的压抑则是有害于身心的。正确的做法应该是，当性冲动出现时能够正确地认识和对待，有效地加以调节。应接受性的自然性和合理性，但适度的控制是十分必要的；要树立正确的世界观，可以通过注意力的转移和情感的升华来达到。因而建立正确的人生观，培养远大的理想则是首要的；积极参加集体活动，可以满足与异性交往的需要，有助于个体渲泄多余的能量，获得生理和心理的放松，消除心理紧张；建立正常的异性交往，促进心理发展成熟。

3. 发现问题，及时处理

性心理困扰青少年学生是常见的问题，因此，应该了解性心理困扰常见的原因和表现，并能及早发现和给予积极的处理。

（1）阅读有关书籍，修正自己错误的认识。寻找一些性生理和性心理的科普书籍来阅读，对自身性心理发展的规律及其行为表现加深了解，将有助于帮助自己消除误解，解除心理负担。但值得注意的是，多项社会调查显示，淫秽书刊、色情影视等对青少年性心理和性行为的发展会产生不良影响，导致极为严重的后果。

（2）加强交流，帮助自我认识。许多学生的性心理困扰源于对自己性身份、性幻想、性欲望、性冲动的害怕，他们以为只有自己才遇到这些困扰，因而担心、恐惧。选择你信得过的同学、朋友交谈，有助于渲泄自己的不良情绪，更重要的是他会使你了解到对方的感受。因而心理会放松许多。通过交流，还可以从他人处获得一些信息和经验，从而有助于自我的调节。

（3）找专家心理咨询，消除心理困扰。如别人的意见和建议并不是完全正确和适当的，而且对一些严重的心理问题，例如，关于失恋的自贬心理、社交恐惧症、性心理变态等，向心理专家请教更有必要和有效。这样不但可以解决具体问题，还可以协助心理和人格的健全发展。

第八章　生活方式与健康

生活方式是指长期形成的生活习惯、生活制度和生活意识。通常个人可以直接实施和控制，故对健康的影响较大。能够增进健康、预防疾病、促进健康长寿的生活方式，称为健康的生活方式；而增加患病的危险性、导致疾病的发生或死亡的生活方式，则称为不健康或有害的生活方式。正确选择和自觉培养健康的生活方式，预防、摒弃不健康的生活方式，对于维护和增进自身健康、预防疾病和实现健康的生活方式及幸福的人生具有重要意义。

第一节　卫生习惯

一、培养良好的卫生习惯

讲卫生，培养良好的卫生习惯，是精神文明建设的需要。不同的国家和民族，虽然卫生习惯随民族风俗而有所差异，但是追求美好、清新、卫生的环境和盼望拥有健康身体的愿望是相同的。良好的卫生习惯不仅能维护自身的健康，同时也是一种责任，是维护他人健康的社会公德。

我们的国家是一个文明古国，而且正深入进行改革开放，我们的大学又都是改革开放的窗口。同时，当代大学生都有着用科学知识保护自己健康、防治疾病的要求，所以养成良好的卫生习惯是必须的，也是可能的。

二、良好卫生习惯的表现

（一）良好的个人卫生习惯

饭前便后洗手，勤换内衣裤，勤晒被褥，衣着整洁，用专用手帕擦鼻涕，不用脏手揉眼、挖鼻和掏耳，睡前洗脸、洗脚、洗肛门及外阴，不用公共茶杯和餐具，餐具常清洗消毒等。

（二）良好的公共卫生习惯

自觉保持公共环境卫生，及时清扫环境垃圾，清除苍蝇和老鼠，不随地吐痰，不乱扔瓜果皮屑、废纸，不在公共场所吸烟，夜间和午休期间不大声喧哗，不对着人咳嗽、打喷嚏，爱护草木花鸟和公共卫生设施。

第二节 膳食与健康

随着社会的发展和人民生活水平的提高,居民的膳食结构也发生了很大的变化,由单一营养逐渐向多元化营养转变。因此,怎样才能吃的健康已成为居民关心的问题之一。

一、膳食营养与疾病的关系

(一) 营养缺乏与疾病

饥饿与瘟疫常是并行发生的。在营养不良的人群中,常会使传染病的发病率升高、病程延长、病情加重,并发症与死亡率也增加。这是由于营养的缺乏损害了机体的免疫机能,降低了机体对疾病的防御能力,增加了人群对疾病的感染性所致。而感染的同时又能致使机体的营养机能进一步下降,亦使免疫机能进一步损害,故营养状态、传染病和免疫能力三者是互为因果与相互作用的。这就是我们常说的"贫病交加"。

(二) 膳食结构与疾病

现代流行病学已经证实,某些严重危害人类健康的疾病与不良饮食习惯有密切的关系。1999 年对全国 29 个省市人群疾病死亡情况进行了回顾性调查,其疾病死亡谱见表 8-1。

表 8-1 中国人群近 50 年疾病死亡谱(20 世纪)

死亡原因	50 年代死亡率/%	90 年代死亡率/%
呼吸系统疾病	17.0	8.7
急性传染病	7.9	1.3
结核病	7.5	1.6
消化系统疾病	7.3	2.5
心血管疾病	6.6	21.1
脑血管疾病	6.5	22.3
恶性肿瘤	5.2	20.6
其他原因	42.0	21.9

由表 8-1 可以看出,中国人群近 50 年内的疾病死亡谱发生了根本变化,20 世纪 50 年代心血管、脑血管及恶性肿瘤三类疾病只占死亡原因的 18.3%,而 90 年代则上升到 64%。可见三类疾病已成为影响人类健康的主要因素。调查发现,造成上述情况的原因除环境与社会因素外,主要与饮食结构不合理有着密切的关系。膳食结构与某些疾病的详述如下。

高血脂症是导致动脉粥样硬化性心脑血管疾病的重要危险因素。血脂包括甘油三酯、磷脂、胆固醇、游离胆固醇和游离脂肪酸,在致病因素上有重要意义的是胆固醇和甘油三酯。

无机盐、微量元素、维生素和纤维素等的摄取量平衡与否，对心脑血管疾病的发生、发展也有影响作用。

1. 脂肪摄取与血胆固醇的关系

脂肪摄取总量尤其是饱和脂肪酸的摄取量，与血胆固醇的水平密切相关，而且胆固醇的水平和冠心病的发病率之间又密切相关，膳食脂肪主要促进胆固醇的吸收，因而可使血胆固醇浓度增加。

膳食脂肪的“质”比“量”对血胆固醇浓度的影响大，一般认为饱和脂肪酸可增高血胆固醇。不饱和脂肪酸可降低血胆固醇，因可促进胆固醇氧化而排出体外，或使血胆固醇转移到组织中去。所以要注意避免摄取高脂肪及过多的饱和脂肪酸，而要增加不饱和脂肪酸。食用油中许多植物油、家禽油、鱼油中含不饱和脂肪酸较为丰富，应增加摄取的比例。

2. 胆固醇的摄取与血胆固醇的关系

人群调查观察到膳食胆固醇摄入量与动脉粥样硬化发病率呈正相关。但膳食中胆固醇含量对血胆固醇水平的影响小于膳食脂肪的作用。正常人每公斤体重含胆固醇 2 g，每日更新 1～2 g。血液中的胆固醇一部分来自肝脏内源合成，一部分来自食物。大量摄取胆固醇后，虽然由于反馈作用使肝合成的胆固醇有所减少，但血及血管外的胆固醇仍然有所增加，并受同时摄入的其他物质的影响，如摄入胆固醇又同时摄入甘油三酯时，则可促进胆固醇吸收。为了防治高血脂症，应控制膳食胆固醇和甘油三酯的摄入量，现在一般主张每日膳食胆固醇摄入量不应超过 500 mg。

在蛋黄，动物的脑、肝、肾，牡蛎，鱼子酱和奶油中含有较多的胆固醇。蛋类和动物内脏是通常膳食中胆固醇的主要来源。植物固醇特别是谷固醇结构与胆固醇相似，不仅不易被吸收，且有竞争性抑制血胆固醇吸收的作用。每天给予大剂量的谷固醇 3～6 g，每日三次，可使血胆固醇明显降低。

3. 糖类摄取与甘油三酯的关系

很多研究证明，糖类的摄入量、种类与冠心病的发病率有关，并提示蔗糖的果糖成分对甘油三酯的水平有明显作用。蔗糖比其他糖类更易于引起冠状动脉血栓形成。因为肝脏能利用食物中的糖类与脂肪组织供给的脂肪酸形成甘油三酯输入血流，从而增加肝的脂质生成作用而升高内源性甘油三酯。

4. 蛋白质摄取与血脂的关系

一般讲蛋白质的摄取不影响血脂，但由于动物性食品中胆固醇含量较高，故最好采用优质植物蛋白质来代替动物蛋白质。从预防心血管疾病角度，保持适当的蛋白质供给量和适合人体需要的氨基酸构成比例。蛋白质中含硫氨基酸不足时，可引起动物血清胆固醇过多，并造成动脉粥样硬化的发生。

5. 维生素摄取与血脂的关系

(1) 尼克酸。是强解脂药物，要服用大剂量方有效，每日约需 2～6 g，但此剂量可引起胃炎、情绪不安和皮炎等反应。

(2) 维生素 C。参与胆固醇代谢，一般认为有降血胆固醇水平，减缓动脉粥样硬化的作用。在人体中观察到大剂量维生素C可降低高血胆固醇患者的血清胆固醇水平。

(3) 维生素E。与脂类代谢关系密切,临床上用维生素E治疗动脉硬化症有较好疗效。

6. 无机盐与微量元素摄取对心血管疾病的影响

人群调查发现,高热量低镁膳食容易引起动脉粥样硬化。镁缺乏引起冠状动脉凝血和动脉粥样硬化。用镁治疗冠心病后,胆固醇/卵磷脂比值下降或血清胆固醇下降,故镁可能有影响血脂代谢和抗血栓形成,即促进纤维蛋白溶解,防止血小板凝集,抑制凝血或对血小板起稳定等作用。

由于高血压是冠心病的重要危险因素之一,而氯化钠对高血压又有直接影响,因此应控制食盐的摄取量。如作为治疗膳食,钠不应大于150 mg,氯不应大于200 mg。

(三) 膳食与肿瘤

近年来大量的研究资料表明,营养不足与营养过量均与肿瘤的发生有一定的关系。

1. 膳食脂肪与肿瘤的关系

高脂肪膳食与肠癌及乳腺癌的高发有关,已得到了公认,也有人报告高脂膳食与前列腺癌、睾丸癌及卵巢癌的发生有关。

高脂肪膳食影响大肠癌发病的机制,目前比较一致的看法是:高脂肪膳食使肝脏胆汁分泌增多,胆汁中初级胆汁酸增多,在肠道厌氧细菌的作用下,转变为石胆酸,成为致癌物质。

高脂肪膳食促进乳腺癌发生的机制,激素是主要因素。雌激素中雌酮和雌二醇有致癌作用。高脂肪和高糖膳食使人肥胖,人体脂肪组织能将肾上腺皮质激素中的雄甾烯二酮芳香转化为雌酮,促进绝经期后乳腺癌的发生。

2. 维生素与肿瘤的关系

(1) 维生素A。维生素A对上皮细胞分化起重要作用,能抑制DNA过度合成和基底细胞增生,从而阻止、延缓癌变或使癌前病变恢复。维生素A对肿瘤的抑制作用主要是防止上皮组织癌变。

(2) 维生素C。维生素C在体内外试验均能阻断N-硝基化合物合成,因而对化学致癌可起阻断或预防的作用。又因为维生素C能增强机体结缔组织功能和免疫功能,故能增强机体对肿瘤的抵抗力。

(3) 维生素E。维生素E也能阻断N-硝基化合物合成,故也有防癌作用,动物试验证明还有抑制一些其他化学致癌物的作用。B族维生素及抗脂肪肝物质(胆碱、叶酸、维生素C等)也有防癌作用。

3. 热量、蛋白质及碳水化物与肿瘤的关系

(1) 蛋白质。许多流行病学和动物实验结果证明,膳食中蛋白质较低,可促使人或动物肿瘤的发生,若提高蛋白质含量或补充某些氨基酸,则可抑制动物肿瘤发生。

(2) 热量。限制膳食热量,可减少肿瘤发生,体重超重的人比体重正常或较轻的人更易患癌症。应该提醒注意:虽然限制热量可以抑制人或动物肿瘤发生,但不能考虑用限制热量的方法作为控制人类肿瘤的实际措施。因为限制膳食必然要减少机体的营养供给，造成机体衰弱，抵抗力下降，肿瘤却仍能发展。

(3) 碳水化物。高碳水化物或高血糖浓度有抑制化学致癌物对动物的致癌作用。纤维素是不能利用的多糖，在体内不能消化吸收，但能促进肠道蠕动，有利于粪便排出，因而缩短了潜在致癌物在肠道的停留时间，可降低大肠癌的发病率。

二、平衡膳食

平衡膳食即合理饮食、均衡营养，是指饮食中所含有的各种营养素应种类齐全、比例合适、数量充足，能满足人体生理和健康需要。从营养学的角度来看，粮谷类食品供应人类机体热能；动物肉食供应蛋白，水果蔬菜可供给维生素、矿物质以及食物纤维。2000 年前我国古代医术“黄帝内经”中提出“五谷为养，五果为助，五畜为益，五菜为充”的配膳原则，生动概括了平衡膳食的原则。

(一) 饮食中应包括人体所需要的各种营养素

即蛋白质、脂肪、糖类、矿物质、维生素和水等六大营养素，以维持人体的正常生理功能的需要。自然界中没有任何一种食物能够满足人体所需的各种营养素，所以就必须充分利用自然界的各种食物，组成营养素种类齐全、比例合适、数量充足的完全饮食。

(二) 各种营养素之间应有适当的比例关系

《中国居民膳食指南》将自然界中各种食物根据其营养特点分为五类。第一类为谷类、薯类、杂豆类，主要提供糖类、蛋白质、B 族维生素，此类食物是我国饮食结构中的主要成分；第二类为动物性食品，包括肉、禽、蛋、鱼、奶等，主要提供蛋白质、脂肪、矿物质、维生素 A 和 B 族维生素；第三类为大豆及豆制品，主要提供蛋白质、脂肪、膳食纤维、矿物质和 B 族维生素；第四类为蔬菜、水果，主要提供矿物质、维生素 C、胡萝卜素和膳食纤维；第五类为纯热能食物，包括动、植物油脂，各种食用糖和酒类，主要提供热能。这五大类食物均应适量摄取，合理搭配，动物性食物和纯热能食物均不能摄入过多，应保持生热营养素的比例平衡、维生素之间平衡、可消化的糖类和食物纤维之间平衡、酸碱性食品平衡等。

(三) 食物应多样化

自然界中各种食物的营养成分与生理功能不尽相同，五大类食物各有各的特点，同一类不同种食物之间也各有差异，任何一种食物均不能代替其他食物。例如肉类不能代替鱼类，绿叶蔬菜不能代替白色蔬菜，尽管绿叶蔬菜含有丰富的维生素、矿物质，但白色蔬菜如萝卜、花菜等在抗癌、抗突变方面有其独特的作用。同时世界上也没有任何一种食物能够满足人体所需的各种营养素，所以就必须充分利用自然界的各种食物，合理搭配，不能长期单吃一类或一种食品。我国饮食中“八宝粥”、“什锦菜”就是很好的例子。

每天饮食中应包括所有五大类食物，并且每类食物也要经常变换花样。日本规定大学生每天吃 30 种食物，美国政府也规定大学生每天要吃 4～5 种原粮。我国目前谷类食物仍为青少年的主要食物。作为主食的植物性食物，虽含有一定数量的蛋白质，但质量较差，构成蛋白质的氨基酸也不全面，利用率不高。所以，在制作时，应把几种不同的含蛋白食物按比例混合在一起，取长补短，起互补作用，提高蛋白质的利用率。如谷类中蛋白质的赖氨酸、色氨酸不足，如与豆类食品混合制作或与动物蛋白质同吃，就可增加谷类蛋白质的利用率。平时食用的大米，蛋白质的利用率为55%，如果在2/3的米中加入1/3的黄玉米，利用率可提高到70%。北京有一种掺合面，含40%玉米粉、20%大豆粉和40%的小麦粉，很适合青年人食用。此外，还可几种食品混吃，如蒸馒头加豆浆、赤豆稀饭加面包、小米糯米粥、玉米粉加小麦粉做成馒头或烙饼等，这样根据习惯粗细搭配，经常变换，就可避免主食单调。

（四）合理的饮食制度

三餐热能的分配是早餐30%，午餐40%，晚餐30%。我国双职工家庭特点是早饭一般摄入量很少，质量很差。实际上，大学生上午课程紧张，脑力和体力消耗极大，需要大量的热能供给，而大脑的热能供给只能依靠血糖，所以早饭对学生至关重要，应摄入鸡蛋、牛奶等质量较高的食物，同时上午课间时应加餐一次，以面包和奶类制品为主，保证学生大脑活动的热能需要，课堂注意力集中，作业能力提高。晚饭要适量，因为饭后血脂浓度增高，睡觉后血流速度减慢，大量血脂容易沉积在血管壁上，而易造成血管硬化。

三、养成良好的饮食习惯

营养素的摄取除了受饮食结构调配不当、烹调制作不合理的影响之外，还与种种不良的饮食习惯有关。要养成良好的饮食习惯应做到如下几条。

（一）不吃零食

有的学生养成了糖果、糕点、冷饮等不离口的不良习惯，没有正常的饮食规律，消化系统没有建立定时进食的条件反射，使胃肠得不到充分的休息，可引起食欲减退，影响正常进食。巧克力是青年人常吃的零食，它以可可豆为主要原料，加油脂、牛奶、奶酪、糖等，香甜可口，然而巧克力不是青年人的营养佳品，因巧克力中含糖55%，脂肪40%，而蛋白质仅5%，为高糖、高脂肪、低蛋白营养品，对正在生长发育的青年人来说是不恰当的；其次，巧克力含有可可豆碱、咖啡碱等，多吃巧克力会使大脑皮质处于过度兴奋状态，易产生失眠、烦躁，同时对脑血管和心脏也有一定影响；此外巧克力产生热能较多，餐前吃巧克力使饥饿感减少、食欲不振。

（二）不偏食

有些人专门喜欢吃某几种食物，有些人根本不吃某几种食物，其实偏食对青年人的生长发育非常不利。自然界中各种食物的营养成分与生理功能不尽相同，各类食物各有特点，同类不同种食物之间也有差异，任何一种食物不能代替其他食物，如肉类不能代替鱼类，绿叶蔬菜不能代替白色蔬菜。同时世界上也没有任何一种食物能够满足人体所需的各种营养素，所以就必须充分利用自然界的各种食物，合理搭配，不能长期吃一类或一种食品。长期不吃肉食，则优蛋白摄入减少；偏食荤菜者，又会导致热能过剩及维生素、矿物质缺乏，易发生动脉粥样硬化。正宗美国快餐——麦当劳、肯德基等，以其食用方便、风味独特而风靡全球。不少学生迷恋洋快餐，甚至将洋快餐当正餐天天吃。洋快餐主要以高脂肪食物为主，由奶油、巧克力制成的冰激凌脂肪含量很高，还有高蛋白的牛肉饼及鸡肉饼，而蔬菜等食物纤维较少，为高脂肪、高热能、高蛋白食品，偶尔吃一次，对加强营养补充有益，但是不宜天天吃。众所周知，高热能高脂肪食品是诱发肥胖症以至成人高血压、冠心病的原因之一，这就是所谓“文明病”。青少年每天食物中蔬菜要占一半，才有足够的植物纤维及维生素，而洋快餐中蔬菜较少，是以后成人阶段发生冠心病、动脉硬化的诱发因素之一。

应充分认识到偏食对生长发育和身体健康是十分不利的，要从主观上努力纠正不良习惯。另外，进食要多样化，要有意识地在喜欢吃的食物中加些不喜欢吃的，或设法改变这种食物的烹调方法。总之，大学生应摄入平衡饮食，即蛋白质、脂肪、糖类、矿物质和微量元素、维生素、食物纤维等，比例要合适，也就是说米、面、蔬菜、肉、蛋、禽、豆制品都应该吃，不能偏食。

（三）不过分节食

不少青年人过分追求体形美，节食减肥，怕吃富含蛋白质、脂肪的食物，而且也控制正常三餐的进食量，久而久之，各种营养素的摄入明显不足，随之出现一系列后遗症，机体的免疫功能、神经体液调节功能均受到影响。女生由于得不到身体生长必需的热能及微量元素、维生素而影响初潮时间，严重营养不良的可造成闭经。如体内蛋白质缺乏可使血浆蛋白质降低，肢体出现不同程度的水肿，而且易疲劳、乏力、抵抗力低下；碘缺乏可促使垂体分泌大量促甲状腺素，引起甲状腺肿大，出现咳嗽、气急，甚至吞咽困难；铁缺乏可引起缺铁性贫血，出现头晕眼花、软弱无力，精神萎靡症状。

（四）不暴饮暴食

对进食缺乏节制、暴饮暴食，不但可引起胃肠功能紊乱，还可诱发某些疾病，如急性胃扩张、胃下垂等。油腻食物可使胆汁和胰液大量分泌，有可能发生胆管疾病或胰腺炎。

（五）不要快食

进餐时不细嚼慢咽不仅会加重胃的负担，发生胃炎、溃疡病等，还会导致食物消化吸收不全，从而造成各种营养素的丢失。

（六）不要热食

有的学生认为热食可口，但在吞食过热的食物时容易烫伤舌头、口腔黏膜和食管。过热食物对牙齿的正常生长发育也会造成损伤。食管受到热食伤害残留下的瘢痕和炎症会影响营养素的吸收。

（七）限制食盐摄入

每天食盐量超过正常限量时，可使液体在体内潴留，血液循环量增加，而使心、肾负担过重，这是诱发高血压病的病因之一。

第三节　吸烟与健康

我国吸烟的情况非常严重，无论是烟卷产量还是吸烟人数都排在世界第一位。我国每年的烟草产量为3 000万吨以上，可制成3×10^{12}支卷烟，如果加上进口的卷烟，每年我国烟草的消耗量十分惊人。所以，我国是烟草的产量、销量、消费大国。最新资料展示：我国现有吸烟人数约7亿，成年男性的平均吸烟率为62%，成年女性的平均吸烟率为11%。职业分布情况：公务员吸烟率59.2%，农民吸烟率65.5%，工人吸烟率64.5%，教师吸烟率50.1%，大学生吸烟率37.1%，中学生吸烟率16.9%。在整体的吸烟人群中，10～14岁开始吸烟的为3.5%，15～24岁开始吸烟的为71.8%。我国的候补吸烟人群逐年增长。

一、吸烟的危害

据分析，烟草燃烧后的烟雾中约含有4 000多种化学物质，其中2 000余种为有害物质，已经明确证实有43种致癌物，特别是烟中的烟碱，俗称尼古丁。它对人体的危害效应是缓慢发生的，一般需经过20～30年才能表现出来，故有人称吸烟为"慢性中毒或慢性自杀"。尼古丁还有很强的成瘾性，这就是吸烟成瘾难以戒除的主要原因。吸烟有害健康，目前认为吸烟至少与25种疾病的发生有关。

（一）致　癌

烟碱中含有多种致癌化合物，最主要的是烟焦油和亚硝酸、砷等。烟焦油中含有大量苯并蓖，具有很强的致癌作用。每天吸一包烟或是每月吸0.75 kg烟叶时，就等于每年吸入0.75 kg左右的烟焦油，这些致癌物质长期刺激呼吸道和消化道黏膜上皮，会使上皮增生发生癌变，产生各种恶性肿瘤。众所周知，吸烟者患肺癌的相对危险度是不吸烟者的10～15倍。因为烟草中的砷含量是食物中正常含量的50倍，吸进肺里的砷有致癌作用。而一个吸烟者如戒烟10年后他患肺癌的危险性将比继续吸烟者降低30%～50%。不吸烟还会降低喉癌、口腔癌、食管癌、胰腺癌和膀胱癌的发病率。

（二）导致心血管病

吸烟是导致心血管病的因素之一。吸烟者患病率为不吸烟者的2～3倍。因为在烟草燃烧的烟雾中，一氧化碳含量可高达3%～5%，如果一氧化碳进入血液产生大量的一氧化碳血红蛋白，可高达4.5%（正常0.5%～0.7%）。由于一氧化碳同血红蛋白的结合力比氧大260倍，因此就减少了氧同血红蛋白的结合，从而减少了各组织的供氧量，人就会因缺氧而出现头昏脑胀、恶心不适，产生煤气中毒的症状。特别是心肌的氧供应不足，导致心肌缺氧、功能降低，更加重全身缺血缺氧。一氧化碳所造成的缺氧，可损伤动脉内皮使血管的渗透性增加，使血小板聚集和脂质沉着，促进动脉粥样硬化病的发生。

吸烟时烟雾中的尼古丁进入肺泡和血液循环，能使血中儿茶酚胺升高，心率加快，血压升高，并可损伤动脉内皮，使血液黏稠度增高，血液循环受阻，从而诱发心肌梗塞及中风等症。

世界卫生组织专家委员会，曾在关于冠心病预防的结论中写道："吸烟对冠心病的发生有明显作用，应该将不吸烟当作正常的卫生习惯，禁止吸烟对预防冠心病很有价值。"

（三）导致气管炎，诱发肺心病

烟草中有无色而难闻的气体氨，它能刺激口腔、咽喉、肺的黏膜，使之受损导致痉挛而反射性地咳嗽，长期吸烟损伤了气管、支气管黏膜，使它的屏障功能降低，容易感染，形成慢性支气管炎。长期咳嗽导致肺功能降低，形成肺气肿。

肺气肿直接影响肺血管的循环，使肺动脉压逐渐增加，从而也逐渐加重心脏的负担，天长日久超过心脏的代偿能力，便发展成为肺原性心脏病。

据调查材料报告，每日吸烟 1 包或 1 包以上的人，患慢性支气管炎和肺气肿的几率为不吸烟者的 4 倍。肺心病则是慢性支气管炎和肺气肿的后果。肺心病与吸烟关系密切，这也是国内外医学专家证实了的。

（四）诱发溃疡病

吸烟可使唾液、胃液分泌增加，促进消化道运动加速，并削弱黏膜的抵抗力，烟草中的尼古丁还能使幽门括约肌松弛。所以长期吸烟者可助长胆汁返流。胰液中的磷脂酸 A 与胆汁中的卵磷脂相互作用形成的溶血卵磷脂，具有极强的黏膜损伤作用，时间长了可引发胃炎，逐渐发展形成溃疡。在一次国际胃肠病学研讨会上，与会的专家们列举了 4000 多例溃疡病病例资料，表明了吸烟者的初发溃疡面大，愈合所需时间长，而且在愈合后的 1 年之内 8% 的患者又会复发。据大量数据，专家们明确地把吸烟列为胃和十二指肠溃疡病的首位原因。

（五）损害视力

由于烟草中含有多种有害物质，其中烟草中毒性很强的氰化物，对于一般人来讲它可以通过人体的肾脏从小便排出体外，但是对于长期吸烟和易感的人来说，他们的新陈代谢有了障碍，容易使氰化物在体内积存。积存过多便会引起对眼睛的损害。① 使眼睛易患慢性结膜炎。② 是产生高眼压的因素，并加重青光眼。③ 使眼的调节力减退，使老人过早远视，视近物看书易疲劳。④ 使眼的光觉和暗适应能力低下。⑤ 老人黄斑部盘状变性吸烟者多，还易患中心浆液性网络膜炎。⑥ 可引起烟草中毒性弱视，因焦油毒性作用使维生素 B_2 缺乏，是视神经营养障碍所致。患者主要表现在双眼视力逐步下降，辨别红色的能力减退，晚期可能有双眼视神经萎缩，由于这种病发展缓慢，早期又不一定有明显特征，所以易被人们忽视，到了晚期造成严重的视力损害甚至失明。

目前对于烟草中毒所致的弱视，尚未有十分理想的药物，所以为了保证视力，奉劝大家最好不吸烟。

（六）损害大脑功能

烟雾里含一氧化碳很多，可以争夺血红蛋白而影响其与氧的结合，从而导致各组织的供氧不足，而脑组织对缺氧的耐受性更差，故影响大脑发育，导致思维迟钝，记忆力下降，工作和学习效率降低。有人统计吸烟者的智力比不吸烟者低10.6%。

（七）青少年吸烟危害严重

因为青少年正处在生长发育时期，各系统各器官还不成熟，比较娇嫩，对外界的有害因素抵抗力较弱。青少年的支气管比较直，烟草中的有害物质容易到达支气管和肺泡，因而毒物容易被吸入体内损伤组织。青少年对于致癌物质具有易感性，所以吸烟年龄越小发生肺癌的机会就越大。据调查，20～26岁开始吸烟的人比不吸烟的人肺癌发病率高10倍；15～19岁开始吸烟的人肺癌发病率高15倍；而小于15岁开始吸烟的人则要高出17倍。

开始吸烟的年龄早，成年后死亡率也高。如50岁时的死亡率15岁就开始吸烟的人比25岁以后吸烟的人要高出55%，比不吸烟的人要高出1倍多。

（八）被动吸烟的危害

吸烟对本人有害已众所周知，而不吸烟者，如在受烟雾污染的环境里同样受其危害。不吸烟的人暴露在烟雾中，最常见的是眼部刺激症状，此外有头晕、头疼、鼻刺激及咳嗽等，一些哮喘病人可因对香烟过敏而导致哮喘发作。患有心肺疾病的人受害更大，有时可诱发心绞痛或呼吸困难加重。许多国家的研究人员发现，不吸烟的女性和吸烟的男性结婚后，发生肺癌的机会比一般人高2.4倍，平均寿命短4年。被动吸烟对婴幼儿造成的危害也较明显，如父母吸烟的1岁以下婴儿患肺部疾病的机会比其他婴儿高1倍，并且更容易患感冒、支气管炎、扁桃体炎、肺炎等疾病。孕妇被动吸烟对胎儿发育也造成不良影响，德国和比利时的医学专家认为孕妇吸烟（包括被动吸烟）会引起胎儿甲状腺肿大，其原因是烟内含有一种叫做硫氰酸盐的物质，会妨碍胎儿甲状腺对碘的吸收。

二、预防及控制

（一）强化“吸烟有害”的意识

充分认识吸烟对自身身心健康、行为道德、家庭社会的危害性；提高对吸烟所致疾病和死亡风险及危害性的认识，消除侥幸心理、轻视心理和好奇心理；步出“吸烟有益”的误区；如“吸烟提神，吸烟显示成熟和风度，吸烟是男子汉的象征，吸烟是社交的需要”，等等。

（二）坚决抵制吸烟

用高度的责任感和坚强的意志抵制吸烟的诱惑，坚决不吸第一支烟，拒绝赠烟。

（三）戒　烟

常听一些吸烟多年的人反映戒烟困难，但事实并非如此，经科学证实，从烟草的药理作用看，烟草不具有成瘾性，它不像鸦片可以成瘾。人们所说的烟瘾只是一种嗜好和习惯。如有的人饭后写文章或闲聊时总爱吸烟，这是一种精神心理反应，实际上是条件反射，所以想戒烟并不难，主要需要的是决心和毅力，只要充分认识到吸烟的害处和戒烟的好处是完全能够戒掉的。

第四节　饮酒与健康

依据摄入酒精的程度，饮酒分为适量饮酒与过量饮酒两种，后者又称酗酒。酗酒是诱发疾病的主要因素之一，对人的身心健康、行为甚至生命危害极大，同时会给家庭和社会造成严重的不良影响。

酒的化学名叫乙醇。它在体内可直接被胃肠黏膜吸收而进入血液，饮酒后1～1.5 h血液中的酒精浓度达到最高峰。酒精绝大部分（90%左右）在肝脏内氧化分解变成乙酸，最后在各组织细胞内进一步氧化分解为二氧化碳和水，10%经过尿液、呼吸和汗腺分泌排出。而肝脏处理酒精的速度是有限的，每小时大约能处理6～7 g。

一、酒对人体的危害

（一）损害中枢神经

酒精最主要的作用是抑制大脑的最高级功能。酒精并不是一种中枢神经系统的兴奋剂，它的作用同安眠药、全身麻醉药一样，只不过其麻醉前期很长。酒精首先抑制中枢神经系统的理智部分，故饮酒者表现得粗鲁直率易感情用事，说话滔滔不绝，这是酒精中毒的第一期即兴奋期；酒精进一步抑制大脑的功能就会使动作笨拙，举步不稳，语无伦次，哭笑无常，这是酒精中毒的第二期即共济失调期，进入体内的酒精如再增加，就会使饮酒者进入昏睡期，大脑皮层进一步被抑制甚至皮层下的中枢也受到抑制，便会死于呼吸麻痹。长期饮酒，首先可致大脑的损害，引起精神神经改变，智力下降，记忆力减退，判断和理解能力降低，有的还出现手、舌的震颤，甚至有精神症状。

（二）诱发消化系统炎症或溃疡

酒入胃后，首先被胃肠黏膜吸入，使胃部充血，抑制消化功能，使胃黏膜的保护机能降低，长期则可引起消化系统的炎症或溃疡。已有溃疡或炎症的可导致溃疡穿孔或出血；过量饮酒会诱发急性胰腺炎，后果不堪设想。

（三）危害心血管系统

饮酒可引起心血管系统一系列疾病，因为它能麻痹血管中枢，使血管扩张，体表循环旺盛，从而增加心脏负担甚至引起高血压、充血性心力衰竭、心律失常等疾病。

（四）损害肝脏功能

酒对肝脏的损害最为明显。酒内含有乙醇，乙醇进入人体首先经胃肠吸收进入血液，然后在肝脏氧化并解毒，将其转化成无毒的乙酸再排出体外。过多饮酒必然加重肝脏的负担，长此下去可诱发肝硬化、肝癌。尤其患有各种肝病者更不易饮酒。

（五）致　癌

酒可使机体防御能力普遍降低，可以致肝癌、结肠癌。尤其是啤酒，日本一项研究发现每天喝啤酒的人患乙状结肠癌的可能性是不喝啤酒的人的12倍。因长期大量饮啤酒会导致铅在体内集聚,血中铅的浓度增高。另外,啤酒在酿制过程中可产生亚硝酸盐等物质,使致癌物质在体内增多,患癌症发病率增高。

(六) 营养不良

因长期饮酒,胃部充血抑制消化功能,并且酒精能降低小肠对维生素B_1、B_6和叶酸的吸收,从而引起营养不良。

(七) 危害青少年

有不少同学误认为饮酒与吸烟一样是现代文明的时髦行为,是一种风度,其实错了,青少年饮酒与吸烟一样比成人危害更大。因为酒中的酒精成分对人体有害,对青少年来讲,最大的损害在于酒精会损害脑细胞,长期饮酒可使智力下降,记忆力减退,理解力降低,严重影响学习成绩。青少年风华正茂正处于生长发育的黄金时期,酒精可致内分泌代谢紊乱,影响器官发育尤其是性器官,可致多种疾病。另外,饮酒还易致意外事故(车祸等)、冒险行为、暴力犯罪行为、意外性行为增加等。所以青少年切勿沾染嗜酒的恶习。

二、预防及控制

适量饮酒可促进血液循环、增加食欲、帮助睡眠。但长期、过量饮酒则为酗酒,危害严重,应有理智的自控力,不过高估计自己的酒量。即使酒量大,也不要饮酒过量。从根本上抵制酒的诱惑。

如饮酒对身体造成了危害,需要戒酒。戒酒的方法很多,如药物戒酒、条件反射方法戒酒、喝茶、喝饮料逐步戒酒,但最根本的方法还是靠毅力和决心。戒酒者只要认识到长期酗酒对身心带来的极大危害,就能树立坚定的戒酒意志,就能克服戒酒带来的一系列“戒断症状”(如周身无力、饮食乏味、睡眠不佳、精神萎靡、涕泪交流等)。

当然,不是所有戒酒者都出现这些症状,有的人较轻,有的人根本不发生任何症状,为增加戒酒的成功率,还应同时加强身体锻炼或冷水擦浴,并从事其他多种运动等。

第五节　药物滥用与健康

目前,随着各类药物的不断涌现,滥用药物的现象有增无减,发生不良反应的病例亦呈上升趋势。其中常见的是因不合理用药,导致对药物的依赖,出现不良后果。如安定药,吃者太多,而且越来量越大,不少人长期服用,也没发现有什么问题。岂知几乎所有的药都具有一定的副作用,只不过绝大多数是轻微的,病人能够耐受。而且有些药物的毒性反应并不是服药后立即发生,而是长期蓄积逐渐产生的,这多是服药过量造成的。我们已为此付出了沉重的代价。有关统计资料表明,在全世界的死亡病例中竟然有1/3是由于用药不当。我国不合理用药的比例占到了11%～26%,因药物不良反应死亡的人数高达数十万。

一、药物滥用的原因

用药须“三思而后行”，造成药物滥用、误用的因素是多方面的。一方面，虽然多数人都知道药物有副作用，但对用药不当产生危害的严重性并不十分了解，有些病人治病心切，盲目投医，听信“偏方”、“验方”；或急于求成，随意加大药物剂量，只要对自己的病症，不加选择，统统用上；还有些人错误地认为没病吃点药，特别是维生素类和抗生素类的药，可以健身，结果事与愿违。此外，中草药无毒副作用的认识误区，使一些人对其毫无防范，无形中受到了伤害。

另一方面，少数医生业务水平不高，缺乏责任心，他们并不十分熟知药物的药理作用，没有完全掌握选择药物的明确指征和在出现不良反应时该如何使用药物，特别是对一些常用对症药，如解热镇痛类药物往往轻率使用，或为满足患者的要求，过多开药甚至开一些不必要的药，以致因药物之间的相互作用，出现不良反应。某些医院追求经济利益、一些从事药品生产销售的厂商夸大其词的广告也起到了推波助澜的作用。

二、药物滥用的危害

凡是药都具有两重性，在发挥其治病功效的同时，也会出现一些不良反应，这类因服用药物引起的病症，医学上称为药源性疾病。像人们知道的解热药非那西汀，可以引起弥漫性肺泡炎；奎尼丁可使心律失常者发生惊厥；长期服用阿司匹林可导致胃溃疡、胃出血；四环素能使幼儿牙齿发黄等，都是药物不良反应造成的。究其原因，既与药物的滥用、误用有关，也与个体的特性体质相关。

（一）滥用维生素类

大量应用维生素 B 可出现头痛、疲倦、烦躁、腹泻、心律失常及浮肿；大量使用维生素 C 可造成消化、心血管、泌尿、血液、生殖等系统的不良反应，口服过量时可妨碍肠道对铜、锌等离子的吸收，甚至可引起胆或肾的结石；维生素 A 急性中毒可出现颅内压升高、嗜睡、谵妄、瞳孔散大及消化道反应，慢性中毒可出现疲倦乏力、烦躁或嗜睡、食欲不振、呕吐、腹泻、低热多汗、复视等。长期大量服用维生素 D 可以产生维生素 D 过多症，主要为高血钙所致的肾损害、钙沉着、多汗、多尿、呕吐、腹泻及烦躁、幻觉、意识障碍等神经精神症状。

（二）滥用中草药

近年来关于中药不良反应报告日渐增多，可分为两类：A 型为药物的药理作用增强所致，靶器官敏感性增强，与剂量有关；B 型由药物与病人的异常性引起，为过敏反应，与剂量无关，不可预测。有人总结了 460 种中药不良反应，发现其中 45.62%的病例是由 36 种中药引起，如乌头类、雷公藤、藻酸双酯钠、板蓝根、蜂巢制剂、六神丸、牛黄解毒丸（片）、鱼腥草、竹黄、穿心莲、黄连素、丹参类、蝮蛇抗栓酶、柴胡类、蛇胆川贝液、曼陀罗、天花粉、速效伤风胶囊、人参类、蟾蜍、山莨菪碱、蓖麻子、麻黄素等。最近不断有关于木通引起肾功能损伤的报告，值得重视。以上原因可能是用药过量或炮制不当、品种混杂或制剂质量问题、中药本身的毒性或过敏反应，严重时可导致死亡。

俗话说，是药三分毒。过分相信保健药和中药，擅自增加剂量、改变服药间隔，都会引发不必要的不良反应，甚至引发意外危险。合并服用的药物越多，发生药物相互作用的机会和严重程度就越高。

三、避免药物滥用

有病找医生无论是处方药还是非处方药，按医嘱服用十分必要。每个人都应该做到有病找医生，而不是个体江湖游医；吃药遵医嘱，而不要擅自加减剂量。应根据自己的经济实力，选择安全、可靠的药物。应该在全科医生的指导下，对自己长期服用的药物进行适当的更换。中老年人长期服药尤当小心慎重，营养品也不例外。

实际上，药物致死的情况除极少数不可预测外(特别是有特殊体质的人)，绝大多数是可以预测和防范的。出现不良反应，如过敏反应，只要立即停药就可以终止药物对机体的损害。对大多数药源性疾病而言，也只要早期停药，症状都可缓解，无需采取特殊的处理。情况严重者，只要及时采取对症治疗措施也可转危为安。

第六节　科学用脑

一、节约脑力

(一) 注意力的分配

注意可根据事前有无目的性分为无意注意和有意注意。而在有意注意中，又根据是否需要做出一定意志努力可分为意志注意和非意志注意。广读是无目的的，且消精费力最少，但获得的知识表浅，并容易转移。凡是有目的的学习都需要有意注意。非意志注意参与学习活动，能够兴致勃勃，津津有味。因为没有意志强加，消耗精力较少，可避免疲劳，为了要解决课题，进行细致观察和实验，或精读时，都需要意志注意，才能记忆和深入理解，但意志注意的精力消耗较多，容易产生疲劳。因此应该根据学习的要求，选择恰当的注意参与学习活动，同时必须把几种注意交替起来加以运用，既提高学习、工作的效率，也避免负担过重。

(二) 善于记忆

衡量记忆的好坏，以记忆的正确性、敏捷性、持久性等品质衡量，是否善于记忆，关键在于能否掌握记忆的规律和方法。一个人每天要接触的事物，遇到的信息实在太多了，不可能也不必要全部记忆。因此，必须精选记忆的内容，或经过整理加工便于记忆，还应该根据实际情况灵活运用最有效的方法。

1. 对记忆材料的精选和整理加工

在材料精选方面必须挑选有意义的和需要的进行记忆。一般难度适中、能直接引起人的兴趣、激起人的情感等材料，会比较易于记忆。在材料整理方面，可经过系统化、抽象材料形象化、有节奏或押韵的，或按性质、系统、意义、特点、规律、异同点进行分类，或按主次、难易、排列一定序列等加以整理，记忆的效果较大。至于有排列次序的材料，一般在首末两端的易于记忆，应考虑将重要的难于记忆的排列在首末两端。还有经过积极思考达到理解的，或经过从同中求异，或异中求同的比较，亦易于记忆。

2. 常用有效的记忆方法

记忆并不是死记硬背，也要讲究方法，要尽可能利用多种"联系通道"来提高记忆效果。如多种感官同时作用，即用眼看、耳听、口读、手写等同时作用于大脑，使神经系统发生广泛的联系和协同作用，便不易遗忘。

(1) 选择恰当的学习方法。如一般机械记忆性的材料和技能的学习，用分散法胜于集中法。对于复杂的或特别需要思考的问题而又需要较长时间学习的材料，用集中方法较好。对有意义、有组织、前后有连贯性的材料，若学习者本人智力较高，对所学材料有相当的经验，可以用从头到尾，经一遍遍学习的整体法。相反，对难度较大的，就要用部分法(即特别在该部分加强学习)。对特别复杂的材料应用分散法。只有这样采取区别对待的各种方法，才能使记忆的质量提高。

(2) 养成尝试回忆的习惯。即将学过的知识，在空闲时或入睡前重新回忆一遍，可及时发现记忆中的缺点、漏洞和薄弱环节等，以便及时改正和填补。

(3) 善于掌握个人学习"最佳适度点"。指的是个人在一定时间内学习，可取得学习的最佳效果。这个最佳适度点，个体差异较大，要靠自己摸索加以发现。发现有疲劳的感觉就必须休息，或将不同的学科交叉进行学习，避免发生过度疲劳。一般青年学生的学习"最佳适度点"是连续学习 5 h 左右。

此外，为了避免智力活动可能受到其前后活动的影响而影响记忆效果，最好的办法是将两种活动相隔 10～15 min。相似的活动不易放在一起记忆。利用清晨和睡前的时间去记忆效果较好，避免遗忘应及时复习，采取复习与回忆相结合的方法学习效果较好，而不必要的记忆是有害的。

(三) 善于思考

应该多用启发式思维，可以创设问题的情境，并以思维与想象相结合，运用分析、综合、比较、归类、抽象、概括、归纳、演绎、系统化、具体化等方法进行思考。对有关联的事物，去伪存真，去粗取精，由此及彼，由表及里，由浅及深，通过假设、引证、推理、判断，培养发现问题和独立解决问题的能力。

二、保护脑力

(一) 保持健康的状态

锻炼身体，增强体质，预防疾病，尤其是预防脑炎、脑膜炎、脑震荡或脑的损伤，避免发生逆行性遗忘症，戒烟可防止碳氧血红蛋白的形成而保证大脑的供氧。切勿酗酒，防止慢性酒精中毒引起顺行性遗忘症。紧张的脑力工作后，可进行短时间休息。如做操或到户外活动，望一望户外的绿色景物，听一段音乐等。为了消除疲劳也可以按压风池、百会等穴位，也可用冷水洗脸，经 10～15 min 后就可继续学习或工作。不饮浓茶，避免失眠。为保证信息能准确地、顺利地接受和传递，还要讲究卫生，保护感觉器官的功能。

（二）勤于用脑

据专家研究，人脑的潜力非常大，好像是储存知识的仓库，一个终身好学的人，一生中脑中储存的各种知识相当于5亿本书的知识总量，但实际只开发了脑潜力的1/5。人脑受训越少，衰老就越快；而脑的紧张工作开始越早，持续时间越长，脑细胞老化过程就越慢。实验证明，由于脑的活动可使脑细胞的酶活性增加，神经细胞体积增大，从而功能改善。大学生正处于青春发育期，大脑的发育也日趋成熟，是记忆的黄金时代。勤于用脑，不断深入地解决高难问题，也等于高标准地训练大脑。反之，会使大脑机能发展停滞甚至退化。人脑的发展潜力是无限的，多用脑、勤用脑，是促进脑生长发育的重要途径。

（三）合理营养

疲劳、饥饿、缺氧的环境或机体缺水时，脑的功能都会受到损害，而不能进行最佳的脑力劳动。脑的质量是身体质量的2%，但其对氧气的消耗量却占人体氧气消耗量的20%，所以只要停止氧气数秒钟。人的意识就会模糊，不能进行正常的脑力活动，缺氧超过8 min，脑细胞就会不可逆转地丧失功能。因此，学习之余要经常做户外活动，注意教室宿舍通风。运动后进餐或进餐后学习至少要休息0.5～1 h，尤其是饱餐后，大量血液集中到消化器官上去帮助发挥其消化功能，大脑处于相对的缺氧状态，如强行脑力工作则对脑和消化器官功能都不利。

合理营养是指在供给足够热量所需的营养的基础上，适当地照顾脑力工作所需要的营养素：如核酸掌管脑记忆，蛋白质是核酸的营养源，故应多吃含蛋白质丰富的食品如蛋黄、大豆、核桃仁等，这样可以增强大脑皮层的兴奋和抑制的功能，使学习效率提高。又如B族维生素能维护脑的功能。在机体各种离子保持平衡的前提下，钙能维持神经镇静作用，镁是良好记忆的重要元素之一，碘对智力发育关系密切，锌是机体内接近50多种酶的组成成分，每当智力活动出现问题时，不能忽视各种离子的作用；维生素C与儿茶酚胺和5-羟色胺的生成有密切关系；磷酸盐、泛酸等也有提高工作能力、消除疲劳的作用；食用蔬菜、水果或奶制品，可以直接补充碱盐，均有利于神经活动功能的提高。

从事紧张的脑力工作者，应尽量避免吃过多的脂肪、淀粉和糖，应多吃高蛋白和易于消化的食品。不是十分必要时，尽量不服安眠药物。大脑的水分占脑总量的70%，故也要注意饮水。人体每天大约需要3 L水。

培养良好的饮食习惯，进食要定时定量。提倡混合膳食，不可偏食、暴食或零食。每日三餐要合理分配，保证足够的能量供给。

（四）劳逸结合

适当的文娱活动，听音乐、散步、唱歌、看电影、看电视和进行各种体育活动都可使紧张脑力劳动后获得松弛和调节。遵守生活作息制度，要有适当的休息和足够的睡眠，保证大脑劳逸结合。活动多样，交替进行，使大脑的能量消耗获得及时的补充。

第九章　环境与健康

环境是指以人类为主体的外部世界的总和，是人类生存发展的物质基础。环境与我们的生活及健康息息相关。环境中有毒有害物质直接影响人类的生活质量、疾病负担和健康长寿，甚至还会威胁到人类的健康繁衍。随着经济发展、科技进步和生活水平的提高，人类更深层次地关注身心与环境的完美适应。

流行病学研究证明，人类的疾病70%～90%与环境有关。人类期望健康长寿，就必须建立和保持同外在环境的和谐关系。人类健康有赖于生物的多样性、稳定和持续发展的生态系统。如今，生态环境日趋恶化，特别是环境污染加重，造成空气、水源的污染，直接导致了人类的生存条件变差，免疫防御功能下降。人类对大自然的过度开发，导致了严重的问题。近年来，人畜、人禽共患的传染病就是例证，使人类的健康已经面临着一些潜在的危害。

第一节　影响人类健康的环境因素

一、生物因素

生物圈中的生命物质都是相互依存、相互制约的，它们之间不断进行物质能量和信息的交换，共同构成生物与环境的综合体，即生态系统。人类依靠生物构成稳定的食物链，从而获得生存所必需的营养素；利用生物制成药物防治疾病；绿化美化环境陶冶情操等。生物本身在不断繁衍过程中为人类造福的同时，有的生物会给人类健康和生命带来一定威胁，如致病性生物可成为传染病的媒介；食物链中存在的有毒生物因子可致癌、致畸；空气中存在的花粉、生产过程中的生物性粉尘（动物羽、毛等）可致敏。

二、化学因素

人类生存的环境中有天然的无机化学物质、人工合成的化学物质以及动植物、微生物体内的化学组分。天然存在的无机化学物质是构成机体的主要物质，有些元素在生物体内含量很少，但不可缺少，是维持健康的营养素。但某些化学物过量或低剂量长时期接触时，会产生有害作用（称为毒物）。环境中常见的化学因素包括金属和类金属等无机化合物；煤、石油等能源在燃烧过程中产生的硫氧化合物、氮氧化合物、碳氧化合物、碳氢化合物、有机溶剂等；生产过程中的原料中间体或废弃物（废水、废气、废渣）；农药；食品添加剂及以粉尘形态出现的无机和有机物质。

三、物理因素

人们在日常生活和生产环境中会接触到很多物理因素，如气温、湿度、气压、声波、振动、辐射（电离辐射与非电离辐射）等。在自然状态下物理因素一般对人体无害，有些还是人体生理活动必需的外界条件，只有通过一定强度和（或）接触时间过长时，才会对机体的不同器官和（或）系统功能产生危害。随着科技进步和工业发展，人们从生活环境和生产环境中接触有害物理因素的机会愈来愈多，因而它所造成的健康危害应予以足够的重视。

四、社会环境

人类健康和疾病是一种社会现象，健康水平的提高和疾病的发生、发展及转归也必然会受到社会因素的制约。社会因素一般包括社会制度、社会文化、社会经济水平，它影响人们的收入和开支、营养状况、居住条件、接受科学知识和受教育的机会等，社会因素还包括人们的年龄、性别、风俗习惯、宗教信仰、职业和婚姻状况等。

由于社会环境的变动常会影响个体的心理和躯体的健康，心理因素又常与社会环境密切相关，因而常称为社会心理因素。心理紧张本是人适应环境的一种正常反应，但如果强度过大、时间过久都会使人的心理活动失去平衡，继而引致神经活动的功能失调，甚至导致情感性疾病、心身疾病的发生，严重者还可能造成各种精神性疾病。因此，应该着重强调个体心理状态须尽快地去适应社会环境的改变，使个体和不断变动着的社会环境调整为一个协调统一的整体，使社会环境的任何变动都不致使人长时间地停留在心理失衡和（或）神经活动功能失调状态，以预防躯体疾病的发生。

五、地理环境

居住在空气清新、气候寒冷的高山地区的人多长寿，而那些住在空气污浊、气候炎热的低洼地区的人则寿命相对较短。作为养生的地理环境，最理想的居处是阳光充足、空气清新、水源洁净、土壤肥沃、景色秀美的自然环境。在地理环境的选择上，唐代医家孙思邈在《千金翼方》中提到：山林深远，固是佳景，背山临水，气候高爽，土地良沃，泉水清美，若得左右映带岗阜形胜最为上地，地势好，亦居者安。”良好的地理环境不仅是人类物质生活的可靠保证，而且是人体健康不可缺少的条件。自古以来，僧侣的庙宇或皇族的行宫多建筑在环境幽静、林木茂盛的山上，或在碧波环绕、水天一色的海岛上，说明人们对养生的地理环境选择上，早已达到相当高的水平。我们对住宅的环境进行绿化和美化，使其达到良好的生活环境，创造一个树木环绕、郁郁葱葱、鲜花盛开、千姿百态的住宅环境，以利于养生。这样的环境可以使居住者心旷神怡，置身于大自然的纯朴美和自然美之中，为生活增添无限乐趣，从而达到养生怡性、延年益寿的目的。

六、环境污染

环境污染主要包括以下几个方面：一是工业废气、噪声等环境污染严重；二是人们赖以生存的水质污染严重；三是果蔬食品中化肥农药及激素的残留；四是人们日常生活中电器类的污染。上述诸种因素造成了人体的生理平衡失调。

现代流行病学证实，人类疾病80%与水有关，饮用被污染的水，会导致胃炎、皮肤病、内分泌紊乱、肾结石、肝炎、心血管病、霍乱、伤寒、痢疾、胃肠炎等多种疾病。同时，还可引发多种地方病。例如，水氟病、水砷病、大骨节病、地甲病等。另外，水中的化学污染物可引起急性中毒和慢性中毒，还可致癌、致畸、致突变等。据统计，我国年均废水排放总量为439.5亿吨，超过环境容量的82%，七大江河水系五类水质占40.9%，75%的湖泊出现不同程度的富营养化。在饮用水受到多重污染的地区，皮肤病、肠炎、肝肿大、癌症的发病率很高。

空气是人类赖以生存的重要环境要素之一，它直接参与人体代谢和体温调节等生命活动。然而，一旦受污染的空气进入人体，便可导致呼吸系统和心血管系统疾患。中国部分城市的雾霾天数占全年三分之一以上，空气中PM2.5的平均值高出标准几十倍甚至数百倍，已成为全社会关注的热点问题。

生活垃圾的乱排乱放对人类健康的影响也不容忽视。塑料焚烧会释放出多种化学有毒气体，对人体的毒害很大。人体吸收了这些有毒物质后，会出现消瘦、肝功能紊乱、神经损伤或诱发癌症等病变。废旧电池中含有有毒有机溶剂，挥发性高，容易被人体所吸收，从而引起人的头痛、过敏、昏迷等反应，严重的还能致癌。此外，颜料中含有的重金属铅，会使人的神经、消化和泌尿系统受到伤害，造成女性生殖机能改变，异常生育力上升，婴儿出生体重减轻，儿童智能下降等。

越来越多的事实证明，改变生态环境的人类活动可能给人类自身健康带来灾难性的后果。世界范围内的环境污染、气候变化、人口膨胀、滥施化肥农药、滥开滥采、入侵热带雨林、开垦湿地、生活环境不洁等，都会给人类的生存和健康造成严重后果。

第二节　绿色植物与健康

绿色植物与人类生活关系十分密切，在人们的视野中，绿色植物达到75%时，心情最舒畅，精神感觉最好。许多名胜古迹，园林别墅常以树木花草为主体，构成各种宜人的景色。绿色植物可以净化空气，消除空气污染，降低噪声影响，保持水土，防风固沙，调节气候，涵养水源，净化污水。要使环境更加美化，就必须进行绿化。大力开展植树种草，让全国每座城市、院校、机关科学地种树栽花，合理布设花坛、草坪、绿带，到处绿树婆娑，花草相映，有花可赏，有景可观。处处都是美丽的家园，我们的环境才真正绿色化，美观化。

绿色可以美化自然环境。自然环境的美与丑对人们的健康、工作效率、精神面貌和思想情操产生很大的影响。在杂乱无章、空气污浊、遍地垃圾环境下，人会感到沉闷和极不舒心，产生烦躁和厌倦的情绪，工作和学习效率会明显降低；而在绿色环境里，空气清新，干净舒适，人会感到心情舒畅，精神振奋，疲劳程度减轻，工作和学习效率明显提高。

一、增加空气的氧含量

呼吸是人类最基本的生命活动，空气是人类生命一刻也不能缺少的基本物质。在正常的空气中，含有氮78%、氧21%、二氧化碳0.027%，还有其他气体。人类所需要的空气必须含有一定比例的氧气，而且二氧化碳的含量不能超过一定的限度。如果空气中氧气的浓度低于10%，二氧化碳的浓度超过2%时，人就会感到头晕、脉弱、血压升高，如果二氧化碳的浓度超过8%，几分钟之内，就会使人的呼吸系统麻痹，以至出现生命危险。

近年来，随着工农业的大力发展，消耗大量氧气，并使空气中的二氧化碳含量急剧增加。怎样保持空气中含有一定比例的氧气，已成为举世关注的问题。

绿色植物通过光合作用，吸收空气中的二氧化碳，放出大量的氧气，使空气保持新鲜，因此，科学地植树造林，栽花种草，绿化祖国，美化生活环境是非常必要的。

二、消除空气中的灰尘

空气中有许多尘埃，平时每升空气中有粒级半微米以上的尘埃几万颗，如果在干旱多风季节的城市上空，有时每升空气的尘埃，可高达几十万颗以上。空气中大量尘埃的存在，污染环境，影响人的生活、工作和健康，最易损害人的呼吸系统，使人易患气管炎、支气管炎和尘肺等疾病。要使空气中不含一点灰尘是不可能的，但是要求空气中的尘埃含量尽量减少，并保持在不影响人的身心健康的一定范围之内，是完全必要的。最有效简便的方法是大搞植树绿化。

树木枝叶茂密，具有强大降低风速作用，使飘浮在空气中的大粒灰尘下降到地面，树木枝叶表面粗糙，生有绒毛，分泌油脂、黏液，能滞留、吸附大量的灰尘，使空气中的尘埃减少。云杉、松树、刺槐、广玉兰、杨树、榆树、夹竹桃、女贞都是理想的防尘佳树。

三、清除空气中的病原体

空气中的细菌和病毒含量的多少，不仅是衡量环境质量好坏的重要标志，也是影响人们发病率高低、病愈率多少的重要原因。绿化区和没有绿化区的院校进行比较，空气中的细菌和病毒含量显著差异，每立方米的空气中的含菌量绿化区要少85%以上。闹市区人口多，密度大，排放细菌和病毒增多，绿化区许多树木能分泌具有强烈挥发性物质，这些物质被称为植物“杀菌素”，可以杀死杆菌、球菌、丝状菌、芽孢菌和病毒，使空气中的细菌和病毒大量减少，保证人类的健康。

四、吸收工业排毒

由于化工、冶金、煤炭、石油、电力工业的发展，煤、石油、天然气成为主要工业燃料。二氧化碳、一氧化碳、硫化氢、氯气、氟化氢、碳氢、氮氧化合物多种有毒气体，被排放到大气中，严重地污染了人类生存的环境。空气中的毒气和某些农药，溶于水和存在土壤中被农作物吸收，使生产的粮食、水果、蔬菜等有残毒，这些毒素物质经过生态系统食物链的富集，从而严重地威胁着人类的健康。有效地解决工业排毒和采取有力措施保护环境，应一方面加强“三废”治理，另一方面大力进行绿化。许多绿色植物都具有抗毒的特性，有较强解毒能力。柳树、丁香、银杏、松柏、石榴、合欢、梧桐、榕树、黄杨都是吸收二氧化碳的优良绿色植物。在毒气特别严重时，虽然单靠绿化不能根本解决问题，但它总可以减轻毒害。而且绿化可以制造氧气，对美化环境可收到一举多得的效果。

五、降低噪声

随着工农业和交通的发展，噪声对环境污染越来越严重。噪声使人们心情不快，对人危害十分严重，高等学校师生所患神经疾病中，有 52%是与噪声有关的。怎样减轻噪声对环境的污染呢？首先是改进产生噪声的工业设备，加强消声管理。其次是绿化，绿化可以减轻噪声的干扰和危害。树木茂密的枝叶，像一堵“绿墙”，阻碍噪声声波的前进，枝叶的摆动、叶表面的气孔和绒毛大大削弱了声波的强度；葱葱的灌木，茸茸的绿草，其表面凹凸不平以及千姿百态，均有吸收声波的作用。降低噪声，枝叶茂密的树木比枝叶少的效果好，阔叶树比针叶树好，有草地比无草地好，夏季比冬季效果好，广泛种植树木、花草，不仅可以造就一个繁花似锦的“公园”，而且可以降低噪声干扰，创造一个幽静环境，有利于学生学习和休息，促进身心健康。

六、增进身心健康

人们在工作和学习之余，来到林木葱笼、花草繁茂的公园或漫步在林荫大道上，满目青翠，加上新鲜空气迎面扑来，会顿时感到神清目爽，疲劳消失，这是什么缘故呢？因绿色是一种柔和的色彩，能给人以舒适的感觉。绿色的环境，能给人的大脑良好刺激，使疲劳得以调节，紧张的情绪得到改善，使皮温降低，脉搏减缓，呼吸均匀，血压稳定。绿色植物能“吞碳吐氧”，减少空气中的尘埃，清除空气中的细菌和病毒，吸收工业排放的许多有毒气体，使周围的空气显得清新和干净。树木还能分泌出一种芳香的萜烯类气体物质，被人吸收以后，可兴奋人的神经中枢，刺激人的某些器官，起到消炎、利尿和加速呼吸的作用。

树木、花草附近的空气中含有非常丰富的阴离子，这些阴离子可以调节人的神经系统和促进血液循环，改善心肌功能，促进人体的新陈代谢，提高人体的免疫能力。阴离子在城市的室内，每立方厘米的空间只有 40～50 个，而绿化地带为 100～200 个，公园 400～600 个，郊区旷野 700～1 000 个，森林里则达到 2 000 个以上。

医学工作者曾对国内两所高校进行环境因素与学生健康状况对比调查，发现环境绿化好的院校，学生的皮温、脉搏、血压、心肺、五官、智力均较环境绿化差的院校显著的好。可见，环境的绿化、美化和人的健康关系十分密切。如果全国各地，高山平原、城市农村、院校、厂矿、街道、家庭都搞好绿化、美化，就可使人们心胸开阔，精神愉快，热爱生活，奋发工作，减少疾病，不断增进人们的身心健康。

第三节　大学校园环境与健康

目前，我国高等院校多集中在人口稠密的大中型城市。工业化发展和人口剧增产生了一系列危害人群健康的因素，高等院校也深受其害。另外，我国高校现实行整齐划一的教学模式，学生集体居住，来自全国各地的学子们在此接受全日制教育，人群来源复杂，生活集中。因此，高校的学习和居住环境的某些环节亦成为影响人群健康的主要因素之一。

近年来，在社会和学校的共同努力下，全国各大高校的校园环境及卫生设施有了很大的改善，基本符合当代办学模式。本节主要讨论与大学生关系最为密切的宿舍、教室及实验室环境对其健康的影响。

一、宿舍环境卫生

据统计，学生在宿舍度过的时间占全天的 50%左右。因此，为了健康，主观上要讲究卫生，努力保持宿舍整齐清洁，经常开窗换气。据实测，当室内外温差 15 ℃，且无风时，空气中含有很多微生物，开窗让阳光照射是减少空气微生物、防止污染的简易而有效的办法，并且阳光照射能改善人的心肺功能，降低机体紧张状态，是有益的天然治疗因素。根据卫生要求，每天室内阳光照射时间最好不少于 3 h。玻璃能挡住紫外线，所以接受日照时要开窗。个人的衣物要勤洗勤晒，不要任其在不见阳光的地方晾干，否则容易滋生霉菌，感染癣病、霉菌性阴道炎等。南方天气湿热，要保持室内干燥。可能条件下，大学生们应尽量减少宿舍活动的时间，多到户外活动，到教室和图书馆自习去。

二、教学环境卫生

大学生绝大部分时间是在教室、实验室和图书馆度过的，占在校总时间的 40%左右。好的学习环境要求有良好的通风、采光，无噪声干扰，整齐清洁。

实验室要求有相应的安全设施，如化学实验室应有防毒、防爆、防污染措施，放射实验室应有防辐射措施，这些方面不注意将直接危害健康。环境通风好，则空气新鲜、供氧充足，这能使人精神振奋、精力充沛、学习效率高。光线强度要适宜，太强的光线使人心烦意乱，精力分散。我国的大学大多数是解放后设立的，建校时对这些方面给予了充分考虑，一般都符合卫生要求。关于照明对视力的影响，至今未见深入系统的调查研究报告。大部分学校采用日光灯。日光灯省电、光线均匀、接近日光，日光灯产生的紫外线还有净化空气、消毒作用，但日光灯是交变电流，容易引起视觉疲劳，紫外线对人体也有伤害作用，所以在日光灯下连续看书时间也不宜过长。上课时用无尘书写笔代替粉笔，可大大改善教室的清洁度，有利于师生健康，虽然用无尘书写笔花费可能多一些，但值得提倡。

现代化的多媒体电化教学发展很快，如多媒体投影、多媒体幻灯、多媒体电视教学片等的出现，使电视在教学中占相当比重。但由此可能带来“电视病”，主要症状是头痛、眼睛发胀、神经紧张，还可能出现腹胀、消化不良等。

第十章　毒品与禁毒

第一节　概　论

早在新石器时代，人类就在小亚西亚及地中海东部山区发现了野生罂粟，六七世纪传入中国。开始，人们把罂粟视为一种治疗疾病的药品，有意识地进行少量的种植与生产。伴随着人类社会的发展和进步，人们又从罂粟中提炼出鸦片。作为一种商品，它既有使用价值，也具有经济价值；作为一种药品，它既有医疗价值，同时也具有一定的麻醉、积蓄毒性乃至造成依赖的毒魔作用。

今天，毒品滥用已遍及全球五大洲 200 多个国家和地区，全球毒品滥用者超过 2 亿人，滥用成瘾者高达 5 000 万。据世界卫生组织（WHO）估计，全球每年因毒品滥用和毒品犯罪致死的人数高达百万计，已成为许多国家仅次于心脑血管疾病和恶性肿瘤的第三大死因。

一、毒品的定义、分类及特征

（一）毒品的定义

根据我国现行禁毒法律规定，毒品是指国家依法管制的能够使人形成瘾癖的精神药品和麻醉药品。1997 年我国新《刑法》第 357 条第一款规定："毒品是指鸦片、海洛因、甲基苯丙胺（冰毒）、吗啡、大麻、可卡因以及国家规定管制的其他能够使人形成瘾癖的麻醉药品和精神药品"。毒品的品种很多，它的来源也很广，既有天然生长的植物，又有从天然植物中加工提炼的化学药物以及人工合成的化学药品。有些既用于临床，但又能使人成瘾，产生强烈的生理和心理依赖，因此毒品是一个相对的概念。从毒品的法律定义，可以概括出毒品两个基本的特性：一是成瘾性，即能够使人形成瘾癖的精神药品和麻醉药品；二是法律管制性，这种能够使人形成瘾癖的药品必须受到国家法律的严格管制，国家不进行严格管制的药品，即便属于能够形成瘾癖的精神药品和麻醉药品，在法律上也不认为是毒品。

理解毒品的法律管制性还必须注意一点，即国家进行严格管制的药品，必须在被非法使用的情况下，才从药品转化为真正意义上的毒品。如果是对能够使人形成瘾癖的精神药品和麻醉药品依法使用，如以医疗为目的合法使用，则不能定性为毒品，而只是药品。

（二）毒品的分类

根据国际公约的有关规定，可将毒品分为麻醉药品和精神药品。

根据毒品来源和生产方法不同，可分为天然毒品和合成毒品。

根据毒品对人体的作用，可分为麻醉剂、抑制剂、兴奋剂、镇静剂和致幻剂。

根据毒品对人的危害程度，分为软性毒品和硬性毒品。

根据联合国公约及我国的有关规定，在世界范围内被禁用和限制使用的麻醉药品有128种，精神药品104种，共计232种。麻醉药品包括：鸦片类、可卡因类、大麻类、合成麻醉药类及卫生部指定的其他易成瘾癖的药品、药用原植物及其制剂。精神药品依据其使人体产生的依赖性和危害人体健康的程度，分为两类：第一类包括安钠咖、六氢大麻酚、咖啡因、强痛定等39种；第二类包括巴比妥、氨酚待因、镇痛新、利眠宁、眠尔通等36种。

（三）毒品的特征

（1）有一种不可抗拒的力量强制性地使吸食者连续使用该药，并且不择手段地去获得它。

（2）连续使用有加大剂量的趋势。

（3）对该药产生精神依赖性及躯体依赖性，断药后产生戒断症状。

（4）对个人、家庭、社会都会产生危害性结果。

二、吸毒的方式

吸毒的方式主要有吸入（烟吸、烫吸、鼻嗅）、口服、注射（皮下注射、肌肉注射和静脉注射）等。但因最初滥用毒品的方式为口鼻吸入，所以将滥用毒品的各种方式习惯统称为“吸毒”。

（一）吸　入

通过呼吸道途径吸食毒品是指毒品加温后通过呼吸道进入人体的吸食方式。

（1）烟吸。百余年前吸食鸦片是借助烟枪点燃烟土口吸，现在多是吸鸦片的提取物海洛因，吸食更为方便。将海洛因掺入烟丝，通过吸烟将毒品吸入体内。大麻的吸毒方式很多是抽大麻烟。

（2）烫吸。将海洛因放在铝箔纸上或金属匙上，下面用打火机加热，毒品升华为烟雾，吸毒者用力吸吮缕缕毒烟，或是用另一张铝箔卷成纸筒追吸毒烟，这又称为吸烫烟，吸毒者称其为“走板”或“追龙”。对可卡因，也有人采取这种烫吸的方式。

（3）鼻嗅。又称为鼻吸。吸食可卡因时，是将可卡因装入3～5 cm的小管中，在小管中插入稻草秆、塑管、纸管等，然后对准鼻孔用力吸入，或堵住一个鼻孔，用另一个鼻孔猛吸。挥发性有机溶剂吸毒也是通过鼻嗅，毒品自鼻黏膜进入体内。

（二）口　服

过去曾有人口服鸦片酊、大麻油，现这种方式多用于麻醉药品与精神药品的制剂，如口服可卡因片剂、二氢埃托啡片剂、含鸦片的糖浆剂等。口服时药物进入体内的速度较慢，产生依赖性的危险相对较低。

（三）注　射

毒品注射的方式有皮下注射、肌肉注射和静脉注射。近些年在国际上非常流行静脉注射，在我国云南、广西也有蔓延趋势。这种方式被吸毒者称为“扎”。海洛因、可卡因、冰毒等毒品均可采用静脉注射。吸毒到了一定程度，量小或纯度不够，吸毒者便找不到这种“飘飘欲仙的感觉”，就要采用使毒品直接进入血液的“扎”的手段，以寻求那种短暂的“快感”。静脉注射毒品的危害最大，不仅毒瘾会越来越严重，而且极易感染其他疾病。吸毒者还常常众人共用一个注射器，交叉感染，所以在吸毒者中高发病毒性肝炎、结核、艾滋病等传染病。据统计，全国艾滋病患者和艾滋病感染者中41.3%是因吸毒引起的。

第二节　世界“三大毒源地”

在漫长而寂寞的古代、中世纪，后来被判定为毒品的鸦片、大麻等东西，都曾为人类的繁衍、进化提供过帮助。但是，人类由发现鸦片的止痛疗疾作用而进一步享用成瘾后，灾难便随之而来。毒品有两大主要来源，一是从毒品原植物如罂粟、大麻和古柯叶中提炼，二是用有关的化学药品合成，但目前的毒品主要还是来自原植物。当今世界上形成了三大毒品产地，即“金三角”、“金新月”和“银三角”，人们把它们比喻为恶魔的温床。这三大毒品产地生产了全世界90%以上的毒品，形成了特殊的“毒品经济圈”。世界上形形色色的毒枭们，靠这里生产的毒品而捞取了数以万计美元的暴利。

一、“金三角”

“金三角”(Golden Triangle)是指位于东南亚泰国、缅甸和老挝三国边境地区的一个三角形地带，20世纪60年代就因种植鸦片而闻名于世，是世界上主要的毒品产地，以“金三角”闻名于世。“金三角”的范围包括缅甸北部的掸邦、克钦邦，泰国的清莱府、清迈府北部，以及老挝的琅南塔省、丰沙里省、乌多姆塞省和琅勃拉邦省西部，共有大小村镇3 000多个，总面积为19.4万平方公里，人口约100万。

“金三角”地区大部分是海拔在千米以上的崇山峻岭，密林遍布，气候炎热，雨量充沛，土壤肥沃，为罂粟生长提供了得天独厚的条件。再加上这里丛林密布，道路崎岖，交通闭塞，三国政府鞭长莫及，为种植罂粟提供了政治、经济以及地理、气候等方面得天独厚的条件。到20世纪60年代，这里已成为以盛产鸦片闻名世界的毒品产地之一，这里成了罂粟种植、提炼、贩运和走私的黄金地带。长期以来，这里一直活动着多股反政府武装和其他毒品武装，故又被称为“冒险家的乐园”。

20世纪70年代后期到80年代前几年，由于缅、泰两国军队加紧了对“金三角”的进攻，摧毁了一批罂粟种植场，同时联合国控制滥用毒品基金会又拨出专款，在“金三角”地区推行谷物取代和咖啡取代罂粟种植政策，在一段时间内曾取得成效，罂粟产量大幅度下降，使中亚地区的“金新月”曾一度取代“金三角”而成为世界最大的鸦片生产基地。然而,自1986年以来,"金三角"的罂粟生产迅速恢复和发展起来,产量急剧增加,大大超过历史最高记录,再次成为世界头号鸦片生产基地。

每年经"金三角"地区贩运的海洛因占世界总量的60%～70%,而该地区海洛因的年生产能力能满足全球海洛因消费量两年的需要。1996年1月,坤萨领导的武装向政府投降。但这一地区毒品生产并未停止,仍是仅次于"金新月"的世界第二大鸦片产区。我国西南边境与"金三角"地区相毗邻,仅云南省边境线就长达4 060 km。在这漫长的边境线上,没有长江大河的天然屏障,有的地段仅仅是一道田埂或一条小溪,少数国际贩毒分子趁我国实行对外开放之机,把云南、广西、广东等省作为过境贩毒通道,从而给我国带来了十分严峻的毒品问题。

二、"金新月"

"金新月"(Golden Crescent)位于西南亚的阿富汗、巴基斯坦和伊朗三国的交界地带,包括巴基斯坦的西北边境省和俾路支省、伊朗的锡斯坦—俾路支斯坦省、阿富汗的雷吉斯坦和努里斯坦等地区。因地域形状近似新月,又因盛产利润极高的毒品鸦片,故被称为"金新月"。

"金新月"地区人口稀少,交通不便,气候干燥,主要居住着以尚武和剽悍著称的帕坦族和俾路支族。长期以来,他们保持着传统的民族风格与个性,比较自由地来往于三国边界地带。阿富汗、巴基斯坦和伊朗三国政府均未对其进行有效的行政管理,是该地区发展为世界范围内主要的鸦片产地的原因之一。

在20世纪70年代末,由于天气干旱,"金三角"地区鸦片歉收,黑市上海洛因等毒品供应不足,引起价格上涨。这时,"金新月"的罂粟种植者抓住了毒品价格上涨的好时机,扩大了种植面积,打入了"金三角"在海外的传统市场。它是继"金三角"之后崛起的世界鸦片类毒品重要产地。1981年,"金新月"鸦片产量达到800吨以上,为当年"金三角"和墨西哥鸦片总产量的两倍。然而,从1986年以来,"金三角"的鸦片生产迅速恢复,产量急剧增加,再次取代"金新月"成为世界海洛因的头号生产地。尽管这样,"金新月"的鸦片生产发展仍然很快,始终保持着鸦片和海洛因生产第二把交椅的位置。特别是近10年来,由于民族冲突、宗教矛盾和战乱等原因,"金新月"毒品经济圈再度崛起,这一次毒品泛滥来势之猛、范围之广较英国殖民时期有过之而无不及。现在它又取代"金三角",成为世界最大的鸦片类毒品产地。"金新月"罂粟种植面积已近11万公顷,鸦片年产量一直保持在3 000～4 000吨。这里除生产鸦片、海洛因外,还生产大麻和可卡因。它又是通往欧美的门户,从土耳其、巴基斯坦和伊朗,都可以将毒品运往欧美各地。"金新月"已经成为连接欧亚毒品贸易的纽带和大陆桥。

三、"银三角"

"银三角"是指南美洲的哥伦比亚、玻利维亚、秘鲁和墨西哥等几国交界地区。这里是古柯、大麻生产的"大本营",是世界上最大的可卡因产地和供应地。南美洲是世界上唯一的古柯产地。据国际刑警组织的资料统计,南美洲为世界毒品市场提供了全部的可卡因，其中70%为纯可卡因，另外30%为半成品，这些半成品在美国和欧洲的毒品加工厂里被提纯后投放市场。而在这总数为1 100吨左右的可卡因中，90%以上产自“银三角”地区。古柯叶生产与可卡因制造，是这几个国家主要的地下社会行业之一，直接受雇于该行业的人数超过200万人。该地区古柯的种植面积约为40万公顷。

哥伦比亚是最主要的毒品生产国，也是世界最大的可卡因精炼和输出中心；在这个国家，大麻和古柯的种植面积达6～9万公顷，大麻年产量近1万吨。玻利维亚的600万人口中，约有50万人从事古柯种植和加工，10万人从事毒品贸易，年收益为1.9万亿英镑，约占全国全年出口总值的一半。秘鲁的古柯种植面积为23万公顷，居世界首位，年产可卡因600吨，古柯叶6万吨。墨西哥的大麻年产量达到4.7万吨，居世界首位。

虽然一般来说“银三角”不包括美国，但据报道，美国本土的大麻年产量也高达5 000～6 000吨。

第三节　毒品的成瘾性、戒毒方法及预防原则

一、吸毒的成瘾性

人吸毒为什么会成瘾？这个问题至今还没有统一确切的答案。以吸食海洛因为例，对成瘾机制比较一致的认识是：人体内本身就有一种类似鸦片类物质的存在，当从外部大量摄入鸦片类物质时，外来的鸦片类物质逐渐取代了原来内在的鸦片类物质，抑制了原来人体内正常鸦片类物质的形成和释放，从而破坏了人体内的正常平衡，形成人体在生理、心理上的依赖，只有不断地递增这种外来的“摄入”，才能保持人体生理、心理上的平衡。如果中断外来的毒品供应，吸毒的人就会因“犯瘾”而引发生理和心理上的痛苦。

（一）吸毒成瘾的概念

连续滥用毒品，体内神经功能和内脏功能适应了由毒品调控的状态，突然中断毒品的供给，吸毒者会出现急剧的、与毒品调控时相反的生理状况，出现戒断症状，如打哈欠、流眼泪、恶心、呕吐、头昏、失眠、焦虑、腹泻、发热、出汗、四肢疼痛、忽冷忽热、痛不欲生。在重复使用毒品后，这些症状会很快消失。这些躯体反应使得吸毒者身不由己地一次次使用毒品。

吸毒成瘾是机体生理与心理相互依赖、强化的过程，其主要过程包括以下几个方面：

（1）吸毒成瘾，是服用毒品后人的机体生理和心理发生某种变化的一个过程。有时专家将吸毒成瘾视为一种脑疾病。

（2）人吸毒后，毒品物质会迅速传送到人的脑部，并与人的某种受体物质结合，反复多次后，人体对毒品的耐受性提高，药物的作用逐渐减弱，吸毒者只能以更大的剂量连续不断地来抑制身体反应，满足生理渴望，从而愈陷愈深不能自拔。

(3) 吸食毒品，使人在生理上形成"奖赏性强化"的后果，导致在心理上产生依赖性，即强烈的渴求感，也称为"想瘾"或"心瘾"。

(4) 人一旦吸毒成瘾，生理依赖与心理依赖又互相强化，因心理依赖而加重生理依赖，生理依赖产生的戒断症状又反复加重了心理上的依赖。

(二) 戒断综合征

当中断滥用毒品后可出现一系列戒断症状，称为戒断综合征(俗称发瘾)。戒断症状有：流鼻涕、瞳孔散大、体毛竖起、出汗、腹痛、腹泻、全身酸痛、自发射精、头晕、头痛、血压上升、心跳过速、脉搏加快、发热、失眠、焦虑、烦躁、恐惧、紧张等，及在痛苦中哀求或威胁给药，扯头发、撞头、打滚，甚至出现不自主的震颤、四肢抽筋、瞳孔扩大，严重时出现血压下降、虚脱、休克。戒断综合征在出现的第 3 天逐渐减轻，1 周后主要症状徐缓消除，失眠、焦虑、烦躁和不适感会迁延较长一段时间，人会非常痛苦。

(三) 毒品成瘾的主要因素

(1) 生理因素。人脑中本来就有一种类吗啡肽物质，维持着人体的正常生理活动。吸毒者吸入海洛因，外来的类吗啡肽物质进入人体后，减少并抑制了自身吗啡肽的分泌，最后达到靠外界的类吗啡肽物质来维持人体的生理活动，自身的类吗啡肽物质完全停止分泌。一旦外界也停止了供应吗啡肽物质，人的生理活动就出现紊乱，出现医学上所说的"反跳"或"戒断症状"。此时，只有再供给外来的吗啡物质，才可能解除这些戒断症状，这就是所谓的"上瘾"。

(2) 社会因素。包括社会环境能否获得毒品，社会动荡不安对人的影响，社会文化背景决定哪些人易成为毒品的俘虏，法律对毒品的态度等。

(3) 个人的心理因素。研究结果认为在不同性格的人当中，易冲动、对社会常规模式具有反抗性以及挫折忍受能力差者这三类人，有着相对较高的危险度，即具有较高的滥用药物成瘾的易患性。

总之，毒品成瘾问题，往往是心理因素与社会因素、生物因素与环境因素相互作用的结果。

(四) 成瘾的时间

每个吸毒人员对毒品成瘾时间的长短，往往与其所使用毒品的类别、毒性的强弱、吸毒方式及吸食的剂量、次数和吸毒者个人的心理素质、身体耐受程度以及文化素质、社会环境等诸多因素直接有关。一般来讲，毒性强的成瘾快，毒性弱的成瘾慢。吗啡、海洛因，如用静脉注射的方式，每天两次，每次 0.1 g，2～3 天即可成瘾。

(五) 毒瘾的初期征象

一旦染上毒瘾、吸毒者常会表现出与一般人不同的迹象，主要包括：无故旷工、旷课，学业成绩下降，纪律或工作表现突然变坏；在家中或单位偷窃钱财、物品，或突然频频地向父母或朋友索要或借钱；长时间躲在自己房间内，或远离家人、他人，不愿见人；外出行动表现神秘鬼祟；藏有毒品及吸毒工具(如注射器、锡纸、切断的吸管、匙羹、烟斗等)；遮掩收缩的瞳孔，在不适当的场合佩戴太阳镜；为掩盖手臂上的注射针孔，长期穿着长袖衬衣;面色灰暗、眼睛无神、食欲不振、身体消瘦;情绪不稳定,异常地发怒、发脾气,坐立不安,睡眠差;经常无故出入偏僻的地方,与吸毒者交往。

二、戒毒方法

我国对一般吸毒者采取强制和自愿戒断相结合态度,而对屡戒屡犯者将采用劳动教养的强制性康复措施。一个人无论何种原因,一旦误入吸毒歧途,就要承受毒瘾的折磨、沉重的经济负担、怕被人知的心理压力和国家法律的威慑。因此,吸毒者的出路只有一条——彻底戒掉毒品。

目前常用的戒毒方法有许多种,以鸦片类毒品成瘾的戒毒治疗方法为例,最常见的有三种。

(一) 自然戒断法

又称冷火鸡法或干戒法,是指强制中断吸毒者的毒品供给,仅提供饮食与一般性照顾,使其戒断症状自然消退而达到脱毒目的的一种戒毒方法。其特点是不给药,缺点是较痛苦。

(二) 药物戒断法

又称药物脱毒治疗,是指给吸毒者服用戒断药物,以替代、递减的方法,减缓、减轻吸毒者戒断症状的痛苦,逐渐达到脱毒的戒毒方法,其特点是使用药物脱毒。

在药物戒断法中,鸦片类替代疗法是临床治疗中最传统、最常用和最有效的方法。替代疗法又有替代递减法之称。最初常用的就是鸦片递减法,对滥用大烟吸毒者采取逐日限制减少原毒品用量直至撤药,如此来减轻戒断症状。目前替代疗法已采用依赖性潜力低、作用时间长的鸦片类药物来替代海洛因等成瘾性大的毒品,并逐日减少戒断药的用量直至脱毒。

替代疗法由于是在同一受体部位替代,因此控制症状彻底,无明显不良反应。如能掌握好用药量,逐步递减,脱毒过程可平稳地完成。但因替代药物同样属于麻醉品,容易成瘾,后期撤药困难,难免“以瘾代瘾”,且有管理不当,流失社会转化为毒品的可能。因此替代疗法大多是在医疗条件及管理水平较好的戒毒机构使用,或与非麻醉性中成药戒毒药联合使用。常用替代疗法的药物有美沙酮、可乐宁、丁丙诺啡等,尤以美沙酮多用。

美沙酮,又称美散痛,也是一种人工合成的麻醉药品。其盐酸盐为无色或白色的结晶粉末,无臭、味苦,溶解于水,常见剂型为胶囊,口服使用。美沙酮临床上用作镇痛麻醉剂,止痛效果略强于吗啡,毒性、副作用较小,成瘾性也比吗啡小。

美沙酮与吗啡和海洛因等毒品一样,是鸦片受体激动剂,其毒性相对较弱,它常被当作毒品替代物而用于戒毒治疗,该方法能有效防止戒毒者重新吸食海洛因等毒品,从而防止吸毒者感染艾滋病及病毒性肝炎等疾病。20 世纪 70 年代初,香港地区实施美沙酮治疗计划,取得满意的效果,被世界卫生组织(WHO)认为是亚洲地区较好的戒毒模式。1993 年我国卫生部颁布《鸦片类成瘾常用戒毒疗法的指导原则》,首选美沙酮进行戒毒(脱毒)治疗。但据俄罗斯《科学信息》杂志报道,该疗法产生的美沙酮依赖性比吸食毒品产生的依赖性更加难以根除。

美沙酮药理作用在性质上与吗啡相同。其特点是镇痛效力强,其效能为吗啡的2～3倍,其镇痛显效较慢,持续时间长,适用于慢性疼痛,对急性疼痛效果稍差。它的镇静和呼吸抑制作用,以及对平滑肌和心血管系统的作用与吗啡相似,但弱于吗啡。美沙酮引起的瞳孔缩小、镇咳作用和对垂体激素的影响,性质上与吗啡相同。对鸦片类成瘾者的躯体戒断症状治疗效果显著,作用力持久,重复应用有效。但是,美沙酮使胃肠蠕动减慢,胃排空时间延长,增加肠道平滑肌静止时的张力,显著地降低直肠的推进性活动,可导致便秘,这在美沙酮戒毒中比较常见。美沙酮对妊娠中胎儿具有呼吸抑制作用,故不适用于产科镇痛。

(三) 非药物戒断法

指采用针灸、理疗仪、一些中药复方制剂等,减轻吸毒者戒断症状反应的一种戒毒方法。特别对减轻戒断症状的反应有一定的作用。其特点是通过辅助手段和“心理暗示”的方法减轻吸毒者戒断症状痛苦达到脱毒目的;缺点是时间长,巩固不彻底。

吸毒者及其家属往往存在一种心理,即希望有一种特效的戒毒药,能够迅速彻底、不痛苦地摆脱毒瘾,但是目前戒毒没有特效药。因为吸毒者吸毒成瘾,不仅在生理上形成依赖性,更顽固的是心理上的依赖性。药物可以缓解或减轻生理上的依赖,但“心病”却难用药除。因此,戒毒没有灵丹妙药,吸毒者不要迷信或幻想有什么戒毒的特效药,只有横下决心进行科学的综合治疗,才能彻底摆脱毒瘾。

三、预防毒品的原则

毒品危害无穷,为了保护自己,广大青少年应团结起来,坚决抵制并预防毒品的侵害。为此,做到以下几点是非常重要的。

(1) 营造良好的氛围。形成全社会、全校、全体同学坚决抵制毒品的氛围,使贩毒分子和吸毒者不能接近我们。

(2) 树立正确的人生观。青少年应该明白,自己将来是国家的主人,责任重大。因此,要集中精力搞好学习,坚决抵制和消灭一切腐朽的东西,不要玩物丧志,贪图享受。切切记住:吸毒享受一时,痛苦一世。

(3) 克服不良的兴趣爱好。兴趣爱好一定要有益于身心健康发育,有益于自己形成高尚的人格,有益于自己学习成才,有益于社会。不要因好奇而以身试毒,这样往往会一试便无力自拔,不可收拾。

(4) 不要追求刺激。追求刺激是染毒的主要原因之一,结果是一失足成千古恨。不要轻信毒品能治病的谎言,毒品绝对不能治病。

(5) 交友要慎重。交朋友,一定要慎重。要与好人交友,不要结交有吸毒、贩毒行为的人。好的朋友有助于搞好学习,积极争取进步,但如果与坏人交朋友,就很容易被诱惑而参与偷、抢、吸毒等违法活动。遇有亲友吸毒,一要劝阻,二要回避,三要举报。

(6) 不在吸毒场所停留。身处毒雾缭绕的地方实际是不自觉地吸毒,这样的场所万不可留，更不要接受与毒品有关人员递来的香烟。

四、正确对待吸毒者

吸毒者是社会中的一类特殊群体，他们既是违法者，又是受害者。从医学的角度看，吸毒者也是病人。因此，吸毒者具有双重性质的身份。要正确地对待吸毒者，既不要把吸毒者看做是犯罪分子，不要歧视他们，又要区别于一般的病人，要严格管理，帮助他们依法科学戒毒。

第四节　常见毒品

一、鸦　片

鸦片(Opium)俗称“大烟”、“鸦片烟”、“烟土”等，鸦片是英文名 Opium 的音译。鸦片为医学上的麻醉性镇痛药，是从一种草本植物——罂粟中提炼出来的。

罂粟是一年生或两年生草本植物，每年初冬播种，春天开花。一般种植在海拔300～1 700 m的地方，其植株高约 1.5 m，其花色艳丽，多种颜色，其叶子大而光滑，呈带有银色光泽的绿色，初夏罂粟花落，约半个月后果实接近完全成熟。当果实成熟时，花瓣自然脱落，果实呈卵状或长椭圆形，用刀将罂粟果皮划破，渗出的乳白色汁液经自然风干凝聚成黏稠的膏状物，颜色也从乳白色变成褐色，这些膏状物用烟刀刮下来就是鸦片。罂粟本身不是毒品，但它是鸦片制品的原料，从罂粟中可得到鸦片、吗啡、海洛因、可待因等毒品。目前在亚洲，罂粟以泰国、老挝、缅甸边境的金三角为主要非法种植地区。

鸦片有生、熟之分。生鸦片的获取，是用特制的小刀将罂粟的蒴果轻轻划破，收集其白色乳汁，暴露于空气中，由于氧化作用，乳汁干燥凝结后变成褐色，有些品种呈黑色；可制成圆块状、饼状或砖状。生鸦片一般表面干燥而脆，里面则保持柔软并有黏性，具有强烈的、令人作呕的气味，有点像陈旧的尿味，味很苦。生鸦片进一步加工处理后，可供吸毒者使用，即熟鸦片就是生鸦片经过烧煮和发酵后，制成的条状、板片状或块状产品，其表面光滑柔软，有油腻感，呈棕色或金黄色，为保持湿润，通常包装在薄布或塑料纸中。

吸食鸦片，严重危害人的身心健康和生命安全，并可使吸食者在心理、生理上对鸦片产生很强的依赖性。最初吸食鸦片令人不舒服，可使人头晕目眩、恶心或头痛，但随后可体验到一种伴随着疯狂的欣快感，无法集中精神，会产生梦幻现象。长期吸食鸦片会导致人体各器官功能消退，免疫力丧失，尤其是破坏人体胃功能、肝功能及生育功能，可引起新生儿先天畸形，死亡率高，并导致吸食者消瘦不堪，面无血色，目光发直，瞳孔缩小，失眠，对什么事都无所谓。超剂量吸食鸦片会造成急性中毒，症状包括昏迷、低血压、瞳孔变小，可因呼吸抑制而死亡。当吸食者中止吸食鸦片时，就会出现戒断综合征，表现为流汗、流泪、发抖、发热、寒战、高血压、肌肉疼痛、厌食、腹泻、身体蜷曲、痉挛等戒断症状。一旦成瘾极难戒治。

二、吗　啡

吗啡(Morphine)是鸦片中最主要的生物碱(含量约10%～14%),1806年由德国化学家F.W.A.泽尔蒂纳首次从鸦片中分离出来。作为鸦片的主要有效成分,吗啡味道微酸,鼻闻有酸味,吸食有浓烈香甜味。纯净吗啡为无色或白色结晶或粉末,难溶于水,易吸潮。由于纯度不同,通常吗啡的颜色可呈白色、浅黄色或棕色,可将其干燥成结晶粉末状,也可做成块状。随着杂质含量的增加颜色逐渐加深,粗制吗啡则为咖啡似的棕褐色粉末。在"金三角"地区,吗啡碱和粗制吗啡又称为"黄皮"、"黄砒"、"1号海洛因"等。

吗啡具有镇痛及催眠作用,在医学上作为麻醉性镇痛药,其镇痛作用是自然存在的化合物中最好的,一直被视为解除剧痛最有效的传统止痛药。一般可用于心绞痛和胆结石、癌症所致的剧痛及其他镇痛药无效的疼痛。用药后可见欣快感,对呼吸系统、循环系统和肠胃系统有副作用,是一种全身抑制药,其最大缺点是易成瘾。

戒绝吸食吗啡,会伴随着明显的身体症状,如水样眼、流鼻涕、无食欲、打哈欠、易怒、颤抖、惊慌、忽冷忽热、腹部绞痛和恶心、流汗、血压高、肌肉疼痛和挛缩等。这些紊乱构成了戒绝吗啡后的综合征。

三、海洛因

海洛因(Heroin)源于鸦片,化学名为二乙酰吗啡,是鸦片毒品系列中最纯净的精制品,为目前我国吸毒者和注射的主要毒品之一。

1874年英国化学家C.莱特在吗啡中加入冰醋酸等物质,首次提炼出镇痛效果更佳的半合成衍生物二乙酰吗啡,即海洛因。海洛因为白色粉末,微溶于水,易溶于有机溶剂。盐酸海洛因易溶于水,其溶液无色透明。海洛因的水溶性、脂溶性都比吗啡大,它在机体内吸收更快,易透过血—脑脊液屏障进入中枢神经系统,产生强烈的反应。由于它具有比吗啡更强的药物依赖性,副作用超过医疗价值,因而在医学上早已被禁用。

海洛因又称为"香港石"、"棕色糖"、"白龙珠"等,多为颗粒状,有时也呈粉末状,颜色从浅灰色到深灰色。海洛因是进一步从吗啡中精炼出来的既轻又细的白色粉末。海洛因中的二乙酰吗啡含量一般为80%以上,最高可达98%。

海洛因对人体有很大的危害,吸食或注射海洛因初有欣快感,无法集中精力,会产生梦幻现象,然后会迅即产生一种爆发式的快感,一种全身性的性欲高潮;随后2～3 h内,吸食者沉浸在半麻醉状态,唯有快感存在,其他荡然无存;心醉神迷过后,别无他念,只对海洛因感兴趣,一心只想重新吸海洛因,这就是"沉醉";由于快感很快消失,接着便是对毒品的依赖和习惯,吸食海洛因2次后,大多数情况下都会使人上瘾,从而产生了生理和心理上的依赖。长期吸食海洛因者,在毒品作用影响下,会显得昏昏欲睡,对周围事物表现出漠不关心,不愿交际,常常毫无表情地望天呆坐;眼睛混浊,瞳孔呈针尖状;当到了接近下一次注射或吸食时,停止吸食的症状会令其相当难受,轻微的是眼中充满眼泪,流鼻涕,疼痛,发痒,打哈欠,生鸡皮疙瘩,忽冷忽热,瞳孔放大,变得烦躁不安和神经质，重者还无法入睡，出汗，四肢疼痛，恶心和腹泻等。

海洛因成瘾最快，毒性最烈，曾被称为“世界毒品之王”，一般持续吸食海洛因的人只能活 7～8 年，一旦成瘾极难戒治。

四、冰　毒

冰毒（Methamphetamine）即脱氧麻黄碱，学名甲基苯丙胺，属效力强大的兴奋剂。因其形状呈白色透明结晶体，晶莹剔透，外观似冰，故又被称之为“冰毒”，亦称为“艾斯”。吸、贩毒者也称之为“冰”。该药小剂量时有短暂的兴奋抗疲劳作用，故其丸剂又有“大力丸”之称。

冰毒属于苯丙胺类中枢神经兴奋剂，是一种精神类毒品，为我国规定管制的精神药品。冰毒问世较晚，但是它见效快、药效维持时间长的特点使它蔓延速度极快，已成为 21 世纪全球范围滥用最为广泛的毒品。冰毒吸食后透支人体的能量，对内脏器官伤害很大。

冰毒吸食者有暴力攻击倾向，易引发暴力攻击、性侵害、抢劫等事件，成为社会治安隐患。有人曾诉说吸食冰毒后的感觉：“血液沸腾，敢干平时最不敢干的事。”有研究结果报告，冰毒吸食一次即可成瘾。冰毒对吸食者和社会的危害性，远甚于海洛因。

冰毒对中枢神经有极强的兴奋作用，吸食冰毒可产生强烈的依赖性，在人体内的作用快而强，一旦断药，会出现戒断症状。它能使吸食者感到精力倍增，同时也会减低其自我抑制能力，导致失去对危机的警觉性。用药后精神兴奋、性欲亢进，对食物和睡眠的要求降低，呼吸脉搏急促，判断力失准，重复怪异行为，情绪不稳，产生幻觉、突如其来的恐慌感或被害妄想，吸食者常出现狂躁症、自杀及自毁行为、暴力倾向。

五、摇头丸

“摇头丸”是安非他明类衍生物，是亚甲二氧基甲基苯丙胺的片剂，属中枢神经兴奋剂，化学结构类似冰毒，俗称“X”、“E”、“摇头丸”、“亚当”、“的士高饼干”、“欢乐丸”、“忘我”、“快乐丸”等，是我国规定管制的精神药品。

摇头丸 20 世纪 90 年代初流行于欧美，为人工合成的兴奋剂，是一种致幻性苯丙胺类毒品，能对中枢神经系统产生很强的兴奋作用和精神依赖性，对人体有严重的危害。服用后表现为：活动过度、情感冲动、性欲亢进、嗜舞、偏执、妄想、自我约束力下降以及幻觉和暴力倾向，成为一些暴力、强奸案件的诱发原因，具有很大的社会危害性，被认为是 21 世纪最具危险性的毒品。摇头丸有很强的精神依赖性，使用数次后即可成瘾，过量使用会产生急性中毒。轻者出现头昏、头痛、心悸、恶心、话多、易激动、无力、失明、震颤、腱反射亢进等症状；重者出现呕吐、腹痛、腹泻、精神错乱、惊恐不安、心律不齐、心绞痛、血压升高或降低，严重时可产生惊厥、脑出血、循环性虚脱、昏迷、死亡。有的出现精神异常，表现出安非他明精神病症状，经常处于幻觉、妄想状态，酷似偏执型精神分裂症。同时，也会发生其他滥用药物感染合并综合征，包括病毒性肝炎、细菌性心内膜炎、败血症、性病和艾滋病等。

该毒品现主要在迪厅、卡拉 OK 厅、夜总会等公共娱乐场所，以口服形式被一些疯狂的舞迷所滥用。1996 年，摇头丸传入我国后，其传播速度之快令人始料不及，服用者大多是涉足舞厅的青少年，严重影响了我国的社会治安，引发的社会问题极为严重。

六、大 麻

大麻在我国俗称“火麻”，印度大麻生长于温中或热带地区。一年生植株为单一茎草本，主根明显；多年生植株形如灌木，以枝及根须为主；茎直立，密生细柔毛；掌状深裂复叶，互生具长叶柄，茎下部叶对生，小叶 3～9 枚，披针形，前端渐尖，边缘粗锯齿，上下表皮有钟乳体及腺毛；雌雄异株。大麻类毒品的主要活性成分是四氢大麻酚（THC），富含于叶及雌花中。大麻植物顶端之树脂分泌物干燥后的大麻制剂，在中东及北非地区称为 Hashish，在远东地区称 Charas，为含大麻酚浓度最高者。

经常吸食大麻会对大麻产生强烈的精神依赖性，在事业上丧失进取心，丧失工作、生活和学习能力，吸食过量可发生意识不清、焦虑、抑郁等，对人产生敌意、冲动或有自杀意愿，常常会做出危害社会的犯罪或攻击行为，精神分裂症病人如吸食大麻则会使精神病症状加剧。

七、咖啡因

商品名或常见名：Coffee，Tea，Chocolate。能治疗头痛（通常与其他药品合用），属轻微兴奋剂。咖啡因是从茶叶、咖啡果中提炼出来的一种生物碱，适度地使用有祛除疲劳、兴奋神经的作用，临床上用于治疗神经衰弱和昏迷复苏。

咖啡因具有兴奋中枢神经系统、心脏和骨骼肌、舒张血管、松弛平滑肌和利尿等作用。医疗上用作中枢神经兴奋药，为针、粉、片剂，主要用于对抗中枢性抑制和调节大脑皮质活动等。大剂量或长期使用咖啡因也会对人体造成损害，特别是它也有成瘾性，能成为毒品，一旦停用会出现精神萎靡、浑身困乏疲软等各种戒断症状。虽然其成瘾性较弱，戒断症状也不十分严重，但由于药物的耐受性而导致用药量不断增加时，咖啡因不仅作用于大脑皮质，还直接兴奋延髓，引起阵发性惊厥和骨骼震颤，损害肝、胃、肾等重要内脏器官，诱发呼吸道炎症、妇女乳腺瘤等疾病，甚至导致吸食者下一代智能低下、肢体畸形。超剂量使用可致人死亡，严重危害人体健康和生命安全。

八、可卡因

可卡因俗称“可可精”，又称古柯碱，是 1860 年德国化学家尼曼从古柯叶中分离出来的一种主要的生物碱，属于中枢神经兴奋剂，其盐类呈白色晶体状，无气味，易溶于水和酒精，味略苦，舌麻痹感，具有麻醉感觉神经末梢和阻断神经传导的作用，可作为局部麻醉药。

古柯树是一种常见灌木，生长在南美洲的安第斯山脉北部和中部，性喜温暖、潮湿，株高约 2～4 m，树叶茂密，叶片长 3～7 cm，呈长椭圆形，边缘光滑，其形状和味道均类似茶叶。

古柯树花小，每朵5瓣，花色黄白。果实呈红色，核内含1枚种子。古柯树根系发达，生命力强，每年可采摘古柯叶3～4次，一般在3月、6月、9月及11月采摘，每棵树约可采摘40年。

可卡因类毒品属于强兴奋剂，进入人体后直接作用于神经中枢，并与传递神经信号的化学物质起作用，使得刺激神经细胞的时间加长，增强去甲肾上腺素的效应。可卡因的危害包括：

（一）急性中毒

可卡因产生欣快感的剂量与中毒剂量十分相近，加之个体差异、耐受程度差别很大，因此，许多吸毒者不仅表现出解除疲劳、提高精神、欣快的感觉，而且也表现出毒性反应：言语增多、头疼、心悸、血压升高、焦躁不安、抽搐、惊厥、高热出汗、恶心、呕吐、皮肤感觉异常，其中呼吸抑制、心律失常、心力衰竭、高热都有导致死亡的可能。

（二）可卡因精神病

可卡因剂量过大时，可产生触幻觉与嗅幻觉，最典型的是吸毒者会体验到皮下虫行蚁走感、奇痒难忍，造成严重抓伤甚至断肢自残，情绪不稳定，还常伴有暴力或攻击行为。

（三）可卡因戒断综合征

滥用可卡因可产生一定程度的生理依赖性，其心理依赖性强烈。长时间大剂量使用可卡因后突然停药，可出现抑郁、焦虑、失望、易激怒、疲惫、失眠、厌食，甚至伴有偏执观念与自杀观念。长期滥用者人格可发生变化，旷工、欺骗、盗窃、抢劫，造成严重的社会危害。

九、度冷丁

度冷丁学名哌替啶，又称作唛啶。其盐酸盐为白色、无嗅、结晶状的粉末，能溶于水，一般制成针剂的形式。作为人工合成的麻醉药物，度冷丁普遍用于临床，它对人体的作用机理与吗啡相似，但镇痛、麻醉作用较小，仅相当于吗啡的1/10～1/8，作用时间持续2～4 h左右。毒副作用也相应较小，恶心、呕吐、便秘等症状均较轻微，对呼吸系统的抑制作用相对较弱。

度冷丁的滥用是我国当前所面临的毒品问题之一。据上海戒毒康复中心的调查，部分人是从治疗某些疾病而逐渐成瘾的，但大多数吸毒者滥用度冷丁只是为了追求刺激。

度冷丁有一定的成瘾性，连续使用1～2周便可产生药物依赖性。这种依赖性以心理为主，生理为辅，但两者都比吗啡的依赖性弱。停药时出现的戒断症状主要有精神萎靡不振、全身不适、流泪流涕、呕吐、腹泻、失眠，严重者也会产生虚脱。

主要作用于中枢神经系统，对心血管、平滑肌有一定影响。其作用与吗啡基本相同，具有镇痛、镇静等作用，为目前常用的镇痛药之一。临床上代替吗啡用于各种剧痛，如创伤、烧伤、手术后、心肌梗死、晚期癌症、内脏病及分娩疼痛。但滥用就会成瘾，成为毒品，严重危害人体健康和生命安全。

十、安钠咖

安钠咖学名苯甲酸钠咖啡因，是由苯甲酸钠和咖啡因以近似1∶1的比例配制而成的。其中咖啡因起兴奋神经作用，苯甲酸钠起助溶作用以帮助人体吸收。

安钠咖作为兴奋型的精神药品，临床上用于治疗中枢神经抑制以及麻醉药引起的呼吸衰竭和循环衰竭等症，它通过兴奋中枢神经调节大脑皮质的活动。安钠咖还有一定的解热镇痛作用。

长期使用安钠咖除了会产生药物耐受性，需要不断加大用药剂量外，也有与咖啡因相似的药物依赖性和毒副作用，因此也是受管制的精神药品，非法制造、贩卖安钠咖同样构成制造、贩卖毒品罪。

十一、苯环己哌啶

苯环己哌啶（PCP）也称作普斯普剂，是一种有麻醉作用的致幻类药物，1956 年由美国底特律一个化学实验室首次合成。

PCP 通过影响人的大脑及中枢神经系统对人体产生多种作用。小剂量服用会出现与大多数抑制剂相似的镇静效果；中等剂量服用则产生感觉障碍，表现为痛觉缺失或感觉缺失现象；大剂量服用 PCP 将产生幻觉和惊厥、昏迷甚至死亡等急性中毒症状。大剂量用药后 1～2 h，吸毒者开始出现情绪不稳、兴奋躁动、失去痛感、神经麻木并自感失重，继而注意力不能集中，产生思维障碍，逐渐出现幻觉，有的还因此导致进攻行为或自残行为。

十二、K 粉

K 粉是氯胺酮的俗称，英文 Ketamine，属于静脉局麻药，临床上用作手术麻醉剂或麻醉诱导剂，具有一定的精神依赖性潜力。近年来在一些歌厅、舞厅等娱乐场所发现了氯胺酮的滥用现象。2004 年 7 月，国家药品监督局将氯胺酮列入一类精神药品管理。

第五节 毒品对人体的危害性

一、毒品对人体的一般性危害

（一）毒性作用

毒性作用是指用药剂量过大或用药时间过长对身体产生的一种有害作用，通常伴有机体的功能失调和组织病理变化。不同的毒品摄入机体内，都有各自的毒副反应并产生戒断症状，对健康形成直接而严重的损害，甚至因吸毒过量而死亡。此外，由于毒品对消化系统、呼吸系统、心血管系统、免疫系统的影响，滥用毒品可导致多种并发症的发生，如急慢性肝炎、肺炎、败血症、心内膜炎、肾衰竭、心律失常、血栓性静脉炎、动脉炎、支气管炎、肺气肿、各种皮肤病、慢性器质性脑损害、中毒性精神病、性病及艾滋病。百年前就有诗曰:“剜骨剃髓不用刀,请君夜吸相思膏(即鸦片)。”中毒的主要特征有:嗜睡、感觉迟钝、运动失调、幻觉、妄想、定向障碍等。

(二) 戒断反应

这是长期吸毒造成的一种严重和具有潜在致命危险的身心损害,通常在突然终止用药或减少用药剂量后发生。许多吸毒者在没有经济来源购毒、吸毒的情况下,或死于严重的身体戒断反应引起的各种并发症,或由于痛苦难忍而自杀身亡。戒断反应也是吸毒者戒断难的重要原因。

(三) 精神障碍与变态

毒品不仅对躯体造成巨大的损害,而且由于毒品的生理依赖性与心理依赖性,使得吸毒者成为毒品的奴隶,他们生活的唯一目标就是设法获得毒品,为此失去工作、生活的兴趣与能力。长期吸毒者精神萎靡,形销骨立。吸毒所致最突出的精神障碍是幻觉和思维障碍。他们的行为围绕毒品转,甚至为吸毒而丧失人性。因此,有人告诫吸毒者:“吸进去的是白色粉末,吐出来的却是自己的生命。”

(四) 感染性疾病

静脉注射毒品给滥用者带来感染性合并症,最常见的有化脓性感染、乙型和丙型肝炎及令人担忧的艾滋病。此外,还损害神经系统、免疫系统,易感染各种疾病。

(五) 身体依赖性

由于反复用药会造成一种强烈的依赖性。生理依赖性亦称身体依赖性或躯体依赖性,这是指中枢神经系统对长期使用依赖性药物所产生的一种身体适应状态,形成在药物作用下的新的平衡状态。例如吸毒者成瘾后,吸毒者必须在足量的毒品维持下,才能保持生理的正常状态。一旦断药,生理功能就会发生紊乱,出现一系列严重生理反应,医学上称之为戒断症状,使人感到非常痛苦。用药者为了避免戒断反应,就必须定时用药,并且不断加大剂量,使吸毒者终日离不开毒品。吸毒者戒断症状的出现即是其生理依赖性的外在反应。

(六) 心理依赖性

心理依赖性亦称精神依赖性。使用毒品后,使人产生愉快满足的欣快感觉,这种心理上的欣快感觉,导致吸毒者形成对所吸食毒品的强烈渴求和连续不断吸食毒品的强烈欲望,继而引发强迫用药行为,以获得不断满足。

心理依赖性使吸毒者产生一种渴求用药的强烈欲望,驱使吸毒者不顾一切地寻求和使用毒品。一旦出现精神依赖后,即使经过脱毒治疗,在急性期戒断反应基本控制后,要完全恢复原有生理机能往往还需要数月甚至数年的时间;更严重的是,对毒品的心理依赖性难以消除。吸毒者成瘾后的“终生想毒”和戒毒后又复吸,就是其心理依赖性的内在反应。这是许多吸毒者一而在、再而三重复吸毒的原因,也是世界医药学界尚待解决的课题。

（七）毒品危害人体的机理

我国目前流行最广、危害最严重的毒品是海洛因，海洛因属于鸦片类药物。在正常人的脑内和体内一些器官中，存在着内源性吗啡肽和吗啡受体。正常情况下，内源性吗啡肽作用于吗啡受体，调节着人的情绪和行为。人在吸食海洛因后，抑制了内源性吗啡肽的生成，逐渐形成在海洛因作用下的平衡状态，一旦停用就会出现不安、焦虑、忽冷忽热、起鸡皮疙瘩、流泪、流涕、出汗、恶心、呕吐、腹痛、腹泻等症状。反过来这种戒断反应的痛苦，又促使吸毒者千方百计地维持吸毒状态。冰毒和摇头丸在药理作用上属中枢兴奋药，能毁坏人的神经中枢。

二、毒品对呼吸系统的危害

吸毒可通过三种主要途径对呼吸系统造成严重破坏：经呼吸道滥用毒品对呼吸道有直接刺激；通过不同途径进入体内的毒品对呼吸道的特异性毒性作用；由吸毒引起的营养不良和感染也可能波及呼吸系统。

（一）对呼吸系统发生直接影响

把毒品夹在香烟中以吸烟方式吸毒或把毒品放在锡纸上以烫吸法（俗称追龙）吸毒者会吸食大量香烟，吸毒量越大则吸烟量也越大，海洛因成瘾后每日可吸 2～3 包香烟。吸烟对呼吸系统的影响非常严重。香烟烟雾中的化学物质可对气管和肺脏产生局部刺激和损伤。正常情况下，人体呼吸系统自身的保护机制能够保护呼吸道免受外来有害因素的影响。气管壁细胞表面有纤毛，它能分泌黏液，把人体从空气中吸入的灰尘和细菌包裹起来，并通过纤毛的运动将包裹起来的细菌送至咽喉部位；气管里还生存着清除人体垃圾的白细胞，它们的共同作用使肺脏保持健康。吸烟对纤毛和白细胞的功能均有抑制作用，其后果是使吸毒者出现咳嗽、支气管炎和其他严重感染。此外，吸烟还引起细支气管的过度收缩而增加哮喘和肺气肿的发病率。

特别以吸烟方式滥用可卡因对肺脏的影响非常严重。由于可卡因具有局部麻醉作用，吸毒者可能对吸毒所造成的肺部疾病，如肺炎、肺出血，甚至能置人于死地的“快克肺”没有察觉。

反复抽吸毒品还会引起慢性咽炎、鼻炎和鼻窦炎；反复吸入毒品还会使毒品沉积在肺中，对肺脏造成进一步破坏。

（二）造成特异性呼吸系统损害

有些毒品如海洛因过量或中毒时可发生海洛因性肺水肿。此病起病较急，一般于海洛因过量后立即出现，如抢救不及时往往引起死亡。患者常表现为昏迷、呼吸抑制、瞳孔缩小、口唇紫绀，肺部听诊可闻及水泡音、哮鸣音，有些患者有房颤表现。

可卡因可引起剧烈胸痛和呼吸困难，其原因可能是降低了肺脏的二氧化碳扩散能力。胸痛也是可卡因滥用者求治的原因之一。此外，可卡因吸入还可引起肺炎、肺水肿、咳嗽、咳痰、发热、咯血、哮喘、肺间隔积气、气胸、气心包和肺泡出血，可卡因还可通过抑制脑干延髓引起病人突然呼吸抑制而死亡。

滥用可卡因还可能引起“快克肺”，临床表现为肺炎的诸多症状，如严重胸痛、呼吸困难、高热和缺氧表现。

（三）呼吸道感染和呼吸衰竭

由于吸毒者普遍体质较弱，易并发呼吸道感染，严重者可引起呼吸衰竭。口吸者大多合并有支气管炎、咽炎，表现为咳嗽、咳痰、呼吸困难。肺部感染也可继发于败血症和心内膜炎。肺结核在海洛因吸毒人群中有较高的发生率。国外有资料报道，吸毒者中活动性肺结核的患病率为3.74％。一般吸毒本身不是结核病高发的直接原因，其社会经济状况，如贫困、营养不良等则是重要的发病因素。

三、毒品对消化系统的危害

绝大多数毒品均有抑制食欲的作用，部分吸毒成瘾者就是误认为毒品可以用来减肥而开始吸毒的。毒品的抑制食欲作用不仅可引起身体消瘦，还可引起某些人体必需的维生素和矿物质缺乏，从而引起一系列营养不良综合征。B族维生素缺乏会损伤中枢神经系统，引起记忆力、注意力、学习能力显著下降，甚至引起意识障碍。B族维生素缺乏还会引起末梢神经炎和各种皮炎。铁元素缺乏可引起缺铁性贫血，故而吸毒者中缺铁性贫血非常常见。

吸毒常引起胃肠蠕动减慢进而引起便秘。这种便秘非常顽固，成为长期令吸毒者苦恼的痼疾。有时吸毒者每隔1周或10余天才大便1次，排便时出血非常常见。胃肠蠕动减慢还可引起肠梗阻。某些人为了将毒品偷偷带进医院等治疗地，利用身体藏匿毒品，吞服装有毒品的安全套，也会引起肠梗阻。

鸦片类毒品成瘾者在突然停用毒品后会出现胃肠道蠕动异常加快，表现为严重腹痛和腹泻。腹泻严重者可出现脱水现象。可卡因对全身血管均有强烈的收缩作用，对肠道血管的持续高度收缩可引起肠缺血和坏死，治疗需行手术切除。

四、毒品对心血管系统的危害

很多毒品可以对心血管系统产生直接毒性。静脉注射毒品引起的感染也可对循环系统发生不良影响，吸毒常引起各种心律失常和缺血性改变。其表现与不同毒品的药理作用有关。

海洛因成瘾者在吸毒后24 h内，55％有异常心电图表现，常见有：传导阻滞、去极化及复极化异常、心动过缓、心律不齐，电轴偏移、低电压、高电压，严重者可引起心跳停止。

可卡因引起心律失常更为常见。如注射可卡因短期内即出现心动过速，还可出现心动过缓、室性期前收缩、室性心动过速和室颤及心肌收缩不全。临床资料提示，有些可卡因中毒病人左心室明显扩大，左心室肥厚与心律失常、高血压、猝死和脑血管意外有关。可卡因还可引起血管痉挛，冠状动脉痉挛可引起心肌梗死。此外，可卡因还可引起冠状动脉粥样硬化，可能是由于可卡因促使血小板聚集引起小血管内血栓形成进而引起栓死。

五、毒品对神经系统的危害

吸食伴有掺杂物的海洛因后，会引起一系列的神经系统病变，如惊厥、震颤麻痹、周围神经炎、弱视、远离注射部位的肌功能障碍。长期吸毒可引起智力减退和个性改变。尸检的结果也表明，神经系统的病理变化包括：多发星状细胞病变，广泛脑肿胀和变性，苍白球的退行性变化，脊髓灰质的坏死，肌肉组织的病理改变，周围神经的慢性炎性改变及退行性改变。临床检查如发现有神经系统体征，应考虑是否有其他合并症引起的脑部病变，如急性节段性脊髓炎，化脓性脑膜炎，败血症引起的脑脓肿，细菌性心内膜炎引起的脑栓塞。海洛因过量引起的呼吸抑制进一步造成脑缺氧。

另外，静脉注射伴有掺杂物的毒品，也可直接引起脑栓塞。有学者认为，吸毒者中60%的脑水肿病人是由于吸毒过量引起，其原因可能是因为肺水肿引起的颅内高压。

可卡因是一种致惊厥剂，单剂量即可诱发癫痫发作，重复使用可引起癫痫慢性化。可卡因的致癫痫作用被称为“促燃作用”，停用可卡因后这种促燃作用仍可存在，这可能是诱发复吸的潜在原因之一。可卡因还可能使原有癫痫表现出来。

此外，可卡因滥用还可引起颅内出血、抽搐、持续性或机械性重复动作、共济失调和步态异常。以上异常会在停用可卡因后逐渐消失。

六、孕妇吸毒对胎儿的危害

孕妇吸毒，可通过胎盘血输给胎儿，即出现“胎儿吸毒”，孕妇定时吸毒，胎儿也得到定时供给，在胎儿出生前，不会出现任何症状。但当出生后，随着脐血管的结扎，中断了毒品的供给，一段时间后即出现戒断症状。近有研究报道，孕妇吸毒时，可在其羊水、脐带血浆及乳汁中检出毒品的代谢产物；在吸海洛因的产妇产生的新生儿尿中也检出吗啡或奎宁，从而佐证了新生儿戒断综合征的发病机制。

新生儿出生后 1～2 天逐渐出现戒断症状，使用美沙酮者需 3～4 天才出现。新生儿戒断症状表现为激动不安、呼吸快、高声哭叫、睡眠障碍、拼命把小手往嘴里塞、鼻塞、打哈欠、打喷嚏、发热、四肢出现粗大震颤或扑翼样震颤、呕吐、腹泻等。这类患儿多半体重不足，甚至可导致婴儿的严重残疾。

七、吸毒对性功能的危害

在吸毒早期，由于欣快感，性交延长，似乎性功能增强了，但这是一种假象。有人认为，这本身就是一种病态——射精不能。但这种假象却使得很多人受骗，致使夫妻双双吸毒。随着吸毒时间延长，性功能会出现更为严重的障碍。

女性吸毒者可表现为性冷淡，性兴趣下降，甚至无性要求，有时还同时有闭经、不排卵和不育。男性吸毒者性功能障碍更为明显。

性功能减退者往往依赖海洛因来维持极有限的本能快感和精神自慰状态，但这样会使成瘾者对毒品的依赖加重，并加重性功能减退，于是形成恶性循环。随着吸毒量的不断增加，吸毒时间的延长，致使性功能进一步下降。

八、吸毒与传染病

吸毒者是注射或熏吸海洛因、鸦片、吗啡、可卡因、大麻或者度冷丁等毒品的人。这些毒品具有镇痛、催眠、麻醉和致幻等作用，医学上偶尔用于危重、剧痛病人，以缓解其极度痛苦，但使用时十分谨慎，以防其成瘾。吸毒者受毒品的作用，身体各器官生理功能发生障碍，尤其免疫系统、免疫器官和免疫细胞的功能全面下降。以致抗病能力极度下降，非常有利于各种病原体乘虚而入，尤其注射吸毒者所用针筒、针头不经消毒、多人共用，有些传染病极易在吸毒者中广为传播。

九、吸毒与死亡

有资料表明吸毒者的平均寿命较一般人群短 10～15 年。25%的吸毒成瘾者会在开始吸毒后 10～20 年后死亡。也就是说，约 1/4 的吸毒者会在 30～40 岁死于吸毒，因为大部分吸毒者是在 20 岁前后开始吸毒的。近年来开始吸毒的年龄还有逐渐提前的趋势。

吸毒人群的死亡率较一般同龄人群高 15 倍。根据美国的估算，海洛因滥用者不到全美人口的 1%，但每年直接死于海洛因中毒者就高达 6 000 人。

多种原因可以造成吸毒者死亡，并且死亡率高于一般人群，其主要原因为：

（一）吸毒过量

在麻醉品成瘾死亡原因中，超剂量是主要原因，据统计，约占吸毒死亡率的 50%以上。吸毒过量立刻引起中枢神经的过度抑制，使呼吸减慢，昏迷，严重者则呼吸停止而死亡。超剂量中毒而死一般有三种情况：一是初吸尝试者，不知深浅，往往因吸毒过量而中毒；二是长期吸毒者，应用毒品产生耐受性后，需不断加大剂量而导致急性中毒；三是复吸者，在戒毒治疗中或治疗后，吸毒者的耐受性也下降，此时吸毒者重新吸毒，用的剂量依然是未脱毒治疗前的剂量，如此也会导致急性中毒发生。

（二）滥用中毒

吸毒者滥用的毒品大多数是由黑市得到，这类毒品的成分纯度、含量都不清楚。极易服用高含量的毒品，就有可能急性中毒。又如毒贩为了获得更高的利润，往往在毒品中掺杂大量其他化学品，应用时就容易因客观上的多药滥用而中毒。

（三）并发症

常见的有细菌性心内膜炎、败血症；吸食拌有杂物的海洛因极易引起周围神经炎、化脓性脑膜炎、败血症引起的脑脓肿、细菌性心膜炎引起的脑栓塞、艾滋病、破伤风等。

（四）精神障碍变态

毒品滥用最常见的精神方面的反应，往往是做出一些超出常人的荒唐举动，如致幻剂会使人产生幻觉，吸毒者为了搏击长空而纵身跳下高楼。有的吸毒者因抑郁过度而自杀。

（五）戒断反应

吸毒者突然中断毒品，会产生严重的戒断反应，引起各种并发症致死。

（六）自残、自杀

吸毒者的自残、自杀率远远高于一般人群。吸毒者每时每刻都处于严重的应激状态中。例如，他们时常受到戒断症状的折磨，时时为如何再次获得毒品而谋划和忧虑，忍受吸毒导致的并发症的痛苦，被家庭和朋友抛弃，时时受到执法人员的监察，还经常受到贩毒者的威胁，他们有时还会受到自身后悔、内疚感的折磨。以上种种折磨常常会使吸毒者选择自残或自杀来了结自己的生命。

（七）犯　罪

吸毒者参与犯罪死于非命的发生率高于一般人群。吸毒这一恶习的花费非常巨大，常常使吸毒者倾家荡产，他们为获得买毒品的钱常冒险参加各种违法犯罪活动。在从事这些活动的过程中他们互相杀害的几率均显著高于常人。

（八）患　病

吸毒者患病后不积极求治易发生死亡。吸毒成瘾者以获得和吸食毒品为生活中心，他们不关心身体健康，即便发现身体不适也常常不会及时求治，从而失去最佳治疗时机，造成治疗困难或不可挽救的结局。

（九）意　外

吸毒者常死于各种意外事件。毒品可影响吸毒者的精神活动，使吸毒者出现认知功能障碍、注意能力下降和操作能力下降。有些毒品使吸毒者不能正确判断高度和距离，例如有的吸毒者本来在20层楼上，可能会错误地判断自己在平地上，于是，他本想“走”到街上，却从20层楼掉了下来；迎面而来的汽车离自己已经很近了，吸毒者却可能错误地判断车离他还很远，他可能会迎着车走过去。吸毒者操作能力下降使车祸和各种工伤发生率增高。根据美国某中等城市的统计，在因危险驾驶而被拘的人中吸食大麻后驾车者占16%。

第六节　毒品对家庭及社会的危害

人一旦吸毒成瘾，就会人格丧失，道德沦落，为购买毒品耗尽正当收入后，就会变卖家产，四处举债，倾家荡产，六亲不认。

一、对家庭的危害

吸毒导致大量的家庭悲剧，一旦家庭中出现吸毒者，就意味着贫困和矛盾围绕着这个家庭，最后的结局往往是倾家荡产，妻离子散，家破人亡。首先，吸毒耗费大量钱财，到了一定程度必然要靠变卖家中财产换取毒品，致使家徒四壁。一些丧尽天良者甚至卖儿卖女，逼妻卖淫。其次，吸毒会导致婚姻死亡，家庭破裂。因为一个人一旦染上毒瘾，就会失去义务或责任观念，做丈夫的不能尽丈夫的责任，做妻子的不能尽妻子的义务，最终必然导致家破人亡。再者，吸毒危及下一代。怀孕妇女吸毒将严重影响胎儿的正常发育，有的致使新生儿先天畸形或染上毒瘾。

有一副对联形象地描述了吸毒对家庭的危害："烟枪一支，未闻炮声震响，打得妻离子散；锡纸半张，不见烟火冲天，烧尽田地房屋。"这是无数吸毒者的共同遭遇。

二、诱发不良事件和犯罪

贩毒吸毒经常和刑事犯罪联系在一起，就是由于毒品走私和贩卖有着惊人的利润，黑市海洛因毒品的价格比同重量的黄金价格还要高许多。一个吸毒者吸食、注射毒品，每天平均要消耗 0.5 g 毒品，这样每月的费用最低也要 12 000 元，这是普通人所不能承受的。吸毒者面对这样高额的费用和强烈的诱惑，往往置道德、法律于不顾，会丧心病狂、不择手段，甚至铤而走险，进行抢劫、盗窃、诈骗、贪污、卖淫甚至杀人等违法犯罪活动，许多瘾君子五毒俱全，严重危害人民生命与社会治安，破坏了正常的社会和经济秩序，并且毒品问题还能渗透和腐蚀政权机构，加剧腐败现象发生，给社会造成巨大的经济损失。另外，吸毒之后，吸毒者正常的道德约束和对法律规范的敬畏消失了，他们觉得精力充沛，热血沸腾，或是在一块鬼混，或是出现精神失常，会去打架、抢劫。毒品的贩卖都是成帮结伙的，吸毒者也只有加入他们圈中才能源源不断地获得毒品，这就导致犯罪团伙、黑社会的形成，这种由毒品黏合在一起的黑社会必然是刑事犯罪集团。如美国、意大利的黑手党，无不参与贩毒。目前由于贩毒、吸毒人数的增加，这种黑社会也随之扩大，这是对社会威胁最大的一种刑事犯罪。大量事实证明，吸毒已成为诱发犯罪、危害社会治安的根源之一。毒品严重危害国家的社会治安和稳定，严重危害国家的社会发展与进步，危害国家的前途与命运。

（一）扰乱社会治安

吸毒与犯罪是一对孪生兄弟，吸毒者在耗尽个人和家庭钱财后，为了维持吸毒，往往会铤而走险，走上违法犯罪的道路，比如从事以贩养吸、贪污、诈骗、盗窃、抢劫、凶杀等犯罪活动。所以毒品活动会诱发各种违法犯罪活动，扰乱社会治安，给社会安定带来巨大威胁。据有关部门调查，在抓获的刑事案件犯罪嫌疑人中，有 60%～70%的人与吸毒有关；在吸毒人员中，有 70%以上的人进行过其他犯罪活动。

（二）诱发财产型违法犯罪

财产型违法犯罪是指以强烈的物质占有欲为动机，以获取非法经济利益为目的，用非法手段破坏社会主义经济秩序，将公私财物据为已有的违法犯罪行为，如走私、抢劫、盗窃、贪污、诈骗等。吸毒者常和刑事案件联系在一起，其主要原因便是为了支付昂贵的毒品费用。

（三）引诱、教唆他人吸毒

所有的吸毒者都希望发展新的吸毒者，因为这样，就可以把自己高价买来的毒品用更高的价格卖给新的吸毒者，用赚来的黑钱买更多的毒品。这种做法，在吸毒者队伍中普遍称为“以贩养吸”，由此，不仅导致了更多的人陷入毒窟，还导致引诱、教唆、欺骗他人吸毒及强迫、容留他人吸毒的犯罪现象的蔓延。

（四）道德沦丧

一些女性吸毒者在丧失劳动能力、耗尽家庭财产之后，仍不能控制强烈的觅毒欲望，当无钱买毒品缓解毒瘾时，她们就会无所不为，甚至走上出卖自己肉体赚取毒资的悲惨之路，导致家庭破裂，败坏社会风气。

三、危害社会发展与进步

毒品的非法生产、贩卖和吸食导致了一系列的社会问题。犯罪率上升，性病和艾滋病蔓延，吸毒者丧失工作能力，各种医疗费用，缉毒、戒毒力量的投入，药物滥用防治工作的开展，这些都给社会经济带来严重的损失。如今，吸毒成为社会痼疾，在全世界有蔓延趋势，严重地威胁着众多国家和地区的社会稳定和经济发展，给人类社会的发展和民族的进步带来了巨大的潜在性的危害，这种现象已经引起了世界各国的重视。

（一）破坏社会生产力

吸毒首先导致身体疾病，影响生产，其次是造成社会财富的巨大损失和浪费，影响经济发展，导致贫困。同时毒品活动还造成环境恶化，缩小了人类的生存空间。一些毒品问题严重的地方，很多人不思生产，体能下降，骨瘦如柴，丧失劳动能力，农田荒芜，疾病横行，对社会生产力造成巨大破坏，严重影响了经济发展。

（二）危害中华民族

毒品对中华民族的发展带来的危害是世人皆知的。从 19 世纪 30 年代起，帝国主义列强首先用鸦片打开了中国的大门。1834 年向我国输入鸦片达 2 万多箱，到 1838 年竟达到了 4 万多箱。鸦片的大量流入，给当时的中国社会造成了极其严重的危害。在 1834—1839 年期间，中国因吸食鸦片每年外流白银 400 多万两，使得清政府银源枯竭，出现了严重的财政危机，严重影响了中国民族工商业的发展。到 1839 年吸毒者已达到 400 万人，鸦片毒害严重削弱了中国的社会生产力和军队战斗力，使中华民族素质下降，蒙受了“东亚病夫”的屈辱。国力衰竭，民族落后，给帝国主义的侵略创造了有利条件。

（三）危害青少年

当今世界滥用毒品的人中，有近 2/3 是青年。青少年一代肩负着国家强盛、民族兴旺、社会进步的重任，是一个国家的未来和民族的希望。但是，毒品大量泛滥，使许多青少年在毒品的烟雾中沉沦、堕落，直接危害着青少年的健康成长。这是关系到民族兴衰成败、国家前途和命运的大问题。

（四）诱发刑事犯罪

一个吸毒者在拖垮了自己的家庭之后，若仍不能自拔，那他就要开始对社会犯罪了。吸毒者最常见的犯罪形式有贪污、盗窃、纵火、抢劫、杀人，败坏社会风气，破坏经济发展，导致贫困，危及国家安全。

第七节　吸毒与艾滋病

艾滋病是“获得性免疫缺陷综合征”的简称。它是一种由艾滋病病毒感染而引起的传染病，主要造成人体免疫缺损。艾滋病病毒又称人类免疫缺陷病毒，人体一经感染这种病毒，其免疫系统功能即受到严重破坏，造成机体抵抗力全面降低，由于免疫功能下降，病变常累及人体的多个系统、多个器官。目前，全世界尚无一种有效的手段治疗和控制艾滋病。

一、艾滋病的传播方式

艾滋病病人和无症状的艾滋病病毒携带者是艾滋病的传染源。艾滋病病毒主要存在于感染者的血液、精液、阴道分泌物、乳汁等体液中。有三种传播途径，即性传播、血液传播及母婴传播。

二、吸毒与艾滋病的关系

艾滋病病毒在吸毒者中传播十分迅速，途径如下：

（一）共用针具传播

由于毒品的成瘾性，吸毒者通常走向以静脉注射毒品方式吸毒的道路，吸毒者毒瘾发作时总是急不可待地由静脉推入稀释后的毒品溶液。由于卫生观念差和吸毒者成群接触，常会相互共用没有经过消毒的注射器注射毒品，使带病毒的血液通过注射器从一个人进入另外一个人体内。这样，一个注射器常常反复使用或多人共用，只要一人是艾滋病的感染者，艾滋病病毒就会在其他吸毒者中传播。

（二）不安全的性活动

不少女性吸毒者不惜“以淫养吸”，这些人对性行为如同家常便饭一样随意，十分混乱。美国曾做过调查，与男性吸毒者有性接触的妇女，其艾滋病的发病率比一般人高30倍。

三、艾滋病与家庭的关系

任何家庭成员染上艾滋病，全家都会为其担忧和伤心，即使未出现明显病征，这种疾病始终会对带毒者及家人构成极大的心理压力，受感染的成员随着病情恶化会逐渐失去工作能力，这意味着家庭收入减少。为了治疗和照顾患者，整个家庭需额外耗费大量时间、精神和金钱，这无疑增加了整个家庭的负担。一个人如果染上艾滋病病毒而没有采取预防病毒传播的措施，就会增加家人染病的机会。因此艾滋病不仅是个人问题，更与整个家庭有关。

药物依赖性研究的专家指出，拒绝毒品、珍爱生命是我们预防艾滋病的第一道防线。如果不幸沾染上了毒品，坚决戒毒是预防艾滋病的第二道防线，戒毒的同时还要远离吸毒的“朋友”。如果一时还不能戒除毒瘾，也要避免静脉注射毒品，更不能和其他人共用注射器或针头，这是预防吸毒传播艾滋病的最后一道防线了，但这道防线距艾滋病仅一步之遥。

第八节 禁 毒

一、我国禁毒史

在很早以前，我们的先辈们就深深地认识到毒品的危害，我国的禁毒历史可以说是源远流长，解放前的禁毒史也是一部我国民众和仁人志士反抗外来侵略的爱国战斗史。解放后，我国政府和广大人民群众也非常重视禁毒工作，禁毒对于净化社会环境，保障我国社会主义经济的协调发展起到了极其重要的作用。

（一）近代禁毒史

我国是世界上禁毒最早的国家。鸦片制品在唐玄宗开元 27 年（公元 739 年）以前已输入中国，开始主要用于治疗疾病。至元代，罂粟壳除用于治病外，有人已认识到它的危害。朱震亨在《本草衍义补遗》一书中指出：“其治病之功虽急，杀人如剑，宜深戒之”。雍正七年（1729 年）清朝廷颁布了中国历史上第一个禁烟诏令，它标志着中国禁烟历史的开始。17 世纪初，英国东印度公司在对华贸易中开始非法地大规模向中国推销鸦片。鸦片贸易不仅使英国侵略者换走了中国的大量丝绸、茶叶，而且每年还从中国掠走数百万元的白银。鸦片贸易严重破坏了当时中国的社会经济和国家财政，大量鸦片的输入毒害了中国人民的健康，也加剧了清朝统治的危机。1838 年 12 月，道光皇帝任命林则徐为钦差大臣，前往广州查禁鸦片。1839 年 3 月，林则徐到广州后厉行禁烟措施，迫使英国商人交出了大量鸦片。1839 年 6 月 3 日，林则徐亲临虎门销烟，用 23 天的时间，销毁鸦片 2 万多箱，当时有成千上万的人赶赴观看，人们扬眉吐气，拍手称快。“虎门销烟”不仅沉重打击了西方殖民者借鸦片贸易牟取不义之财的罪恶行径，更在世界禁毒史上写下了壮烈的一笔。

1909 年 2 月 1 日，中、美、法、德、日、荷、葡、巴、俄等 13 个国家的 41 名代表，在上海举行了万国禁烟会议，这是世界近代史上第一次禁毒大会。这次禁毒国际会议，推动了清政府禁烟运动的继续发展，全国大部分地区完成了禁种任务，大部分烟馆关闭，烟民纷纷戒吸。1911 年 10 月，辛亥革命爆发，孙中山先生领导了民国初年的禁烟活动，曾经一度在全国范围内禁绝了罂粟种植，并促使英国政府履行与清政府签订的《中英禁烟条约》，完全停止了鸦片的对华输入。

1917 年后，国内形势动荡，各地军阀为增强实力，以鸦片烟税为财源，竞相开放烟禁戒令，清末民初的禁烟成效付诸东流。1935 年 4 月，国民政府军事委员会向全国发布禁烟通令，并公布《禁毒实施办法》、《禁烟实施办法》。禁种方面，规定了绝对禁种、分期禁种、分年减种，直到肃清的计划。禁吸方面，以 1935 年最后登记截止人数为准，按烟民年龄依次勒戒，分为5期，以一年为一期，每年烟民总数至少递减1/5，至1940年底完全戒绝。禁运、禁售方面，按照分期戒吸的需要，由禁烟督察处实行公运，严禁私运。

（二）新中国禁毒史

新中国成立后，百废俱兴，党和政府以彻底改造旧社会的信心和勇气，在全国范围内开展了前所未有的、轰轰烈烈的群众性禁毒运动。1950年2月24日，中央人民政府政务院第21次政治会议通过决议，向各地政府发出《关于严禁鸦片烟毒的通令》。《通令》要求各级人民政府设立禁烟禁毒委员会，严厉禁种罂粟。政务院禁毒通令发布后，各级人民政府立即行动，纷纷成立禁烟禁毒委员会，全国各地进行了轰轰烈烈的禁毒工作。一向盛行种植罂粟的西南、西北等地，也积极开展禁种工作，云南、四川等地的许多烟农自动停止种烟，改种粮食作物。在禁运、禁售方面，各地广泛动员，要求毒贩向政府自首，限期交出毒品；查封各种烟馆，收缴烟毒烟具。据统计，仅西南地区，1950年破获贩卖烟毒案万余起，抓获犯罪嫌疑人万余名，其中有37人被判处死刑，1 000多人被判有期徒刑；查封烟馆5 400余家，收缴烟具20多万件，焚烧烟土55万余两。在禁吸方面，各地利用人民代表大会、农民协会、居民小组等基层组织与团体，深入烟民家中宣传政府的禁吸政策。在此基础上进行烟民登记，举办烟民学习班，实行强制戒毒。经过两年的努力，至1952年春，全国鸦片种植基本禁绝，贩卖烟毒与吸食烟毒的现象大大减少，烟毒泛滥的势头得到有效的遏制。

（三）当前禁毒史

直到20世纪80年代初，我国毒品问题出现了一个由滥到治的相对稳定时期，国际舆论也赞誉我国为“无毒国”。但自20世纪80年代中末期，在国际毒潮的侵袭下我国的毒品问题又死灰复燃，并且日趋严重，国际贩毒集团利用我国对外开放的机会和漫长的边境线，开辟新的贩毒路线，从缅甸、老挝等国交界处的“金三角”地区将鸦片、海洛因越过边界线运进我国云南省边境的一些县，再经四川、贵州、甘肃、陕西等省转运到广东，然后再转运到香港、澳门等地。由于存在过境贩毒问题，使沿途一些省份的一些人染上吸毒恶习，并逐渐往内地蔓延。贩毒分子也日益增多。这一现象刚露头，就引起党中央、国务院的高度重视。

1990年12月，国务院决定成立国家禁毒委员会，全国人大常委会通过《关于禁毒的决定》，并在1997年3月14日修订的《中华人民共和国刑法》中增设了走私、贩卖、运输、制造毒品罪一节，完善了禁毒立法工作。在2002年“国际禁毒日”期间，我国从上到下开展了一场空前的禁贩、禁种、禁吸毒品宣传活动，全国各级法院同时召开了796场宣判会，对2 298人进行了宣判，对一批罪大恶极的犯罪分子执行了死刑，公开销毁海洛因、鸦片、摇头丸等各种毒品价值近亿元。所有这一切，打击了毒品犯罪者的嚣张气焰，鼓舞了我国人民与毒品犯罪作斗争的勇气和信心，向全世界昭示了中国人民同毒品犯罪作坚决斗争，重塑“无毒国”形象的坚定决心。

2004年4月15日，中共中央总书记、国家主席胡锦涛主持召开第62次中央政治局常委会议，听取了国家禁毒委员会关于全国禁毒工作的汇报。胡锦涛总书记指出：禁毒工作事关人民群众的身心健康和安居乐业，事关社会主义精神文明建设，事关经济社会协调发展，事关全面建设小康社会宏伟目标的顺利实现，事关国家安危和民族兴衰。禁毒工作必须全社会共同参与，各部门通力合作，综合治理。首先要抓教育，第二要抓戒毒，第三要抓打击，第四要抓管理，最后要抓法制，加强立法。

二、我国的禁毒现状及采取的措施

（一）我国禁毒工作的现状

由于受外因和内因两方面的影响，当前我国毒品违法犯罪活动形势依然十分严峻，禁毒斗争面临新的挑战。从外部环境看，世界三大毒源地除位于南美洲的秘鲁、玻利维亚和哥伦比亚三国交界处的“银三角”外，其余两个都临近我国。世界毒品泛滥严重影响我国的局面没有根本改变，我国周边地区毒情十分严重。在西南境外，位于泰国、缅甸、老挝交界处的世界最大的毒源地“金三角”重心逐渐北移，紧靠我国边境的缅北、老北、越北地区制贩毒活动继续发展。缅北成为“金三角”核心毒区，这里至少有 28 个海洛因加工厂，每年可加工海洛因 150 多吨，向我国的渗透日益加剧，1998 年，仅云南省就查破毒品案件 9 239 起，缴获海洛因等精制毒品 5 286.6 kg，我国吸毒人员消耗的海洛因 90%来自缅北。同时，缅北冰毒生产规模呈扩大趋势，刺激了我国易制毒化学品走私出境的犯罪活动。而在西北境外，位于巴基斯坦、伊朗、阿富汗交界处的“金新月”毒源地对我国构成了新的威胁。东北境外制贩毒活动猖獗，在东南沿海，境外的冰毒制品也不断流入我国。境外毒品正对我形成“南北夹击、四面包围，多头入境、全线渗透”的严重态势。2004 年全年云南省共缴获海洛因 8 468 kg，占全国缴获总量的 78. 15%。从国内情况看，毒品违法犯罪活动呈发展蔓延趋势，我国已由毒品过境国转变为毒品过境与消费并存的毒品受害国。

我国吸毒人数不断增加，有的地方已经形成相当规格的毒品消费市场。个别地区形成了较大的毒品分销网、交易市场或毒品贩运渠道。毒品犯罪的组织程度也越来越高，手段越来越先进，手法更加狡猾凶狠。特别制贩、吸食冰毒的问题更加突出，冰毒吸食简便，比海洛因毒性小，兴奋快且持续时间长，易被吸毒者接受。目前，制贩、吸食冰毒的活动已由沿海发展到内地大多数省份，毒品给社会造成的危害越来越大。毒品犯罪往往与黑社会、暴力、凶杀联系在一起，是许多严重刑事犯罪和治安问题的重要诱因。各地由毒品问题引发的刑事案件普遍增多，有的地方甚至占全部刑事案件的 70%～80%。另外，吸毒和传播艾滋病密切相关，截至 2004 年 9 月，全国共报告艾滋病病毒感染者 89 067 例，其中吸毒人员占 41.3%。据专家估计，全国每年由毒品造成的经济损失至少在 1 000 亿元以上。

（二）我国禁毒工作采取的措施

我国政府一贯重视打击毒品违法犯罪活动。20 世纪 80 年代初，在毒品死灰复燃并逐渐出现增多的趋势之后，引起了中国政府的高度重视。我国政府禁毒的态度明确，决心坚定，动员和领导全国人民与毒品违法犯罪进行了坚决的斗争，加强禁毒工作领导，健全禁毒法规，完善禁毒措施，严厉打击毒品违法犯罪活动，并加大禁毒斗争的人力、财力投入，增加缉毒专项编制，组建缉毒专业队伍，拨出禁毒专项经费，改善禁毒装备，加强戒毒基础建设和研究。进入 20 世纪 90 年代以后我国政府主要采取了如下措施：

1. 加强领导

古今中外禁毒斗争的实践反复证明，要使禁毒工作取得成效，国家就必须建立健全统一、高效、权威的禁毒领导机构和专门的禁毒执法机构。为加强国家对禁毒工作的领导，提高禁毒机构的规格和权威性，统一领导和协调各部门各方面的禁毒工作，1990 年 11 月，国务院决定成立国家禁毒委员会，负责研究制定禁毒方面的重要政策和措施，协调有关重大问题，统一领导全国的禁毒工作。国家禁毒委员会由公安部、国务院办公厅、卫生部、海关总署、外交部、司法部、民政部、财政部、国家教委等 18 个部门的负责人组成。根据禁毒形势的需要，到 2005 年，经过调整禁毒委员会的组成已增加到 32 个部门，办事机构设在公安部。

2. 完善禁毒法律

1990 年 12 月 28 日，全国人大常委会制定并通过了《关于禁毒的决定》。1995 年 1 月 12 日，国务院发布了《强制戒毒办法》。1997 年 3 月 14 日，八届全国人大五次会议通过了《中华人民共和国刑法》修订案，修订后的《刑法》对走私、贩卖、运输、制造毒品的犯罪处罚更加完善。

3. 制定工作目标和方针

2004 年 6 月，在昆明召开的全国禁毒工作会议上提出了我国未来禁毒工作五年规划，并指出要遵循“四禁并举、预防为本、严格执法、综合治理”的方针，坚持打击毒品犯罪与减少吸毒危害相结合、国内缉毒与国际合作相结合、解决当前紧迫问题与实现长远目标相结合的工作思路，进一步提高禁毒工作实效；把禁毒工作摆进“中国 21 世纪议程”，列为基本国策，实行全民大禁毒。会议上还提出把“有效地遏制国内毒品犯罪发展蔓延的势头，全面加强禁毒国际合作，为在 21 世纪彻底禁绝毒品而努力”作为我国的禁毒奋斗目标；把“多策并举，除源截流，禁绝毒品，造福人类”作为 21 世纪我国的禁毒工作方针。

4. 围剿毒品犯罪

据不完全统计，我国现有吸毒人员 101.1 万，涉及全国 2 100 多个县(市、区)。其中，滥用海洛因人员高达 87.9 万。青少年占 70.4%。

1992 年 8 月，云南省委、省政府和公安部采取坚决果断措施，一举摧毁了多年盘踞在云南省平远街地区的武装贩毒贩枪集团，捕获犯罪嫌疑人 854 名，缴获海洛因、鸦片等毒品 975 kg，收缴用于武装贩毒的枪支 353 支，有力地震慑了毒品犯罪活动。1993 年 6 月，根据公安部南宁会议的统一部署，云南、广西开展了缉毒、缉枪的集中行动，当年这两个省区缴获的海洛因和鸦片分别占全国缴获量的 82%和 70%。1994 年 5 月，云南省公安机关捕获了多次组织向我境内贩毒的缅甸大毒枭杨茂贤，并依照中国法律判处其死刑，沉重打击了境外毒枭的嚣张气焰。广东、福建、北京等地公安机关也相继破获了一批制贩冰毒大案，捣毁一批毒品地下加工窝点，并与香港警方协作，捕获了涉案毒贩。1997年，国家禁毒委员会部署在全国范围内开展了一场声势大、力度大的禁毒专项斗争，动员全社会参与，开展禁毒人民战争，取得了显著效果。1991—1997年，全国执法机关共查破毒品案件41.3万起，抓获涉案违法犯罪人员56.8万名，缴获海洛因26.9吨，鸦片14.4吨。2005年共破获毒品犯罪案件10.8万起，共缴获海洛因12.8吨，摇头丸300余万粒，冰毒30余吨，其他制毒化学品160吨。可见，我国吸毒问题十分严重。

5. 加强禁吸、戒毒工作

为了从根本上消除毒品对人民群众的侵害，挽救吸毒者的生命，遏制毒品违法犯罪活动，最终消除国内毒品消费问题，我国政府采取了一系列严格的禁吸、戒毒措施。对吸毒成瘾人员，由公安机关依据国务院《强制戒毒办法》通过行政措施在一定时期内对其强制进行药物治疗、心理治疗和法制教育、道德教育，使其戒除毒瘾。对经强制戒毒后的人员，由家庭、单位、常住地公安派出所及基层群众组织共同负责对其进行后续帮助教育工作，防止复吸。对发现的复吸者，由司法部门对其实行劳动教养，继续帮助其戒毒。

6. 广泛开展禁毒宣传教育

每年“6.26”国际禁毒日前后，各级政府通过报刊、广播、电视等新闻媒介及其他多种形式集中开展禁毒宣传活动。青少年是中华民族的未来与希望，中国政府一向重视对青少年，特别是对在校学生进行毒品预防教育。

7. 堵源截流，加强国际合作

针对毒源在外，国际贩毒集团大量向中国输毒和过境贩毒的特点，我国着重采取了“堵截”的对策，力图将毒品拒之于国门之外。在禁毒斗争中能否对毒品“堵截”成功，在很大程度上依赖于国际合作。因为毒品问题是全球性的问题，遏制与禁止毒品的蔓延是全人类的共同使命，同时它又是一个复杂的、艰巨的、具有社会性和国际性的系统工程，需要全球各国的参与和共同努力。我国的禁毒斗争亦是全球禁毒斗争的重要组成部分，具有鲜明的国际化特点。因此，要遏制毒品的蔓延，首先应与国际肃毒力量密切结合，以铲除毒源。中国政府一贯重视禁毒国际合作，主张世界各国共同努力解决毒品问题，支持并积极参与国际禁毒斗争。中国不仅加入了联合国《六十一公约》、《七十一公约》，而且是最早签署《八十八公约》的国家之一。中国积极参加了联合国禁毒署倡导的区域禁毒合作计划。

2004年4月，国家禁毒办公室赴秘鲁参加国际禁毒执法会议，并顺访了美国白宫禁毒政策办公室、美国司法部禁毒署等部门，就双方共同关心的禁毒事务进行了交流和磋商，取得了积极成果。2004年10月，我国参加了澳大利亚易制毒化学品管理会议，加强了与荷兰、南非、土耳其等有关国家的合作，联合打击跨国走私易制毒化学品活动；同月，国家禁毒办与荷兰在北京签署了《中荷关于易制毒化学品核查措施的谅解备忘录》，两国禁毒合作取得了突破性进展。

针对“金新月”地区及其他地区毒品对我国威胁不断加大的情况，我国与阿富汗等周边国家、上海合作组织成员国以及南美有关国家积极构建禁毒合作渠道和机制，为今后开展实质性禁毒合作奠定了基础。2004 年 6 月，上海合作组织成员国元首在乌兹别克斯坦首都塔什干签署了《上海合作组织成员国关于合作打击非法贩运麻醉药品、精神药物及其前体的协议》，中国和乌兹别克斯坦两国政府也签署了禁毒合作协议。同时，我国还进一步加强了同塔吉克斯坦、俄罗斯禁毒机构的合作，取得了积极成果，有力推动了国际禁毒合作的健康有序发展。

三、我国禁毒工作规划和方针

受国际毒潮泛滥和国内涉毒因素影响，我国禁毒工作面临的形势十分严峻。严重的毒品问题引发大量违法犯罪活动，并导致艾滋病等多种疾病扩散流行，不仅影响人民群众的健康幸福和安居乐业，而且影响社会稳定和经济建设。

（一）我国禁毒工作的基本目标

(1) 全民禁毒意识进一步增强，新吸毒人员滋生速度明显减缓，吸毒人员戒断巩固率显著提高，毒品的社会危害程度逐步减轻。

(2) 境外毒品渗透势头得到有效遏制，国内制贩毒品犯罪活动受到有力打击。

(3) 易制毒化学品、麻醉药品和精神药物管理制度逐步健全，流入非法渠道的情况得到有效控制；禁毒法制体系基本形成，缉毒执法队伍的正规化、专业化建设得到明显加强，执法水平全面提高。

(4) 禁毒保障更加有力，禁毒工作领导体制、工作机制进一步健全，党委和政府统一领导，禁毒委员会组织协调，有关部门各负其责，全社会广泛参与的禁毒工作格局基本形成。

实现上述目标，将使毒品问题在我国的滋长蔓延得到有效遏制。

（二）我国禁毒工作方针

20 多年来，我国的禁毒工作虽然取得了辉煌的成绩，但禁毒形势依旧极为复杂、严峻。面对新世纪的毒品问题，中国的禁毒斗争应该在深入总结本国禁毒历史的经验和教训，不断吸取世界各国在禁毒问题上的经验和教训的基础上，深化认识，调整方略。

1991 年，在第一次全国禁毒工作会议上，国家禁毒委员会提出了“三禁”（禁贩、禁种、禁吸）并举，堵源截流，严格执法，标本兼治的禁毒工作方针。1999 年，国家禁毒委员会召开全国禁毒工作会议，针对一些地方制造冰毒和走私、贩卖、制造易制毒化学品犯罪突出的情况，及时调整工作方针，将“三禁”并举调整为“禁吸、禁贩、禁种、禁制”四禁并举。禁毒工作必须遵循四项方针：四禁并举、预防为本、严格执法和综合治理。

第十一章　传染病概论

自新中国建立以来，传染病的防治已取得很大成就。许多传染病的流行已经得到控制，有的传染病已经消灭或基本消灭。传染病的发病率明显下降。但有些传染病(如病毒性肝炎)发病率仍然较高，有些已经控制或基本控制的传染病由于各种原因又死灰复燃，如血吸虫病、肺结核病等。新的传染病出现，如艾滋病、SARS、人禽流感等。有些已呈逐渐流行趋势。因此，传染病的防治仍然是中国现阶段卫生工作的重点。

第一节　传染病的概念及种类

一、传染病的概念

传染病是由各种致病性的病原体所引起的一组具有传染性的常见病、多发病，其传播可造成流行，严重危害人们的健康，甚至引起大量患者死亡。

能引起各种传染病的病原体有微生物和寄生虫。自然界中有成千上万种微生物，可分为病毒、衣原体、立克次体、支原体、螺旋体、细菌和真菌，但对人类有致病性的仅是其中的一小部分，由原虫和蠕虫引起的疾病亦称寄生虫病。因此，传染病学是研究由微生物直至寄生虫所引起的疾病的科学。

传染病学是一门临床医学，是研究传染病在人体内发生、发展与转归的原因和规律，并研究其诊断方法和治疗措施，促使患者恢复健康，进而控制传染病在人群中传播的科学。

二、传染病的种类

根据 1989 年国家颁布的《传染病防治法》规定法定报告的病种分甲类、乙类和丙类，共计 35 种。2003 年将传染性非典型肺炎(SARS)列入其中。

(一) 甲　类

鼠疫、霍乱、SARS。

(二) 乙　类

病毒性肝炎、细菌和阿米巴性痢疾、伤寒和副伤寒、艾滋病、淋病、梅毒、脊髓灰质炎、麻疹、百日咳、白喉、流行性脑脊髓膜炎、猩红热、流行性出血热、狂犬病、钩端螺旋体病、布鲁菌病、炭疽、流行性和地方性斑疹伤寒、流行性乙型脑炎、黑热病、疟疾、登革热。

（三）丙　类

肺结核、血吸虫病、丝虫病、包虫病、麻风病、流行性感冒、流行性腮腺炎、风疹、新生儿破伤风、流行性出血性结膜炎，除霍乱、痢疾、伤寒以外的感染性腹泻病。

第二节　传染病的流行过程

传染病不仅在人体内发生，还会在人群中发生。传染病在人群中发生、传播和终止的过程，也就是传染病的流行过程。传染病在人群中传播必须具备传染源、传染途径和易感人群三个基本环节，缺乏任何一个环节，新的传染病就不可能发生，也不可能构成传染病在人群中的流行。流行过程的强度受自然因素和社会因素的多方面影响，如采取有效的防治措施，使流行过程三个环节中的任何一环中断，流行过程即告终止。

一、传染源

传染源是指体内有病原体生长、繁殖并能排出病原体的人和动物。病人、病原携带者和受感染的动物均可作为传染源。它们在传染病流行过程中的作用不尽相同。

（一）病　人

在多数情况下，病人是重要的传染源，因为病人体内有较大量的病原体，且病人的症状有助于病原体的排出，向周围环境播散。例如呼吸道传染病往往有咳嗽，肠道传染病往往有腹泻，咳嗽可以使病原体从呼吸道经口、鼻喷出向四周空气中播散，腹泻可以使病原体随粪便排出体外污染水源，通过水源向周围环境播散。这些症状已经成为病人向外传播病原体的重要因素之一。有些传染病因为没有病原微生物携带者，病人往往就是唯一的传染源，如麻疹、水痘等。病人传染性的大小，主要取决于病原体排出的数量和频度。不同的传染病、同一传染病不同病程，它们的传染性也不完全相同。有的传染病潜伏期即已有较大的传染性，例如流感、麻疹等；多数传染病在临床症状期传染性较强，而且病情轻重往往与传染性大小有关，因为重症病人一般病原体排出量较多，轻症病人较少。但也有少数传染病临床症状期开始后不久，病原体排出量将逐渐减少，以至于停止排出，例如麻疹、水痘、百日咳等。一般传染病进入恢复期后，病人体内病原体已经被清除，不再排出病原体，已经不是传染源。但有些传染病如病毒性乙型肝炎、伤寒、痢疾等，在恢复期仍可排出病原体，仍是传染源。

传染病病人排出病原体的整个时期称为传染期。各种传染病传染的传染期长短并不相同，有的较短，有的可以拖得很长。传染期的长短是决定传染病病人隔离期限的重要依据。几种主要传染病的传染期和隔离期见表 11－1。

（二）病原携带者

指没有任何临床症状，但能排出病原体的人，带菌者、带毒者、带虫者统称为病原携带者。病原携带者可以分为病后病原携带者和健康病原携带者两种。

表 11-1 几种主要传染病的传染期和隔离期

病　名	传染期	隔离期
甲型肝炎	潜伏期末至黄疸出现 2～3 周或更长	急性病人自发病日起不少于 30 天，托幼机构要隔离 40 天
乙型肝炎	潜伏期末开始有传染性，长者可达 1 年以上	
脊髓灰质炎	全病程均有传染性但以发病后头 10～14 天较强	不少于发病后 40 天
伤寒	潜伏期末至恢复期头 2～3 周。有慢性带菌者	应隔离至退热后 15～20 天
细菌性痢疾	从发病起至症状消失后 2～3 周，迁延病人可长期排菌	大便正常后 1 周可解除隔离
霍乱	从潜伏期末起，多数于恢复期 2 周内	隔日连续 3 次粪便培养阴性可解除隔离
麻疹	出疹前后各 5 天	出疹后 5 天
流行性感冒	潜伏期末至退热止	退热后 2 天
流行性脑脊髓膜炎	潜伏期末至病后 3 周	症状消失后 3 天，但从发病日起不少于 7 天
百日咳	潜伏期末至发病后 40 天	发病后 40 天
白喉	全病程均有传染性	隔 2 天鼻咽分泌物培养，连续 2 次阴性
钩端螺旋体病	病人作为传染源意义不大	隔离至临床痊愈
流行性乙型脑炎	发病后 5 天内	隔离至体温正常
鼠疫	病情越重传染性越强	腺鼠疫至淋巴结肿痊愈，肺鼠疫痰检疫 3 次阴性
流行性出血热	病人作为传染源意义不大	至急性症状消失

1. 病后病原携带者

有些传染病（如伤寒、病毒性乙型肝炎等）病人恢复期后仍能持续排出病原体。有的持续排菌时间较短，但少数病人持续排菌时间可以很长，可持续几年甚至终身持续排菌。凡病原携带者持续排菌在 3 个月以内的，称暂时性病原携带者；超过 3 个月以上的，称慢性病原携带者。

2. 健康病原携带者

整个感染过程均无明显临床症状而排出病原体者称为健康病原携带者，其中包括隐性感染者，这类病原携带者只能用实验室方法才能证实。存在健康病原携带者的主要传染病有：流行性脑脊髓膜炎、脊髓灰质炎、白喉、霍乱、病毒性乙型肝炎等。这类病原携带者排出病原体的数量较少，一般时间也较短，因此流行病学意义相对较小，但他们不易被发现，可在人群中自由行动，接触易感者的机会较多，应视为不可忽视的传染源。

3. 受感染的动物

人对部分动物传染病也具有易感性，这类传染病称人畜共患病，也称为动物病。在自然状态下，动物与动物之间可以相互传播，当人接触受感染动物所排出的病原体时也可被感染，所以这类受感染动物可成为该传染病的传染源。例如鼠疫可在鼠类之间传播流行，当人类接触病鼠所排出的鼠疫杆菌，也可以传染给人，病鼠就成为人鼠疫的传染源。常见的可成为人类传染病传染源的受感染动物有：啮齿动物（鼠可传播鼠疫、钩端螺旋体病、流行性出血热等）；牛、羊（可传播布氏菌病、血吸虫病、炭疽等）；猪（可传播钩端螺旋体病、乙型脑炎、旋毛虫病等）；狗（可传播狂犬病、钩端螺旋体病等）等。动物作为传染源的危险程度，主要取决于人与受感染动物接触机会和接触的密切程度，还与动物种类和密度等因素相关。

二、传播途径

病原体从传染源排出至侵入新宿主前，在外界环境中所经历的道路称为传播途径。每一种传染病可通过一种或数种途径。如麻疹病毒只通过空气飞沫传播，而炭疽杆菌则可以通过接触、食物或空气等数种途径传播。传染病主要的传播途径如下。

（一）空气传播

病原体借助于飞沫、飞沫核和尘埃三种类型的微粒飘浮在空气中，易感者吸入含病原体微粒的空气引起传播，称为空气传播。空气传播包括以下三种方式。

1. 经飞沫传播

当病人呼气、咳嗽、打喷嚏时，大量含病原体的飞沫随气流喷出体外，引起传染病的传播。这种飞沫体积较小（粒径约 15～100 μm），悬浮的时间不超过 3 s。因此，它只能传播给传染源周围的密切接触者，如拥挤的临时工棚、看守所或监狱、车站候车室或旅客众多的车厢、船舱、电影院、剧院等是发生此类传播的常见场所。流行性脑脊髓膜炎、流行性感冒、百日咳等均可经飞沫进行传播。

2. 飞沫核传播

在空气中含病原体的飞沫表层的液体蒸发，形成一个由蛋白质包围的外壳，这种飞沫干燥后形成的微粒，称为飞沫核。飞沫核的直径更小，约 1 μm，它能呈气溶胶状态，能较长时间（数小时或更长）飘浮在空气中，随气流可带至更远的距离而发生感染。此类传播以传染性较强的病毒性传染病较多见，如麻疹、水痘及上呼吸道病毒感染等。

3. 尘埃传播

传染源排出的含病原体的分泌物散落在物体表面或地面上，当人们清理物体表面或清扫地面时，随尘埃飞扬而造成呼吸道传播，称尘埃传播。凡耐干燥的病原体都可经此方式传播，如结核杆菌、炭疽杆菌等。

空气传播的传染病有以下流行特征：① 传播迅速。由于空气传播很容易实现，特别在人口密度高、卫生条件差、人群中易感者多时，更容易迅速传播和蔓延。② 有明显的季节性。由于冬季人们在室内群聚的机会较多，故一般以冬、春季发病率较高。③ 以儿童发病较多见。由于空气传播传染病较易实现，成人大多已获得免疫力，故患者以儿童多见，常称这类疾病为儿童传染病。

（二）经水传播

凡饮用或接触被病原体污染的水而引起传染病的传播，称为经水传播。许多肠道传染病、某些人畜共患病和寄生虫病均可经水传播，例如伤寒、霍乱、痢疾、甲型肝炎、血吸虫病、钩端螺旋体病等。

经水传播传染病的几个流行特征：① 有饮用同一水源或接触疫水历史。饮用水传播的传染病病例分布往往与供水范围相一致，有饮用同一水源的历史。接触疫水者往往有明显接触疫水史，如在流行区游泳、捕鱼、收割、抢险救灾等。② 常呈爆发或流行形式。其流行范围大小及发病率高低与病原体种类、供水范围、水源污染程度、接触疫水机会和机体本身免疫力等因素有关。③ 有季节性和地区性特点。一般夏、秋季较多，有的有地区性特征。例如钩端螺旋体病往往在水网地区、收割季节或外地缺乏免疫力人群大量进入疫区时，极易发病，甚至发生爆发流行事件。④ 停止饮用或接触疫水可在短时间内控制疾病流行。

（三）经食物传播

所有肠道传染病、某些寄生虫病及个别呼吸道传染病（如结核病、白喉等）可经食物传播。食物传播可因食物本身含有病原体，或食物在制作、贮藏、运输、销售过程中被病原体污染。在日常生活中，食具、手、苍蝇往往是造成食物污染的主要因素。

经食物传播传染病的几个流行特征：① 病人都有食用某污染食物的历史，未食用者不发病。② 如系一次大量污染，进食人数又多，则易形成爆发，病人的临床经过往往较重。常发生于食品卫生状况和环境卫生较差的集体单位。③ 停止供应污染食物后，爆发即可平息。

（四）接触传播

由传染源和易感者直接或间接接触引起的传染病称为接触传播。直接接触传播的传染病有性病、狂犬病、阴道毛滴虫病、单纯性疱疹。间接接触也称日常生活接触传播，系接触被污染的日常生活用品（如衣被、手帕、餐具、玩具等）而传播。多数肠道传染病和一些呼吸道传染病、人畜共患病、皮肤传染病可经此途径传播。

间接接触传播传染病的几个流行特征：① 一般呈散发，家庭或同住者中继发率较高。② 流行过程缓慢，四季均可发生，无明显季节性高峰。③ 注意个人卫生，严格消毒制度，可减少发病。

（五）虫媒传播

经节肢动物叮咬吸血或机械携带而传播称虫媒传播。某些人畜共患病、肠道传染病及寄生虫病可经此途径传播。经叮咬吸血传播的有疟疾、流行性乙型脑炎、鼠疫、森林脑炎等，经虫媒机械携带而传播的有伤寒、细菌性痢疾等。

虫媒传播传染病的几个流行特征：① 有一定的地区性。其地区分布与媒介昆虫孳生条件密切相关,如疟疾、鼠疫等。② 有明显的季节性。季节性与媒介昆虫孳生习性密切相关,如流行性乙型脑炎。③ 人群分布上与年龄、职业有明显关系,老疫区因成人多数有免疫力,故多发于儿童,新疫区一般无明显年龄差异。有的虫媒传染病与职业有关,如森林脑炎多见于进入林区工作的人员。

传播途径还有许多,如经土壤传播、经血液传播、垂直传播、医源性传播等,这里就不再详述。

三、易感人群

人群对传染病的易感程度,称为人群易感性。人群易感性取决于人群个体易感状态,人群中有免疫力的人数多,则人群易感性就低;反之,有免疫力的人数少,则人群易感性就高。易感性高的人群称易感人群。

第三节　传染病的预防

传染病预防措施可分为:① 疫情未出现时的预防措施;② 疫情出现后的防疫措施;③ 治疗性预防措施。

一、预防措施

(一) 外环境的综合治理

改善饮用水条件,实行饮水消毒;结合城乡建设规划,搞好粪便无害化、污水排放和垃圾处理工作;建立健全医院及致病性微生物实验室的规章制度,防止致病性微生物扩散和院内感染;在医疗保健机构也应大力贯彻《食品卫生法》以及进行消毒、杀虫、灭鼠工作。

(二) 预防接种

又称人工免疫,是将生物制品接种到人体内,使机体产生对传染病的特异性免疫力,以提高人群免疫水平,预防传染病的发生与流行。

1. 人工自动免疫

是指以免疫原物质接种人体,使人体产生特异性免疫。免疫原物质包括处理过的病原体或其提炼成分及类毒素,如麻疹减毒活疫苗等。

2. 人工被动免疫

以含抗体的血清或制剂接种人体,使人体获得现成的抗体而受到保护,由于抗体半衰期短,不超过 25 天,因而难以保持持久而有效的免疫水平。主要在有疫情时使用,如免疫球蛋白、免疫血清。

(三) 对病原携带者的检查及管理

1. 病原携带者的发现

主要是依靠病原学检查发现。选择特异性和灵敏度高、操作简便的检查方法,同时注意检查次数及间隔时间。检查对象包括接触者、恢复期病人、来自检疫病区的人员、某些特殊职业人群(如托幼机构、饮食行业、水源管理人员)等。

2. 病原携带者的管理

发现病原携带者应予登记治疗;进行卫生教育,养成良好的个人卫生习惯,以减少其传播机会;某些特殊职业的病原携带者,应暂时隔离治疗,必要时调换工作;可经血液传播的病原携带者应禁止作献血员。

(四)开展健康教育

平时的健康教育对预防传染病非常重要。饭前、便后洗手,不随地吐痰等卫生习惯的养成是文明的具体内容之一。可以针对不同病种按照季节性有计划、有目的地宣传传染病的症状及防治方法,达到普及卫生常识、预防疾病的目的。

二、防疫措施

(一)对病人的措施

关键在于早发现、早诊断、早报告、早隔离、早治疗。

(二)对接触者的措施

1. 应急预防接种

对潜伏期较长的传染病的接触者进行自动、被动免疫或自动被动免疫。

2. 药物预防

对于某些传染病的密切接触者可采用药物预防。如对疟疾、流行性脑脊髓膜炎、霍乱、猩红热等可用药物进行预防。

3. 医学观察

对某些较严重的传染病接触者,不限制接触者活动,但须每日视诊,测量体温,注意发现早期症状,及早做出诊断,以便采取必要的防范措施。

4. 隔　离

对甲类传染病的接触者收留在检疫机关所指定的处所,在医学观察的同时还限制其活动自由。

(三)对动物传染源的措施

家畜若患有烈性传染病时,可以由兽医部门进行隔离、治疗。对家畜的输出应建立必要检疫制度,防止瘟疫蔓延。疫区的家畜、畜产品或动物原料必须经过检疫才允许外运。

对绝大部分传染病的野生动物,如鼠类可以杀灭。有些传染病的动物尸体应焚烧、深埋,如患炭疽的动物尸体。

(四)针对传播途径的措施

由于各类传染病的传播途径不同,所采取的措施也不相同。肠道传染病可以对垃圾、粪便、污水进行卫生处理,进行饮水消毒,加强食品卫生管理和培养个人卫生习惯,以达到切断传播途径的目的。经媒介节肢动物传播的传染病，可根据不同媒介的生态习性特点采取不同的杀虫方法。呼吸道传染病则可以通过消毒空气、戴口罩和通风达到切断传播途径的目的。消灭传播途径上的病原体和传递病原体的媒介节肢动物则采取消毒和杀虫措施。

三、治疗性预防

正确并及时地治疗病人，可以尽早中止传染过程，缩小传染源作用，有时也可防止传染病病人（如伤寒、疟疾等）形成病原携带者。

第十二章　常见传染病的防治

第一节　病毒性肝炎

病毒性肝炎是由多种肝炎病毒引起的一组传染病，包括甲型肝炎、乙型肝炎、丙型肝炎、丁型肝炎和戊型肝炎。临床上以食欲减退、恶心、腹胀、乏力、肝区疼痛、肝肿大、肝功能异常为主要表现，部分病例可出现黄疸。急性病例在 2～4 个月恢复，少数患者转为慢性肝炎。

一、甲型病毒性肝炎

甲型病毒性肝炎（简称甲型肝炎），是甲型肝炎病毒（HAV）引起的自限性疾病，经粪—口途径传播，多见于儿童及青少年，以食欲不振、恶心、乏力为主要症状，以转氨酶迅速上升和在短期（几周）内恢复正常为特征。

（一）流行病学

1. 传染源

是病人和亚临床感染者。无黄疸型病人与亚临床受染者是更为重要的传染源。潜伏期后期及黄疸出现前数日传染性最强。黄疸出现后 2 周，虽部分患者粪便中仍有病毒颗粒，但实际感染力已明显降低。本病无慢性病毒携带者。

2. 传播途径

主要经粪—口传播，通过输血传播甲型肝炎的机会很少。苍蝇可作为传播媒介，但不是重要的传播方式。水源或食物严重污染可造成暴发流行，在污染水中，贝类（牡蛎、蛤蜊等）有浓缩和贮存 HAV 的能力，食用感染的贝类，可发生甲型肝炎甚至引起暴发流行。

3. 人群易感性

病后有持久免疫。未感染甲型肝炎病毒者对本病普遍易感。

4. 流行特征

甲型病毒性肝炎是在世界范围内流行的一种病毒性传染病，但各国流行轻重不一，与经济水平和卫生水平密切相关。我国甲型肝炎仍以学龄前儿童发病率最高，年龄至 20 岁几乎 90%anti - HAV 呈阳性结果。近年来青壮年发病率有上升趋势。60 岁以上老年人亦可罹患。一年四季皆可发病，以秋、冬季发病率为高。

（二）临床表现

1. 潜伏期

潜伏期为15～45天，平均30天。

2. 临床类型

（1）急性黄疸型。可分为3期。① 黄疸前期，急性起病，多有畏寒发热、全身乏力、食欲不振、厌油、恶心、呕吐及上腹不适、腹胀、腹泻、腹痛（以儿童病例多见）等症状，少数患者可有上呼吸道症状；体征不明显，部分病例可有肝脏轻度肿大，触痛及叩击痛。在本期末尿色逐渐加深，尿胆红素及尿胆原阳性。本期一般持续数日至2周，平均1周。② 黄疸期，发热渐退，自觉症状好转，而尿色继续加深如浓茶，巩膜、皮肤出现黄染、大便颜色变浅，肝脏肿大，有充实感，有压痛及叩击痛，少数病例可见脾肿大，本期一般持续1～2周，少数病例可延续至4周。③ 恢复期，黄疸逐渐消失，症状减轻而消失，肝脾回缩、肝功能正常。本期一般持续1～2周，少数病例黄疸消失可延续1个月以上。

（2）急性无黄疸型。起病大多徐缓，临床表现与黄疸型相似，但较轻。部分患者无临床症状（亚临床型），而血清学检测可见甲型肝炎IgN型抗体（anti－HAV－IgN）阳性，ALT升高。临床型与亚临床型之比，多为1∶14～1∶38。亚临床型儿童多于成人。因此当甲型肝炎在某地流行时，未发病的可疑感染者，应及时检测血清anti－HAV－IgN，避免潜在传染源的传播。

（3）淤胆型。较少见。急性起病，消化道症状不明显，皮肤瘙痒，肝脏肿大，大便颜色变浅。血胆红素增高明显，以直接胆红素为主。转肽酶、碱性磷酸酶以及5－核苷酸酶等梗阻指标升高。恢复缓慢，病程迁延，少数病例可达3个月以上。

（4）慢性型。极为少见，须进一步研究。

（三）实验室检查

1. 肝功能检查

血清酶试验，急性肝炎以谷丙转氨酶增高为主，慢性肝炎常有白蛋白低，白蛋白、球蛋白比例倒置，黄疸型肝炎血清胆红素明显增高；重症肝炎患者的凝血酶原时间延长，并有胆酶分离现象。

2. 特异性抗原抗体检查

可从粪便中查出甲型肝炎病毒（HAV）或血液中血清HAV－AgM阳性。

（四）预　防

1. 管理传染源

早期发现传染源甚为重要。对急性甲型肝炎病人要隔离多久意见不一。中国规定对甲肝病人采取隔离措施，自发病日算起不少于30天。

2. 切断传播途径

切断传播途径是预防本病的重要环节。因此加强水源、饮食、粪便的管理，养成良好的卫生习惯，饭前便后洗手，共用餐具消毒，实行分餐等措施至为重要。

3. 保护易感者

对密切接触者尤其是儿童，可用人血免疫球蛋白做被动免疫，用量为每千克体重0.05 mL，在接触后1周内肌肉注射，有一定预防作用。根据控制甲型肝炎的流行，需要在世界范围内使用甲型肝炎疫苗。

(五) 治　疗

目前尚无特效治疗方法。甲型肝炎除少数重症或较重的胆汁淤积型外，大多数病例为良性过程，预后良好。但症状明显时仍需注意休息，对症处理与适当的药物治疗，避免饮酒、过劳和使用损害肝脏的药物。

1. 一般治疗

早期卧床休息，直到黄疸消退。消化道症状明显不能进食者，需予以补充液体，保证热量需要及调整电解质。能进食者，给以易于消化、可口、富于营养的食品以及维生素B族和维生素C等。

2. 中医中药治疗

急性期出现黄疸多属阳黄，可给以清热解毒之剂如龙胆草、夏枯草、金钱草、板兰根、金银花煎服，有一定疗效。

二、乙型病毒性肝炎

乙型病毒性肝炎(简称乙型肝炎)，系乙肝病毒(HBV)感染所引起，主要病变为肝细胞变性坏死及肝脏间质炎性浸润，以乏力、纳差、恶心、呕吐、厌油、腹泻及(或)腹胀、肝区肿痛、肝功能异常为主要临床表现。部分病例有发热及黄疸；少数病程迁延，或转为慢性，或发展为肝硬变甚至肝癌；重者进展迅猛为重型肝炎；另一些感染者则成为无症状的病毒携带者。

(一) 流行病学

1. 传染源

主要是病人，在潜伏期后期及发病初期，传染性最强。无黄疸型肝炎患者数量较多，且不易被发现，在流行病学上更具危险性。慢性肝炎病人在复发或病情恶化时，亦具有传染性。带毒者长期广泛地存在，亦应作为重点对象，加以密切注意。

2. 传播途径

HBV主要是经血传播，而经口传播(直接的或间接的)为次。经口传播必须通过口腔或消化道黏膜的破损或溃疡面而致感染。现已证实的有血源性传播(如输入全血、血浆、血清或其他血制品)、胎源性传播(如孕妇带毒者对新生儿的垂直传播)，以及污染的医疗器械消毒不彻底或处理不当等。但从流行病学调查，发现90%患者无明确经血和注射传播的可能性后，提示生活密切接触亦为传播的重要方式之一，唾液在传播中可能具有重要意义。其他如胆汁、乳汁、尿液、精液、月经、血液透析等，均可为传播物之一。蚊虫和其他呼吸昆虫可能对传播亦起一定作用。

3. 人群易感性

人群对乙型肝炎普遍易感，一般以城市青壮年的发病为高，且多为无黄疸型，儿童亦不少见。但乙型肝炎对年龄及地区分布，并非固定不变，主要取决于是否存在有利于传播的各种条件。

4. 流行特征

本病遍及全球，无一定的流行周期及明显季节性，多属散发。近年来发病率不断增长，主要与有否流行、卫生习惯、居住条件、人群免疫水平、防治措施等有密切关系。

中国是肝炎高发区，据 1996 年 10 月的资料，肝炎现患病人约 3 000 万，每年新发病人约 900 万，乙肝带毒者约 1 亿多人；孕妇平均每年为 1 500 万，其中 150 万为乙肝病毒携带者，其新生儿在 2 年内 60%以上被感染。近十多年来，由于乙肝疫苗接种已列入计划免疫程序，人群中乙肝患者，尤其是乙肝带毒者的数量明显减少。

（二）临床表现

潜伏期为 6～6 个月，一般为 3 个月左右。

临床类型可根据临床表现分为以下几型。

1. 急性肝炎

（1）急性黄疸型肝炎。可分为 3 期。① 黄疸前期，起病较缓，有畏寒、发热、乏力、厌油、纳差、恶心、呕吐、上腹部不适、腹胀及便秘等症状，部分病人有上呼吸道炎症表现，类似急腹症的剧烈腹痛、关节痛、荨麻疹或腹泻等，肝肿大不明显。本期之末，尿色加深，尿胆红素阳性，血清 ALT 增高，本期持续数天至 2 周。② 黄疸期，巩膜及皮肤黄染明显，于数日至 2 周内达高峰。黄疸出现后，发热渐退，但消化道症状可进一步加重。肝脏肿大、质软、有叩痛及压痛，约有 5%～10%病例可有脾脏肿大，质较软，无明显触痛。周围血白细胞一般正常或稍低，ALT 活力显著升高，浊度改变不明显，尿二胆阳性，此期持续 2～6 周。③ 恢复期，黄疸渐退，肝脏及其他各种症状均逐步消失，肝功能恢复正常，为期约 1 个月。

（2）急性无黄疸型肝炎。徐缓起病，主要表现为乏力、纳差、恶心、厌油、上腹部不适、腹胀、便溏、肝区胀痛、头痛、头昏等，肝脏常肿大，伴叩、压痛，少数有脾肿大。周围白细胞正常或偏低，ALT 明显升高，浊度及絮状试验轻度或中度异常，多于 3 个月内逐渐恢复。恢复不顺利者，约有 5%～10%转为慢性肝炎。

2. 慢性肝炎

（1）慢性迁延性肝炎。多数属无黄疸型，急性肝炎病超过 6 个月，临床上仍表现有轻度乏力、纳差、上腹不适、腹胀等一般症状，有肝肿大及叩痛、压痛，ALT 处于长期单项轻度持续或间歇地升高，絮浊等改变不明显，病程可持续 1 年至数年不等。

（2）慢性活动性肝炎。临床症状一般多持续在 1 年以上，面色晦暗，经常倦怠、纳差、腹胀、便溏。肝脏肿大而质较硬伴有触痛。部分病例伴有脾脏进行性增大、肝掌、血管痣、痤疮明显。黄疸持续或反应发作，肝功能显著异常，ALT 反复或持续升高，麝浊（麝香草酚浊度试验）＞20 单位，白蛋白(A)降低、球蛋白(G)增高、A/G 倒置、γ 球蛋白及 IgG 明显升高，凝血酶原时间延长，凝血因子Ⅴ、Ⅵ常减少。部分病人可出现自身免疫现象（如抗核抗体、抗平滑肌抗体、抗线粒体抗体、类风湿因子、狼疮细胞等阳性）和肝外系统表现。

（三）实验室检查

特异性抗原抗体检查即乙肝五项指标。

乙肝五项正常检验结果：

乙肝表面抗原(HBsAg)(—)

乙肝表面抗体(HBsAb)(—)

乙肝 e 抗原(HBeAg)(—)

乙肝 e 抗体(HBeAb)(—)

乙肝核心抗体(HBcAb)(—)

如果上述各项有阳性者，表 12-1 将向您说明某些乙肝的得病情况。

表 12-1　乙肝五项阳性的临床意义

项　目	①	②	③	④	⑤	⑥	⑦	⑧	⑨	⑩	⑪	⑫
HBsAg	+	+	+		—	—	—	—	+	+	+	+
抗 HBs	—	—	—	+	—	—	+	+	—	—	—	—
HBeAg	+	—	—	—	—	—	—	—	—	—	+	+
抗 HBe	—	—	+	—	+	—	—	+	—	+	—	+
抗 HBc-IgM	+	+	+	+	+	+	—	+	—	—	—	+

① 俗称三大阳，说明患者是慢性肝炎，有传染性，处于活动期。
② 急性乙肝感染阶段或是慢性乙肝表面抗原携带者，传染性弱些。
③ 乙肝已趋向恢复，属于慢性携带者，传染性弱，长期持续此状态可转变为肝癌。
④ 既往感染过乙肝，现仍有免疫力，属于不典型恢复期。也可能为急性乙肝感染期。
⑤ 既往有乙肝感染，属于急性感染恢复期，少数人仍有传染性。
⑥ 过去有乙肝感染或现在正处于急性感染。
⑦ 以前打过乙肝疫苗或以前感染过乙肝。
⑧ 急性乙肝恢复期，以前感染过乙肝。
⑨ 急性感染早期或者慢性乙肝表面抗原携带者，传染性弱。
⑩ 慢性乙肝表面抗原携带者，易转阴或者是急性感染趋向恢复。
⑪ 早期乙肝感染或者慢性携带者，传染性强。
⑫ 急性乙肝感染趋向恢复，或者为慢性携带者。

（四）预　防

依据其流行特点，主要掌握以下三个环节。

1. 管理传染源

急性肝炎病人及慢性肝炎患者在活动期或恶化时，应隔离治疗。疑似肝炎及密切接触者应医学观察。要定期对炊事员、保育员及饮食业服务人员进行健康检查和观察，发现有肝炎者，应即调离原来工作岗位，并进行隔离治疗。HBsAg 阳性者不得献血。

2. 切断传播途径

提高个人卫生水平，加强饮食、饮水及环境卫生管理，饮水要煮沸，水源要防止污染，厕所要无害化处理。医疗用具及污染物品要严格进行消毒，注射针管必须严格做到一人一针一管。要加强母婴垂直传播的阻断工作。大力提倡食前便后洗手及严格实行分餐制。坚持伙房卫生监督及食具消毒，坚持生熟分开及防蝇灭蝇制度。加强血液制品的管理。

3. 保护易感人群

乙型肝炎高价免疫球蛋白(HBIG)可用于母婴垂直传播的阻断。成人查乙肝五项指标全部阴性者，可接种乙肝疫苗，剂量 5 μg，程序：0、1 个月、6 个月注射 3 针，表面抗体阳转率达 95.2%，保护能力可持续 3～5 年。

（五）治疗原则

1. 休　息

注意动静结合。急性肝炎早期肝功能明显异常或慢性活动性肝炎复发恶化时，应卧床休息。休息可减少生理及病理消耗，减轻肝脏负担。而恢复期适当活动，可促进血液循环，调节胃肠分泌功能、提高细胞代谢功能、增加机体抵抗力，以利康复。HBsAg 携带者不需休息，应定期随访。

2. 营　养

根据病情合理调配饮食，注意饮食的质与量，保证足够热量，恶心呕吐明显者，酌情静滴 10%葡萄液 500～1 000 mL 加维生素 C 1～2 g，至能进食为止。慢活肝血浆蛋白低而纳差者，应给高蛋白饮食。

3. 药　物

应严格掌握用药的针对性，选择一些中西药，对减轻症状、促进恢复，可起到有益的作用。但用药不宜过多，疗程不宜太长。忌用可能损害肝脏的药物，如吗啡、氯丙嗪、磺胺类药等。

三、丙型病毒性肝炎

丙型病毒性肝炎系一组具有病毒性肝炎的表现，但血清学检测不能归因于甲型、乙型或丁型病毒性肝炎，临床表现有发热、消化道症状及肝功能不正常等，与甲、乙肝炎类似，但较轻，多数病例呈亚临床型，但慢性化程度较为严重，也可导致暴发性肝衰竭。

（一）流行病学

经肠道传播的流行性丙型肝炎具有与甲型肝炎相似的流行病学特点，在血清学上则与甲型肝炎无关，称 E 型肝炎。

经肠道外传播的(经血传播的)丙型肝炎，具有与乙型肝炎相类似的流行病学特点，但在血清学上与乙型肝炎无关，称 C 型肝炎。

（二）实验室检查

对丙型肝炎病毒的抗原抗体系统尚无特异性和可重复性的血清学检测方法，故目前仍以排除甲型肝炎、乙型肝炎，已知其他病毒感染与药物性肝炎等，以明确诊断。

（三）治　疗

本病尚无特殊治疗方法，一般支持疗法及中西药综合治疗同其他病毒性肝炎。

（四）预　防

（1）加强水源管理，严防粪便污染水源及食品，改善供水条件，在疫区禁饮生水，或采用100 ℃加热5 min，以灭活HNANB病毒。

（2）加强卫生教育及个人卫生习惯。

（3）严格筛选血源，尽量采用志愿供血者的血液。

（4）加强对血制品的管理，采用无HNANB病毒的血浆代用品。

（5）普通免疫球蛋白预防本病无效。恢复期病人的血清免疫球蛋白是否有预防效果，尚有不同看法。

第二节　霍　乱

霍乱是由霍乱弧菌引起的急性肠道传染病，属三大国际检疫传染病之一，也是我国法定管理的甲类传染病。它可以引起流行、暴发、大流行，危害人民健康，影响生活、生产、旅游、外贸、交通运输，甚至社会安定。临床特征为剧烈腹泻、呕吐、大量米泔水样排泄物、水电解质紊乱和周围循环衰竭。

一、流行病学

（一）传染源

霍乱是人类传染病。病人和带菌者是本病传染源。

人感染本病的反应多种多样。总的看来，感染的多，发病的少，轻型的多，重症的少，严重脱水的典型病人仅占感染者的一小部分。此种现象在埃尔托型尤为明显。

1. 病　人

急性期病人的排泄物中含有大量病菌。重、中型病人，由于频繁的腹泻和呕吐，极易污染周围环境，是重要传染源。但轻型病人数量多，而且及时就诊的少，临床上不易被发现，容易误诊和漏诊，病人可带菌自由活动，广为传播，其流行病学意义更大。

2. 带菌者

带菌者指无临床表现而粪便中排出霍乱弧菌的人。包括潜伏期带菌、病后带菌和健康带菌。各类带菌者流行病学意义的大小与带菌本人的职业、活动情况、居住条件、卫生文化水平等因素密切相关，其中职业尤为重要。

（二）传播途径

霍乱是经口感染的肠道传染病。常经水、食物、生活接触和苍蝇等传播。

1. 经水传播

这是最主要的传播途径。历次较广泛流行或暴发多与水源被污染有关，因此流行期间，在病人附近的水源中常可查到病原体。而且霍乱弧菌在水中存活时间较长，埃尔托型更长，有些菌株还可以在水中越冬。水栖动物被污染后，霍乱弧菌在其体内存活更久，继续污染水源。在流行季节，疫区人饮用生水或用生水冲洗食品、漱口和洗刷食具，都可增加经水感染的机会。

2. 经食物传播

其作用仅次于水。经轻型病人、带菌者污染而引起食物型传播甚至暴发，在疫区中也并不少见。流行区内食物的生产、运输、加工、贮存和销售中都有可能被污染。曾从流行区的水产品，如虾、蟹、螺、鱼和生冷食品分离出埃尔托型霍乱弧菌，此菌在食品上的存活时间可达1～2周。因聚餐而引起食物型暴发是目前国内有些地区霍乱流行重要形式之一。

3. 经生活接触传播

这是接触了被霍乱弧菌污染的物品而构成的传播，特别是经手的污染更为突出。接触传播多在人员密集、卫生条件差的情况下发生，并可在小范围内引起继发感染。

4. 经苍蝇传播

这种传播方式亦不可忽视。在本病流行期间，已多次证实苍蝇可以带菌。夏秋季节苍蝇活动频繁，易将病菌带到食物上，起到一定传播作用。

（三）人群易感性

人不分种族、年龄和性别，对本病均易感。

二、临床表现

潜伏期一般为1～3天，短者数小时，长者达7天。起病多急骤，典型病程可分三期。

1. 泻吐期

绝大多数病人以急剧腹泻、呕吐开始，腹泻多为无痛性；不伴里急后重，大便开始为泥浆样，迅速成为米泔水样或无色透明水样，少数可有血便。呕吐一般在腹泻后出现，常为喷射性和连续性，呕吐物与大便性质相仿，本期持续1～3天。

2. 脱水期

由于频繁的腹泻和呕吐，大量水和电解质的丧失，病人迅速出现失水和周围循环衰竭，并出现肌肉痉挛及肾功能不全。

3. 恢复期

如病人脱水得到及时治疗纠正，大多数症状可逐渐消失而恢复正常。

三、实验室检查

1. 血液检查

红细胞压积及血浆比重增高，红细胞及白细胞计数均见增加。

2. 病原学检查

对病人呕吐物或粪便进行悬滴镜检可见到运动力强的霍乱弧菌。也可取粪便黏液部分直接涂片固定染色后镜检及细菌培养和血清凝集试验。

四、预防与治疗

（一）预　防

控制传染源，及时检出病人，尽早予以隔离治疗。

切断传播途径，改善环境卫生，加强饮水消毒和食物管理，对病人或带菌者的排泄物及用具应妥善处理，消灭苍蝇，加强个人卫生。

预防接种，加强人群免疫力。

（二）治　疗

1. 一般治疗

病人应及时严格隔离至症状消失 6 天后，粪隔日培养 1 次，连续 3 次阴性时，可解除隔离出院。

2. 补液治疗

及时和适当的液体和电解质补充是获得满意疗效的关键。对轻中型病人可以口服补液，重症病人给予静脉补液，情况改善休克纠正后也可改用口服补液。

3. 抗菌药物治疗

四环素，呋喃唑酮，复方磺胺甲基异恶唑，氯霉素，红霉素等均可有效，吡哌酸也可试用。

4. 对症治疗

心功能不全的暂停输液，并用毒毛旋花子 K，有肌肉痉挛的用 10%葡萄糖酸钙静脉注射及按摩、热敷。

第三节　细菌性痢疾

细菌性痢疾（简称菌痢）是由痢疾杆菌引起的急性肠道传染病。临床上以全身中毒症状、腹痛、腹泻、里急后重及黏液脓血便为特征。本病以儿童及青壮年为多见。

一、流行病学

（一）传染源

包括病人和带菌者。

1. 急性菌痢

（1）急性典型菌痢患者。由于排便次数多，排菌量大，对周围环境污染严重，故传染性很强；但易被发现，尚可早期隔离治疗，故实际的传播危险性较小。

（2）急性非典型菌痢患者。症状较轻，常易忽视，为重要传染源。

（3）急性中毒型菌痢患者。病情重，卧床不起，接触人群少，污染范围小，故其流行病学意义不大。

2. 慢性菌痢

此型患者长期不愈，常有复发，复发时排出大量痢疾杆菌，长期隐伏在人群中，是起着经常性传播作用的传染源。

3. 带菌者

(1) 恢复期带菌者。约4.1%～4.6%患者病后短期内排菌。若不从事饮食或保育工作，其危害性较小。

(2) 健康带菌者。既无菌痢病史，又无症状与肠黏膜病变，只是粪便细菌培养痢疾杆菌阳性。因其排菌期短，排菌量少，故其传染性小。

（二）传播途径

本病是痢疾杆菌随病人或带菌者粪便排出，易感者通过污染的手、生活接触、污染食物或水源，或借苍蝇传播等方式，经口感染。

1. 生活接触传播

即接触患者或带菌者的日常生活用品(被服、食具、玩具等)经手入口而受感染。此外，由于患者频繁排便，手极易被感染。在一般情况下，这种以污染手为媒介的接触传播是主要的传染方式，尤其是不注意个人卫生的儿童，手的传播作用更为重要。

2. 经食物传播

食物可通过染菌的手、水、蝇受到污染。在适宜温度下，痢疾杆菌也可在动物性食品和一些熟蔬菜、凉粉等植物性食品上繁殖。所以，食用生冷食物及不洁瓜果可引起菌痢散发；如痢疾杆菌污染集体食物而繁殖，未经加热或加热不足就被食用，可引起暴发。这是菌痢的重要传播途径。

3. 经水传播

痢疾杆菌在水中具有一定存活力，若水源保护不好，粪便处理不当，水源即可被粪便污染，而导致经水传播。凡在生产劳动、施工或其他大量人群集体活动过程中，不注意水源选择和水的消毒时，更易发生水型传播，引起暴发流行。

4. 经苍蝇传播

苍蝇生活于粪便与污染物中，蝇体带菌率可达8%～30%。在卫生条件不良的情况下，可通过苍蝇污染饮食，对散播痢疾杆菌起重要作用。

（三）人群易感性

无论男女老幼都对本病易感。儿童患病较多与卫生习惯有关，成人患病多与感染机会较多有关。任何足以降低抵抗力的因素均有利于菌痢的发生。同型菌痢病后无巩固免疫力；不同菌群与血清型的痢疾杆菌之间无交叉免疫，故易于重复感染和多次发病。

（四）流行特征

菌痢在我国全年均有发生，但有明显的季节性，以夏、秋两季为多见。发病率一般在5月份开始上升，8月—9月达高峰，10月以后逐渐下降。但我国幅员广阔，南北气候不同。如广州菌痢从3月开始，5月—6月达高峰，至11月才下降。北京7月—9月发病占全年总数的46.5%～80%。本病季节性升高除与苍蝇媒介有关外，与气候适合痢疾杆菌在外界生存，以及热天人们好喝生水冷饮，好食凉菜和瓜果，以及胃肠道功能易于失调等因素有关。一般呈散发，但在环境卫生和个人卫生较差地区或在生产劳动、施工、野营等时，如卫生防疫措施不力，易引起发病和流行。

二、临床表现

潜伏期为数小时至 7 天，多数为 1～2 天，通常可分为急性与慢性二期。

（一）急性菌痢

1. 轻　型

多无全身中毒症状，一般体温正常或稍高，腹痛不显著，腹泻每日不超过 3～5 次，里急后重感可无或较轻，大便呈稀糊状或水样，含少量黏液，无明显脓血，病程一般较短，易误诊为肠炎或结肠炎。

2. 普通型

起病较急，有畏寒，发热（38～40 ℃），伴有全身不适，恶心、呕吐，继而出现阵发性腹痛，腹泻，开始为水样便带黏液，1～2 天转为脓血便，粪量少，一日 10～30 次不等，里急后重感显著，触诊时左下腹有压痛，个别严重病例由于腹泻、呕吐剧烈，不及时治疗可致脱水或酸中毒。

3. 中毒型(暴发型)

多见于 2～7 岁体质较好的儿童，成人少见。临床以起病急骤，高热常达 39～40 ℃左右，以反复惊厥、昏迷、呼吸衰竭，休克为其特征。部分病人可呕吐咖啡样胃内容物，如不及时抢救，可在短时间内死亡。

（二）慢性菌痢

病程超过两个月以上的，或反复发作者，多因急性菌痢治疗不及时或不彻底等原因而转为慢性，表现腹痛，腹泻反复发作，大便间歇或经常带有黏液或脓血。乙状结肠区可有压痛，严重者合并营养不良，贫血或浮肿等。

三、实验室及其他检查

1. 血　象

急性菌痢白细胞总数增高，中性粒细胞亦显著提高，慢性患者可有贫血。

2. 粪便检查

急性期典型患者的粪便量少，有脓血、黏液，无臭味。镜检可见大量脓细胞及红细胞，并有巨噬细胞，培养可检出致病菌。

3. 其他检查

荧光抗体染色技术为快速检查方法之一，较细菌培养灵敏。对慢性期患者，可行乙状结肠镜及 X 线钡剂检查，对确定诊断有重要意义。

四、诊断与鉴别诊断

典型病例，根据流行季节、接触史、临床表现和粪便检查即可做出诊断。对轻型非典型和慢性病例，可参考实验室检查、粪便检查和其他检查，结合临床表现，综合分析判断。

急性期菌痢应与急性肠胃炎、阿米巴痢疾、沙门氏菌属感染、食物中毒、流行性乙型脑炎等鉴别。慢性期需要与慢性血吸虫病、溃疡性结肠炎、结肠癌及肠结核等鉴别。

五、预防与治疗

（一）预　防

发现病人要及时送医院早期隔离治疗。做好粪便消毒、保护水源工作，加强粪便无害化处理。

对饮食管理人员定期进行健康检查，发现慢性带菌者应及时治疗，并需调换工作。

养成良好的卫生习惯，做到饭前便后洗手，不吃不洁和腐败变质的食物。

（二）治　疗

1. 急性菌痢

（1）一般治疗。卧床休息，床边隔离，饮食以流质或半流质为宜。恢复期中可按具体情况逐渐恢复正常饮食。

（2）对症治疗。高热可行物理及药物降温，失水明显或水电解质及酸碱平衡紊乱者，应及时纠正。剧烈腹痛者可酌用阿托品等解痉药等。

（3）病原治疗。常用复方新诺明片，成人和 12 岁以上的儿童每次 2 片，每日 2 次；吡哌酸片 0.5 g，每日 3 次；痢特灵，成人 0.1 g，每日 3 次；黄连素，成人 0.3～0.5 g，每日 3 次。病情较重者可加用庆大霉素、卡那霉素、氨苄青霉素等。

2. 慢性菌痢

长期系统的治疗，除口服药物外，可根据具体情况选用药液灌肠治疗，也可配用中医中药治疗。

第四节　麻　疹

麻疹是麻疹病毒所致的急性传染病，主要发生在儿童身上。以发热、结合膜炎和上呼吸道炎、科泼力克斑及周身性斑丘疹为主要临床表现。患病后免疫力持久。本病传染性极强，在易感人群集聚的地方易造成流行。

一、流行病学

（一）传染源

患者是唯一的传染源。患者的鼻、咽和眼分泌物均含有病毒，并随飞沫排出体外。在潜伏期末直至出疹第一至三日传染性最强，一般认为在出疹前后 5 天均有传染性。隐性感染者的传染作用尚待研究。一般无恢复期带毒。

（二）传播途径

主要由呼吸道飞沫传播。麻疹病毒通过打喷嚏、咳嗽、讲话时飞沫散布周围空气中，易感者吸入带病毒的飞沫即能被传染，故麻疹的感染主要是由直接密切接触引起。家庭及集体儿童机构中的同室居住者，因接触频繁极易受传染。第三者媒介传染的可能性仅限于很短的距离内，故医务人员在离开麻疹病房，立即接触其他易感者之前，最好在室外停留数分钟，以免造成交叉感染。

（三）人群易感性

人对麻疹病毒的易感性是普遍存在的。凡未曾患过麻疹，又未接种麻疹疫苗者，或者疫苗接种未成功者（即原发性免疫失败）对麻疹均有易感性。接种过麻疹疫苗数年之后还可因麻疹抗体水平下降至失去保护的程度（即继发性免疫失败）而成为易感者。

（四）流行特征

麻疹分布遍及全世界，除个别地区外均有发生。四季均可发病，以冬春季为最多。以往 6 个月以下婴儿多数因具有从母体获得的抗体而极少发病，6 个月至 5 岁小儿则发病率最高。近些年调查证实，经疫苗保护的母亲生育的婴儿免疫力不足，6 个月以下婴儿亦可能发病。在普遍开展疫苗接种的地区，多散在发生，且发病年龄向后推移，青少年及成人发病率相对上升。此外，由于发病年龄推迟，育龄期妇女患麻疹者增多，先天性麻疹和新生儿麻疹也将可能较以往增多。发病季节亦向后推移 1 个月左右，3 月—5 月份发病率最高。当未免疫者比例达到某一临界水平（40%～45%）时，可能导致麻疹的流行，故在未普及麻疹疫苗接种的地区，由于易感者数量的自然增加，往往 2～3 年有 1 次流行。

二、临床表现

在麻疹疫苗推广以前，麻疹的临床表现绝大多数有典型经过，但近些年来由于麻疹疫苗的广泛应用，轻型病例增多。

（一）典型麻疹

疫苗接种初免疫失败的个体和未接种疫苗的个体几乎全部表现为典型麻疹，继发性免疫失败的个体中约有 1/6 左右的人也表现为典型麻疹。病程可分为四期。

（1）潜伏期。大多数为 10～14 天，应用血清被动免疫后，有时可延至 3 周左右。

（2）前驱期。表现发热、结合膜充血、流泪、流涕、喷嚏、咳嗽等症状。一般为中度发热，体温 38～39℃左右，于发热后第二至三日在患者的两侧上颊黏膜可见到科泼力克斑。发热 2～4 天后，部分患者在皮疹出现前，体温可暂时下降至正常，出疹时再度上升，在发热同时伴有全身不适、精神萎靡、食欲不振、腹泻、呕吐等症状，本期一般持续 2～4 天。

（3）出疹期。一般于发热后第四至五日开始出现皮疹。初见于耳后、发际，渐次向面、颈、躯干及四肢蔓延，约 2～3 天遍布全身，待鼻尖部（或者两颊）、手脚心均有皮疹可见，则为皮疹出齐而透。皮疹初为淡红色斑丘疹，稀疏散在，直径 2～5 mm，大小不等，稍高起皮肤表面，皮疹逐渐增多则颜色加深，相互融合成不规则的片状分布，但疹间仍可见正常皮肤。随着皮疹增多和蔓延，全身中毒症状加重，体温高达 40 ℃以上，持续不退。精神更加萎靡，终日昏睡，有时烦躁不安，甚至出现惊厥。不思饮食，腹泻次数可能增多。结膜充血，眼睑浮肿；声音嘶哑，刺激性干咳等症状随之加重。一般于出疹后1～2天口腔科泼力克斑迅速消失，本期一般持续3～5天。

（4）恢复期。皮疹出齐出透后体温开始下降，1～2天内降至正常范围。全身情况迅速改善，结合膜炎症迅速消失，皮疹按出疹顺序逐渐隐退，出现糠皮样脱屑。本期一般持续2～4天。在皮疹密集处可见淡褐色的色素沉着，唯声嘶、咳嗽，维持时间稍长，恢复较慢，常在出疹后1～2周才能完全消失。

单纯麻疹无并发症发生者，病程一般为10～14天。

（二）轻型麻疹

原发感染的病例中，轻型麻疹是比较少见的，只见于接触麻疹后注射过丙种球蛋白或通过胎盘获得部分免疫的儿童。然而在疫苗接种后所发生的临床型再感染的病例中，轻型麻疹却占有相当数量。轻型麻疹病情较轻，病程也较短；前驱期可能缩短在1～2天或者无前驱期；发热不很高或体温正常；皮疹稀疏散在，甚至见不到皮疹；病程也较短，一般6～9天，更轻者1～2天即恢复，并发症极少。

三、诊断与鉴别诊断

一般麻疹临床经过较为典型，掌握以下几点则不难做出诊断。① 病前10～14天有麻疹接触史，既往未曾患过本病以及接种麻苗接种。② 出疹前经过2～4天的前驱期，有发热、喷嚏、羞明、咳嗽等症状。③ 口腔黏膜可见到科泼力克斑(对麻疹的诊断有决定意义)。④ 出诊有明确的程序，自上而下逐渐蔓延，3～4天出齐，并按出疹的先后消退，遗留色素沉着。疹退热退，其他症状也逐渐减轻。

四、治疗及预防

（一）治　疗

注意休息，保持皮肤、黏膜清洁，防止继发感染。前驱期和出疹期体温较高者，一般不予降温，以免影响出疹。供给适量的营养和热量，切不可“忌口”。病初尚未出疹或发疹不透者，可用透疹散或银翘散，亦可以鲜芫荽煎水服用，辅以透疹。

（二）预　防

1. 控制传染源

对麻疹病人应隔离至出疹后6天，有并发症者适当延长。轻型麻疹也应隔离至症状消失后1天。无并发症的一般患者，尽量做到由医务人员家庭访视和医护指导，减少病人因门诊、住院而与易感者接触造成传播的机会。家中有麻疹病人应谢绝亲友、邻居探访。

2. 切断传播途径

密切接触病人的家属及医务人员，离开时须经户外流动空气中(20 min左右)自然消毒后，方可与其他易感者接触。病人居住过的房间以过氧乙酸熏蒸或紫外线照射，或开窗通风2～3 h，被褥在户外暴晒亦可达到消毒目的。

3. 提高人群免疫力

接种麻疹减毒活疫苗是预防麻疹的有力措施。自1965年以来，我国已开始大规模地接种减毒活疫苗。在接种率较高的地区麻疹的流行已基本控制，麻疹的发病率和病死率也显著下降。

第五节 风 疹

风疹是由风疹病毒引起的急性呼吸道传染病。特征为轻度上呼吸道炎症，发热，红色斑丘疹和耳后、枕后淋巴结肿大。胎儿可因母亲感染而出现先天性畸形。

一、流行病学

（一）传染源

风疹病人、无症状带毒者和先天性风疹患者都是本病的传染源。病人从出疹前7天至疹后5天内可从鼻咽部排出病毒；而在出疹的短时间内从小便排出病毒。故本病传染性比较集中于疹前5天至疹后5天。

（二）传播途径

飞沫传播是风疹的主要传播途径。病毒存在于病人或健康带毒者的呼吸道分泌物中，通过咳嗽、喷嚏、说话等方式，被易感者吸入而感染。风疹患者粪便及尿中排出的病毒可污染食具、衣物、用品等发生接触传染。已证实可通过母乳喂养传播。

（三）人群易感性

人群对风疹病毒普遍易感。胎儿期即可感染。

（四）流行特征

风疹遍及世界各地，多发于温带，以冬春两季发病较高。其传染性不如麻疹强，不常引起大流行。大流行时发病率可增加4倍。自然感染风疹后可获得终身免疫，但风疹暴发流行时约有4%～6%的人群发生再感染。

二、临床表现

（一）潜伏期

一般为14～21天，平均为17～18天。

（二）症状和体征

1. 前驱期

儿童前驱期多不明显，最早发现的是皮疹。在青少年和成人可有1～5天的前驱期，表现低热（1～2天）、头痛、不适、厌食、倦怠、无力、咽疼、咳嗽、喷嚏、流涕和结合膜炎等。偶有呕吐、腹泻、鼻衄、齿肿胀等。这些症状在出疹后迅速消失。

2. 出疹期

通常于发热第一日或第二日即出现皮疹。首先出现在面部，且迅速扩展至躯干四肢，1 天内出现在全身，但手掌、足底大都无疹。皮疹为浅红色细点状斑疹、丘疹和斑丘疹，直径 2～3 mm。面部、四肢远端皮疹较稀疏，部分融合后类似麻疹。躯干尤其是背部皮疹，分布均匀密集，融合成片；有时似猩红热疹。在额、腕、指及趾处仔细检查往往可见稀疏斑丘疹。皮疹期短者 1 天，长达 5 天，典型皮疹持续 3 天消退，故有描述风疹皮疹为"1 日麻疹，2 日猩红热，3 日退疹"。个别病人皮疹呈出血性，同时伴有全身出血倾向，主要由于血小板减少和毛细血管通透性增高所致。皮疹消退后多不留色素沉着，亦不脱屑。但个别严重病人可有糠麸样脱屑，甚至大块脱皮。

出疹期伴有发热，大多在 38 ℃左右，很少高达 39 ℃以上。病儿体温也有正常者，而成人则可高达 40 ℃。上呼吸道炎症症状轻微，与皮疹同时消失。

无皮疹风疹：在较大儿童中常见，可只有轻度发热、咽充血、淋巴结肿大而不出现皮疹。在感染风疹病毒后可无任何症状、体征，而血清中可测出风疹抗体，即所谓隐性感染或亚临床型病人。故流行期间没有皮疹者也不能排除风疹感染。

风疹患者均有淋巴结肿大，于皮疹前数天开始肿大，主要侵犯枕后、耳后和颈部淋巴结，略有压痛，病后迅速消肿，也有持续肿大数周以上者。

已证明风疹可以发生再感染，尤其应用风疹疫苗接种以来，风疹再感染更为常见。

（三）实验室检查

本病初期白细胞总数降低，中性粒细胞升高，淋巴细胞减少，以第二日最低，出疹 5 天后回升，逐渐恢复正常，有时可见浆细胞。

三、治疗及预防

（一）治　疗

一般以支持疗法为主。发热期应卧床休息，给予流质或半流质饮食。高热、头痛者应用解热镇痛剂。咽痛者可用复方硼砂溶液含漱。咳嗽可用祛痰止咳剂。

（二）预　防

1. 管理传染病源

风疹出疹后 5 天即无传染性。除住院病房外一般可不隔离。对妊娠妇女早期不论以往是否患过风疹或是否接种过风疹疫苗，应尽量避免与患者接触，因感染本病或发生再感染极易引起胎儿畸变，如先天性心脏病、白内障、聋哑等。如证实胎儿受感染或新生儿出现畸形，应劝告其母亲相隔 3 年左右再怀胎。易感者如与患者接触，应劝其在 3 周内不到公共场所。

2. 预防接种

应用减毒活疫苗皮下注射，约 95%易感者产生抗体，一般在接种后 6～8 周抗体达到最高峰，抗体可持续 7 年以上不变。

第十三章　流行性感冒

第一节　流行性感冒概论

一、疫情概况

流行性感冒(简称流感),是由流感病毒引起的急性发热性呼吸道传染病,具有高度传染性,发病率在传染病中居首位,主要通过飞沫传播。流感分甲、乙、丙三型,其中甲型流感威胁性最大。

临床典型表现为突起畏寒、高热、头痛、全身酸痛、疲弱乏力等全身中毒症状,而呼吸道症状较轻。本病常呈自限性,病程一般为3～7天。婴幼儿、老年人、有心肺疾病及其他慢性疾病患者或免疫功能低下者可并发肺炎,预后较差。

流感第一次流行发生在1510年的英国。1580年和1742流行性感冒的两度流行,涉及90%的东欧人。1918—1920年,世界上发生了历史上著名的严重流感大流行——“西班牙流感”,此次流感广泛波及世界各地,几年内共出现了三次流行高潮,临床发病率高达40%以上,并出现多种类型的肺炎并发症,在全球范围内造成了2 000万～4 000万人死亡。此后,世界上又出现过三次流感大流行。据美国公布的统计数字,在1957年“亚洲流感”流行期间,美国共有7万人死亡。而在1968年“香港流感”流行期间,共有3.4万人在美国因感染致死。

1978年1月,“俄罗斯流感”开始在美国在校学生及征募的新兵中爆发流行。引发此次流感流行的致病病毒为1957年流行的病毒株的变异体。

2009年开始,甲型H1N1流感在全球范围内大规模流行。该病毒毒株包含有猪流感、禽流感和人流感三种流感病毒的基因片段。人群普遍易感,全球大流行时间近两年,波及到世界大多数国家。世卫组织虽然宣布甲型H1N1流感大流行期已经结束,但其他变异的甲型流感病毒株还会卷土重来,因此,必须提高警惕。

自从1997年在香港发现人类也会感染禽流感之后,此病症引起全世界卫生组织的高度关注。2013年3月,我国华东地区相继发现近百例感染H7N9禽流感病例,病死率较高,引起全球高度重视。

二、临床表现

潜伏期1～3天,可短至6小时,长至7天。根据临床表现可分为:

1. 典型流感

急起高热，畏寒或寒战，头痛、身痛、乏力、食欲减退等全身中毒症状明显而呼吸道症状轻微。少数患者可有鼻塞、流涕及畏光、流泪等眼部症状。咳嗽、胸骨后不适或烧灼感、咽干、咽痛也较常见。体温可达 40 ℃，面部潮红，咽部及结膜外眦部轻度充血。肺部可有干啰音。发热多于 1～2 天内达高峰，3～4 天内热退，退热后呼吸道症状较明显并持续 3～4 天后消失，但乏力可持续 1～2 周。此型最常见。轻型患者发热不超过 39 ℃，症状较轻，病程 2～3 天。

2. 流感病毒性肺炎

流感病毒感染可以由单纯型转为肺炎型，或直接表现为肺炎型，肺炎型系因流感病毒感染自上呼吸道继续向下呼吸道蔓延引起，有潜在肺部及心脏疾病患者（特别是风湿性心脏病，左房室瓣膜狭窄患者）、孕妇或处于免疫缺陷状态的人群易患病。典型的肺炎型流感发病后，高热持续不退，迅速出现呼吸困难、发绀、剧咳、泡沫黏液痰或痰中带血症状；其表现与成人呼吸窘迫综合征（ARDS）一致，病程可长达 3～4 周，患者可因心力衰竭或外周循环衰竭而死亡，病死率可超过 50%。

3. 胃肠型和中毒型

胃肠型流感在儿童中常见，以恶心、呕吐、腹泻、腹痛为主要症状，一般 2～3 天即可恢复。中毒型极为少见。

三、病原学

流行性感冒病毒属正黏病毒科，是一种有包膜的 RNA 病毒，外观形态呈直径 80～100 nm 的球状或长达数千纳米的丝状。

1. 流感病毒的分型及命名

根据病毒核蛋白（NP）和膜蛋白（MP）抗原性不同，将流感病毒分为甲、乙、丙三型。至今甲型流感病毒已发现的血凝素有 15 个亚型（H1～15），神经氨酸酶有 9 个亚型（N1～9），与人有关的主要有甲 1（H1N1）、甲 2（H2N2）、甲 3（H3N2）和乙型。

2. 流感病毒的稳定性

流感病毒在 pH6.5～7.9 间最稳定，对高温抵抗力弱，加热至 56 ℃数分钟后即丧失致病性，100 ℃ 1 min 即被灭活，在低温环境下，病毒较为稳定，4 ℃能存活 1 个多月，−70 ℃ 可存活 5 个月以上。流感病毒对干燥、紫外线照射及乙醚、甲醛等常用消毒剂都很敏感。

四、诊　断

1. 病毒分离

起病 3 天内取咽部含漱液或咽拭子作鸡胚接种或组织培养分离病毒。

2. 早期快速特异性检查

用免疫荧光染色或 ELISA 法检测抗原。取患者鼻洗液中的黏膜上皮细胞涂片，用 IFA（免疫荧光染色）或 ELISA 法检测抗原，具有迅速、灵敏度高的优点，有助于早期诊断。如用单克隆抗体还能鉴定出甲、乙型流感。

3. 血清学检查

取起病3天内和2～4周双份血清作血凝抑制试验或补体结合试验,恢复期抗体效价升高4倍以上有诊断价值。主要用于回顾性诊断和流行病学调查。

4. PCR检测流感病毒基因

由于所有流感病毒基因组的各个RNA节段的5′端和3′端均具有保守性,故可据此设计合成引物,进行PCR检测。

五、治　疗

1. 一般治疗

呼吸道隔离1周或至主要症状消失。宜卧床休息,多饮水,给予易消化的流质或半流质饮食,保持鼻咽及口腔清洁,补充维生素C、维生素B1等,预防并发症。

2. 对症治疗

对发热、头痛者应予对症治疗;但不宜使用含有阿司匹林的退热药,尤其是16岁以下患者。高热、食欲不振、呕吐者应予以静脉补液。

3. 抗病毒治疗

(1) 离子通道M2蛋白阻抑剂:金刚烷胺(amantadine)和金刚乙胺(rimantadine)抗流感病毒是通过与M2蛋白相互作用而阻碍其功能,导致通道活性改变,抑制病毒复制。口服金刚乙胺或金刚烷胺,可在一两天内减轻发热,缓解全身性症状及呼吸道症状。剂量200 mg/日,口服,共5天;老年人剂量应减半,即服用100 mg/日。

(2) 神经氨酸酶抑制剂:扎那米韦(zanamivir)、奥塞米韦(奥司他韦、达菲)等均为涎酸类似物,能特异性地抑制甲、乙型流感病毒的神经氨酸酶活性;其中活性最强的是扎那米韦,能缩短流感病程1～2天,并减轻症状。扎那米韦口服无效,必须呼吸道局部给药才能达到治疗效果,可使用专用吸入器经口吸入。奥塞米韦成人常用75 mg,2次/日,连用5天。

六、预　防

1. 疫情监测

由于流感病毒不断变异,世界各地不断有流感的散发流行和暴发。一旦有新毒株出现流行可能迅速波及全球。因此,必须对全世界的流感流行情况进行监测,经常掌握世界流感流行动态及毒株变异情况,以便及时采取有效预防措施。世界卫生组织总部每星期在疫情周报上公布流感的部分疫情。并于每年2月提出下一年度流感疫苗毒株选择的建议。

2. 患者的隔离

及时隔离治疗流感患者是减少发病和传播的有效措施。减少或停止大型集会和文娱活动。

3. 消　毒

患者的餐具、用具及口罩等可煮沸；衣物可曝晒2小时；病房用1%含氯石灰(漂白粉)澄清液喷洒。流行期公共场所应加强通风，乳酸熏蒸或含氯石灰液喷洒。

4. 疫苗预防

流感疫苗可以减少流感的发病率，但由于流感病毒不断发生变异而影响疫苗效果。当流感病毒仅在同一亚型内发生小的变异(抗原性漂移)时，旧毒株疫苗还有一定交叉免疫作用，如出现亚型的大变异(抗原性转变)时，旧毒株疫苗无保护力。

(1) 流感灭活疫苗：是根据流感监测情况推荐的流感病毒毒株制备的全病毒3价灭活疫苗。皮下注射后保护率可达80%，副作用小，仅1%～2%的接种者出现发热和全身反应，约25%的人在接种局部有轻度反应。

接种对象：主要是老年人、婴幼儿、孕妇、慢性心肺疾患、肿瘤、人类免疫缺陷病毒(HIV)感染者、使用免疫抑制剂或长期服用水杨酸制剂者。

(2) 流感减毒活疫苗：是选育流感病毒减毒株制备的活疫苗。将其接种在健康人的鼻腔引起轻度上呼吸道感染从而产生免疫力。接种后2～3天即可发生轻度上呼吸道感染症状和轻度发热，1～2天后消失。

接种对象：当病毒出现新亚型时，人群缺乏免疫力，在尚未流行的地区或人群，除有禁忌者外，应进行全面接种。

第二节　甲型流感

在甲、乙、丙三型流感中，甲型流感对人群的危害最大。2009年开始，甲型H1N1流感在全球范围内大规模流行。甲型H1N1流感为急性呼吸道传染病，其病原体是一种新型的甲型H1N1流感病毒，在人群中传播。与以往或目前的季节性流感病毒不同，该病毒毒株包含有猪流感、禽流感和人流感三种流感病毒的基因片段。人群对甲型H1N1流感病毒普遍易感，并可以人传染人，人感染甲流后的早期症状与普通流感相似，包括发热、咳嗽、喉痛、身体疼痛、头痛、发冷和疲劳等，有些还会出现腹泻或呕吐、肌肉痛或疲倦、眼睛发红等。

一、传染源

为甲型流感病人、无症状感染者。

二、传播途径

主要通过飞沫经呼吸道传播，也可通过口腔、鼻腔、眼睛等处黏膜直接或间接接触传播。接触患者的呼吸道分泌物、体液和被病毒污染的物品亦可能引起感染。

三、易感人群

人群普遍易感，一般免疫无保护力。

四、高危人群

妊娠期妇女；伴有慢性呼吸系统疾病、心血管系统疾病、肾病、肝病、血液系统疾病、神经系统及神经肌肉疾病、代谢及内分泌系统疾病、免疫功能抑制者；肥胖者（体重指数≥40）；年龄小于5岁的儿童（年龄小于2岁更易发生严重并发症）；年龄在65岁以上的老年人。

五、临床表现

甲型流感的潜伏期长，约1～7天，多为1～3天。部分患者病情可迅速发展，来势凶猛、突然高热、体温超过38℃，甚至继发严重肺炎、急性呼吸窘迫综合症、肺出血、胸腔积液、全身血细胞减少、肾功能衰竭、败血症、休克及Reye综合症、呼吸衰竭及多器官损伤，甚至死亡。患者原有的基础疾病亦可加重。通常表现为流感样症状，包括发热、咽痛、流涕、鼻塞、咳嗽、咳痰、头痛、全身酸痛、乏力。部分病例出现呕吐、腹泻。少数病例仅有轻微的上呼吸道症状，无发热。体征主要包括咽部充血和扁桃体肿大。

六、诊　断

依赖临床症状和实验室检查。

1. 实验室检查

（1）外周血象检查：白细胞总数一般不高或降低。

（2）血生化检查：部分病例出现低钾血症，少数病例肌酸激酶、天门冬氨酸氨基转移酶、丙氨酸氨基转移酶、乳酸脱氢酶升高。

（3）病原学检查：

① 病毒核酸检测：以RT－PCR法检测呼吸道标本（咽拭子、鼻拭子、鼻咽或气管抽取物、痰）中的甲型流感病毒核酸，结果可呈阳性。

② 病毒分离：呼吸道标本中可分离出甲型流感病毒。

③ 血清抗体检查：动态检测双份血清甲型流感病毒特异性抗体水平呈4倍或4倍以上升高。

2. 胸部影像学检查

合并肺炎时肺内可见片状阴影。

七、抗病毒治疗

研究显示，此种甲型流感病毒目前对神经氨酸酶抑制剂奥司他韦、扎那米韦敏感，对金刚烷胺和金刚乙胺耐药。

对于临床症状较轻且无合并症、病情趋于自限的甲型流感病例，无需积极应用神经氨酸酶抑制剂。对于发病时即病情严重、发病后病情呈动态恶化的病例，感染甲型流感的高危人群应及时给予神经氨酸酶抑制剂进行抗病毒治疗。开始给药时间应尽可能在发病48 h以内（以36 h内为最佳）。对于较易成为重症病例的高危人群，一旦出现流感样症状，不一定等待病毒核酸检测结果，即可开始抗病毒治疗。孕妇在出现流感样症状之后，宜尽早给予神经氨酸酶抑制剂治疗。

八、预　防

（1）勤洗手，养成良好的个人卫生习惯。

（2）睡眠充足，多喝水，保持身体健康。

（3）应保持室内通风，少去人多、不通风的场所。

（4）做饭时生熟要分开，肉食烹饪至 71 ℃以上，以完全杀死甲型流感病毒。

（5）咳嗽或打喷嚏时用纸巾遮住口鼻，如无纸巾不宜用手，而是用肘部遮住口鼻。

（6）常备治疗感冒的药物，一旦出现流感样症状（发热、咳嗽、流涕等），应尽早服药对症治疗，并尽快就医，不要上班或上学，尽量减少与他人接触的机会。

（7）避免接触出现流感样症状的病人。

（8）在专业人员指导下进行疫苗接种。

第三节　人感染禽流感

禽流感（Avianinfluenza）是禽流行性感冒的简称，它是由甲型流感病毒的一种亚型（也称禽流感病毒）引起的一种急性传染病，也能感染人类，被国际兽疫局定为甲类传染病。通常只感染鸟类，少见情况会感染猪。禽流感病毒高度针对特定物种，但在罕有情况下会跨越物种障碍感染人。自从 1997 年在香港发现人类也会感染禽流感之后，此病症引起全世界卫生组织的高度关注。2013 年 3 月，我国华东地区相继发现近百例感染 H7N9 禽流感病例，病死率较高，引起全球高度重视。

人感染后的症状主要表现为高热、咳嗽、流涕、肌痛等，多数伴有严重的肺炎，严重者心、肾等多种脏器衰竭导致死亡，病死率很高，通常人感染禽流感死亡率在 30%以上。

此病可通过消化道、呼吸道、皮肤损伤和眼结膜等多种途径传播，区域间的人员和车辆往来是传播本病的重要途径。

一、临床表现

1. 潜伏期

尚未有准确报道。目前估计在 7 天以内，一般为 1～3 天。

2. 临床症状

多呈急性起病，早期表现类似普通型流感，主要为发热，体温大多持续在 39 ℃以上，热程 1～7 天，一般为 3～4 天，可伴有流涕、鼻塞、咳嗽、咽痛、头痛、肌肉酸痛和全身不适。部分患者可有恶心、腹痛、腹泻、稀水样便等消化道症状。多数轻症病例预后良好。重症患者病情发展迅速，可出现肺炎、急性呼吸窘迫综合征、肺出血、胸腔积液、全血细胞减少、肾衰竭、败血症、休克及 Reye 综合征等多种并发症，严重者可致死亡。治疗中若体温持续超过 39 ℃，需警惕重症倾向。H7N7 感染者症状较轻，大多数患者可出现眼结膜炎，少数患者伴有温和的流感样症状。H9N2 感染者仅引起一过性的流感症状，尚无死亡病例报道。

3. 体　征

重症患者可有肺部实变体征等。

4. 并发症

多数轻症病例预后良好，且不留后遗症。某些病例（特别是 H5N1 感染者）病情发展迅速，出现重症肺炎、急性呼吸窘迫综合征、肺出血、胸腔积液、全血细胞减少、多脏器功能衰竭、败血症、休克及 Reye 综合征等多种并发症，可导致死亡。1997 年香港 18 例病人中有 8 例为轻度上呼吸道感染，4 例出现重症肺炎，给予呼吸支持后最终痊愈。6 例病人监护后仍死于各种并发症。

二、预　后

感染人的高致病性禽流感是一种症状很严重的疾病，其病死率的高低与病毒型别有关。感染 H5N1 者的病情会迅速加重，部分病人会出现进行性肺炎、急性呼吸窘迫综合征、肺出血、胸腔积液、全血细胞减少、肾衰竭、败血症休克及 Reye 综合征等多种并发症，病死率可高达 30%以上。

三、药物治疗

因我国卫生部发布称 H7N9 病毒对达菲敏感，因此初步确定达菲为抗病毒治疗的首选药物。

目前市场上销售的达菲为罗氏制药独家生产的抗流感药物，其通用名称为磷酸奥司他韦。奥司他韦（Oseltamivir）于 1999 年在瑞士上市，2001 年 10 月在我国上市。达菲是一种非常有效的流感治疗用药，并且可以大大减少并发症（主要是气管与支气管炎、肺炎、咽炎等）的发生和抗生素的使用，因而是目前治疗流感的最常用药物之一，也是公认的抗禽流感、甲型 H1N1 病毒最有效的药物之一。

四、监测及控制传染源

（1）卫生部门与农业部门要通力合作，共同开展疫情监测，互通情报。加强检疫，防止禽流感病毒特别是高致病性禽流感病毒传入我国，应注意加强对来自动物疫情流行国家或地区的运输工具的防疫消毒。

（2）一旦发现禽流感疫情，必须按照动物检疫法有关规定进行处理。早期进行快速诊断，若发现和确诊为高致病性毒株如 H5、H7 型，对病鸡群进行严格隔离、封锁、扑杀、销毁，对鸡场进行全面清扫、清洗、彻底消毒。当养殖人员中出现流感样症状时，立即将其隔离并报告疫情，同时进行流行病学调查，防止病情恶化和疫情扩大。

（3）一旦发生人禽流感疫情，对禽类养殖场、市售禽类摊档、屠宰场及患者所在单位、家庭进行彻底消毒，对死禽及禽类废弃物应销毁或深埋；医院收治患者的门诊和病房做好隔离消毒，防止患者排泄物及血液污染院内环境及医疗用品；医护人员要做好个人防护，接触禽流感患者应戴口罩、戴手套、穿隔离衣，接触后应洗手。

第十四章　结 核 病

第一节　结核病疫情现状

结核病(Tuberculosis)是由结核杆菌引起的慢性传染病,可累及全身多个脏器,但以肺结核最为常见。我国古代医学就已认识到该病是一种极为严重的慢性传染病,称之为"肺痨"。1882 年德国科学家罗伯特·科赫在一些病人中发现了结核分枝杆菌(简称结核菌),并确定结核菌是结核病的病因,结核病的病因及其发生机理由此得以明朗。

一、全球结核病疫情现状

经过近百年的努力,人类对生物病因所致疾病的预防和控制取得了前所未有的胜利,如许多国家和地区在 20 世纪 70 年代左右即将结核病患病率控制到了历史最低点。然而自 1985 年以来,由于耐药菌株的出现和社会流动人口增加等因素,全球结核病疫情又呈急剧上升趋势,尤其近几年,某些地区呈暴发流行,再次成为严重的公共卫生问题。世界卫生组织(WHO)资料表明,截止到 2007 年 3 月 20 日,全世界有结核病人 8 000 万,具有传染性者 390 万。每年因结核病死亡人数达 200 万～300 万人,世界上 95%的病人分布在发展中国家,其中 75%的病人年龄在 15～50 岁。亚洲是世界人口最多的地区,也是结核病人分布最多的地区,每年约有 600 万新发病人出现在亚洲。例如印度仅 2003 年估计就有 45 万人死于肺结核病,也就是说每日死亡人数超过 1 000 人。

全球结核病流行的加剧,使得世界卫生组织于 1993 年史无前例地宣布"全球结核病紧急状态",1998 年又重申"遏制结核病的行动刻不容缓"。到目前为止,结核菌感染情况已十分严重,全世界约 1/3 的人口(约 20 亿)已感染了结核菌,如不采取措施,未来 10 年内还将有 3 亿人受到结核菌的感染,发病人数将达到 9 000 万人。WHO 的有关资料还指出,目前全球每天约有 8 000 人死于结核病,每年死亡人数约 300 万,其中 98%的结核病死亡发生在发展中国家,结核病已成为头号传染病杀手。

更为严重的是在死亡人数中,妇女超过 100 万,即每天夺去约 2 700 多妇女的生命,远大于孕产妇死亡、疟疾及艾滋病死亡。女性患结核病危险性较高的原因除了其自身生理因素外,还与社会地位低下、落后的风俗、经济困难及繁重的负担等有关,在女性结核病人中,至少有 1/3 的人死亡时未被诊断出结核病,也未接受过有效的治疗。妇女患结核病或死亡,对于儿童的存活、家庭的幸福、家庭和社会的经济发展将产生深远的影响。

二、我国结核病疫情现状

我国是全球22个结核病高负担国家之一，结核病人数位居世界第二位，仅次于印度。1990年我国有活动型肺结核病人约600万(患病率523/10万)，其中约有150万为痰涂片阳性的传染源(涂阳患病率134/10万)，每年死亡24万(死亡率19/10万)，为其他各种传染病死亡人数总和的2倍，比发达国家疫情要高出很多倍。

我国曾先后于1979年、1984年/1985年、1990年在全国范围内组织过三次大面积的结核病流行病学调查工作。2001年又在31个省、直辖市、自治区组织进行了第四次全国结核病流行病学抽样调查。调查结果初步分析，我国结核病疫情相当严重，部分地区有蔓延趋势。

从结核菌感染情况看，全国1/3的人口已感染了结核菌，受感染人数超过4亿。研究认为，受结核菌感染的人群中，10%的人可能发展为结核病，如果我们不采取有效的控制措施，在未来的10年，我国感染者发生结核病的危险度将急剧提高。

从肺结核病的患病情况来看，目前我国涂阳肺结核患病率为121.6/10万，传染性肺结核患病率为157.8/10万，估计全国现有传染性肺结核病人约200多万。与1990年流行病学调查结果比较，涂阳肺结核患病率年平均递降率为2.4%。西部12个省、市、自治区的疫情比较严重，虽然人口数仅占全国的1/4，但传染性肺结核病人数却占全国的1/3，传染性肺结核患病率高达237/10万，呈蔓延趋势，估计西部地区现有传染性肺结核病人约75万。

从结核病死亡情况来看，结核病死亡率在过去的10年间有较大幅度的下降，目前结核病的死亡率为9.8/10万。1990年结核病死亡在各种死亡原因中居第7位，现居第11位。

从结核病控制措施的效果评价指标来看，疫情控制指标的变化首先表现为重症结核病人的减少和死亡率的下降，其次是传染性肺结核患病率和传染性病人数的下降，从而逐步影响到感染人群和发病人数的减少。

我国结核病流行形势仍十分严峻。据1990年全国流行病调查揭示，约有一半涂阳肺结核病人未被发现和登记。在有结核病症状的病人中，65.9%病人因各种原因未就诊，这些结核病传染源仍继续在人群中传播结核菌，加之我国幅员辽阔，有些省份结核病疫情急剧回升，使得情况更加严重。可见，我国结核病尚未得到有效控制，所面临的结核病控制任务仍十分艰巨。

三、当前我国流行的新特点

结核病自1985年以来在世界范围重新流行，我国也进入了新一轮的结核病高发期。结核病的流行呈现出以下新特点。

(一) 高患病率

1990年全国活动性肺结核患病率为523/10万，涂片阳性肺结核患病率为134/10

万，推算全国有593万活动性肺结核病人，其中150多万为涂阳肺结核病人，即结核病传染源。15～45岁组占67.2%，严重影响劳动力。

（二）高耐药率

肺结核病人结核菌初始耐药率为28.1%，继发耐药率为41.1%，依此推算全国150余万涂阳肺结核病人中，有结核菌耐药病人51.3万，即全国1/3以上涂阳肺结核病人为耐药病人。对两种主要抗结核药物异胭肼和利福平的耐药率亦相当高，两药的初始耐药率分别为9.6%和2.7%，继发耐药率分别高达23.5%和10.9%。高耐药率给结核病人的治疗带来了很大困难，并对结核病流行起到了推波助澜的作用。

（三）高死亡率

2000年全国结核病死亡率为9.8/10万，每年死于结核病者达15万人，比各种其他传染病和寄生虫病死亡总和高两倍以上。另一反映结核病严重感染情况的是高结核性脑膜炎死亡率，0～4岁组和0～14岁组结核性脑膜炎死亡率，分别为0.8/10万和0.5/10万。

（四）高感染率

我国至少已有4亿人受到结核菌感染，在受感染的人群中，10%以上的人将可能发展为结核病。

（五）低递减率

1979—1990年全国结核病涂阳患病率年递减率为4.3%，而1990—2000年仅为3.29%，全国传染性结核病人人数与10年前相比基本持平，但近几年有明显上升趋势。

（六）地区分布差异

分布差异明显，农村患病率高于城市，从目前我国总体结核病患病率明显看出，农村结核患病率是城市的1.7倍。而且西部地区是东部地区的1.7倍。提示全国结核病控制工作的重点应在农村和我国的西部地区。

（七）青壮年结核病患病和死亡比例高

由于青壮年处于生命旺盛时期，对疾病的抵抗力强，大多数人即使受到结核菌感染也不发病，但在某些条件下，当抵抗力降低时则可引发结核病。据统计，青壮年结核病死亡人数占结核病总死亡人数的48%，由于青壮年有以下特点，所以他们给社会带来的危害更大。

(1) 青壮年活动范围大，接触人群多，有些人工作环境差，工作场所空气不流通，容易受到结核菌感染；

(2) 青壮年工作学习繁忙，生活不规律，导致抵抗力下降，易受结核菌侵袭；

(3) 青壮年易忽视结核病症状的出现，就诊率低，很容易促使病情发展及恶化。

（八）HIV/AIDS的出现将加快结核病流行

艾滋病病毒(HIV)感染和艾滋病(AIDS)病人呈急剧上升趋势，由于我国已受结核菌感染的人数为4亿，HIV和结核菌双重感染必将对我国结核病流行带来不可忽视的影响。

（九）城市流动性人口因素

急剧增加的流动人口对于结核病流行和控制带来复杂和负面影响。

四、结核病重新流行的原因

（一）社会原因

尽管早在1882年就发现了结核菌，并于1944年起开始使用抗结核药物，但迄今为止全球控制结核病努力并未成功。从1997年到2003年，世界结核病例增加了8%，其中结核病增长较快的是非洲，年增长率达20%。结核病的重新流行有着很深的社会根源和生物学因素，这主要表现在：

（1）人口流动的几率增加与流动人口的增多，造成感染机会增加，使发病率上升。

（2）全球人口增多，加剧了贫富间的分化。研究表明，结核病与家庭贫困、受教育水平低密切相关。

（3）生物性病因疾病控制后的盲目乐观，过分依赖卡介苗接种和管理的松懈，使结核病的流行死灰复燃。

（4）抗生素的滥用和结核病的不规范治疗，造成耐药菌株的泛滥和大量耐药病人的出现，从而加重了人群中结核病的流行。

（5）艾滋病的广泛传播，使结核病问题雪上加霜。据统计，HIV感染的人若又感染结核菌，其结核病的发病率较未感染HIV者高30倍。HIV未感染者感染结核菌后，一生中发生结核病的机会不到10%，而双重感染的人，则在一年中就有10%的机会发病。

（6）政府承诺及资金投入不足，服务组织不完善。

（二）患者原因

肺结核病人的社会经济状况直接影响着病人的治疗情况，病人是否治愈又与结核病在人群中的传染源数量有着明确联系，因此肺结核病人的社会经济状况对于结核病的流行具有极大的影响。根据第四次全国结核病流行病学抽样调查，发现在所调查的结核病人当中，有症状而未就诊的约占46.5%，其中因经济困难而未就诊者占未就诊病人的36.8%。但能坚持规范用药的患者不足30%，其余病人为间断或中断治疗，其中因经济困难而中断或间断治疗的病人约占总数的50%。由于患病误工，收入减少，导致生活水平降低，甚至造成因病致贫返贫的后果。

第二节　病原特点及感染机制

一、病原体

结核菌属于分枝杆菌，生长缓慢，对外界抵抗力强，在阴湿处能生存5个月以上，但在烈日下暴晒2 h，煮沸1 min均能杀灭。将痰吐在纸上直接烧掉是最简单的方法。结核菌分为人型、牛型、鼠型等种类，前两型是人类结核病的主要病原菌。

二、传染源

结核病的传染源主要是那些痰涂片结核菌检查阳性的肺结核病人，而病人治疗情况对本病的流行有直接影响。一般来说，一个排菌的活动性肺结核患者，一年内可传染15～20名健康人，未经规范治疗的病人还有可能导致“多重耐药性病菌”产生，增加了治疗的困难。

据卫生部结核病控制中心报告，最近10年，我国结核病传染源的发现数量明显增加，每年新登记的菌阳病人数已从10万人增加到30余万人，但与流行病调查结果相比较，传染性病人的发现率尚不足30%。值得注意的是，在所发现的肺结核病人中有54%未曾就医，59%的病人仅就医于综合医疗机构，并未实行归口管理。

三、传播途径

结核杆菌是通过肺结核病人打喷嚏或咳嗽散布于空气中的飞沫，再吸入健康人呼吸道引发肺部感染，其次经消化道进入体内，通过皮肤、泌尿生殖道获感染者少见。

四、人群易感性

人群普遍易感，结核菌一旦被吸入人体即可造成感染。首先在肺内形成炎症性原发病灶，继而胸内淋巴结肿大，进一步结核菌通过淋巴、血液循环系统产生血行播散，与此同时人体可逐渐产生对结核菌的特异性抵抗力，多数感染者体内的大部分结核菌可被人体消灭，原发病灶逐渐痊愈，血行播散也被控制，仅留下少数潜伏病灶。

受感染后体内潜伏病灶的少量结核菌可长期存在，一旦人体抵抗力低下时，潜伏的结核菌即可生长繁殖进而发展成为继发性结核病，成为新的传染源，引起新的传播。少数抵抗力差者在原发感染过程中可发生临床原发性结核病，急性血行播散型结核病和结核性脑膜炎等严重疾病，甚至危及生命。

结核菌可引起多系统、多器官的结核病，如脑结核、脑膜结核、肺结核(原发型和继发型)、结核性胸膜炎、肠结核、肾结核、骨结核、子宫内膜结核等。凡是导致机体抵抗力低下的因素都可增加感染的几率，比如尘肺患者、AIDS患者及HIV阳性者等。此外受怀孕、分娩、哺乳等因素的影响，女性的感染几率高于男性。同时自然环境因素中的气候、地理条件、生活方式、健康状况等也会影响到发病，社会环境中的生活条件、经济状况、居住条件、人口密度也都会影响结核病的疫情。

第三节　防治措施

一、结核病控制策略

世界卫生组织在1993年宣布“结核病紧急状态”后就着手制定提出了《现代结核病控制策略》，即DOTS策略。DOTS是在医务人员督导下短程化学疗法，被普遍认为是所有卫生干预中费用最低、效益最好的策略。对病人来说，DOTS策略可以保证在不住院条件下得到规律治疗，提高治愈率，防止细菌产生耐药性，减少复发机会；对于家人和社会来说，可以减少传染，从而阻断结核病的传播。因此接受DOTS治疗管理是结核病人的一种最佳选择。DOTS策略作为全球结核病防治工作的一致行动纲领，它包括以下五个要素：

(1) 政府对结核病控制规划的承诺；

(2) 对所有可疑结核病症状者进行痰涂片显微镜检查；

(3) 对所有传染性的结核病人在正确的管理方式下，使用标准短程化疗方案进行治疗；

(4) 有规律不间断的抗结核药品供应系统；

(5) 有督导及评估的监测系统。

其中，政府的承诺是首要因素。我国结核病控制规划具体规定，到2005年及到2010年发现并治疗结核病人数分别达200万人和400万人，DOTS已经在我国和其他一些国家和地区取得了惊人的治疗效果。

此外我国政府还提出了如下技术措施：以控制传染源为主要工作，把广大农村地区作为防治的重点，对结核病人进行直接监视下的短程督导化疗管理，坚持“送药到手、看服到口、不服不走。”

二、人群预防

(一) 疾病的筛检

利用结核菌素(OT)试验，确定感染状态。结核菌素试验阳性并不能用来衡量身体的抵抗力，也不能提示是否存在结核病或结核病的范围和程度，只是表明身体感染了结核菌。

(二) 对储存宿主的措施

以痰涂片细菌检查为主，辅以X线检查。发现病人的目的是为发现传染源，切断结核病的传播。

(三) 针对传播途径的措施

为切断以呼吸道为主的传播途径，教育人们培养良好的卫生习惯，不随地吐痰、保持室内空气流通。

(四) 人群免疫及药物预防

1. 卡介苗接种

由于这一疫苗是由两位法国学者卡迈尔与介兰注明的，为了纪念发明者，将这一预防结核病的疫苗定名为“卡介苗”。目前，世界上多数国家都已将卡介苗列为计划免疫必须接种的疫苗之一。卡介苗接种的主要对象是新生婴幼儿，接种后可预防发生儿童结核病，特别是能防止那些严重类型的结核病，如粟粒型肺结核和结核性脑膜炎，其保护率为80%。

2. 药物预防

主要是预防性服药，用药对象为高危人群，如曾经与传染源密切接触者及患有其他疾病者。多选择抗结核病药物针对有服药适应症的人群。

三、个人预防

加强个人卫生习惯的培养及改进，加强锻炼，注意营养，居住条件改善，室内通风，公共场所少去，尽量少接触结核病人等。

四、治　疗

（一）治疗原则

结核病的治疗原则非常严格，全身任何部位的结核病，均应遵循“早期、联合、规律、适量和全程”的用药原则。

（二）常用药物

一线抗结核药包括异烟肼、利福平、链霉素、吡嗪酰胺、乙胺丁醇、氨硫脲和对氨水杨酸。本组药物为初治病例的首选药物，抗结核作用强，疗效佳，毒性反应小，使用方便。另外，吡嗪酰胺还可用于强化治疗和二线抗结核药使用。二线抗结核药包括乙（丙）硫异烟胺、卡那霉素、卷曲霉素、环丝氨酸等。二线药物价格昂贵，毒性反应大，主要用于耐药菌株或初治失败的复治病例。

第十五章　性传播疾病

第一节　性传播疾病概论

一、性传播疾病的定义

1975年世界卫生组织(WHO)把性病改称为性传播疾病,其定义是以性行为为主要传播途径的传染病。疾病的种类有梅毒、淋病、软下疳、性病性淋巴肉芽肿、非淋菌性尿道炎、腹股沟肉芽肿、艾滋病、尖锐湿疣、生殖器疱疹、生殖器念珠菌病、生殖器滴虫病、细菌性阴道炎、传染性软疣、病毒性肝炎、放线菌病、巨细胞病毒感染等二十几种疾病。

我国根据国情和对性病的传统认识,由卫生部性病专家咨询委员会讨论决定,根据《性病防治管理办法》确认,梅毒、淋病、艾滋病、软下疳、性病性淋巴肉芽肿、非淋菌性尿道炎、尖锐湿疣、生殖器疱疹八种疾病为性传播疾病。

二、性传播疾病的特点

(一) 具有多种病原体

性病的病原体包括细菌、真菌、螺旋体、衣原体、支原体、病毒、寄生虫七大类。有的性病仅由一种病原体引起,如梅毒由苍白螺旋体引起,淋病由淋病双球菌引起。有的性病则由多种病原体引起,如非淋球菌性尿道炎可由沙眼衣原体、分解尿素支原体、人型支原体等多种病原体引起。

(二) 各种病原体引起的性病

(1) 细菌引起的性病——淋病、软下疳。

(2) 螺旋体引起的性病——梅毒。

(3) 衣原体引起的性病——非淋球菌性尿道炎、性病性淋巴肉芽肿。

(4) 支原体引起的性病——非淋球菌性尿道炎。

(5) 病毒引起的性病——艾滋病、生殖器疱疹、尖锐湿疣。

(三) 性行为为主要传播途径

性病多数感染者有婚外性接触。但是,病毒、衣原体、支原体引起的性病也可通过间接接触感染。

（四）传播速度快

有的性病潜伏期很短，如淋病、软下疳、非淋菌性尿道炎等，感染后数日内即可发病，而且通过性接触传播，速度很快。性病传入中国后仅 3～5 年时间就遍及全国城乡。

（五）流行范围广

从全球范围观察，世界各国均有性病流行。从全国观察，从南到北、从东到西，从沿海开放城市到边疆少数民族地区，各地均有性病发生。

（六）危害严重

性病有的仅侵犯外生殖器，有的侵犯全身各器官并引起病变，以至引起死亡。性病不仅侵犯成人，也可侵犯儿童，有的性病还破坏生育能力导致绝育，对民族的繁衍造成影响。就病人个人来说，除了疾病痛苦外，也常造成心理创伤，给婚姻、家庭带来很多麻烦。

（七）传播不受自然因素干扰

性病传播是在生殖器交媾条件下进行的，所以不像呼吸道传染病、消化道传染病那样受季节、温度、湿度、日光、空气、食物等物理因素影响。用物理方法防治性病，除尖锐湿疣外，其他性病收效不大。

（八）流行具有隐蔽性

受道德观念、传统观念、法制观念的影响，病人不敢公开就医。即使就医，也常不讲性接触史，不报告真实姓名、住址、职业等，这种隐蔽性，给病人的随访和追踪治疗带来很大困难。

（九）高危人群明显

病人多为性活动旺盛年龄段的青壮年，在嫖娼者、卖淫者、流氓犯罪人群中，性病的患病率很高。这些人群称为特种人群，即高危人群。对其进行性监测，对控制性病流行蔓延有重要意义。

三、性传播疾病的流行趋势

（一）流行趋势

解放前，中国的性病曾经严重流行，致使很多劳动人民死亡、畸形残废、丧失生育能力，一些少数民族濒临灭亡，成为严重危害广大劳动人民健康、威胁民族存亡的疾病。新中国成立后，党和政府通过艰苦地治理整顿，开展全民性的普查普治工作，到 1958—1960 年，大中城市已消灭了性病，边疆和少数民族地区也在 1960—1964 年消灭了性病，得到国际社会的广泛赞誉。

但近年来，我国推行开放政策，性病也随之传入我国，已从南方传到北方，从城市传到农村，每年发病率和患病率成倍增加。最近几年来梅毒的患病率都成几十倍的递增，已不断发生先天梅毒新生儿和婴幼儿的病例报告，死亡的病例也逐年增多。性病的再度流行蔓延已引起党和政府高度重视，正在采取有力的措施控制性病的流行蔓延，保护广大劳动人民的身心健康和中华民族的健康繁衍。

1977年我国再次出现淋病后的4年中,仅有3个省份报道,1980年全国仅报告48例性病患者。从1981年起,报告病例的省份逐年增多,至1988年,全国30个省、市、自治区均有性病报告。1989年以前增长迅速,如1981—1988年,年均增长124.31%。1989—1997年病例增长速度较为稳定,增长范围在10%~25%之间。近两年增长速度又开始加快,达30%以上,如图15-1所示。

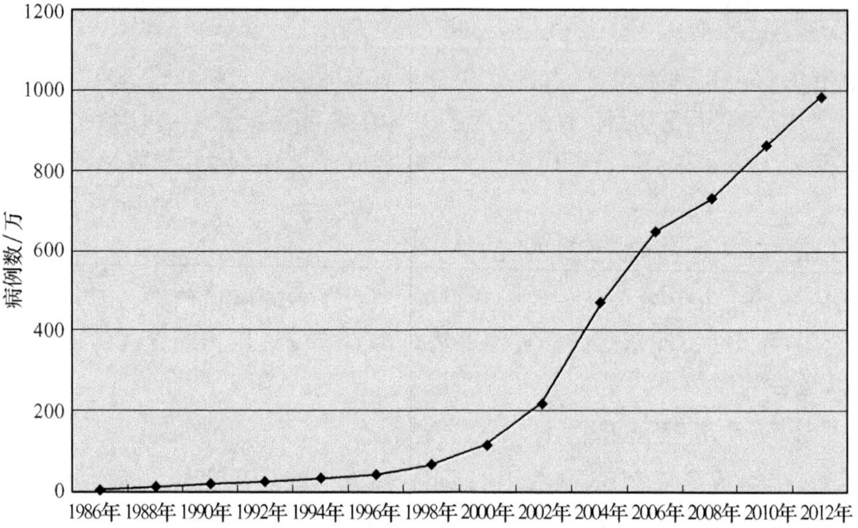

图15-1 全国性传播疾病病例报告情况(1985—2012年)

近年来,梅毒增长幅度明显加大。自1979年再次报告梅毒后,报道病例数逐年增多,特别是1993年后,全国许多地区梅毒病例呈现大幅上升,至1999年全国梅毒病例数为80 406例,是1993年的40倍。目前,此病的年均增长达85%。有的地区如福州市、厦门市,梅毒发病率超过150例/10万人,可见其严重性。近年东北地区梅毒也迅速增长,必须引起注意。

由于各种原因,全国各地存在着大量的漏诊和漏报现象,一部分性病患者自行购药,也有一部分或很大一部分性病患者症状很轻或无症状,所以,实际患病人数要比报告数大得多。我国专家估计,实际性病数是报告病例数的6~10倍。

(二) 人群分布特点

性活跃人群为性病的危险人群,20~49岁青壮年占全部性病病例数的90%以上。全国性病监测点1999年20~29岁年龄组性病报告发病率为636.75例/10万人,30~39岁年龄组为584.47例/10万人。1993—1996年全国26个性病监测点调查结果表明,性乱人群的性病患病率最高,为5.2%~15.96%。1999年在全国性病监测点对6 810例性乱人群开展了淋病和梅毒的患病率调查,结果发现淋病452例(阳性率6.64%)、梅毒294例(阳性率4.32%);对昆明市卖淫妇女调查发现,沙眼衣原体感染率、淋病患病率和梅毒抗体阳性率分别高达58.6%、36.4%和9.3%。

（三）地区分布特点

各地性病发病率均呈上升趋势，沿海开放地区高于内地，经济发达地区高于经济落后地区，城市高于农村。绝大部分性病病人集中在城市，尤其大中城市和经济发展较快、交通便利的城市。全国性病发病率较高的地区有珠江三角洲、长江三角洲、京津地区和东北三省。

四、性传播疾病的流行病学

性病是一组传染病，具有同其他传染病一样的规律，但也有自身特殊的规律。

（一）传染源

性病的主要传染源是现症病人、病原体携带者和血源。

1. 现症病人

现症病人是性病的主要传染源，病人发生的病变以及由病变排出的分泌物、排泄物中均有病原体，这些病原体可通过性接触或直接接触传给他人。不同的疾病病原体寄生部位不同，有的主要存在于局部，如淋菌性尿道炎，淋菌主要存在于尿道及尿道分泌物中；有的性病病原体则存在于全身，如梅毒、艾滋病病原体不仅存在于外生殖器，也可以在血液、组织液、全身各器官、各种腺体的分泌液、排泄物中，因此传染性较大，危害也较大。

2. 病原体携带者

（1）潜伏期患者。他们已感染了病原体，病原体正在增殖，尚未形成病变，这种情况不仅具有传染性，而且危害性更大，因为他未发生病变、无自觉症状，不妨碍他们的性活动，在此期间更换性伴侣即可导致性伴感染。

（2）亚临床感染者。这部分人已遭受病原体感染，病原体在他们机体内不仅存在且不断增殖，由于他们具有一定的抵抗力而不产生临床症状，他们是最危险的传染源。女性子宫颈感染淋球菌，因子宫颈没有感觉神经，不产生疼痛，分泌物增多常不引起重视，因此不做诊疗。特别是女性卖淫者，因生殖器官内存在病原体，还可以感染更多的嫖娼者。有些病原体感染后由于病原体致病性弱，不产生明显的症状，如衣原体、支原体感染，常无任何临床症状，甚至健康人中也可以寄生并不致病，但可感染他人，如免疫力弱同样可以致病。

3. 血　源

有些性病病原体存在于血液中，如梅毒可发生螺旋体血症；艾滋病潜伏期、前驱期和发病期血液中均有病原体，由他们做供血者，未经检测就输入受血者，输入血液的同时也就输入了病原体。我国卫生部早已下发了关于使用一次性注射器、整顿血液制品生产、艾滋病监测、血源管理等若干文件，强调对血源做梅毒和艾滋病检测，禁止进口和使用境外血液及血液制品，防止性病和艾滋病通过血液和血液制品传播蔓延。

（二）传染途径

性病主要以性接触传播，但也常发生非性接触传播，性病传播途径如下。

1. 性接触传播

性接触包括生殖器交媾、皮肤的接触和唇舌接触。生殖器交媾是传播性病的最主要的方式,生殖器上有病原体可直接感染对方。关于一次性交性病的感染率,各学者报告不一致,低者40%～50%,高者80%～90%。性交也常发生肉眼不易发现的组织损伤,这是病原体侵入的门户。性交时生殖器处于高度充血状态,性交后复原时形成负压可以起到对病原体的虹吸作用,也是病原体侵入的一种方式。性交时各种生殖腺体,如男性的前列腺、尿道球腺,女性的前庭大腺等都处于活动状态,腺体大量分泌、腺管开口处于开放状态,病原体极容易侵入腺体,因此当发生泌尿生殖器感染时常并发前列腺炎、前庭大腺炎等。

2. 直接接触传播

直接接触病人的病变部位或分泌物,也可造成感染。感染机会最大的是在有组织损伤时,损伤部位直接接触病原体,病原体可直接侵入损伤组织内,造成感染。除此之外各暴露的黏膜部位接触病变或分泌物危险性也很大,因为黏膜部位湿润,病原体可在这样的部位生存繁殖,最终也可发生感染。任何病原体都不可能侵入完整的皮肤组织,故无皮肤损伤不要恐惧病原体侵入。

3. 间接接触传播

间接接触病人污染的衣服、被褥、物品、用具、便器、浴池等也可造成性病传染,但机会较少,也很难证实。但在临床上确实发现过因坐式便器感染的女孩,坐式便器对女性威胁较大,故病人用过后应消毒处理。

4. 血源传播

血源传播主要见于二期梅毒、淋病菌血症或败血症、艾滋病病毒感染者或艾滋病病人。他们血液中有病原体,输入后即发生直接感染。血源传播发病率高,约在90%以上;发病快,潜伏期时间短,梅毒患者可越过一期梅毒直接发生二期梅毒;血源感染的性病易发生播散性病变。

5. 医源性传播

包括医务人员无辜感染和医务人员传播给病人。因此,医务人员应严格做好防护工作,进行操作所用的医疗器材和用品均应严格消毒。同时,应谨慎操作,防止医源性外伤。

6. 胎盘传播

梅毒可发生螺旋体血症。艾滋病、生殖器疱疹、尖锐湿疣均可发生病毒血症。尤其妊娠4个月后,胎盘附着子宫壁,由母体通过胎盘向胎儿供应血液,如患有这些疾病,血液内的病原体便可以直接传染给胎儿,导致获得性梅毒。

7. 产道传播

一些不发生血液传播的性病,如果孕妇患病,阴道内有病原体,新生儿通过产道时仍可被感染。淋病可引发新生儿淋菌性眼炎。尖锐湿疣和生殖器疱疹病毒也可通过组织损伤侵入新生儿,发生病变。梅毒也可通过产道传播,新生儿患病不是先天梅毒,而是获得性梅毒。

8. 其他传染途径

到目前为止，已发生很多因器官移植而感染性病的病例报告。媒介昆虫能否传染性病也一直是一些学者关注的问题。

（三）性病流行的社会因素

性病的流行与很多社会因素有关，诸如社会制度、地区差异、收入失衡、价值观念、民族风俗、文化背景会导致性关系的改变。另外，国际间的交往、旅游活动、商业活动、娱乐活动的日益发展等，均可使性关系出现某种程度的混乱。

五、性传播疾病的危害与防治

（一）性病的危害

性病是一种社会性疾病。其危害不仅殃及患者本人，也给家庭、社会带来不良后果。就社会而言，性病患者的增多，造成了社会财力的大量浪费；由于性病而致的残疾儿童增多，给国家及社会带来许多难题；性病的流行，会引起家庭的解体、婚姻的破坏；也能败坏社会风气，影响社会的稳定。就个人而言，性病可以给身心健康带来不可估量的后果。因为许多性病可以造成一系列严重的合并症及后遗症，尤其是发生在女性患者身上的性病。

1. 女性盆腔炎性疾病

盆腔炎性疾病是由多种病原体引起的，如淋病奈瑟菌、沙眼衣原体、支原体等。最近30多年来发达国家的流行病学资料证明，盆腔炎性疾病发病率增高与性病发病人数增多相平行。在发展中国家，由于淋病奈瑟菌及沙眼衣原体感染极为流行，已成为盆腔炎性疾病的主要病因。

2. 不育症和异位妊娠

由性病引起的女性盆腔炎性疾病，如果治疗不及时或不恰当，可发展为慢性疼痛、不适、不育、异位妊娠，并增加子宫全切术的危险。有资料报道，经抗生素治疗后的盆腔炎性疾病的妇女，其平均妊娠率仅有27.9%。在非洲撒哈拉沙漠周围地区是世界上不育症发病最高的地区之一，其不育症发病率为26%～32%。在古巴和西部非洲，不育症发病率高达32%，几乎都由性病引起的输卵管不通所致。另外患盆腔炎性疾病后因输卵管病变而致的异位妊娠的发病率也大大增高。

3. 肿　瘤

研究发现，子宫颈鳞状细胞癌的产生与性伙伴人数有很大的关系；肛门鳞状细胞癌在男性同性恋中有较大的增加；宫颈、外阴、阴茎和肛门的鳞状细胞癌与乳头瘤病毒和Ⅱ型人疱疹病毒感染有关。

4. 妊娠合并症

妊娠合并性病可导致流产、早产、胎死宫内、低出生体重及先天性感染。其中先天性感染是导致胎儿、新生儿死亡以和永久后遗症的主要原因。流行最广、最常见的先天性感染是先天性梅毒。在一些非洲国家，它占死产婴儿的1/3。在几项研究中发现，早产与几种性病的病原微生物有联系。这些微生物包括苍白螺旋体、淋病奈瑟菌、沙眼衣原体等。

5. 新生儿并发症

新生儿结膜炎是新生儿常见疾病。主要因产妇携带性病病原体所致。新生儿结膜炎最主要的病因是淋病奈瑟菌。这个问题在发展中国家越来越严重,因为淋病奈瑟菌对青霉素的抗药性十分突出。沙眼衣原体感染也是新生儿结膜炎的一个重要原因。

6. 尿道炎后遗症

在男性中,淋病最严重的合并症是尿道狭窄。在一些非洲国家,因淋病而致尿道狭窄求治的病人占泌尿系统疾病患者的大部分。因为目前尚无外科治疗手段,只能定期进行尿道扩张治疗。附睾炎及前列腺炎是男性淋病及非淋病性尿道炎的另一合并症。

以上所列举的是性病常见的合并症及后遗症。当然,性病给人身心造成的危害远不只这些。例如,梅毒还可导致严重的心血管系统和神经系统损害,造成残废和死亡。淋病还可造成脑膜炎、心内膜炎及心包炎,给人的健康造成严重的危害。

(二)性病的防治

性传播疾病既是传染病,又是社会疾病。因此,性病的防治既是医学问题,同时又是社会学问题。性病的传播和流行与社会因素密切相关。社会管理人员及医务工作者必须从社会的各个层面和角度来制定防治对策。社会上的每一成员,也应主动、自觉地避免成为性病的受害者。因此,性病的防治复杂而艰巨,需要社会和个人的共同努力。

社会群体由每一个个体所构成。如果社会上每一个人都能注重性病的防治,那么整个社会的性病的流行情况会大大改善。社会上每一个人尤其是青少年,都应掌握必要的性知识,树立健康的性心理。对性行为要有正确的认识,提倡洁身自爱,既不做性病的受害者,也不当性病的传染源。要掌握一定的性病防治知识,做到自我预防。健康人要懂得怎样预防感染并与医生密切配合,做到早发现、早治疗。性病患者也要对社会负责任,采取措施,有义务防止性病的传播。

第二节 梅 毒

梅毒是一种慢性传染病,是由梅毒螺旋体所致,以性接触为主要传播途径的全身性疾病,对人类健康危害极大。

梅毒早期主要是侵犯皮肤黏膜,晚期可侵犯全身各部分组织和器官,产生各种症状,也有的病人无明显症状,只是在化验血清时才被发现。

一、病原及传播方式

梅毒的病原体系梅毒螺旋体,体外活力低,不易生存。对理化因素的抵抗力极弱,对四环素、青霉素、汞、砷剂敏感。

(一)直接传播

男女之间性交或同性恋之间的变态性交是梅毒传染的主要途径,占95%以上。此外还有其他途径，如接吻、吸吮及哺乳等。特别强调的是医护人员，尤其是外科、产科和皮肤科医务人员都可因皮肤、手套破裂而沾染了病人的血液而被传染。

（二）间接传播

梅毒患者尤其是扁平湿疣、黏膜斑以及硬下疳损害的患者所用的生活用品都可能会有梅毒螺旋体而间接传染给密切接触者。输血也是梅毒感染的一种途径。

（三）垂直传播

因孕妇患有早期梅毒，妊娠4个月后梅毒螺旋体由母体通过胎盘而进入胎儿血液循环中所致的梅毒。

二、临床表现及诊断

（一）临床表现

1. 一期梅毒（初期梅毒）

梅毒螺旋体进入皮肤或黏膜后，一般经过10～30天潜伏期才发生症状，平均为第三个星期前后局部发生损害，称为初疮，即下疳。入侵部位从小圆形斑点或斑状损害，发展为小丘疹，再变为水疱，继而发展成圆形或椭圆形溃疡，边界清楚，直径在1 cm左右，表面有少量黏液分泌物，表皮细胞坏死后构成一层黄色薄膜，无痛感，多为单发。整个溃疡是硬的，故名硬下疳。

硬下疳发生部位男性以阴茎、冠状沟内和阴茎系带皱襞处为多；女性以宫颈发生为多，次为阴唇。生殖器以外的下疳常发生在口腔，如下唇、舌和扁桃腺体均可产生。早期下疳可伴有附近的淋巴结肿大，血清反应为阴性；可于发病3～8周后自行愈合，但并非痊愈。

2. 二期梅毒（早期梅毒）

二期梅毒为周身梅毒。常发生在感染后的6～8周，也可发生于3个月后。梅毒螺旋体侵入皮肤黏膜后，已进入血液循环和淋巴循环，传播全身而表现为多种症状和体症。可概括为下列三类。

(1) 类感冒症状。发热、头痛、关节痛。

(2) 全身淋巴结肿大。先后次序是腹股沟、肘关节、腹部和颈部。检查时可扪到孤立的、质地较硬、肿大无痛的淋巴结。

(3) 梅毒疹。其特征是发病期多在6～8周，颜色为红铜色，触之较硬；部位以胸腹部多见。

除此之外，还可能有关节炎、骨周围炎、虹膜炎、脑膜炎或颅神经麻痹等全身表现。此期无论是否治疗，症状都可能于数周后消失，但也可能持续一年左右。至少有25%的患者症状消退后再复发。在此期，几乎全部患者的血清血试验均为阳性。

3. 三期梅毒（晚期梅毒）

发生在初次感染4年以上复发者为晚期梅毒。晚期梅毒多为单处梅毒，无全身症状，仅在某一组织或器官发生损害。多表现为皮肤黏膜的梅毒树胶样肿，可溃烂穿凿成洞，也可侵蚀骨质及软硬腭。最后可形成萎缩性瘢痕，如鞍鼻、舌挛缩等。

晚期梅毒病变还可侵犯神经系统、心血管系统、其他内脏和骨骼，引起脊髓痨、动脉瘤、梅毒性心脏病、肝和肾的树胶样肿，以及视网膜炎和视神经炎。

从以上三期梅毒的发展过程，不难看出其规律，即一期梅毒为单处梅毒，二期梅毒为全身梅毒，三期梅毒又为单处梅毒。

4. 胎传梅毒

胎传梅毒不是遗传梅毒，而是梅毒螺旋体由母亲体内经过胎盘进入胎儿血液循环所致的梅毒。

患梅毒的母亲不可能生无梅毒的婴儿；而无梅毒的母亲也不可能生出患梅毒的婴儿。

临床上把胎传梅毒分为早期和晚期两种，4 岁以内者为早期，4 岁以上者为晚期。早期胎传梅毒一般于出生后 3 周～3 个月之间发生，常见症状有鼻孔堵塞，营养障碍，皮疹，黏膜损害，骨损害，肝、脾及全身淋巴结均可肿大。晚期胎传梅毒可发生结节性梅毒疹和梅毒瘤。其特殊表现为实质性角膜炎、耳聋、楔状齿、鞍鼻、弓状胫、上腭弓狭窄及锁骨病症等。

（二）诊　断

主要依据病史、临床表现、实验室检查及 X 线检查等进行分析判断。病史极为重要，必须详尽了解，结合症状所见，根据实验室检查结果，如直接镜检刮取渗出物做涂片查找梅毒螺旋体和血清学试验。另外，梅毒的骨、关节病变常有其特征性，故 X 线摄片在某些病例很有诊断意义。

三、预防及治疗

（一）预　防

全面推行卫生措施和健康教育，进行婚前卫生、婚前检查和性知识的教育。在控制传染期的患者时，也要查找患有隐性梅毒的人，以防止复发和由晚期症状而引起的功能丧失。对血清检查阳性反应的孕妇进行治疗，以预防胎传梅毒。

国家要通过严格的法律措施禁止卖淫、打击暗娼来保护社会。并与其他社会机构合作，禁止杂乱的性行为。同时加强思想道德伦理、法制教育和性教育，正确掌握性知识。

对病人、密切接触者和周围环境进行控制，做好个人防护。提供早期诊断和早期治疗的设备，强化查找患者的规划。在性病高发区，反复进行大规模梅毒血清检查及其他检查。

（二）治　疗

1. 早期梅毒(包括一期、二期梅毒及早期潜伏梅毒)

(1) 青霉素疗法：

苄星青霉素 G(长效西林)，240 万单位，分两侧臀部肌注，每周 1 次，共 3～6 次。

普鲁卡因青霉素 G,80 万单位/日,肌注,连续 10～15 天,总量 800 万单位～1 200 万单位。

(2) 对青霉素过敏者：

强力霉素 100 mg,2 次/日,连服 15 天。

2. 三期梅毒(包括三期皮肤、黏膜、骨骼梅毒,晚期潜伏梅毒)及二期复发梅毒

(1) 青霉素：

苄星青霉素 G,240 万单位,1 次/周,肌注,共 3 次。

普鲁卡因青霉素 G,80 万单位/日,肌注,连续 20 天。

(2) 对青霉素过敏者：

强力霉素 100 mg,2 次/日,连服 30 天。

3. 梅毒性心血管病

应住院治疗,如有心衰,首先治疗心衰,待心功能正常时,从小剂量开始注射青霉素,如水剂青霉素 G,首日 10 万单位,1 次/日,肌注;第二日 10 万单位,2 次/日,肌注;第三日 20 万单位,2 次/日,肌注;自第 4 日起按如下方案治疗:为避免吉海氏反应,可在青霉素注射前一天口服强的松 20 mg/次,1 次/日,连续 3 天。

4. 神经梅毒

应住院治疗,为避免治疗中产生吉海氏反应,在注射青霉素前一天口服强的松,每次 20mg,1 次/日,连续 3 天。

(1) 水剂青霉素 G,每天 1 200 万单位,静脉点滴(每 4 小时 200 万单位),连续 14 天。

(2) 普鲁卡因青霉素 G,每天 120 万单位,肌肉注射,同时口服丙磺舒每次 0.5 g,4 次/日,共 10～14 天。必要时再用苄星青霉素 G,240 万单位,1 次/周,肌注,连续 3 周。

5. 妊娠合并梅毒

(1) 普鲁卡因青霉素 G,80 万单位/日,肌注,连续 10 天。妊娠初 3 个月内,注射一疗程,妊娠末 3 个月注射一疗程。

(2) 对青霉素过敏者,用红霉素治疗,每次 500 mg,4 次/日,早期梅毒连服 15 天,二期复发及晚期梅毒连服 30 天。妊娠初 3 个月与妊娠末 3 个月各进行一个疗程。但其所生婴儿应用青霉素补治。

6. 胎传梅毒

(1) 早期胎传梅毒(2 岁以内)脑脊液异常者：

水剂青霉素 G,5 万单位/kg 体重,每日分 2 次静脉点滴,共 10～14 天。

普鲁卡因青霉素 G,每日 5 万单位/kg 体重,肌注,连续 10～14 天。

脑脊液正常者:苄星青霉素 G,5 万单位/kg 体重,一次注射(分两侧臀肌)。如无条件检查脑脊液者,可按脑脊液异常者治疗。

(2) 晚期胎传梅毒(2 岁以上)：

普鲁卡因青霉素 G,每日 5 万单位/kg 体重,肌注,连续 10 天为一疗程(不超过成人剂量)。

胎传梅毒对青霉素过敏者可用红霉素治疗,每日 7.5～12.5 mg/kg 体重,分 4 次服用,连服 30 天。

梅毒治疗应该注意,梅毒诊断必须明确,治疗越早效果越好,剂量必须足够,疗程必须规则,治疗后要追踪观察。应对传染源及性伴侣或性接触者同时进行检查和梅毒治疗治疗。

（三）孕妇的梅毒治疗事项

(1) 有梅毒病史的已婚妇女在孕前一定进行全面梅毒检查。

(2) 有过不洁性生活或者曾感染过梅毒的女性在打算怀孕前,最好去正规医院做全面梅毒检测,对于那些梅毒治疗完成、梅毒症状不明显的已婚女性也要在确定梅毒完全治愈后,才能怀孕。

(3) 梅毒检测的项目应包括梅毒血清筛查试验(如 VSR 或 RPR 试验)、梅毒试验以及 FTAABS 或 TPHA 试验,其中的任何一种结果为阳性都需要选用淋梅清等药物继续进行驱梅治疗。

(4) 如果梅毒孕妇在妊娠 3 个月检查结果依然为阴性,则需再治疗一次;如果妊娠末 3 个月血清学试验为阳性,则更需要完全治疗梅毒。

(5) 健康的孕妇如果在妊娠期内感染梅毒,这时的血清检查结果可能是阴性的,在妊娠末 3 个月一定要及时给予驱梅治疗。

第三节　淋　病

淋病(CI)又称白浊,是由于淋病双球菌通过性交及其他性行为引起泌尿生殖道感染。在性传播疾病中,淋病是世界各国发病率最高的疾病,近年来仍呈增加趋势,并且已有耐青霉素淋菌菌株出现。

淋病好发于男性泌尿生殖系统,女性也可发病,最常见的是淋菌性尿道炎、淋菌性阴道外阴炎和淋菌性宫颈炎。

一、病原及传播途径

淋病双球菌系奈瑟氏菌属,系革兰氏阴性球菌,在干燥、高温下很易死亡,故在体外不易生存。

人类对淋球菌有易感性,无先天免疫性。多数感染后可自然恢复,其获得免疫力极低,因此再感染及慢性感染非常多见。

成人淋病主要是通过性交直接传染,异常性交也可直接传染。少数通过接触未干燥的淋菌分泌物污染的衣裤、被褥、便浴器等物也可间接传染。如用被污染而未被消毒的器械,可造成医源性感染。新生儿可通过患淋病的产道被感染而引起淋菌性眼炎。淋病患者用被自己污染的手指触揉眼睛,可引起急性淋病性结合膜炎。

淋病的发病率比梅毒要高。女性比男性感染率高;生育年龄偏小的患病多;城市发病多于农村;发病率与性伴侣数目成正比;单身者比已婚者发病率高。

淋球菌可通过血液传播,引起关节炎、虹膜炎、心内膜炎及败血症等。

二、临床表现及类型

淋病双球菌进入人体寄生而致病。由于受到淋球菌繁殖的快慢、致病力的强弱、菌株的不同，以及机体抵抗力的状况等因素影响，临床表现不尽相同。潜伏期长短不一，一般为2～7天，长者2～3周。

（一）无症状性淋病

无症状性淋病亦称隐性淋病或潜伏性淋病，易被医生和患者忽视，直接影响到淋病的流行和防治。

无症状性淋病患者男性占20%，女性占大多数。目前发现男性在与已患淋菌性输卵管炎或播散性淋病的女性患者发生性关系后，易患无症状性淋病。

（二）男性淋病

男性淋病主要为尿道炎，依其发病过程有急性和慢性之分。

1. 急性淋病性尿道炎

尿道肿痛伴有尿频、尿急。可伴随全身症状如发冷、发热、食欲不振、乏力头痛。急性前尿道炎可并发尿道腺炎、尿道周围组织炎、阴茎头包皮炎。尿道炎发作2周后，部分患者病变继续向上蔓延，引起后尿道炎。急性后尿道炎可并发精囊炎、前列腺炎、附睾炎、膀胱炎。

2. 慢性淋菌性尿道炎

由于急性淋菌性尿道炎治疗不及时或不彻底，淋菌潜伏于尿道旁腺、前列腺、精囊等组织内，形成病灶，长期生存可转为慢性前尿道炎和慢性后尿道炎。

（三）儿童淋病

儿童淋病多见于2～8岁的女孩。主要是接触被淋球菌污染的物品而被传染，如与患淋病的双亲共用被褥、便浴器、浴巾等以及其父母带菌的手及衣物而被传染。

患儿发病急，症状明显，常伴有发热、衰弱，甚至贫血。如治疗不及时或治疗不当可转为慢性。

（四）淋菌性眼炎

多因手指污染淋球菌后，揉搓眼部而感染。儿童淋菌性眼炎多由带菌的成年人的手传染。婴儿淋菌性眼炎则多由患淋菌感染的产道传染。

主要症状为眼睑红肿，结合膜充血，有脓性分泌物。治疗延误可发生淋菌性角膜炎，甚至角膜穿孔。

（五）淋菌性咽炎

淋菌性咽炎多为口交所引起，常发生在吸吮男性生殖器的女性身上。症状为咽部等处有红色斑丘疹，表浅糜烂，覆盖有黏液或脓性分泌物。

（六）淋菌性直肠炎

此病多发生于男性同性恋患者。

临床表现有：患者左下腹痛疼、排便次数增多伴有疼痛，有里急后重感。肛周皮损为红色丘疹和脓疱或有脓性分泌物。

（七）播散性淋病

淋球菌进入血液引起全身播散，导致淋菌性菌血症。

表现为突然发热、寒战、轻微关节痛，后期出现特征性皮肤损害。也可发生淋菌性心肌炎、心包炎和心内膜炎，淋菌性肺炎、胸膜炎、腹膜炎和淋菌性肝炎也较为常见。

三、诊　断

淋病的诊断主要依据病史、临床表现和实验室检查就可确诊。

（一）实验室检查

目前较实用的方法主要是涂片检查淋球菌和淋菌培养。

（二）男性淋病

1. 急性淋病

(1) 近期有不洁性交史；

(2) 典型的临床表现；

(3) 尿道口脓性分泌物涂片检查；

(4) 尿双杯试验在急性期有较大诊断价值。

2. 慢性淋病

涂片检查阳性率较低，但不要轻易排除患病可能性。

(1) 有不洁性交史和急性淋病症状，治疗不彻底或不当；

(2) 尿双杯试验多可确定病变部位；

(3) 注意检查尿道、阴囊处；

(4) 要排除其他病原感染。

（三）儿童淋病

(1) 密切接触者有淋病患者；

(2) 局部体征；

(3) 涂片检查菌阳性。

四、治疗及预防

（一）治疗原则和注意事项

(1) 对淋病患者应早期诊断、早期治疗，以防转为慢性期。用药要及时、足量、规范。

(2) 急性期病人不宜过劳，需卧床休息，避免剧烈运动。严禁饮酒、吃刺激性食物，严禁性生活。

(3) 家庭中有淋病患者应分居，注意隔离和消毒，如浴巾、浴盆要分开使用，被污染的衣物、用具需消毒。特别要保护眼睛，家中有婴儿者更应特别注意。

(4) 如有淋菌败血症、眼炎、关节炎、脑膜炎、心内膜炎等严重患者，要及时住院治疗。

(5) 在治疗的同时，患者的配偶和性伴侣均应到医院检查治疗。

(6) 治疗可选用青霉素，可单用或与丙磺舒联合应用。如治疗无效或已证实为耐青霉素淋球菌株感染者可选用壮观霉素或者先锋霉素治疗。

(二) 治疗方案

(1) 青霉素 480 万单位，或羟氨苄青霉素 3.0 g 口服，或氨苄青霉素 2.5 g，三药任选一种，同时服丙磺舒 1.0 g。

(2) 青霉素过敏者可用四环素 500 mg，口服每日 4 次，共 7 天；强力霉素 100 mg 口服，每天 2 次，共 7 天。

(3) 孕妇用红霉素 0.5 g 口服，每日 4 次，共 7 天。

(4) 上述方法都不适用者或治疗失败者可用壮观霉素 2 g，肌注一次或用头孢菌素类药物。

(5) 性伴侣的处理：30 天内与患者接触过的性伴侣需做细菌培养，并用上述方案之一进行预防性治疗。

(三) 治愈标准

(1) 治疗结束后，患者临床症状和体征完全消失。1 周后男性患者尿道取标本，女性患者由宫颈取标本做涂片及培养，连续 3 次均为阴性。

(2) 男性患者还要在临床症状和体症完全消失后的第 3 周做前列腺按摩，取前列腺液涂片及培养，连续 3 次均为阴性。

(四) 预　防

(1) 广泛深入地进行性知识和性道德的教育，宣传淋病的危害。采取切实有力的措施，坚决取缔娼妓卖淫活动。普查、普治，彻底消灭传染源。

(2) 发现淋病患者要彻底治疗。困淋病易转为慢性，反复发作，所以要严格治愈标准，对已治愈的患者应定期复查，对复发者进行必要的复治。

(3) 对有不洁性接触史而无症状、涂片或培养均为阴性者，也应进行隔离治疗，以防无症状性淋病成为传染源而扩散。

(4) 对淋病患者治疗的同时，积极诊治其性伴侣，防止传播或再感染。

(5) 安全套的使用对配偶防止感染淋病有保护作用。

(6) 对淋菌污染的被褥、衣物、用具及被污染的手，均应严格消毒，防止感染扩散，应特别注意对儿童淋病的诊治。

(7) 新生儿常规用 1%硝酸银或其他抗菌药物滴眼，可有效地防止新生儿淋菌性眼病的发生。

(8) 加强淋病监测，进行婚前和孕期检查，可疑者及时治疗。

(9) 治疗淋病的同时，应注意是否合并感染其他性传播疾病，如梅毒、非淋菌性尿道炎等，要一并诊治。

第四节　非淋菌性尿道炎

除淋球菌以外，由其他病原体引起的尿道炎统称为非淋菌性尿道炎(非特异性泌尿生殖系统感染)。它是当今国内、国外最常见的性传播疾病之一，也可能与淋病并发或交叉感染。好发于青、中年性旺盛期，25 岁以下占 60%。男性可合并附睾炎，附睾肿大，发硬且有触痛，有的还可合并睾丸炎、前列腺炎等。女性可并发宫颈炎、宫颈炎症和糜烂、分泌物增多、阴道及外阴瘙痒、盆腔炎、输卵管炎，出现下腹部不适、月经异常、异位妊娠、流产及不育症等。对于沙眼衣原体引起的感染者，即使能生育的，生下来的婴儿也难免发生眼、耳部的衣原体感染而死亡。

一、病原特点

目前，非淋菌性尿道炎是指衣原体(占 40%～50%)、支原体(占 20%～30%)及一些尚不明致病病原体(占 10%～20%)引起的尿道炎。

衣原体为革兰氏阴性病原体，是一种专性细胞内微生物，必须由宿主细胞提供能量，成为寄生物，是自然界中传播很广泛的病原体。衣原体的全部生长发育约 48 h(有的 72 h)，完成生长周期后即可感染其他细胞。

支原体是一种原核微生物，呈球杆状，高度多形性，没有坚硬的细胞壁，能在无细菌的培养物中增殖，因其缺乏坚硬的细胞膜，对青霉素耐药，对细胞膜有亲和性，生长繁殖时需要类固醇物质。

其他如阴道滴虫、单纯疱疹病毒和白色念珠菌等，可能是少数非淋菌性尿道炎的病原体。

二、传播途径及潜伏期

(一) 传播途径

(1) 直接性接触感染：与患有非淋菌性尿道炎的病人性交。

(2) 间接接触感染：使用患有非淋菌性尿道炎的病人用过的衣裤、床上用品、毛巾、浴盆、抽水马桶等。

(3) 产道感染：患有非淋菌性尿道炎的产妇通过产道感染新生儿。

(4) 妇产科医生和母亲的手指也是把病原体带给新生儿的一个重要途径。在胎膜完整的情况下，从羊水、胎盘和胎儿血液中可分离出支原体，因而证明胎儿在宫内也可发生感染。

(二) 潜伏期

常与淋病同时感染。患者一般先出现淋病症状，经抗淋病治疗后，淋球菌被杀死，而衣原体、支原体依然存在。在感染 1～3 周后发病。临床上很易被误认为淋病未治愈或复发。

新生儿通过感染的产道、生后 3～13 天可发生眼结膜炎，眼部有黏液脓性分泌物，也可无分泌物。但多不侵犯角膜。生后 2～3 周可发生肺炎。症状不断加重，呼吸急促为其特点，但不发热。

一般讲，此病潜伏期：男性为 1～4 周，女性为 1～3 周。

三、临床表现

男性非淋菌性尿道炎起病较缓，症状较轻，病情拖延，时轻时重。尿道有刺痒感或灼热感，偶有刺痛感，尿道口有分泌物，但较淋病的分泌物稀薄，为清稀状水样黏液性或淡黄色黏液性，分泌物量也较淋病少。在长时间未排尿或晨起首次排尿前才溢出少量分泌物，有时仅表现为晨起痂膜封住尿道，痂膜易被尿流冲掉。或内裤污染，有分泌物附着。由后向前按挤前尿道才可能有少许分泌物由尿道口溢出。有时，病人有症状无分泌物，也可无症状而有分泌物。

女性非淋菌性尿道炎的特点是症状不明显或无任何症状。当被感染引起尿道炎时，约 50%有尿频、尿道灼热感或排尿困难现象，尿道口可发现有少许浆液样或黏液脓性分泌物，但一般无尿痛或仅有轻微尿痛的症状。有时宫颈也有炎症或糜烂，检查时发现，宫颈水肿、糜烂，白带增多，所以经常造成外阴或阴道瘙痒。前庭大腺患病的女病人，前庭大腺肿大，局部红肿，也可能形成脓肿。合并有输卵管炎、子宫内膜炎、盆腔炎的病人，会出现相应的症状。

本病可有症状或无症状，亚临床感染可持续存在多年。无论有症状还是无症状，其后果同样严重：除尿道炎、眼结膜炎外，可引起其他生殖器官炎症，如附睾炎、前列腺炎、输卵管炎、宫颈炎、阴道炎及盆腔炎等，最后导致不育症和异位妊娠，也可感染婴儿引起结膜炎和肺炎。男性同性恋者，可患直肠炎及咽炎。

四、非淋菌性尿道炎与淋病鉴别

表 15-1　非淋菌性尿道炎与淋病鉴别

项　目	非淋菌性尿道炎	淋　病
潜伏期	长，一般 1～3 周	短，一般 2～3 天
全身症状	没有或轻微	急性期常有轻重症状
局部	尿道刺痒	明显刺痒刺痛
尿道分泌物	黏液性，稀薄，量少	脓性，黏稠，量多
分泌物培养	衣原体支原体	淋球菌

五、诊断要点

(1) 1～3 周前有不洁性交史，或配偶有感染史。

(2) 尿道炎症状,男性较为突出,女性则为尿频,排尿困难,或有宫颈炎、外阴炎、白带多。

(3) 尿道分泌物涂片检查,显微镜每高倍视野下多形核白细胞数大于 15 个,革兰染色镜检未见阴性双球菌,培养淋球菌阴性。

(4) 培养或其他方法证实有衣原体或支原体。

六、治　疗

非淋菌性尿道炎是完全可以治愈的,但是应得到正规的治疗。应针对病原体,使用广谱抗生素治疗。应遵循及时、规则用药的原则,根据不同病情选用相应的抗生素治疗。磺胺、利福平对衣原体有效,庆大霉素、新霉素、多粘菌素对衣原体无效。链霉素、壮观霉素对支原体有效,对衣原体无效。

孕妇及儿童不宜用四环素、强力霉素、喹诺酮类药物,可选用红霉素。

如淋病和非淋菌性尿道炎双重感染,则先采用青霉素、淋必治等治疗。

目前对四环素、强力霉素、红霉素已有不少菌株产生耐药。新一代合成抗菌药喹诺酮不但对衣原体、支原体有效,对淋球菌也高度敏感。

总之,治疗非淋菌性尿道炎以四环素、红霉素族药物为主。阿奇霉素、美满霉素是近年来常用的治疗本病的药物,它们的疗效较四环素高,有效率约 90%以上。

非淋菌性尿道炎男性可有尿道口红肿,龟头有充血,红疹;女性则有外阴瘙痒,白带量多及阴道瘙痒等症状。除服药治疗外,局部治疗也很关键。常用 3%硼酸水、洁尔阴湿敷阴部或冲洗外阴。

本病治疗时所需的疗程较长,最需要耐心。性伴侣也要同时进行治疗。

七、治愈标准及预防

(1) 临床症状消失一周以上,尿道无分泌物或分泌物中白红胞≤4 个/高倍显微镜视野。

(2) 尿液澄清,沉渣镜涂片无白细胞。

(3) 荧光免疫法尿道(宫颈)标本衣原体、支原体检查阴性。

预防非淋菌性尿道炎发生的关键是杜绝不洁性交。此外,公共浴堂的卫生也很重要,不提倡盆浴,衣服要单独存放。淋病加大了本病发病的机会,如患淋病,要积极治疗,彻底治愈。淋病治愈后要化验检查是否患有非淋菌性尿道炎。配偶、性伴一方患病后,另一方要作化验检查,发现患病后要积极治疗。

第五节　软下疳

一、病原及传播方式

软下疳是由杜氏嗜血杆菌引起的一种急性有选择的局限性疾病,主要通过性交传染,为传统分类的四种性病之一。

二、临床表现及诊断

（一）临床表现

软下疳的潜伏期最短 1 天，平均 2～3 天，也有长达 10～30 天者。好发部位主要为男女生殖器周围。

皮损于不洁性交后经过潜伏期开始出现，初为炎性红斑性丘疹，迅速形成脓疱，破溃后形成一个疼痛、边界清楚、参差不齐的潜蚀性边缘的溃疡，呈圆形或卵圆形，比较浅表、溃疡基底触痛、易出血、较柔软，以此有别于梅毒的硬下疳。软下疳经过 2～3 周或 1～2 月愈合，残留瘢痕。软下疳的各期都无水疱出现。

患软下疳的女性患者，疼痛较轻，尿液经过溃疡时有烧灼感，常成为妇女就诊的主诉。

如患者自己用手触摸溃疡，可能因自己接种形成卫星状溃疡，软下疳还可有一些变型，如毛囊性软下疳、矮小软下疳、一过性软下疳、丘疹性软下疳、巨大软下疳和疳蚀性软下疳。

并发症有以下几种。

（1）横痃：约有半数左右的患者出现腹股沟淋巴结炎，局部红、肿、热、痛，化脓变软，破溃为溃疡，2～4 周愈合。好发于男性，常为单侧，左侧多见。

（2）包皮炎和嵌顿包茎。

（3）小横痃：发生在阴茎背侧。

（4）混合感染，如梅毒或其他病原菌。

（二）诊　断

（1）发病前 2～5 天有不洁性交史；

（2）男性包皮内外、系带、阴茎头等处，女性的大小阴唇、尿道口等处有一处或多处溃疡，基底软、痛与触痛；

（3）单侧腹股沟横痃，有触痛，破溃后形成鱼口；

（4）直接涂片查到杜克雷嗜血杆菌；

（5）全血培养基培养出杜氏杆菌；

（6）暗视野检查梅毒螺旋体阴性，梅毒血清试验阴性。

三、预防及治疗

（1）避免不洁性交。本病不产生免疫力，虽少见复发，但可再感染。

（2）复方新诺明，每次 2 片，每天 2 次，共 7 天。

（3）红霉素、四环素或其他广谱抗生素，都可根据病情选用。

（4）局部治疗：对横痃不宜切开，如有波动感，可反复抽吸。

第六节 尖锐湿疣

此病好发于皮肤与黏膜交界处,是由病毒感染引起的纤维与上皮组织增生性疾病。在性生活比较活跃的年轻人中多见。

一、病原与传播方式

尖锐湿疣的病原为人乳头瘤病毒。1968年科学家在电子显微镜下从人类尖锐湿疣组织内找到此病毒颗粒。

传播方式主要是性交直接传染,皮肤的轻微擦伤就容易引起病毒入侵,也可通过血液和胎盘传播。

此病近年来在中国发病较多,仅次于淋病和非淋菌性尿道炎。

二、临床表现及诊断

本病潜伏期一般3周~8个月。

好发部位男性主要是阴茎的龟头部位,女性主要是大小阴唇、会阴及阴蒂。

皮损特点:男性为淡红色长形或丝状皮损、有蒂,可集聚融合成菜花状;女性为乳头状、蕈状、菜花状,呈红色或灰白色,易糜烂渗液。

诊断主要依据病史、症状及体症、发病部位和皮肤损害特点。

三、治 疗

目前治疗尖锐湿疣主要是以内治为主,外治为辅。外治的方法很多,有药物治疗、冷冻治疗、激光治疗、微波治疗、电烧治疗、手术治疗等。

(一) 常规治疗方法

1. 药物治疗

(1) 5% 5-Fu软膏。5-Fu是一种常用的抗肿瘤药物,它能抑制细胞的增殖,作用较为温和,一般需治疗2~3周。

(2) 三氯醋酸。可用来烧灼疣体,一般用于治疗Ⅱ型病变。

2. 微波治疗

20世纪90年代后兴起的治疗方法。它的原理是利用微波的高频震动,使疣体内部水分蒸发,坏死脱落。微波治疗的特点是,疣体破坏彻底,不易复发,但创面恢复较慢,容易继发感染。所以微波治疗特别适用于治疗较大的、孤立的、散在的疣体。

3. 冷冻治疗

液氮或二氧化碳干冰冷冻。此方法可使尖锐湿疣内结冰,形成组织局部的高度水肿,从而破坏疣体。冷冻治疗的最大好处是局部不留痕迹,一般无明显后遗症。治愈率约70%左右。

4. 激光治疗

适合外阴、肛门周围等表浅的湿疣。它的特点是见效快，在治疗过程中，疣体即可脱落。常用的是二氧化碳激光烧灼疣体，一般1次即可使疣体脱落。但是，由于激光的光束过于集中的原故，激光治疗只适用于疣体较小的尖锐湿疣，治愈率可达80%。

5. 电灼治疗

电烧灼是较老的一种治疗方法。它的特点是操作简单，见效快，治疗也较彻底，可用于任何尖锐湿疣的治疗。但是，电烧灼疮面愈合较缓慢。高频电刀或电针，对宫颈或阴道较小病损治疗较合适。较大的疣则需分批电灼。

6. 手术切除

对带蒂的较大、孤立的疣体可考虑手术切除。因为手术治疗尖锐湿疣很容易复发，因此，一般不主张手术切除。但对带蒂的较大的疣体或疑有恶变者，可考虑手术切除。

7. 手术刮除法

用消毒刮匙自根部将病变组织刮除，彻底清除创面的残余病变组织，然后用33%三氯醋酸溶液或纯碳酸溶液或3%氯化铁液涂局部。

（二）疣苗疗法

尖锐湿疣是由人类乳头瘤病毒引起的，具有潜伏期长、传染性强、复发率高的特点，由于目前所有抗病毒药物都不能有效地抑制病毒的复制，而提高人体免疫力的药物又因针对性不强、没有特异性和持久性等缺点，达不到将病毒清除体外，彻底治愈的目的。近几年，我国科研人员对引起尖锐湿疣的病因、病理和病毒的类型进行了广泛深入的实验和临床研究，推出了病毒干扰疗法——疣苗疗法，它可主动阻断病毒的整合程序，防止病毒的繁殖复制，有效地控制尖锐湿疣的复发传染，达到彻底治愈尖锐湿疣的目的。

第十六章　艾滋病

第一节　艾滋病的概念及流行病学

一、艾滋病的概念

艾滋病即获得性免疫缺陷综合征(Acquired Immunodeficiency Syndrome，AIDS)，英文缩写发音即为艾滋病。

该病由人类免疫缺陷病毒(Human Immunodeficiency Virus，HIV)感染而引起，导致被感染者免疫功能的部分或完全丧失，继而发生机会性感染、肿瘤等。艾滋病的病死率极高，目前尚无彻底治愈的方法，但是完全可以预防。

以上定义表达了两个基本点：一是病因为人类免疫缺陷病毒(艾滋病病毒)；二是疾病的主要表现是机体免疫缺陷。主要表现为各种机会性感染和肿瘤。绝大部分的艾滋病患者死于各种机会感染和恶性肿瘤。

二、艾滋病的流行病学

(一) HIV 的发现

最早发现的艾滋病毒是寄生在中部非洲国家的一种绿猴体内，最后怎样发展到感染人体，现在还没有定论，但中部非洲国家早在 20 世纪 60 年代就有 AIDS 疑似病历报告，发现最早的 1 份 HIV 抗体阳性血清是 1959 年采集保存的中部非洲国家扎伊尔的人血浆。全世界研究艾滋病的医学家们都发现某些人群以及人类的某些行为容易导致感染艾滋病毒。

(二) 艾滋病的流行状况

早先的艾滋病主要聚集在撒哈拉南部非洲的一些部落里，很快，到了 20 世纪 70 年代末，西欧和美洲开始流行，每年感染几十万人。值得注意的是，同性恋、静脉注射毒品者、性滥交者的感染率、发病率比其他所有人群都要显著。由此，国外专家得出结论：肛交、不卫生静脉注射、一人拥有同性或异性或混合的多名性伴侣等行为最容易被感染，其他如输入被感染的血液、与感染者发生性行为或接吻、伤口被病毒污染等也被证明是高度危险行为。

从 20 世纪 80 年代末开始，亚洲国家和中东也开始艾滋病的流行，特别是南亚、东南亚国家流行凶猛，强度不亚于当初欧洲和美洲，现在已成为亚洲发展中国家的主要疾病负担。亚洲国家没那么多同性恋，因此感染者主要是那些卖淫嫖娼、静脉注射毒品以及被这些感染者传染的家人等，最可怜的是艾滋病人或感染者所生的孩子，因为他们还没出世就很可能已经感染了艾滋病病毒。

1. 世界艾滋病流行现状

据世界卫生组织（WHO）报告，截止到 2004 年 9 月底，全世界艾滋病病毒感染者/艾滋病病人约 8 000 万，已死亡 2 500 万人，其中成人 1 970 万、儿童 530 万。感染者中的 95%在发展中国家。如果不包括婴儿，感染者中有一半是青年人。

现在全球新感染艾滋病的人数正以每天 16 000 人的速度上升（每 5.4 s 就有 1 个感染者），其中 90%以上集中在发展中国家。

艾滋病问世 20 年时间，已有近 2 500 万人丧身于 AIDS，非洲占 1 830 万。因父母死于艾滋病的孤儿已达 1 700 万，其中 85%以上是在非洲。全球近 8 000 万 HIV 感染者中，非洲占 70%以上，存活的 5 500 万艾滋病患者中，非洲占 60%。目前全球已累计 8 130 万 HIV 感染者。

2001 年全球 610 万新 HIV 感染者中非洲占 480 万。非洲有 8 个国家 HIV 感染者为全球最高，15～49 岁人群感染率在 12%～25%之间。在津巴布韦的某些城市孕妇 HIV 感染者大于 50%。博茨瓦纳、纳米比亚、赞比亚孕妇 HIV 感染者在 20%～40%之间。南非总人口数为 4 250 万，HIV 感染者已逾 400 万，至少有 10 个非洲国家平均每 10 个人中有 1 个是 HIV 感染者，而津巴布韦、博茨瓦纳每 4 个成人就有 1 名 HIV 感染者。

联合国艾滋病规划署和世界卫生组织估计，21 世纪初撒哈拉南部大约有 2 330 万非洲人被艾滋病病毒感染或患有艾滋病。这几乎是只占世界人口的 10%的这一地区有全球近 70%的感染者和病人。2002 年出生时携带这种病毒或通过母乳喂养而感染的 50 万儿童中，将近 90%的生活在撒哈拉以南非洲。

亚洲艾滋病流行形势不容乐观，特别是东南亚，艾滋病感染呈上升趋势。印度的感染者已超过 600 万，泰国的感染者已达 150 万，越南、缅甸、柬埔寨分别达到 30 万～50 万。柬埔寨每 20 名孕妇中就有 1 人是艾滋病感染者，每 16 名士兵和警察中就有 1 人被感染。

（1）全球艾滋病病毒（HIV）传播模式。联合国艾滋病规划署与其他有关的国际机构合作，根据艾滋病传播方式的不同，将艾滋病传播分为几种“模式”。

① 主要传播途径是同性恋之间的性交，占 5%～10%。主要见于发达国家，如北美的美国和加拿大、西欧的德国、大洋洲的澳大利亚和新西兰以及拉美的巴西、墨西哥等。

② 主要传播途径是异性性传播，占 70%～75%。见于发展中国家，如非洲的撒哈拉以南地区和加勒比地区的海地、多米尼加等国。

③ 传播方式杂乱，既有经血传播（占 5%～10%），也有异性和同性传播，还有静脉注射毒品传播（占 5%～10%），其他为 0%～17%。见于东欧、北非、亚洲和太平洋地区的一些国家。

（2）艾滋病患者分布。艾滋病患者的洲际分布和国家分布不尽相同，国家分布前

10位的情况见表16－1。

表16－1 艾滋病病例绝对数前10位的国家

排　序	国　家	占全球/%	排　序	国　家	占全球/%
1	美国	33.85	6	津巴布韦	3.73
2	巴西	6.36	7	乌干达	2.81
3	坦桑尼亚	5.15	8	西班牙	2.65
4	泰国	4.40	9	马拉维	2.59
5	肯尼亚	4.16	10	法国	2.53

（3）艾滋病的流行分期。

① 低流行期。艾滋病病毒感染一般集中在暗娼、嫖客、静脉注射毒品者、性病门诊就诊者、同性恋、长途卡车司机和流动人群中，上述各类人员均可作为低流行期的主要监测对象。

在低流行期，除对上述高危人群进行血清艾滋病病毒抗体检测外，应同时开展高危行为的调查。及时开展行为监测能起到最有效的预警作用。若行为监测资料表明人群中高危行为在增加或其他指标如性传播疾病、乙肝等的患病率明显升高，则说明人群中存在多性伴无保护的性行为或共用注射器等行为在增加，而后的艾滋病流行只是时间问题，因为人群中高危行为变化的发生一般要早于艾滋病传播流行的发生。

② 聚集流行期。通过行为监测了解到高危人群和一般人群的联系数量和频度均很少，同时了解到在一般人群中很少发生高危行为时，表示艾滋病病毒感染仍集中在高危人群中，即使一般人群与高危人群有些联系，在这种情况下，人群中受感染的人数在一段时间内尚不足以引起大规模流行，但潜在着广泛流行的危险。

在聚集流行期，对高危人群除继续进行血清艾滋病病毒抗体检测外，对一般人群特别是性活跃人群中与高危人群有性接触的一般人群应进行血清学检测和知识、态度、行为监测。

③ 广泛流行期。在高危人群中继续发生新的感染者，造成艾滋病的扩大蔓延，艾滋病流行范围已远超出高危人群及其直接接触者。进入艾滋病广泛流行期的地区除不能削弱前两个流行期的监测工作外，还必须注重一些在干预工作中没有得到有效改变的危险行为进行深入研究，应从社会、经济和文化的角度探索什么样的人群以及为什么这一人群对艾滋病病毒易感染。

在广泛流行期特别要注意青年人的行为变更，随着流行的扩展和感染率的上升，大多数人由于自己或性伴侣暴露于艾滋病病毒感染的危险中而被感染，因此，新感染者多集中在刚进入性活跃期（15～49岁）的中、青年人。由于这一人群中绝大多数是刚开始有性行为者，他们较容易接受规劝与采取安全的性行为，只要改进性行为，艾滋病感染率也会随之下降。

2. 中国艾滋病流行现状

艾滋病在全球肆虐，随着全球艾滋病流行重心逐渐向亚洲转移，在我国周边国家严重流行，对我国的威胁日趋严重。

我国自 1985 年发现首例艾滋病病人，截止到 1999 年 9 月底，全国共有 31 个省份(未含港、澳、台)发现疫情，累计报告 HIV/AID530711 例，其中艾滋病病例 741 例(已死亡 397 例)。中国为世界第 17 位，亚洲第 4 位(泰、印、缅、中)。

1999 年，全国共检测各类人群 4 438 529 人次，有 30 个省份报告检出 HIV/AIDS 共计 4 677 例，其中艾滋病病例 230 例，已死亡 132 例。检出 HIV 感染者，男性 3 866 例，女性 668 例，男女比例约为 6∶1。20～29 岁年龄组感染人数最多，占 58.0%。静脉注射毒品是我国目前导致 HIV 感染流行的主要原因，占全年总数的 78%。据专家估计，目前全国人口中实际检出 HIV 感染者 90 万人左右。发病者达 8 万多例，在个别地区的特殊人群中间，艾滋病毒的传播速度已达到世界最高水平。但多数专家认为，如果防治措施有力、到位，艾滋病感染者有可能控制在 300 万以下。

我国艾滋病流行开始较晚，但发展迅猛。专家们认为，中国的艾滋病流行在经历了传入期、扩散期之后，从 1994 年起已进入了快速增长期，其特点如下。

(1) 流行范围扩大。艾滋病病毒于 1985 年传入我国，到 1999 年年底已传遍了全国 31 个省、自治区和直辖市。

(2) 感染人群增加。感染人群已不再局限在吸毒人群，而扩散到整个高危险人群，即吸毒人群、卖淫妇女、性乱人群、职业献血员及流动人口等。

(3) 性别比缩小。女性艾滋病病毒感染者人数逐年上升，男女性别比由最初的 8∶1 降至目前的(5～6)∶1。

3. 我国艾滋病流行的影响因素

(1) 性病发病率逐年增高。

(2) 流动人口剧增。目前我国的流动人口已达 2 亿之多，年龄多在 20～25 岁左右，他们文化水平较低，正处于性活跃时期，自我控制能力又较差，成为艾滋病感染的危险人群。

(3) 性观念和行为的改变。

(4) 吸毒、贩毒现象蔓延。

(5) 卖淫嫖娼屡禁不止。

(6) 艾滋病预防基本知识缺乏。

(7) 艾滋病的医源性感染。包括输用被 HIV 污染的血液、血液成分和血液制品，以及不安全的“侵入性操作”(如静脉用药、人工受精、器官移植等)。

调查显示，在中国确实存在艾滋病病毒传播给静脉吸毒以外人群的可能性。大量的人口流动以及收入差距的扩大，已经给中国的性行业增加了动力，估计全中国可能有 800 万妓女。行为调查显示，每 10 个妓女中有 5 个以上的人从来没有使用过避孕套以保护她们自已和她们的嫖客避免感染性病和艾滋病病毒，在一些地区，这一数字高达 90%。

第二节　艾滋病病毒(HIV)的病原学特点

一、HIV 的基本特征

HIV 归属于反转录病毒科(Retoviridae)中的慢病毒亚科(Lentivirime)。主要特征是:① 具有浓聚锥状核心结构;② 具有依赖镁离子的高分子量逆转录酶;③ 病毒基因组整合入细胞染色体,但不引起细胞转化;④ 从细胞浆膜芽生成熟。

根据发现时间的先后,把艾滋病病毒分为 HIV－1 和 HIV－2。HIV－1 和 HIV－2 主要区别是它们核酸顺序的差异。HIV－2 的潜伏期可能更长一些,但引起的病理变化与 HIV－1 相同。因此,在抗体测定试验中,两种病毒也存在一定程度交叉。HIV 的外形大体与流行性感冒病毒相似,整体呈球形或椭圆形,其直径为 90～130 nm。HIV 主要有外膜和内核两部分组成。外膜成分镶嵌在脂性基质中,它们与病毒结合到宿主细胞有关。病毒的核内有 3 种酶,即逆转录酶、整合酶和蛋白水解酶。

HIV 为单股 RNA 病毒,含有一种特殊的 RT(逆转录酶),病毒复制时先以单股 RNA 作模板通过逆转录酶转录为双股 DNA,该双股 DNA 可与宿主感染细胞的 DNA 整合。因此,感染后,HIV 不易从体内消除。

病毒基因组含有两类基因,结构基因和调节基因。结构基因负责合成维持病毒物理结构。调节基因负责病毒其他成分活性和特异性启动及中止其他基因的蛋白质合成。HIV 病毒具有高度的变异性,这也是生物界的普遍规律。由于其变异性,导致了其血清学及分子学方面的变化,给研制有效的疫苗带来很大的困难。

对 HIV－1 唯一敏感的动物是猩猩。猩猩在接种 HIV 后 1～2 周就出现病毒血症,经过 4～9 个月的潜伏期(可长至 5 年以上)出现类似患者的症状,但症状是一时性的,可自行消退。

人体对 HIV 敏感的细胞是带有 CD_4 分子的 T 淋巴细胞,包括人脐带血、外周血及骨髓淋巴细胞,各种人 T 细胞系、外周血淋巴母细胞系、人巨噬细胞系。部分肿瘤细胞也可支持 HIV 增殖。

HIV 与其他病毒相比,有几个重要特点:

(1) HIV 的遗传物质(RNA)整合到宿主细胞中,不易被人体免疫系统发现;

(2) HIV 能不断发生变异,使机体产生出来的抗体不能识别病毒;

(3) HIV 感染并致死免疫系统中起重要作用的 T_4 细胞,最终使整个免疫系统丧失功能。

二、HIV 的分型

HIV 病毒在传播过程中极易发生变异,并因此产生出许多具有相对独立的基因序列亚型,并在全球范围的流行蔓延过程中形成一定的地区性分布特点。目前已经确定了 HIV－1 的 A、B、C、D、E、F、G、H、I、O 十种亚型。A、C、D 亚型主要流行于非洲,以性病传播为主;B 亚型主要流行于欧美及部分亚太地区。据估计,HIV 病毒在传播过程中以每年0.5%～1%的速度发生变异，如果一个地区流行的HIV毒株间相互差异越大，说明HIV在该地区流行的时间越长。

我国流行的HIV大多属HIV-1的B、C、E亚型。

三、HIV的抵抗力

HIV相当脆弱，一般离开人体数小时后即死亡，且容易被高温、消毒剂杀灭。但在潮湿、温暖及被含有大量HIV的体液（如血液）污染的环境里，存活时间可能要长一些。

HIV对环境中物理因素的抵抗力不强。它不耐酸，pH值降至6时，病毒滴度即大幅度下降；较耐碱，pH值高至9时，病毒滴度仍下降甚微；在23～28 ℃室温液体环境中可存活15天以上，对热敏感，将带有病毒的血清暴露于56 ℃下30 min可使病毒酶系破坏，但不能完全灭活血清中的HIV，经过60 ℃ 3 h或80 ℃ 30 min的作用，就不能检出感染性病毒；HIV不耐脂溶剂，对各种消毒剂、去污剂等化学物品一般相当敏感，质量分数为50%～70%的酒精（经10 min）、2%的福尔马林、5%的石炭酸、1%的来苏儿、1%的家用漂白粉、5%的副甲醛、1%的戊二醛、3%的双氧水、25%的丙内酯、1%的次氯酸钠等（10～30 min）均可灭活病毒。

第三节　艾滋病病毒传播特征和感染机制

一、HIV的传播途径

（一）血液接触传播

经输入HIV污染的血液或血制品、共用污染的针头或锋利器具而感染，例如静脉注入吸毒者共用针头；HIV感染者血液中存在游离的感染性病毒和病毒感染细胞，其中病毒感染细胞比感染性病毒要多。血液病毒水平与疾病程有关，急性感染期和疾病进展期的病人体内含有较多的病毒，传染性较大。血液病毒含量越高，预后就越差。

（二）性接触传播

与HIV感染者进行有体液交换的异性之间和同性之间的性接触，包括阴道性交、肛门性交或口腔性交；同血液中HIV相似，在急性感染期和有症状期精液中的病毒量最高，特别是当同时患有性病的情况下；阴道液中也发现有HIV病毒，但比精液中要少。

（三）母婴传播（围产期）

患有艾滋病或感染HIV的母亲，可以将HIV传播给她所生的婴儿，概率介于15%～60%之间，主要通过胎盘、胎儿经过产道时和产后母乳喂养时感染。

二、HIV传播具备的条件

（1）有足够数量的病毒从感染者身体排出。

（2）排出的病毒经一定方式传递给他人。

(3)足量的病毒能通过接触者的皮肤、黏膜等进入体内(如有破损等)。

三、影响HIV传播的因素

(一) HIV感染者的体液

艾滋病病毒感染者的血液、乳汁、精液和阴道分泌物中含有大量艾滋病病毒。艾滋病病毒感染者通过未采取安全措施的性行为、血液接触、妊娠、分娩和哺乳期的母婴传播,传染给其他人。

(二) 性病可促使艾滋病传播

性病(溃疡性和非溃疡性)与HIV感染关系十分密切,世界上性病发病率高的地区,HIV感染的发病率也高。性病可使HIV传播的危险性增加的依据如下。

(1) 性病与艾滋病有着共同的传播途径(性接触传播);

(2) 罹患性病可破坏皮肤黏膜的完整性,尤其是梅毒、生殖器疱疹、软下疳等性病,可造成溃疡、糜烂,使表皮、黏膜屏障被破坏,易被HIV感染或将HIV传给他人;

(3) 性病病原体引起的炎症使HIV的靶细胞——淋巴细胞、巨噬细胞等在生殖器感染部位聚集、增多,可增加宿主感染的机会;

(4) 最新研究证明,阴道细菌可以降低感染HIV的危险。如乳酸菌可以产生过氧化氢等抗感染物质,缺乏乳酸菌的女性感染HIV-1和淋病的危险性增加。

(三) 行为模式与HIV传播

HIV性传播与性伴数、性伴HIV感染状况、是否合并有性病等其他感染、性交方式(肛门性交比阴道性交、口腔性交感染的机会大)、是否使用安全套等因素有关。资料表明,一次无保护性性交中,HIV传播概率为0.1%～1%。

各种行为感染HIV的危险度见表16-2。

表16-2 各种行为感染HIV的危险度

危险性	行为
非常高	输入被HIV污染的血液或血液制品;共用被污染的注射器;与HIV感染者进行性交未使用安全套;未使用安全套的肛交
高	破损皮肤部分暴露于被HIV污染的血液
中等	针头刺破;破损皮肤轻微暴露于被HIV污染的血液
非常低	使用安全套的性交;口交(无溃疡或伤口)
很低	深吻;完整皮肤暴露于HIV污染的血液
无危险	互相忠贞的单一性关系;握手或拥抱HIV感染者;禁欲者

四、可能感染艾滋病的行为

(1) 没有正确使用避孕套的性交。

（2）输入未经艾滋病病毒抗体检测或经检测后不合格的血液及血液制品。

（3）使用未经严格消毒的医疗器具，如针灸针、注射器、外科手术刀以及其他易刺破或擦伤皮肤的器具。

（4）与他人共用未消毒的剃须刀、牙刷或刮脸、穿耳、纹眉、纹身器械等。

（5）器官移植、人工受精。

（6）运动中碰撞或斗殴造成双方皮肤损伤及流血。

五、不能传播 HIV 的接触方式

（1）一般性的身体接触，如握手。

（2）社交式接吻。

（3）同吃同饮。

（4）共用厕所和浴室。

（5）共用床单、衣被。

（6）使用共同的办公用具、公共交通工具、娱乐设施等。

（7）在同一所学校学习。

（8）HIV 不能在蚊子一类的昆虫体内存活或繁殖。因此，艾滋病不是昆虫传播疾病。

六、HIV 感染机制

（一）HIV 感染的生物学特性

1. 潜在性

病毒和免疫细胞核中的基因整合，成为染色体的一部分，即一旦一个人感染了 HIV，他就终身感染并且终身具有感染性，病毒还具有多变性，因此，使特异性、效价高的疫苗产生困难。

2. 繁殖性

HIV 在感染宿主内不断复制自己，免疫细胞繁殖复制过程中就包含 HIV 的复制，这种整合使免疫识别很难进行。

3. 攻击性

专门攻击对人体免疫系统至关重要的 T_4 细胞和其他细胞；HIV 通过各种途径进入机体后，病毒通过黏附、穿透细胞、复制等过程完成感染。

（二）艾滋病的感染及发病机制

1. 感染机制

HIV 主要侵袭淋巴细胞的辅助性 T 淋巴细胞（CD_4）亚群。HIV 表面包膜蛋白对 T 淋巴细胞表面的 CD_4 分子膜抗原具有高度亲和力。两者融合后，便是黏附过程。进而 HIV 在 CD_4T 淋巴细胞内迅速脱去外壳，为自己生命循环的复制期作好准备。复制开始后，病毒的单股 RNA 作为模板通过逆转录酶的作用转录为双股 DNA，DNA 进入细胞核的核内 DNA 上进行整合，宿主细胞的酶将整合的病毒 DNA 转录为 RNA，并释入至细胞浆内加上包膜蛋白合成病毒颗粒，病毒颗粒在细胞表面装配成子代病毒，以芽生形式形成很多新的 HIV，释放进入机体后再感染其他 CD_4 T 淋巴细胞。

2. 发病机制

HIV 侵入人体后主要攻击的是一种带 CD_4 抗原的淋巴细胞（T_4 淋巴细胞）。这种细胞是免疫系统的基本组成部分，HIV 通过大量、不断地复制与释放，导致 T_4 淋巴细胞大量死亡，使人体内 T_4 淋巴细胞明显减少，感染者免疫功能遭到严重破坏，造成免疫缺陷。临床表现为各种机会性感染与肿瘤。有的发生神经系统病变或症状，可能与神经系统的机会性感染（弓形虫病、新隐球菌感染等）有关。同时可能是亲神经型 HIV 株的直接作用造成的。人一旦受到 HIV 感染将终身携带病毒，因此，HIV 携带者和艾滋病病人都能传播病毒。

第四节　艾滋病的临床表现

HIV 急性感染可有一过性的咽痛、发热、皮疹，如传染性单核细胞增多症或流感样症状。而艾滋病病人在临床上可因受累的脏器不同而症状各异，病人往往根据自己的症状如发热、咳嗽、气喘、腹泻、皮疹及视力障碍等到各科就诊。因此，仅凭临床表现不能判断是否感染 HIV，唯有检测 HIV 抗体或病毒才能做出诊断。

感染 HIV 后，多数人成为无症状 HIV 携带者或亚临床感染者，仅有部分感染者出现症状。有资料表明，感染 HIV 后，5 年内约有 10%～30%发生艾滋病，25%～30%可能发生艾滋病相关综合症，绝大部分 HIV 感染者在感染后 10 年内发生艾滋病。

一、艾滋病的病程分期

从开始感染 HIV 到出现艾滋病症状，按临床病情发展过程可分为四期。

（一）HIV 急性感染期（4～8 周）

资料显示，有 53%～93%的感染者在感染 HIV 后 6 天至 6 周内，常常出现急性症状。症状类似感冒，有发热、全身无力、头痛、肌肉和关节疼痛、腹泻等症状；躯干部出现红色斑状皮疹，淋巴结及肝、脾肿大等。上述症状一般不需治疗，可自行消退。此期 HIV 抗体检测为阴性，医学上称为“窗口期”，窗口期虽然检测不出抗 HIV 抗体，但感染者的血液、精液、阴道分泌物等体液中含有 HIV 病毒，有很强的传染性，在临床上有重要意义。

（二）无症状 HIV 携带期（8～10 年）

感染者缺乏临床症状，血液中不易检测出 HIV 抗原，但可查到抗 HIV 抗体。约 1/3 的感染者可出现持续性的全身淋巴结肿大。无症状携带期可达 8～10 年，同时感染者具有传染性。

（三）临床早期阶段(约1年)

相当于艾滋病相关综合症和全身持续性淋巴结病综合症。表现为全身持续性淋巴结肿大，并伴有非特异性临床表现，如不规则发热、乏力、盗汗、体重减轻、长期腹泻、厌食及各种神经症状；也可出现轻度的机会性口腔感染，如鹅口疮、单纯疱疹或带状疱疹等。

（四）临床晚期阶段(0.5～2年)

此时为艾滋病的末期，在HIV感染数年后，感染者的免疫功能被严重破坏，以致发生各种机会性感染。常见的有卡氏肺囊虫性肺炎、鸟型分支杆菌肺炎及巨细胞病毒、结核杆菌、军团菌、单纯疱疹病毒等引起的肺部感染；HIV所致的中枢神经系统亚急性脑病；消化系统的白色念珠菌感染、隐孢子虫病；皮肤和内脏的卡波西氏肉瘤、恶性淋巴瘤等恶性肿瘤。总之，艾滋病的机会性感染和恶性肿瘤临床表现复杂，它们也是艾滋病死亡的主要原因。

二、艾滋病常见临床表现

（一）呼吸系统疾病

肺部病变发生率为70%～88.8%，主要是肺部机会性感染和恶性肿瘤。

1. 肺部机会性感染

(1) 卡氏肺囊虫性肺炎：最为常见，约占肺部机会性感染的80%。临床表现主要以干咳和发烧为主，典型的胸部X光片可以看到两侧间质性肺炎的表现；确定诊断主要依赖在痰液及支气管冲洗液或肺部组织切片看到肺囊虫。

(2) 肺结核：约占HIV感染末期患者的35.1%。病人肺结核的胸部X光片往往表现得不典型，且容易合并肺外结核，如脑膜结核、淋巴结核、肝脾结核、消化道结核及结核菌血症等。

(3) 细菌性肺炎和其他呼吸道感染。

2. 肺部肿瘤

卡波西氏肉瘤，非何杰金氏淋巴瘤等。

（二）消化系统疾病

霉菌性口腔感染、食道炎、肠胃炎较常见。下消化道并发症最常见的症状是长期不明原因的腹泻、发烧、衰弱，常见病因是巨细胞病毒感染，沙门氏菌或阿米巴等感染。由于HIV和乙肝病毒的传染途径是一样的，因此HIV感染者往往伴有高的HBV和HCV感染。

（三）神经系统疾病

最常见的是隐球菌脑膜炎、结核性脑膜炎及肿瘤。

（四）皮肤病变

皮肤损害可分为三型。

(1) 肿瘤型:有卡波西氏肉瘤、淋巴瘤、皮肤鳞癌等。

(2) 感染型:有传染性软疣、带状疱疹、隐性球菌病、毛囊炎、脓疱疮、霉菌感染。

(3) 其他:有脂溢性皮炎、银屑病等。

另外还会导致泌尿系统、心血管系统和眼部等器官的病变。

三、机会性感染和肿瘤

某些致病力较弱的微生物,在正常人体免疫功能无异常的情况下不能致病,但当免疫功能缺陷时,为此类微生物创造了致病的条件与机会,引起人体的感染性疾病称为条件性感染或机会性感染。由于艾滋病的免疫缺陷是不可恢复的,因此机会性感染十分严重、广泛,故多是致死性条件感染。从实质上看,它是艾滋病的结果,并非病因。

(一) 常见的机会性感染

(1) 寄生虫性感染:卡氏囊虫性肺炎;弓型体虫病脑病;隐孢子虫病性肠炎。

(2) 真菌性感染:隐球菌病深部组织感染;白色念球菌感染;肺部曲霉菌病;肺组织胞浆菌病。

(3) 细菌性感染:鸟分支杆菌感染;结核菌感染;沙门氏菌、空肠弯曲菌等感染。

(4) 病毒感染:乙型肝炎;单纯疱疹;巨细胞病毒。

(二) 常见肿瘤

卡波西氏肉瘤、淋巴瘤等。

第五节 艾滋病的诊断

一、HIV 感染的实验室检测

实验室诊断主要包括:确定有无 HIV 感染、机体免疫力水平及各种机会性感染的检测。它们不仅为 AIDS 患者以及未出现临床征候的 HIV 感染者提供确证依据,而且还可在监控病情进展、治疗反应、了解流行现状和趋势、控制传播和蔓延及提出有效的预防措施等方面起到重要的作用。

(一) 检测项目

HIV 抗体检测、P_{24} 抗原检测、病毒分离和检测 HIV 含量等,但由于各种原因,目前常规主要采用 HIV 抗体检测方法。

(二) 艾滋病病毒抗体检测适应征

(1) 有过嫖娼史,多性伴侣;

(2) 有过卖淫史;

(3) 有过静脉注射吸毒史,特别是与他人共用过注射器;

(4) 在 20 世纪 80 年代以前使用过第四因子等血液制品;

(5) 使用过未经 HIV 检测的血液制品;

(6) 早年输过血液、与别人共用过剃须刀、配偶有过卖淫或嫖娼行为、配偶是静脉注射吸毒者等；

(7) 临床上如遇有高度危险行为史的就诊者，持续出现下述可疑症状时，应考虑作HIV抗体检测：① 发热1个月以上；② 体重下降10%以上；③ 间断或持续腹泻1个月以上；④ 全身淋巴结肿大；⑤ 持续1个月以上的干咳及气喘；⑥ 反复出现的鹅口疮（口腔念珠菌病）；⑦ 暗紫色皮肤结节；⑧ 大脑功能损害；⑨ 视力障碍、失明等。

（三）艾滋病病毒抗体早期检测的意义

(1) 减少不必要的担忧；

(2) 及时改变危险行为，避免危险因素；

(3) 加强自我保护，定期到医院检查，预防感染；

(4) 可以早期诊断、早期接受观察治疗；

(5) 及早采取健康的生活方式，延缓向艾滋病的发展；

(6) 及时采取措施保护家人，如使用避孕套、做好家庭内部的清洁卫生、注意消毒等，防止将病毒进一步传播给他人；

(7) 慎重考虑有关婚姻、生育、哺乳等问题。

二、艾滋病的临床诊断

（一）急性期HIV感染的诊断

1. 流行病学史

(1) 同性或异性恋者有多个性伴侣史，配偶或性伴侣HIV抗体阳性；

(2) 有淋病、非淋球菌性尿道炎或梅毒等性病史；

(3) 与HIV/AIDS患者有密切接触史；

(4) 出国史；

(5) 输过未经HIV抗体检测的血液；

(6) 用过进口第四因子等血液制品；

(7) 静脉注射吸毒史；

(8) 职业献血史；

(9) HIV抗体阳性者所生的子女。

2. 临床表现

(1) 有发热、乏力、咽痛、全身不适等上呼吸道感染症状；

(2) 头痛、皮疹、脑膜炎或急性多发性神经炎症状；

(3) 肝脾肿大。

3. 实验室检查

(1) 患病后周围血象：WBC及淋巴细胞总数下降，以后淋巴细胞总数上升时可见异型淋巴细胞；

(2) CD_4/CD_8 比值>1；

(3) 感染处于“窗口期”时，HIV 抗体呈阴性；

(4) 少数患者感染初期血液 P_{24} 抗原阳性。

(二) 无症状 HIV 感染的诊断

根据流行病学史，结合实验室检查和临床无任何症状及体征的特点，可以作出诊断。主要的实验室检查项目有：① HIV 抗体阳性，经确证试验证实者；② CD_4 T淋巴细胞总数正常 CD_4/CD_8 比值>1；③ 血液 P_{24} 抗原阳性。

(三) 艾滋病的诊断

1. 流行病学史

同急性 HIV 感染。

2. 临床表现

(1) 原因不明的免疫功能低下；

(2) 间歇或持续发热超过 1 个月；

(3) 原因不明的持续性全身淋巴结肿大(直径超过 1 cm)；

(4) 持续 3～5 天的慢性腹泻，近期内(3～6 个月)体重减轻 10%以上；

(5) 突发的咳嗽、气短伴血氧分压下降的肺功能衰竭，要考虑卡氏肺囊虫肺炎；

(6) 合并巨细胞病毒(CMV)感染、隐球菌脑炎、口腔念珠菌感染、进展迅速的肺结核、皮肤黏膜的卡波西氏肉瘤(KS)及淋巴瘤等；

(7) 明显的中枢神经系统占位性病变的体征，出现痴呆等。

3. 实验室检查

(1) HIV 抗体确认为试验阳性；

(2) P_{24} 抗原阳性(有条件者可查)；

(3) CD_4 T 淋巴细胞总数<200 个/mm^3 或 200～500 个/mm^3；

(4) $CD_4/CD_8<1$；

(5) WBC、Hb 下降；

(6) β_2-微球蛋白水平增高；

(7) 找到上述合并感染的病原体或肿瘤的病理依据。

具备流行病学史和临床表现中的任何一项与实验室检查中的(1)、(3)、(7)即可作出诊断。

4. 我国的艾滋病临床诊断标准

(1) HIV 抗体确证实验阳性；

(2) CD4 细胞数小于 200～500 个/mm^3；

(3) 有接触 HIV 危险史(同性恋，多性伴侣，性病史，输入未经 HIV 抗体检测的血液或血制品)；

(4) 有任何合并感染的病原学或肿瘤的病理依据。两项中具备任何一项。

第六节　艾滋病的治疗

目前尚无可根治 HIV 感染的药物，也没有证据表明人体会对 HIV 产生保护性免疫，这是因为：

(1) 艾滋病病毒属逆转录病毒，进入人体后，病毒连结在受体细胞的基因上，长期隐蔽；

(2) 病毒存在细胞内，又与基因整合，没有一种只杀伤病毒而不损害人体细胞的药物；

(3) 病毒侵袭多种细胞，而中枢神经细胞内的病毒，因血脑屏障药物无法达到；

(4) 病毒易变，而产生耐药性，使治疗药物失效，药物难以发挥作用；

(5) 机会感染伴有免疫缺陷，病情十分复杂多变，极难治疗，而治疗药物本身又能加重免疫功能的损坏，因此治疗中矛盾很多。大多数病人会死于反复的继发感染及肿瘤，但早期治疗与预防可延缓病程的发展，提高生活质量。

一、常用治疗方法

目前临床上常用的治疗方法有以下三方面。

(一) 抗病毒治疗

如用叠氮胸苷、双脱氧胸苷等，目前国际上认为联合用药效果较好，但费用昂贵，一般发展中国家的感染者难以承受，我国正在积极研究用中药治疗。

(二) 各种机会性感染和肿瘤的处理

由于 HIV 感染者免疫功能异常，发生感染时往往病情较重难以控制，加上感染导致肝功能不全，使药物治疗时，还要注意 HIV 感染者容易出现药物的毒副作用或过敏反应。

(三) 支持疗法

提高机体免疫力为主要目的，如使用胸腺素、丙种球蛋白等，同时要重视心理治疗和营养疗法，有的可试用中药治疗。

二、病因治疗

目前采用的办法只能抑制病毒的繁殖，使感染者体内病毒数减少，人体免疫力提升。针对艾滋病病因的治疗主要包括重建免疫功能和抗 HIV 治疗两个方面。

(一) 重建免疫功能的治疗

包括骨髓移植、淋巴细胞输入等，合理使用 α-干扰素、白细胞介素-2、胸腺激素等。

以上治疗虽然能改善某些免疫功能，但由于艾滋病主要是细胞免疫缺陷，所以重建免疫功能治疗才是一个重要的方面。

(二) 抗 HIV 治疗

目前正在研制的抗 HIV 治疗药物有数百种之多，但正式被 FDA(美国食品药物管理局)批准并被全球认可的临床用药仅有 UT、DDI、DDC、D4T、3TC 等几种，见表 16-3。

表 16-3　常用的抗 HIV 药物及标准用量

类　别	中文名	英文缩写	标准用量
抗逆转录酶药物	齐多夫定	AZT	200 mg　3 次/日
	地丹诺新	DDI	200 mg　3 次/日
	扎西他滨	DDC	0.75 mg　3 次/日
	司他夫定	D4T	40 mg　3 次/日
	拉夫米定	3TC	150 mg　3 次/日
	奈韦拉平	NVP	200 mg　3 次/日
	台拉维定	DLV	400 mg　3 次/日
	洛韦安	LVD	100 mg　3 次/日
蛋白酶抑制剂	英地那韦	IDV	600 mg　3 次/日
	尼非那韦	NFV	750 mg　3 次/日
	利邦那韦	RTV	600 mg　3 次/日
	沙奎那韦	SAQ	600 mg　3 次/日

但这些药存在以下缺陷：疗效有限，不能治愈；药价昂贵，需长期服用；毒性很大，抑骨髓，破坏血象；容易产生耐药性。

（三）“鸡尾酒疗法”

抗病毒治疗最有效的是“鸡尾酒疗法”，它为艾滋病病毒感染者带来了希望。1985—1996 年间，美籍华裔科学家何大一博士领导的研究小组取得了突破性进展。1997 年 7 月，在温哥华国际艾滋病学术会议上公布了一项令世界为之振奋的研究结果：联合应用蛋白酶抑制剂和逆转录酶抑制剂如 Nevirapine（奈韦拉平）、3TC（拉夫米定）和 Ritronavir（利托那韦）治疗 HIV 感染者，42 天后，大多数患者的外周血中几乎检测不到 HIV 抗原（杀死 99.0%～99.5%）。现在，国际上比较认可的是三联疗法，必要时四联、六联用药。其缺点是只有早期应用疗效好，剂量不易掌握，不可中断治疗，停药后反弹，治疗费用较高（每年平均约需 8 000～12 000 美元）。

三、中草药的应用

目前中药在艾滋病治疗中的作用尚处在研究中，有些治疗方案显示出良好的前景。中药的研究主要分为以下几方面。

（1）分型论治。根据艾滋病的临床症状、体征及病机或疾病分期等辨症施治。

（2）专方专药。用已有的方剂添加单味草药治疗艾滋病，如日本人用甘草甜素、小柴胡汤等取得了一定进展。

（3）抑制杀灭艾滋病毒的方药。清热解毒类方药、活血化淤类及攻补兼施类方药。

（4）免疫促进类。

（5）改善临床症状的方药。抗机会性感染的方药、对症治疗方药等。

第七节　艾滋病的预防与控制

一、原则和目标

（1）控制艾滋病的关键措施：预防！

（2）原则：预防为主，强化宣教，加强监测，综合治理。

（3）目标：减少发病，控制流行，力争保持低发水平。

二、预防措施

（一）安全性行为

安全性行为是指没有传播 HIV 的危险或传播危险小的性行为，具体包括：

（1）严格一夫一妻制；

（2）一切不涉及体液交换的性行为如拥抱、爱抚、自慰（手淫）等；

（3）进行阴道性交、肛门性交、口腔性交时正确使用质量可靠的避孕套。

（二）预防经血途径感染 HIV

（1）安全使用血液及血液制品（通过 HIV 检测）；

（2）戒毒或改善吸毒行为（不共用注射器）；

（3）其他（医护人员避免职业感染）。

（三）预防母婴传播 HIV

三、消　毒

（一）高温（高压）煮沸消毒法

这是最简单、易行的一种方法，适用于被污染的医疗器械的消毒，即便是一次性用具也应高温（高压）消毒后再处理。推荐的规范消毒标准见表 16－4。

器具必须用热水和清洁剂洗干净后再消毒，所有符合消毒规范的消毒程序都可以杀灭 HIV、乙肝和丙肝等病毒。

表 16－4　推荐的规范消毒标准

消毒方式	温　度/℃	时　间/min	消毒方式	温　度/℃	时　间/min
蒸气高温消毒	115	30	干空气高温消毒	160	120
	121	15		170	60
	126	10		180	30

（二）消毒剂消毒法

适用于不耐高温的物品消毒，常用的消毒剂有 50%～70% 的酒精（经 10 min）。2% 的福尔马林、5% 的石炭酸、1% 的来苏儿、1% 的家用漂白粉、5% 的副甲醛、1% 的戊二醛、3%的双氧水、25%的丙内酯、1%的次氯酸钠等均可灭活病毒(经 10～30 min)。

四、正确对待艾滋病患者和感染者

关心、帮助和不歧视艾滋病病人及 HIV 感染者是预防与控制艾滋病的重要方面。艾滋病病人及感染者的参与和合作是艾滋病预防与控制工作的一个重要组成部分。艾滋病病毒感染者是疾病的受害者,应该得到人道主义的同情和帮助。

家庭和社区要为艾滋病病人及感染者营造一个友善、理解、健康的生活和工作环境,鼓励他们采取积极的生活态度、改变高危行为、配合治疗,有利于提高病人及感染者的生命质量、延长生命,也有利于艾滋病的预防与控制工作和维护社会安定。

有关部门要对艾滋病患者或感染者负责,要为病人的身心健康着想,要对他们的个人资料(包括医疗记录)保密,只可供有关医务人员医疗时参阅,除因医疗需要外,不能向外界透露病情。

第十七章　学校突发公共卫生事件防控

突发公共事件是指突然发生，造成或者可能造成重大人员伤亡、财产损失、生态环境破坏或严重社会危害，危及公共安全的紧急事件。

学校突发性公共卫生事件主要是指在学校内突然发生，造成或者可能造成师生健康严重损害的重大传染病疫情、食物中毒及其他严重影响师生健康的事件。

第一节　学校突发公共卫生事件种类

一、学校常见的传染病

（1）呼吸道传染病：流感、腮腺炎、水痘、麻疹、风疹、肺结核等。

（2）肠道传染病：痢疾、伤寒（副伤寒）、甲肝。

其中约四分之三是呼吸道传染病。

二、学校常见食物中毒

（1）细菌性食物中毒：进食含有细菌或细菌毒素的食物，如变质肉类、凉拌荤菜、剩饭剩菜引起的中毒，几率高而病死率低，有明显季节性。

（2）化学性食物中毒：误食有毒化学物质或被其污染的食物（投毒、误食），如鼠药、农药亚硝酸盐引起的中毒，病死率极高。

（3）有毒动植物中毒：误食有毒动植物或食用因加工、烹饪方法不当而未除去有毒成分的动植物，如四季豆、生豆浆、河豚鱼、毒蕈中毒等。几率较高，病死率因动植物种类不同而异。

学校卫生事件发生，不仅给学生的身体健康和生命安全造成危害，同时，高校的教学和科研秩序不能得到正常的维持。学生因病休学影响学业，又加重了患者的心理负担和家庭的经济负担。

第二节　高校学生群体的易感性

高等学校的在校学生属于一个较为特殊的社会群体，与其他社会人群相比，具有明显特征，大体概括如下：

一、来源复杂

我国多数高等院校的大学生来源地比较广泛，由于我国国情特殊，现阶段在自然条件、经济状况、文化环境、生活方式等方面存在着明显的地区差异和城乡差别。因此，来自不同地区学生的身体、心理状态有明显的区别。

二、群体密集

目前我国高等学校，多数采用集中管理的办学模式，走读生很少（与其他国家或地区不同），在校大学生在一个密集性群体中学习、生活，个体之间的接触密切，群体接触同一环境（有害因素）几率极高。

三、免疫差异

由于地域的差别，经济状况的不同，各个来源地的疾病谱的差异，计划免疫程序的严格程度不同，在校大学生免疫能力极不均等，从而使其对疾病的抵抗力差异很大。因此，这个群体中某个体患某种疾病或集中患某些疾病在所难免。

四、人群流动

大学生群体构成不是固定的，经常处在变动中，毕业生离校、新生入学。这个周期只有一年，新的群体与原群体之间互相影响，给群体造成许多新的危害。

由于以上原因，导致高校学生群体中某些传染病高发，群体性食物中毒时有发生。

第三节　突发公共卫生事件防控

为保障全体师生员工的身体健康与生命安全，维护学校正常的教学秩序和校园稳定，必须严格执行《中华人民共和国传染病防治法》、《中华人民共和国食品卫生法》和《学校卫生工作条例》等法律法规和规范性文件，做到科学应对，即“有力、有序、有效、有度”。

一、坚持预防为主的原则

大力宣传普及突发公共卫生事件防控知识，提高全体师生的防护意识水平，严格执行国家有关法律法规，完善预警机制，发现病例及时采取有效的预防与控制措施，防止事态蔓延。对突发公共卫生事件的预防、疫情报告、控制和救治工作实行依法管理，对于违法行为，依法追究责任。

二、强化监督和管理

(1) 认真履行岗位职责，强化学校卫生防疫与食品卫生安全监督检查工作，发现问题，及时采取措施并认真实施。

(2) 加强和完善学校卫生基础设施建设，及时消除安全隐患。

(3) 严格粪便、污水和医疗废品的无害化处理工作，严防污染环境和水源。

(4) 加强重点区域如食堂、教室和宿舍的卫生工作，使学习和生活环境卫生、安全。

(5) 充分利用学校媒体资源，加强健康教育，普及公共卫生知识，引导广大师生养成良好的卫生习惯和生活方式；普及防控突发事件的相关知识，提高师生的公共卫生意识和应对突发事件的能力。

三、严格执行监测和报告制度

(1) 加强突发公共卫生事件的监测，重视和收集学校及周围地区的公共卫生事件的情报，密切关注其动态变化，做好预防工作。

(2) 建立和完善突发公共卫生事件的逐级报告制度，确保预警机制顺畅。

(3) 严格执行重大公共卫生事件报告程序，确保与上级主管部门(如卫生、疾控、公安和消防等)之间的信息畅通。

四、常见传染病防控

参见本书有关章节。

五、食物中毒预防

(1) 食堂应当保持内外环境整洁，消除老鼠、蟑螂、苍蝇和其他有害昆虫及其滋生条件。

(2) 食堂最小使用面积不得小于 8 m^2；墙壁应有 1.5 m 以上的瓷砖或其他防水、防潮、可清洗的材料制成的墙裙。

(3) 配备有足够的照明、通风、排烟装置和有效的防蝇、防尘、防鼠，污水排放和符合卫生要求的存放废弃物的设施和设备。

(4) 高等学校食堂必须有凉菜间，并配有专用冷藏、洗涤消毒的设施设备。

(5) 餐饮具符合卫生标准，使用前必须洗净、消毒，符合国家有关卫生标准。未经消毒的餐饮具不得使用。消毒后的餐饮具必须贮存在餐饮具专用保洁柜内备用。餐饮具保洁柜应当定期清洗、保持洁净。

(6) 严格把好食品的采购关。禁止采购腐败变质、油脂酸败、霉变、生虫、污秽不洁、混有异物或者其他感官性状异常，含有毒有害物质或者被有毒、有害物质污染，可能对人体健康有害的食品；未经兽医卫生检验或者检验不合格的肉类及其制品；超过保质期限或不符合食品标签规定的定型包装食品。

(7) 食品贮存应当分类、分架、隔墙、离地存放，定期检查、及时处理变质或超过保质期限的食品。

(8) 用于原料、半成品、成品的刀、墩、板、桶、盆、筐、抹布以及其他工具、容器必须标志明显，做到分开使用，定位存放，用后洗净，保持清洁。

(9) 加工食品必须做到熟透，需要熟制加工的大块食品，其中心温度不低于 70 ℃。

(10)食品在烹饪后至出售前一般不超过2个小时,若超过2个小时存放的,应当在高于60 ℃或低于10 ℃的条件下存放。

(11)食堂剩余食品必须冷藏,冷藏时间不得超过24小时,在确认没有变质的情况下,必须经高温彻底加热后,方可继续出售。

(12)食堂从业人员、管理人员健康状况和卫生习惯必须符合有关要求,熟练掌握有关食品卫生有关知识。

(13)学校必须建立主管校长负责机制,有完善的食品卫生安全管理和监督制度。

六、学校突发公共卫生事件的应急

学校突发公共卫生事件时,要高度重视,按照分级响应的原则,作出相应级别的应急反应。根据不同类别突发公共卫生事件的性质和特点,注重分析事件的发展趋势,确保迅速、有效地控制突发公共卫生事件,维护校园稳定。

根据《全国突发公共卫生事件应急预案》的规定,将突发事件的等级分四级,即特别重大突发公共卫生事件(Ⅰ级),重大突发公共卫生事件(Ⅱ级),较大突发公共卫生事件(Ⅲ级),一般突发公共卫生事件(Ⅳ级)。根据突发事件的不同级次分类,结合学校的特点,启动相应的突发事件应急预案,开展相应级别的突发公共卫生事件应急处置工作。

(一)传染病

(1)启动报告和零报告制度,实行24小时值班制度,加强疫情通报。

(2)做好进入应急状态的准备,落实各项防控措施。

(3)传染病流行时要加强对发热病人的追踪管理;呼吸道传染病流行期间,教室、公共场所必须加强通风换气,并采取必要的消毒措施;肠道传染病流行期间,对厕所、粪便、食堂及饮用水应加强消毒,并加强除“四害”工作。

(4)停止大型集会以及其他人群聚集的活动。

(5)根据需要组织开展应急疫苗接种、预防服药。

(6)根据上级有关部门的决定,开展卫生检疫。

(7)针对突发公共卫生事件的性质,有针对性地开展卫生知识宣教,提高师生健康意识和自我防护能力,消除心理障碍,开展心理危机干预工作。

(8)对重大传染病的密切接触者,学校要配合卫生部门做好隔离、医学观察和消毒等工作。

(9)加大进出校门的管理力度,控制校外人员进入校园。

(二)食物中毒

(1)立即停止可疑食品加工、出售活动,并在第一时间报告当地卫生、教育和公安等主管部门。

(2)立即将发病患者送往医院,并协助医疗机构救治病人。

(3)保留造成食物中毒或者可能导致食物中毒的食品及其原料,保护现场,待确认后交卫生部门处理。

(4) 积极配合卫生、公安部门进行调查，并按其要求如实提供有关材料。

(5) 落实卫生部门要求采取的其他措施，并妥善处理善后事宜，维持学校正常的教育教学秩序。

(6) 配合卫生部门分析引起食物中毒的原因，总结经验教训，提出整改意见，杜绝类似事件再发。

附件：

突发公共卫生事件应急条例(国务院令 第376号)

第一章　总　则

第一条　为了有效预防、及时控制和消除突发公共卫生事件的危害，保障公众身体健康与生命安全，维护正常的社会秩序，制定本条例。

第二条　本条例所称突发公共卫生事件(以下简称突发事件)，是指突然发生，造成或者可能造成社会公众健康严重损害的重大传染病疫情、群体性不明原因疾病、重大食物和职业中毒以及其他严重影响公众健康的事件。

第三条　突发事件发生后，国务院设立全国突发事件应急处理指挥部，由国务院有关部门和军队有关部门组成，国务院主管领导人担任总指挥，负责对全国突发事件应急处理的统一领导、统一指挥。

国务院卫生行政主管部门和其他有关部门，在各自的职责范围内做好突发事件应急处理的有关工作。

第四条　突发事件发生后，省、自治区、直辖市人民政府成立地方突发事件应急处理指挥部，省、自治区、直辖市人民政府主要领导人担任总指挥，负责领导、指挥本行政区域内突发事件应急处理工作。

县级以上地方人民政府卫生行政主管部门，具体负责组织突发事件的调查、控制和医疗救治工作。

县级以上地方人民政府有关部门，在各自的职责范围内做好突发事件应急处理的有关工作。

第五条　突发事件应急工作，应当遵循预防为主、常备不懈的方针，贯彻统一领导、分级负责、反应及时、措施果断、依靠科学、加强合作的原则。

第六条　县级以上各级人民政府应当组织开展防治突发事件相关科学研究，建立突发事件应急流行病学调查、传染源隔离、医疗救护、现场处置、监督检查、监测检验、卫生防护等有关物资、设备、设施、技术与人才资源储备，所需经费列入本级政府财政预算。

国家对边远贫困地区突发事件应急工作给予财政支持。

第七条　国家鼓励、支持开展突发事件监测、预警、反应处理有关技术的国际交流与合作。

第八条　国务院有关部门和县级以上地方人民政府及其有关部门，应当建立严格的突发事件防范和应急处理责任制，切实履行各自的职责，保证突发事件应急处理工作的正常进行。

第九条 县级以上各级人民政府及其卫生行政主管部门，应当对参加突发事件应急处理的医疗卫生人员，给予适当补助和保健津贴；对参加突发事件应急处理作出贡献的人员，给予表彰和奖励；对因参与应急处理工作致病、致残、死亡的人员，按照国家有关规定，给予相应的补助和抚恤。

第二章 预防与应急准备

第十条 国务院卫生行政主管部门按照分类指导、快速反应的要求，制定全国突发事件应急预案，报请国务院批准。

省、自治区、直辖市人民政府根据全国突发事件应急预案，结合本地实际情况，制定本行政区域的突发事件应急预案。

第十一条 全国突发事件应急预案应当包括以下主要内容：

（一）突发事件应急处理指挥部的组成和相关部门的职责；

（二）突发事件的监测与预警；

（三）突发事件信息的收集、分析、报告、通报制度；

（四）突发事件应急处理技术和监测机构及其任务；

（五）突发事件的分级和应急处理工作方案；

（六）突发事件预防、现场控制，应急设施、设备、救治药品和医疗器械以及其他物资和技术的储备与调度；

（七）突发事件应急处理专业队伍的建设和培训。

第十二条 突发事件应急预案应当根据突发事件的变化和实施中发现的问题及时进行修订、补充。

第十三条 地方各级人民政府应当依照法律、行政法规的规定，做好传染病预防和其他公共卫生工作，防范突发事件的发生。

县级以上各级人民政府卫生行政主管部门和其他有关部门，应当对公众开展突发事件应急知识的专门教育，增强全社会对突发事件的防范意识和应对能力。

第十四条 国家建立统一的突发事件预防控制体系。

县级以上地方人民政府应当建立和完善突发事件监测与预警系统。

县级以上各级人民政府卫生行政主管部门，应当指定机构负责开展突发事件的日常监测，并确保监测与预警系统的正常运行。

第十五条 监测与预警工作应当根据突发事件的类别，制定监测计划，科学分析、综合评价监测数据。对早期发现的潜在隐患以及可能发生的突发事件，应当依照本条例规定的报告程序和时限及时报告。

第十六条 国务院有关部门和县级以上地方人民政府及其有关部门，应当根据突发事件应急预案的要求，保证应急设施、设备、救治药品和医疗器械等物资储备。

第十七条 县级以上各级人民政府应当加强急救医疗服务网络的建设，配备相应的医疗救治药物、技术、设备和人员，提高医疗卫生机构应对各类突发事件的救治能力。

设区的市级以上地方人民政府应当设置与传染病防治工作需要相适应的传染病专科医院，或者指定具备传染病防治条件和能力的医疗机构承担传染病防治任务。

第十八条　县级以上地方人民政府卫生行政主管部门，应当定期对医疗卫生机构和人员开展突发事件应急处理相关知识、技能的培训，定期组织医疗卫生机构进行突发事件应急演练，推广最新知识和先进技术。

第三章　报告与信息发布

第十九条　国家建立突发事件应急报告制度。

国务院卫生行政主管部门制定突发事件应急报告规范，建立重大、紧急疫情信息报告系统。

有下列情形之一的，省、自治区、直辖市人民政府应当在接到报告1小时内，向国务院卫生行政主管部门报告：

（一）发生或者可能发生传染病暴发、流行的；

（二）发生或者发现不明原因的群体性疾病的；

（三）发生传染病菌种、毒种丢失的；

（四）发生或者可能发生重大食物和职业中毒事件的。

国务院卫生行政主管部门对可能造成重大社会影响的突发事件，应当立即向国务院报告。

第二十条　突发事件监测机构、医疗卫生机构和有关单位发现有本条例第十九条规定情形之一的，应当在2小时内向所在地县级人民政府卫生行政主管部门报告；接到报告的卫生行政主管部门应当在2小时内向本级人民政府报告，并同时向上级人民政府卫生行政主管部门和国务院卫生行政主管部门报告。

县级人民政府应当在接到报告后2小时内向设区的市级人民政府或者上一级人民政府报告；设区的市级人民政府应当在接到报告后2小时内向省、自治区、直辖市人民政府报告。

第二十一条　任何单位和个人对突发事件，不得隐瞒、缓报、谎报或者授意他人隐瞒、缓报、谎报。

第二十二条　接到报告的地方人民政府、卫生行政主管部门依照本条例规定报告的同时，应当立即组织力量对报告事项调查核实、确证，采取必要的控制措施，并及时报告调查情况。

第二十三条　国务院卫生行政主管部门应当根据发生突发事件的情况，及时向国务院有关部门和各省、自治区、直辖市人民政府卫生行政主管部门以及军队有关部门通报。

突发事件发生地的省、自治区、直辖市人民政府卫生行政主管部门，应当及时向毗邻省、自治区、直辖市人民政府卫生行政主管部门通报。

接到通报的省、自治区、直辖市人民政府卫生行政主管部门，必要时应当及时通知本行政区域内的医疗卫生机构。

县级以上地方人民政府有关部门，已经发生或者发现可能引起突发事件的情形时，应当及时向同级人民政府卫生行政主管部门通报。

第二十四条 国家建立突发事件举报制度，公布统一的突发事件报告、举报电话。

任何单位和个人有权向人民政府及其有关部门报告突发事件隐患，有权向上级人民政府及其有关部门举报地方人民政府及其有关部门不履行突发事件应急处理职责，或者不按照规定履行职责的情况。接到报告、举报的有关人民政府及其有关部门，应当立即组织对突发事件隐患、不履行或者不按照规定履行突发事件应急处理职责的情况进行调查处理。

对举报突发事件有功的单位和个人，县级以上各级人民政府及其有关部门应当予以奖励。

第二十五条 国家建立突发事件的信息发布制度。

国务院卫生行政主管部门负责向社会发布突发事件的信息。必要时，可以授权省、自治区、直辖市人民政府卫生行政主管部门向社会发布本行政区域内突发事件的信息。

信息发布应当及时、准确、全面。

第四章 应急处理

第二十六条 突发事件发生后，卫生行政主管部门应当组织专家对突发事件进行综合评估，初步判断突发事件的类型，提出是否启动突发事件应急预案的建议。

第二十七条 在全国范围内或者跨省、自治区、直辖市范围内启动全国突发事件应急预案，由国务院卫生行政主管部门报国务院批准后实施。省、自治区、直辖市启动突发事件应急预案，由省、自治区、直辖市人民政府决定，并向国务院报告。

第二十八条 全国突发事件应急处理指挥部对突发事件应急处理工作进行督察和指导，地方各级人民政府及其有关部门应当予以配合。

省、自治区、直辖市突发事件应急处理指挥部对本行政区域内突发事件应急处理工作进行督察和指导。

第二十九条 省级以上人民政府卫生行政主管部门或者其他有关部门指定的突发事件应急处理专业技术机构，负责突发事件的技术调查、确证、处置、控制和评价工作。

第三十条 国务院卫生行政主管部门对新发现的突发传染病，根据危害程度、流行强度，依照《中华人民共和国传染病防治法》的规定及时宣布为法定传染病；宣布为甲类传染病的，由国务院决定。

第三十一条 应急预案启动前，县级以上各级人民政府有关部门应当根据突发事件的实际情况，做好应急处理准备，采取必要的应急措施。

应急预案启动后，突发事件发生地的人民政府有关部门，应当根据预案规定的职责要求，服从突发事件应急处理指挥部的统一指挥，立即到达规定岗位，采取有关的控制措施。

医疗卫生机构、监测机构和科学研究机构，应当服从突发事件应急处理指挥部的统一指挥，相互配合、协作，集中力量开展相关的科学研究工作。

第三十二条　突发事件发生后，国务院有关部门和县级以上地方人民政府及其有关部门，应当保证突发事件应急处理所需的医疗救护设备、救治药品、医疗器械等物资的生产、供应；铁路、交通、民用航空行政主管部门应当保证及时运送。

第三十三条　根据突发事件应急处理的需要，突发事件应急处理指挥部有权紧急调集人员、储备的物资、交通工具以及相关设施、设备；必要时，对人员进行疏散或者隔离，并可以依法对传染病疫区实行封锁。

第三十四条　突发事件应急处理指挥部根据突发事件应急处理的需要，可以对食物和水源采取控制措施。

县级以上地方人民政府卫生行政主管部门应当对突发事件现场等采取控制措施，宣传突发事件防治知识，及时对易受感染的人群和其他易受损害的人群采取应急接种、预防性投药、群体防护等措施。

第三十五条　参加突发事件应急处理的工作人员，应当按照预案的规定，采取卫生防护措施，并在专业人员的指导下进行工作。

第三十六条　国务院卫生行政主管部门或者其他有关部门指定的专业技术机构，有权进入突发事件现场进行调查、采样、技术分析和检验，对地方突发事件的应急处理工作进行技术指导，有关单位和个人应当予以配合；任何单位和个人不得以任何理由予以拒绝。

第三十七条　对新发现的突发传染病、不明原因的群体性疾病、重大食物和职业中毒事件，国务院卫生行政主管部门应当尽快组织力量制定相关的技术标准、规范和控制措施。

第三十八条　交通工具上发现根据国务院卫生行政主管部门的规定需要采取应急控制措施的传染病病人、疑似传染病病人，其负责人应当以最快的方式通知前方停靠点，并向交通工具的营运单位报告。交通工具的前方停靠点和营运单位应当立即向交通工具营运单位行政主管部门和县级以上地方人民政府卫生行政主管部门报告。卫生行政主管部门接到报告后，应当立即组织有关人员采取相应的医学处置措施。

交通工具上的传染病病人密切接触者，由交通工具停靠点的县级以上各级人民政府卫生行政主管部门或者铁路、交通、民用航空行政主管部门，根据各自的职责，依照传染病防治法律、行政法规的规定，采取控制措施。

涉及国境口岸和入出境的人员、交通工具、货物、集装箱、行李、邮包等需要采取传染病应急控制措施的，依照国境卫生检疫法律、行政法规的规定办理。

第三十九条　医疗卫生机构应当对因突发事件致病的人员提供医疗救护和现场救援，对就诊病人必须接诊治疗，并书写详细、完整的病历记录；对需要转送的病人，应当按照规定将病人及其病历记录的复印件转送至接诊的或者指定的医疗机构。

医疗卫生机构内应当采取卫生防护措施，防止交叉感染和污染。

医疗卫生机构应当对传染病病人密切接触者采取医学观察措施，传染病病人密切接触者应当予以配合。

医疗机构收治传染病病人、疑似传染病病人，应当依法报告所在地的疾病预防控制机构。接到报告的疾病预防控制机构应当立即对可能受到危害的人员进行调查，根据需要采取必要的控制措施。

第四十条 传染病暴发、流行时，街道、乡镇以及居民委员会、村民委员会应当组织力量，团结协作，群防群治，协助卫生行政主管部门和其他有关部门、医疗卫生机构做好疫情信息的收集和报告、人员的分散隔离、公共卫生措施的落实工作，向居民、村民宣传传染病防治的相关知识。

第四十一条 对传染病暴发、流行区域内流动人口，突发事件发生地的县级以上地方人民政府应当做好预防工作，落实有关卫生控制措施；对传染病病人和疑似传染病病人，应当采取就地隔离、就地观察、就地治疗的措施。对需要治疗和转诊的，应当依照本条例第三十九条第一款的规定执行。

第四十二条 有关部门、医疗卫生机构应当对传染病做到早发现、早报告、早隔离、早治疗，切断传播途径，防止扩散。

第四十三条 县级以上各级人民政府应当提供必要资金，保障因突发事件致病、致残的人员得到及时、有效的救治。具体办法由国务院财政部门、卫生行政主管部门和劳动保障行政主管部门制定。

第四十四条 在突发事件中需要接受隔离治疗、医学观察措施的病人、疑似病人和传染病病人密切接触者在卫生行政主管部门或者有关机构采取医学措施时应当予以配合；拒绝配合的，由公安机关依法协助强制执行。

第五章 法律责任

第四十五条 县级以上地方人民政府及其卫生行政主管部门未依照本条例的规定履行报告职责，对突发事件隐瞒、缓报、谎报或者授意他人隐瞒、缓报、谎报的，对政府主要领导人及其卫生行政主管部门主要负责人，依法给予降级或者撤职的行政处分；造成传染病传播、流行或者对社会公众健康造成其他严重危害后果的，依法给予开除的行政处分；构成犯罪的，依法追究刑事责任。

第四十六条 国务院有关部门、县级以上地方人民政府及其有关部门未依照本条例的规定，完成突发事件应急处理所需要的设施、设备、药品和医疗器械等物资的生产、供应、运输和储备的，对政府主要领导人和政府部门主要负责人依法给予降级或者撤职的行政处分；造成传染病传播、流行或者对社会公众健康造成其他严重危害后果的，依法给予开除的行政处分；构成犯罪的，依法追究刑事责任。

第四十七条 突发事件发生后，县级以上地方人民政府及其有关部门对上级人民政府有关部门的调查不予配合，或者采取其他方式阻碍、干涉调查的，对政府主要领导人和政府部门主要负责人依法给予降级或者撤职的行政处分；构成犯罪的，依法追究刑事责任。

第四十八条 县级以上各级人民政府卫生行政主管部门和其他有关部门在突发事件调查、控制、医疗救治工作中玩忽职守、失职、渎职的，由本级人民政府或者上级人民政府有关部门责令改正、通报批评、给予警告；对主要负责人、负有责任的主管人员和其他责任人员依法给予降级、撤职的行政处分；造成传染病传播、流行或者对社会公众健康造成其他严重危害后果的，依法给予开除的行政处分；构成犯罪的，依法追究刑事责任。

第四十九条　县级以上各级人民政府有关部门拒不履行应急处理职责的，由同级人民政府或者上级人民政府有关部门责令改正、通报批评、给予警告；对主要负责人、负有责任的主管人员和其他责任人员依法给予降级、撤职的行政处分；造成传染病传播、流行或者对社会公众健康造成其他严重危害后果的，依法给予开除的行政处分；构成犯罪的，依法追究刑事责任。

第五十条　医疗卫生机构有下列行为之一的，由卫生行政主管部门责令改正、通报批评、给予警告；情节严重的，吊销《医疗机构执业许可证》；对主要负责人、负有责任的主管人员和其他直接责任人员依法给予降级或者撤职的纪律处分；造成传染病传播、流行或者对社会公众健康造成其他严重危害后果，构成犯罪的，依法追究刑事责任：

（一）未依照本条例的规定履行报告职责，隐瞒、缓报或者谎报的；

（二）未依照本条例的规定及时采取控制措施的；

（三）未依照本条例的规定履行突发事件监测职责的；

（四）拒绝接诊病人的；

（五）拒不服从突发事件应急处理指挥部调度的。

第五十一条　在突发事件应急处理工作中，有关单位和个人未依照本条例的规定履行报告职责，隐瞒、缓报或者谎报，阻碍突发事件应急处理工作人员执行职务，拒绝国务院卫生行政主管部门或者其他有关部门指定的专业技术机构进入突发事件现场，或者不配合调查、采样、技术分析和检验的，对有关责任人员依法给予行政处分或者纪律处分；触犯《中华人民共和国治安管理处罚条例》，构成违反治安管理行为的，由公安机关依法予以处罚；构成犯罪的，依法追究刑事责任。

第五十二条　在突发事件发生期间，散布谣言、哄抬物价、欺骗消费者，扰乱社会秩序、市场秩序的，由公安机关或者工商行政管理部门依法给予行政处罚；构成犯罪的，依法追究刑事责任。

第十八章　药物的基本知识

药物是用于预防、治疗和诊断疾病的天然或人工合成的化学物质或生物制剂，是人类与疾病做斗争的有力武器。

药物的种类繁多，有动物、植物、矿物、气体、人工合成和生物制剂等。归纳起来可分为天然药物、人工合成药物及生物制剂三类。

第一节　概　述

一、药物的作用

药物的作用是指药物对机体的影响。药物的作用是复杂的，其表现形式也是多种多样的。但不管怎么样，任何药物的作用都是在机体原有生理、生化机能的基础上产生的。

（一）兴奋作用和抑制作用

药物对机体的作用主要是对生理功能的兴奋或抑制。有些药物可使人体原有的生理功能加强，称为“兴奋”，如咖啡因可兴奋被抑制的呼吸中枢，有些则使生理活动减弱，称为“抑制”。如阿托品可使痉挛的胃肠平滑肌松弛。

（二）药物选择性作用

一种药物对于机体各器官组织的作用并不一样，往往是对某一个或几个器官组织的某些功能影响特别明显，而对其他器官组织影响则很小或不发生作用，这是药物的选择作用。

（三）局部作用和吸收作用

药物应用于机体，根据作用部位的不同，可分为“局部作用”和“吸收作用”。局部作用是指药物在用药部位所呈现的作用。如碘酊用于皮肤表面的消毒作用等。吸收作用是指药物被机体吸收后所呈现的作用。如口服催眠药，经吸收入血再进入脑组织，才能产生催眠作用。

（四）直接作用和间接作用

药物与某组织器官接触，引起该组织器官机能活动的变化，称为直接作用；由于该组织器官机能活动变化而导致其他器官机能活动的变化，称为间接作用。

（五）防治作用与不良反应

药物用于防治疾病，可产生有利于机体的防治作用，也可产生不利于机体的不良反应。防治作用可分为预防作用和治疗作用。

1. 预防作用

预防为主是我国卫生工作的主要方针之一。药物也是预防疾病常用的工具。如应用杀虫药消灭蚊、蝇等媒介昆虫来预防传染病的传播。

2. 治疗作用

可分为对症治疗和对因治疗。前者主要是减轻或者消除疾病的症状，如发热患者服用退热药等；后者主要是消除病因，如细菌感染应用抗生素治疗，杀灭体内致病微生物等。

3. 不良反应

是指与治疗作用无关而对人体不利的反应。临床常见的不良反应主要有以下几方面。

（1）药物的副作用。是指药物按常规剂量应用时所出现的与治疗目的无关的其他作用。

（2）毒性反应。是指用药过量、时间过长及用药不当所引起的严重功能紊乱或组织器官的损伤。如长期过量用链霉素，可致永久性耳聋。

（3）过敏反应。又称变态反应。是由体内的抗原和抗体相互作用而引起的，可表现为皮疹、发热、哮喘等，重者可发生休克。

（4）继发感染。也称二重感染。大量或长期使用广谱抗生素，由于体内敏感的细菌被抑制，而未被抑制的细菌则乘机大量繁殖，造成继发感染。

（5）药物的耐药性与依赖性。药物的耐药性是指长期使用某种药物，使细菌对该药产生抵抗力而导致药效降低或无效；药物依赖性是指某些药物，如镇痛药、催眠镇静药长期应用，较易引起成瘾。因此在使用这些药时，需特别注意。

（6）药物的致畸性与致癌性。某些药物用于孕妇引起胎儿畸形，如反应停等，某些药物可诱发恶性肿瘤，如砷剂可引起皮肤癌。

二、影响药物作用的因素

药物的治疗效果是药物和人体相互作用的综合表现。影响药物作用的因素很多，主要有人体因素与药物因素两方面。在人体因素方面主要受年龄、性别、病人的精神状态及对药物的敏感性诸多因素的影响；在药物方面主要受药物剂量、给药途径及服用时间等因素影响。如抗酸药、胃肠解痉药、抗肠道感染药多数应在饭前服效果好，而催眠及缓泻药则宜在睡前服，大多数药物都可在饭后服，特别是对胃肠有刺激性的药物，更须在饭后服。

三、用药注意事项及合理用药

（一）用药注意事项

（1）避免滥用，防止不良反应。遵医嘱按处方用药，一定不能滥用。

(2) 注意患者病史,有无合并症或其他疾患。如对胃肠痉挛并有青光眼病人,若忽视青光眼的病史而应用阿托品,将导致不良后果。

(3) 选择最适宜的给药方法。给药方法要根据病情缓急、用药目的及药物本身的性质等而定。凡口服能吸收的药物,最好采用口服,对危重病人,宜用静脉给药。

(4) 防止蓄积中毒。对一些排泄较慢而毒性较大的药物,为防止蓄积中毒,用到一定量后即停药或给以维持量,对肝、肾不良的病人,应用此类药更应慎重。

(5) 注意年龄、性别和个体差异性,对有过敏体质的病人,应严格询问病史,以减少过敏的发生。

(6) 避免药物的相互作用及配伍禁忌,药物的配伍禁忌应注意两方面。

① 避免药理性配伍禁忌。即配伍药物作用相互抵消或降低或增加其毒性。如中枢兴奋剂与中枢抑制剂,升压药与降压药,导泻药与止泻药等。

② 避免理化性配伍禁忌。主要须注意酸碱性药物的配伍问题。如维生素 C 溶液与苯巴比妥钠配伍,能使苯巴比妥析出,同时维生素 C 被部分分解。

(7) 使用新药时应慎重。一般应从资料介绍的剂量的小量开始,然后根据临床经验调整剂量。但不可超过规定的极量,以确保病人的安全。

(二) 合理用药

合理用药即在用药时必须做到药物选择正确,剂量恰当,给药途径适宜,合并用药合理,其目的是充分发挥药物的作用,尽量减少药物对机体所产生的毒性和副作用,从而迅速而有效地控制疾病的发展,恢复人体健康。合理用药的原则如下。

(1) 明确诊断,有的放矢。如高热病人,在尚未明确诊断前,不要盲目给予退烧药,以防延误诊断。

(2) 选药要有明确的指征。要根据药物的性质、病人的具体情况,选用疗效可靠、方便安全的药物制剂。

(3) 合理地配伍用药,以减少和减轻不良反应和提高疗效。

第二节　抗生素类

抗生素又称抗菌素,是一类能够抑制或杀灭病原体的化学物质。其作用机理是通过干扰病原微生物的代谢过程,而达到抑菌或杀菌的目的。现广泛应用于治疗和预防感染性疾病。

一、青霉素类

青霉素类包括天然青霉素和半合成青霉素。其抗菌原理是于细菌繁殖期起杀菌作用。低浓度抑菌,高浓度杀菌,对革兰氏阳性菌最为敏感。此类药系杀菌抗生素,只在细胞后期细胞壁形成的短时间内有效。它们的杀菌疗效主要取决于血药浓度的高低,在短时间内有较高的血药浓度时对治疗有利。青霉素类抗菌作用强,毒副作用少。但有些人对此类药易产生过敏反应,包括皮疹、药物热、过敏性休克等,其中有过敏性休克最为严重。所以在使用此类药物时，应先问清病人有无过敏史，无过敏史并经皮试阴性者方可使用。

1. 青霉素

抗菌作用主要是抑制细菌细胞壁的合成。对革兰氏阳性球菌及革兰氏阴性球菌的抗菌作用较强，临床主要用于治疗敏感菌所致的急性感染，如败血症、肺炎、扁桃体炎、中耳炎、心内膜炎、急性乳腺炎、梅毒、创伤性感染、丹毒等。常用剂量为 80 万^{u}，肌注，一天两次，病情严重时，常需静脉给药。

2. 氨苄青霉素

属广谱类半合成青霉素，对革兰氏阳性菌作用与青霉素相似，但对绿色链球菌和肠球菌的作用较优。临床上主要用于呼吸系统、泌尿系统、胆道、肠道感染、脑膜炎以及心内膜炎等的治疗。可口服、肌注及静脉给药。

3. 其他青霉素类

如苯唑西林、氯唑西林、阿莫西林、羧苄西林、哌拉西林等十几种青霉素，作用机制相似，但抗菌谱不尽相同，临床用药时，掌握适应症十分重要。

二、头孢菌素类(先锋霉素类)

此类药是近年来发展较快、应用较广的抗生素，具有抗菌谱广、杀菌力强、过敏反应少等优点。其抗菌作用与青霉素相似，但抗菌谱广，主要用于抗青霉素的金黄色葡萄球菌感染及一些革兰氏阴性杆菌所引起的严重感染。如肺部感染、泌尿系统感染、败血症、心内膜炎、脑膜炎等。头孢菌素类的主要不良反应如下。

(1) 过敏反应，可致皮疹、荨麻疹、哮喘、过敏性休克等。与青霉素两药间呈现不完全的交叉过敏反应。一般说，对青霉素过敏者有 10%～30%对头孢菌素类过敏，而对头孢菌素类过敏者，绝大多数对青霉素过敏，所以要警惕。

(2) 胃肠道反应和菌群失调。多数头孢素类可致恶心、呕吐、食欲不振等反应。此类药有较强的抑制肠道菌群的作用，可致菌群失调，引起维生素 B 族和维生素 K 族的缺乏，也可引起二重感染，如念球菌感染等。

1. 头孢氨苄(先锋霉素Ⅳ)

为半合成的第一代口服头孢菌素，对球菌作用较强，口服吸收好，空腹给药吸收率可达 90%。主要用于敏感菌所致的呼吸道、泌尿道、皮肤、软组织和生殖器官等部位的感染。常用剂量：0.5～0.1 g/次，1 日 4 次，空腹服用。

2. 头孢拉定(先锋霉素Ⅵ)

为第一代头孢菌素。抗菌性能类似头孢氨苄，临床主要用于呼吸道、泌尿道、皮肤和软组织等部位的感染，也可用于败血症和骨髓感染。可口服、肌注及静脉用药。

3. 头孢呋新

为半合成的第二代头孢菌素。对革兰氏阴性菌作用较强。主要用于敏感菌所致的下呼吸道、泌尿道、皮肤和软组织、骨和关节、女性生殖器等部位的感染。可肌注或静脉用药。

4. 头孢哌酮(先锋必)

为半合成的第三代头孢菌素。对革兰氏阴性杆菌有较强的抗菌效能。对绿脓杆菌作用较强，在尿和胆汁中浓度较高，还可分布到胸水、腹水、羊水和体液中，在脑膜发炎时，可进入脑脊液。主要用于各种敏感菌所致的呼吸道、泌尿道、腹膜、胆囊、胸膜、皮肤、软组织、骨和关节以及五官等部位的感染。还可用于败血症和脑膜炎等。此药口服不吸收，主要用于肌注和静脉给药。

三、大环内酯类

大环内酯类是由链霉菌产生的一类碱性抗生素，能阻止细菌蛋白质的合成而抑制细菌生长，抗菌谱与青霉素相似，主要用于对青霉素过敏或耐药的患者。由于此类药是抑菌剂，在体内需维持治疗浓度才能达到治疗目的，故要按时服药。此类药之间有部分交叉耐药性。

大环内酯类的主要不良反应如下。

(1) 肝毒性。对肝脏有一定损害，一般停药后可恢复，故只宜短期少量应用。

(2) 局部刺激。注射给药可引起局部刺激，故不宜肌注，静脉滴注可引起疼痛、静脉炎。所以滴注液宜稀(<0.1%)，滴入速度不宜过快。代表药有以下几种。

1. 红霉素

主要应用于链球菌引起的扁桃体炎、猩红热、白喉及带菌者、淋病等，还可用于流感杆菌引起的呼吸道感染、金黄色葡萄球菌所致的皮肤及软组织感染、梅毒等。此药口服消化道反应大，宜饭后服用。长期应用可引起肝脏损害及黄疸。与青霉素或头孢菌素联合应用，可降低疗效。

近年来发现红霉素可抑制痤疮杆菌生长，预防并减少细菌引起的甘油三酯水解物所致的炎症反应，治疗痤疮效果确切。可口服或静脉用药。

2. 乙酰螺旋霉素

口服吸收好。主要用于防治呼吸道和软组织由葡萄球菌、肺炎球菌、链球菌等引起的感染。如扁桃体炎、咽炎、中耳炎、乳腺炎、肺炎及牙、眼科感染等。用法：0.2 g/次，一日 4～6 次口服。

3. 麦迪霉素

也称“麦白霉素”，口服吸收好。可作为红霉素的替代品，应用于控制呼吸道、皮肤和软组织、口咽部、胆道等部位感染。副反应较红霉素轻。口服 0.2 g/次，每日 3～4 次。

4. 其他大环内酯类

如罗红霉素(严迪)、琥乙红霉素(利君沙)、阿奇霉素等，作用机制相似，抗菌谱不尽相同。

四、氨基糖甙类

氨基糖甙类是一类溶于水的碱性抗生素。此类药的共性是：① 抗菌谱较广。对革兰氏阴性菌有强大的抗菌活性。在碱性环境中抗菌作用增强，对革兰氏阳性菌作用不及青霉素。有些还有抗结核杆菌的作用。② 抗菌原理是抑制细菌蛋白质的生物合成。属杀菌抗生素。③ 口服难吸收。对全身感染必须注射给药。大部分以原形由肾脏排出，故用于泌尿系统感染疗效好。④ 主要不良反应是对听神经和肾脏的损害。可造成永久性耳聋，肾功不良时，用药须慎重。⑤ 细菌对此类药易产生耐药性。各药之间有部分或完全交叉耐药性。⑥ 本类药物可引起过敏反应。包括过敏性休克、皮疹、荨麻疹、药热、粒细胞减少等。

1. 链霉素

对结核杆菌有强大的抑菌作用。主要用于治疗结核病。对革兰氏阴性杆菌如大肠杆菌、痢疾杆菌、流感杆菌、肺炎杆菌也有较大的抑制作用，对革兰氏阳性菌作用比青霉素弱，但两药合用可增加青霉素的抗菌作用。多用于泌尿系统感染、肺炎、腹膜炎等，此药不宜单独使用，宜采用联合用药，以减少毒副反应和抗药性的发生。可肌注或静脉用药。

2. 庆大霉素

是目前临床最为常用的广谱氨基糖甙类。用于大肠杆菌、肺炎双球菌、肺炎杆菌、绿脓杆菌等引起的各种严重感染，如败血症、烧伤、消化道、呼吸道、泌尿道感染等，与青霉素、头孢菌素类联合应用有协同作用，抗菌效力可提高 4 倍以上，并能延缓细菌耐药性的产生。另外，庆大霉素口服可用于肠道感染。用法：8 万^{u}/次，肌注，每日 2 次；静脉滴注，16～24 万^{u}/日，加入葡萄糖液中使用。

3. 丁胺卡那霉素

抗菌谱与庆大霉素相似。其特点是主要对庆大霉素、卡那霉素耐药的革兰氏阴性菌所致的尿路、肺部感染及腹腔、软组织、骨和关节、生殖系统的感染疗效确切。此药可肌注或静脉给药。

4. 核糖霉素

抗菌谱同丁胺卡那。临床上主要用于敏感的革兰氏阳性菌所致的呼吸道、腹腔、胸腔、泌尿系统、皮肤和软组织、骨组织以及眼、耳、鼻部的感染。此药最主要的优点是毒性较低，尤其是对听神经和肾脏的毒性均较小。用法：肌注 0.5 g/次，每日 2 次。

五、四环素类

四环素类为广谱抗生素。对革兰氏阳性及阴性菌均有效。主要用于敏感菌所引起的呼吸道、胆道、尿道及皮肤、软组织等部位的感染。代表药有四环素、土霉素、强力霉素等。其中四环素不良反应较多且严重，临床上现已少用。

六、林可霉素类

林可霉素（洁霉素）和氯林霉素（克林霉素）对金色葡萄球菌、溶血性链球菌、肺炎球菌及大多数厌氧菌都有良好的抗菌作用。主要用于厌氧菌引起的腹腔及妇科感染，也可用于呼吸道、骨髓、胆道及关节和软组织的感染。主要副作用为消化道反应。两药均可口服、肌注或静脉给药。

七、抗病毒药

在临床感染性疾病中，很多是由病毒引起的。此类药的适应症为流行性感冒、普通感冒、麻疹、腮腺炎、传染性肝炎、疱疹性角膜炎等。

1. 病毒唑(三氮唑核苷)

具有广谱的抗病毒性能，对流感、腺病毒性肺炎、甲型肝炎、疱疹、麻疹等有防治作用，0.5%的病毒唑滴鼻，可防治流感。可口服、肌注或静脉给药。

2. 病毒灵(吗啉胍)

是广谱的口服抗病毒药。主要用于流感、流行性腮腺炎、水痘、麻疹等的防治。口服 0.1～0.2g/次，一日 3 次。

3. 聚肌胞(聚肌胞苷酸)

为一种高效的干扰素诱导剂。有广谱抗病毒作用及免疫抑制作用。用于治疗带状疱疹、疱疹性角膜炎、病毒性肝炎及预防流感。

第三节　合成抗菌药

一、磺胺类

磺胺类是 20 世纪 30 年代发现的能够有效地防治全身细菌性感染的药物。具有抗菌谱广、可以口服、吸收迅速、疗效确切、性质稳定、应用方便等优点。主要适应症为流行性脑膜炎、菌痢、肠炎、鼠疫、沙眼及敏感菌所致的尿路感染和呼吸道感染等。

磺胺药的主要不良反应如下。

(1) 泌尿系统损害。因磺胺药在尿中浓度高，长期用药，可出现结晶尿、血尿、管型尿等。可多饮水或同服碳酸氢钠，以防肾脏损害。

(2) 过敏反应。以皮疹、药热、药物疹多见。因此此类药之间有交叉过敏性，当病人对一种磺胺药过敏时，不宜换用其他磺胺药。

1. 复方新诺明

本药是磺胺甲基异唑与甲氧苄胺嘧啶的复方制剂。抗菌谱广，临床应用广泛，主要用于支气管炎、上呼吸道感染、肺炎、尿路感染、伤寒等。疗效与氨苄青霉素相似。用法：口服，一日 2 次，2 片/次。

2. 磺胺嘧啶

对脑膜炎球菌、肺炎球菌、溶血性链球菌作用较强。可通过血脑屏障，是治疗流行性脑膜炎的首选药。可口服或静脉用药。

3. 磺胺嘧啶膏

外用磺胺药。抗菌谱广，对绿脓杆菌作用强大，有收敛作用，能促进创面愈合。适用于二度或三度烧伤。

二、喹诺酮及其他类

是一类较新的合成抗菌药，主要作用于革兰氏阳性菌。其特点是其他抗菌药产生耐药性时，可选用此类药。

1. 吡哌酸(P·P·A)

主要用于敏感菌所致的尿路、肠道和耳部感染，与庆大霉素、羟氨苄青霉素、青霉素等同用常可起协同抗菌作用。用法口服：0.5g/次，每日 3～4 次。

2. 氟派酸(诺氟沙星)

抗菌谱较吡哌酸广，抗菌作用强，口服吸收迅速，组织分布良好，主要用于敏感菌所致泌尿道、呼吸道、肠道、耳鼻喉科、妇科、外科和皮肤科等感染性疾病。口服 0.2g/次，每日 3～4 次。

另外，还有近几年合成的环丙沙星、氧氟沙星等，已广泛地用于临床。

3. 甲硝唑(灭滴灵)

甲硝唑为硝咪唑类，具有强大的杀灭滴虫作用，是治疗阴道滴虫病的首选药。此外对肠及组织内阿米巴原虫也有杀灭作用，用于治疗阿米巴痢疾和阿米巴脓肿。

近年来发现甲硝唑除以上作用外，还具有较强的抗厌氧菌作用。用常规剂量可在体内很多组织中达到治疗浓度。主要用于厌氧杆菌所引起的系统或局部的感染。如腹腔、消化道、女性生殖器、呼吸道、皮肤和软组织、骨和关节等部位的厌氧菌感染。还可用于口腔厌氧菌感染。

甲硝唑的优点是毒性小，疗效高，适应范围广，可口服或静脉给药。

第四节　解热镇痛抗炎药

一、基本作用

(1) 解热作用。解热作用较好，能降低发热者的体温，而对体温正常者多无影响。

(2) 镇痛作用。具有中等程度的镇痛作用。对于头痛、神经痛、关节痛、肌肉痛及痛经有良好的镇痛效果。而且久用不宜成瘾，故临床上应用广泛。

(3) 抗炎、抗风湿作用。大多数解热镇痛抗炎药都有较强的抗炎、抗风湿作用，对控制风湿性及类风湿性关节炎的症状有一定的疗效，但不能根治，也不能防止疾病的发展以及合并症的发生。

二、常用类型

1. 乙酰水杨酸(阿司匹林)

解热、镇痛作用温和肯定。抗炎、抗风湿作用较强，主要用于发热、头痛、神经痛、肌肉痛。为风湿热、风湿性关节炎及类风湿关节炎的首选药。近年来还发现此药有较强的抑制血小板聚集的作用，能阻止血栓形成。可用于防治冠状动脉及脑血管栓塞性疾病，口服 0.6 g/次，每日 3 次。

临床上常用的 A·P·C(复方阿司匹林)是阿司匹林和非那西汀的复方制剂。多用于解热镇痛。

2. 扑热息痛(对乙酰氨基酚)

有解热、镇痛作用。解热作用较强,镇痛作用较弱。用于感冒发烧、关节痛、神经痛及手术后止痛。

3. 消炎痛

有显著的抗炎及解热作用。缓解炎性疼痛作用明显。用于急性、慢性风湿性关节炎,也可用于滑囊炎、腱鞘炎及外伤性疼痛。口服 25 mg/次,每日 3 次。

4. 萘普生

抗炎、镇痛、解热作用均较强,对于类风湿关节炎、骨关节炎、运动系统(如关节、肌肉和肌腱)的慢性疾病及轻、中等疼痛如痛经,均有肯定疗效。0.2 g/次,每日 3 次。

5. 布洛芬

其抗炎、镇痛、解热作用较乙酰水杨酸强,毒副作用少。用于风湿性关节炎,其消炎、镇痛、解热作用,与乙酰水杨酸相似,比扑热息痛好。在病人不能耐受乙酰水杨酸时可试用。对血象及肾功能无明显影响。口服 0.2 g/次,每日 3 次。

第五节　镇静催眠药

一、作用特点

镇静催眠药对中枢神经系统具有广泛的抑制作用,其作用因剂量不同而异。一般小剂量可产生镇静作用,中等剂量可引起近似生理性睡眠,大剂量则可产生麻醉、抗惊厥作用。

二、常用类型

1. 鲁米那(苯巴比妥)

具有镇静、催眠、抗惊厥作用,并可抗癫痫。还有增强解热镇痛之作用,用于焦虑不安,甲状腺机能亢进、高血压、顽固性失眠、破伤风所引起的惊厥等,此类药久用可产生耐药性及成瘾性,长期连续应用要警惕蓄积中毒。口服 0.03～0.06 g/次,睡前服。

2. 水合氯醛

有催眠、抗惊厥作用。口服或直肠给药均能迅速吸收,肾脏排泄快,用于神经性失眠、破伤风痉挛等。长期服用有成瘾性及耐受性。

3. 安　定

具有镇静、抗焦虑、肌肉松弛、抗惊厥作用。口服吸收快,约 1 h 达血高峰浓度,用于焦虑症及各种神经官能症、失眠、抗癫痫及各种原因引起的肌肉痉挛现象。

4. 舒乐安定

为新型抗焦虑药和高效镇静催眠药。具有广泛抗惊厥作用。特点为作用强,用量小,毒副作用小,对肝、肾功能、骨髓、血及尿常规均无影响。治疗范围大。适用于焦虑、失眠、紧张、恐惧及癫痫的大、小发作和手术前镇静等。用于镇静时，1～2 mg/次，每日3次；用于失眠时，2～3 mg/次，睡前服。

第六节　作用于呼吸系统的药物

一、分　类

咳嗽、咳痰、喘息是呼吸系统疾病的常见症状，因此作用于呼吸系统的药物主要包括镇咳、祛痰及平喘药三大类。

二、常用药物

1. 咳必清

对咳嗽中枢有选择性抑制作用，尚有轻度的阿托品样作用和局麻作用。大剂量对支气管平滑肌有解痉作用。其镇咳作用较强，但无成瘾性。用于上呼吸道感染引起的无痰干咳和百日咳等。对痰多者宜与祛痰药合用，口服25 mg/次，每日3次。

2. 复方甘草片(合剂)

为黏膜保护性镇咳药。可覆盖在发炎的咽部黏膜上，减少刺激，具有良好的镇咳、祛痰作用。用于上呼吸道感染和急性支气管炎初期。口服2片/次，每日3次。

3. 氨茶碱

是常用的平喘药。可松弛支气管平滑肌，有兴奋心肌作用。用于支气管哮喘和哮喘性慢性支气管炎。治疗急性心功能不全和心源性哮喘，急性心肌梗塞伴有血压显著降低者忌用，口服0.1 g/次，每日3次。

4. 异丙肾上腺素(喘息定)

对支气管平滑肌有松弛作用，口服无效，舌下含药、雾化吸入迅速吸收。适用于控制哮喘急性发作。冠心病、心肌炎及甲状腺机能亢进者禁用。

5. 痰咳净(乙酰半胱氨酸)

系黏液溶解剂，具有较强的黏痰溶解作用。适用于大量黏痰阻塞引起的呼吸困难，如手术后的咳痰困难、急性和慢性支气管炎、支气管扩张、肺结核、肺炎、肺气肿等引起的痰液黏稠、咯痰困难、痰阻气管等。此药与异丙肾上腺素合用或交替使用可提高药效，减少不良反应。支气管哮喘者禁用。此药能减弱青霉素、四环素、先锋霉素的抗菌活性，故不宜与这些药物并用。必要时可间隔4小时交替作用。喷雾或气管注入。

第七节　作用于消化系统的药物

一、抗酸药及治疗溃疡病药

抗酸药多为碱性药物，口服中和胃酸，在溃疡面上形成保护膜，因而可减弱或解除胃酸对溃疡面的刺激和腐蚀作用。

1. 胃必治片(复方铝酸铋)

口服后可在胃及十二指肠黏膜上形成保护膜,防止胃酸和胃蛋白酶对黏膜的侵蚀破坏,促进黏膜组织再生,有利于溃疡愈合。用于胃及十二指肠溃疡、慢性浅表性胃炎、胃酸过多及神经性消化不良等,口服 1~2 片,每日 3 次。

2. 甲氰咪胍(西咪替丁)

能明显抑制食物、组织胺等刺激所引起的胃酸分泌,并使其酸度降低,促进溃疡愈合。用于治疗胃及十二脂肠溃疡、上消化道出血等。还可用于治疗带状疱疹,包括生殖器在内的其他疱疹性感染。

另外还有雷尼替丁、法莫替丁等药,作用机制和临床应用相似。

3. 胃舒平(复方氢氧化铝片)

具有抗酸、吸着、局部止血、保护溃疡面等作用,效力很弱,缓慢而持久。用于治疗胃酸过多或溃疡病等。肾功能不良者慎用。口服 4 片/次,每日 3 次。

二、胃肠解痉药

具有解除平滑肌痉挛及减少分泌的作用。

1. 普鲁苯辛(丙胺太林)

对胃肠平滑肌有较强的抑制作用。对汗液、唾液及胃液分泌有不同程度的抑制作用。用于胃及十二指肠溃疡病的辅助治疗、胃炎、胃肠痉挛等。15 mg/次,每日 3 次。

2. 阿托品

有解除胃肠痉挛及抑制胃酸分泌的作用。主要用于胃及十二指肠溃疡、胃酸过多症、胃炎、胃肠痉挛等。可口服或肌注。

三、助消化药

助消化药是促进胃肠道消化过程的药物。大多数本身就是消化液的主要成分或能促进消化液的分泌。

1. 稀盐酸

为 10%的盐酸溶液。服后能促使胃内的胃蛋白酶原转变为胃蛋白酶。用于各种原因引起的胃酸缺乏症、慢性萎缩性胃炎、发酵性消化不良等。饭时或饭前服 0.5~2 mL。

2. 胃蛋白酶

为一种消化酶,能使凝固的蛋白质分解,常与稀盐酸合用。用于因食用蛋白性食物过多所致消化不良,病后恢复期消化机能减退以及慢性萎缩性胃炎等,不宜与抗酸药同服。饭时或饭前服 0.3~0.6 g。

3. 乳酸菌素片

为天然的生物物品。具有促进胃肠蠕动、促进胃液分泌、助胃肠消化、增进食欲的功能。此药能调节肠道生态平衡,对肠道疾病的预防和治疗具有独特的作用。含有人体必需的氨基酸和微量元素及维生素,无毒副作用。用于肠内常发酵、消化不良、肠炎等。口服4～6片，每日3次。

四、止泻药

止泻药可通过减少肠道蠕动或保护肠道免受刺激而达到止泻之效，以防机体脱水，电解质紊乱。

1. 药用炭

能减轻肠内容物对肠壁的刺激，使蠕动减少，从而达到止泻的目的。此外有吸附胃肠内有害物质的作用，可用于治疗腹泻、胃肠胀气、食物中毒等。饭前服1～4 g，每日3次。

2. 次碳酸铋

有保护胃肠黏膜及收敛止泻作用。用于腹泻、慢性胃肠炎、胃及十二指肠溃疡等。饭前服0.3～0.9 g，每日3次。

第八节 抗过敏药

一、概 念

过敏反应也称变态反应，它是机体受抗原物质刺激后引起的组织损伤或生理功能紊乱，属于异常的或病理性的免疫反应。用于防治过敏性疾病的药物，称为抗过敏药。

二、常用药物

1. 息斯敏

是一种没有中枢镇静和抗胆碱作用的长效抗过敏药。每天服用1次足以抑制过敏反应症状24 h，用于季节性和常年过敏性鼻炎、过敏性结膜炎、荨麻疹和其他过敏性疾病。口服1片，1日1次。

2. 非那根

为组织胺H1受体桔抗剂，具有明显的中枢安定作用，能增强麻醉药、催眠药、镇痛药和局部麻醉药的作用，有降低体温和镇吐作用，用于各种过敏性疾病、妊娠呕吐、晕车、晕船等。可口服或肌注。

3. 扑尔敏

其作用同非那根。但副作用小，适用于小儿。用于各种过敏性疾病、虫咬、药物过敏等。与A·P·C配伍用于治疗感冒。每次4 mg，1日2次。

4. 赛庚啶

其作用较非那根、扑尔敏强。有刺激食欲作用，用于荨麻疹、皮肤瘙痒、过敏性鼻炎等。口服2～4 mg，1日3次。

5. 开瑞坦(氯雷他定)

俗称克敏能，为长效抗组胺药，有选择性对抗外周H_1受体的作用。其代谢产物去甲基乙氧基氯雷他定亦具活性。该药不但有抗组胺、稳定肥大细胞的作用,还有抑制粘附分子的作用,故药效强而持久。不增加食欲和体重,用于季节性、常年性皮炎,慢性寻麻疹及其他变态反应性疾病。用法每片 10 mg,成人及 12 岁以上儿童每次 1 片,每日 1 次。不能用于 12 岁以下儿童及妊娠、哺乳妇女。

6. 葡萄糖酸钙

能降低毛细血管通透性,使渗出减少,具有消肿、消炎及抗过敏作用。用于荨麻疹、渗出性水肿、瘙痒性皮肤病及手足抽搐症等。口服 0.5～2 g/次,1 日 3 次,过敏重者可静脉注射。

第九节　维生素类

维生素是机体维持正常代谢功能所必需的物质,它是人体六大营养素(糖、脂肪、蛋白质、盐类、维生素和水)之一,大多数必须从食物中获得,仅少数可在体内合成或由肠道细菌产生。但如果机体的吸收或利用发生障碍,或由于某种原因(如妊娠、哺乳等)导致需要量增加,就可引起“维生素缺乏症”,此时就需要用相应的维生素制剂进行治疗和预防。

一、脂溶性维生素

1. 维生素 A

主要存在于动物性食品中,如鱼肝油、蛋黄、牛乳和肝脏等。维生素 A 具有促进生长,维持上皮组织如皮肤、结膜、角膜及多种黏膜的正常功能和结构完整,参与视紫红质的合成,增强视网膜的感光性能。用于维生素 A 缺乏症,如皮肤粗糙、干燥、角膜软化症、眼干燥症、夜盲症等。

2. 维生素 D

存在于动物组织中,对钙、磷代谢及小儿骨骼发育生长有重要影响。对骨组织中的沉淀成骨有直接促进作用。用于防治软骨病和佝偻病。

3. 维生素 E(生育酚)

在麦胚油中含量最多,豆类及蔬菜中亦含有。维生素 E 对生殖功能、脂类代谢有影响。可调整性腺功能,减少或阻止不饱和脂肪酸和维生素 A 的氧化,故在消化道中能保护维生素 A 免遭氧化破坏。用于习惯性流产、先兆流产、不孕症、更年期综合症等,也可用于冠心病、高血脂症、动脉粥样硬化症的防治。近年来发现维生素 E 具有抗衰老和预防白内障的作用。口服 0.1 g,每日 1～2 次。

二、水溶性维生素

1. 维生素 B_1

谷类食品是人类所需维生素 B_1 的主要来源,如米糠、粗粮、麦麸等。维生素 B_1 在体内参与糖代谢和维持神经系统的正常功能,主要用于脚气病的防治、神经炎、中枢神经损伤、消化不良、营养不良等。可口服或肌注。

2. 维生素 B_2(核黄素)

主要来源为酵母、肝、肾与肉类、乳类等。在体内参与糖、氨基酸、脂肪酸的代谢，是维持视网膜正常功能所必需。用于防治结膜炎、口角炎、舌炎、阴囊炎、脂溢性皮炎等，主要给药途径为口服。

3. 维生素 B_6

在天然物质中分布很广，如酵母、小麦、肝、鱼等，维生素 B_6 能促进氨基酸的吸收和蛋白质的合成，为细胞生长所必需，能降低血中胆固醇。用于动脉粥样硬化、脂溢性皮炎、痤疮、斑秃等，可作为抗结核的辅助药，防治异菸肼中毒，并对妊娠、抗癌药及放疗所引起的呕吐有一定疗效。可口服、肌注或静注。

4. 维生素 B_{12}

来源于食物，动物内脏、肉类、蛋、乳中含量最多。维生素 B_{12} 是细胞生长繁殖和维持神经系统髓鞘完整所必需的物质。用于恶性贫血、维生素 B_{12} 缺乏性疾病、肝脏疾患和营养性神经疾患。

5. 维生素 C(抗坏血酸)

新鲜蔬菜和水果是最好的来源。如橘、橙、番茄、菠菜、枣等。维生素 C 参与体内氧化还原反应，参与氨基酸代谢、神经递质合成、胶原蛋白和组织细胞间质的合成，可降低毛细血管的通透性，加速血液凝固，刺激凝血功能，促进铁在肠内吸收，促进血脂下降，增加对感染的抵抗力；参与解毒功能，具有抗病毒、抗过敏及阻止致癌物质(亚硝胺)生成的作用。主要用于坏血病的预防及治疗，也可用于各种急、慢性传染性疾病，过敏性疾病，各种贫血和促进伤口愈合等。可口服、肌注或静注，口服 0.2 g/次，每日 3 次。

第十节　激素类

一、糖皮质激素的作用

(1) 抗炎、抗毒、抗过敏、抗休克作用。此类药对各种原因引起的炎症均有较强的抗炎作用，能提高机体对有害刺激的耐受力，减轻毒素对机体的损害；能增强心肌收缩力，改善微循环，对中毒性、心源性休克均有治疗作用，对免疫反应的许多环节有抑制作用。

(2) 影响机体代谢。此类药对糖、蛋白质、脂肪及水盐代谢均有影响，可引起血糖及血脂升高，水钠潴留，抑制钾、钙和磷的吸收。

(3) 其他。能刺激骨髓的造血机能，增加血细胞的数量，还有兴奋中枢神经系统的作用。

二、常用激素类药物

此类药物品种繁多，临床常用的药物有氢化考的松、考的松、强的松、强的松龙、去炎松、地塞米松、倍他米松、氟轻松等。

三、适应症

（1）严重感染或伴有中毒性休克的疾病，如败血症、中毒性肺炎、中毒性菌痢等。

（2）自身免疫性及过敏性疾病，如风湿热、荨麻疹、红斑性狼疮等。

（3）治疗炎症及防止某些炎症的后遗症，如组织粘连、疤痕等，还可防治结核病的炎症渗出。

（4）急、慢性肾上腺皮质机能减退，血液病等。

四、注意事项

（1）对于细菌及真菌性感染的疾病，要在足量的抗生素或抗真菌药物应用的基础上再应用激素类药物。

（2）对慢性消化道溃疡、严重高血压、糖尿病、妊娠早期等应禁用。

（3）长期或大剂量应用激素类药物，可致骨质疏松、脱钙性骨折、向心性肥胖等。所以应避免长期或大量应用。

临床上常用的激素类药物有可的松、强的松、地塞米松等，用药时间及剂量一般要根据所治疾病的需要而定。

第十九章　常见病的防治

第一节　常见症状的临床意义

症状是病人主观感到的异常感觉，如头痛、乏力、发热等。体征是指客观检查到的异常发现，如心脏杂音、皮疹、肝脾肿大等。广义的症状也包括体征。症状和体征是疾病造成机体功能障碍或器质性变化的临床表现，是诊治疾病的重要线索或依据。各种疾病，由于其病理基础不同，也就会产生各种不同的症状。本章仅就一些常见而且比较重要的症状，对其病因、临床特点及伴随症状进行简述。

一、发　热

人体正常体温的维持有赖于丘脑体温中枢的调节，它通过运动神经可以增加肌肉的活动而产热，它又可接受来自皮肤温度感受器的冲动，通过植物神经系统调节皮肤血管的舒缩，以控制散热，达到产热和散热之间的动态平衡。因此健康人的体温在体温中枢的调节下相对恒定。健康成人体温腋下温度一般为 36～37 ℃，口腔温度为 36～37.2 ℃，直肠内温度为 36.7～37.5 ℃，若超过正常范围的上界时则称为发热，发热是人体防御疾病的一种反应。

根据发热的高低程度，可分为低热（37.4～38 ℃）、中等度热（38.1～39 ℃）、高热（39.1～41 ℃）、超高热（41 ℃以上）。

根据发热病人定时测量体温的数据，可绘成体温曲线，有许多发热疾病其体温曲线常呈一特殊形态，称为热型。热型在诊断和鉴别诊断上有一定的参考价值。

（一）发热原因

引起发热的原因很多，大致可分为感染性与非感染性发热两大类，而以前者为多见。

1. 感染性发热

各种病原体，如病毒、肺炎支原体、细菌、立克次氏体、螺旋体、真菌、寄生虫引起的感染。其原因是病原体的代谢产物或其毒素作用于单核细胞、巨噬细胞，释放出致热原，从而导致发热。

2. 非感染性发热

（1）无菌性坏死物质的吸收：① 机械性、物理性或化学性损害，如大手术后组织损伤、内出血、大面积烧伤等；② 因血管栓塞或血栓形成而引起的内脏梗塞或肢体坏死；

③ 组织坏死与细胞破坏，如癌、白血病、溶血反应等。

(2) 变态反应(即抗原—抗体反应)，如风湿热、药物热、血型不合的输血、结缔组织病等。

(3) 内分泌与代谢障碍，可引起产热和散热异常。产热过多，如甲状腺机能亢进，剧烈运动。散热过少，如广泛性皮肤病、重度失水等。

(4) 体温调节中枢机能失常：① 物理性，如中暑；② 化学性，如重度安眠药中毒；③ 机械性，如脑出血、脑震荡颅骨骨折等。

(二) 临床表现

1. 稽留热

体温持续在 39～40 ℃左右，24 h 内体温波动不超过 1 ℃者称为稽留热。可持续数天或数月，见于大叶性肺炎、伤寒、斑疹伤寒等的发热极期。

2. 弛张热

体温在 39 ℃以上，24 h 体温差达 2 ℃以上称为弛张热。见于风湿热、败血症、化脓性疾病、重症肺结核等。

3. 间歇热

高热期与无热期交替出现，体温幅度可达数度称为间歇热，见于疟疾、急性肾盂肾炎、回归热、淋巴瘤等。

4. 不规则热

指发热无一定规律，可见于结核病、风湿热、支气管肺炎、感染性心内膜炎等。

(三) 发热伴随症状及临床意义

临床上除发热外，往往伴随其他症状，对诊断意义较大。

(1) 发热伴有咳嗽、咯血、胸痛等提示呼吸系统疾病，如肺炎、肺结核等；

(2) 发热伴有恶心、呕吐、腹痛、腹泻、里急后重、脓血便等提示肠道疾病，如急性肠炎、菌痢等，如出现黄疸应考虑病毒性肝炎、胆道感染等；

(3) 发热伴有心悸、心前区疼痛等提示心血管疾病，如冠心病、心肌梗死、心肌炎、心包炎等；

(4) 发热伴有尿频、尿痛、尿急、排尿困难等提示尿路感染；

(5) 发热伴有眼睑浮肿，应考虑急性肾炎的可能；

(6) 发热伴有头痛、呕吐、抽搐、意识障碍等提示神经系统疾病，如脑膜炎、脑炎、脑溢血等；

(7) 发热伴有局部红、肿、热、痛提示局部感染，如蜂窝组织炎等；

(8) 发热伴有游走性关节肿痛应考虑风湿热的可能；

(9) 发热伴有贫血或出血者提示血液系统疾病和某些急性传染病，如急性白血病、再生障碍性贫血、暴发性流脑、流行性出血热等。

特别需要提醒的一点是，在发热原因不明的情况下，不要随便滥用退热药，高热时滥用退热药，不但对病情的改善没有帮助，反而可引起大汗淋漓，甚至发生虚脱或休克，还可掩盖疾病真相，所以一旦发热，应及时到医院就诊。

二、疼　痛

疼痛在大学生中是最常见的症状，按疼痛部位一般可分为头痛、胸痛、腹痛、腰背痛和肌肉关节痛。

（一）头　痛

头痛只是一个症状，大多无特异性，一般随原发病的好转而缓解。但有些头痛却是严重疾病的预兆，如高血压动脉硬化病人头痛突然加剧，尤其是伴喷射性呕吐时，须警惕脑出血的发生。脑肿瘤、脑外伤的头痛如在病程中进行性加剧，一般提示病情加重或恶化。引起头痛的原因很多，主要有以下几个方面。

1. 血管舒缩性头痛

血管舒缩性头痛又称血管神经性头痛，最常见，约占头痛的95%，可分为原发性、继发性两种。

（1）原发性头痛。其典型代表为偏头痛，发病无先兆，为一种搏动性头痛，通常在青春期起病，以女性为多，部分病人有家族史。在学生中以此种头痛最多见，发作可由情绪紧张、身体应激反应、睡眠异常、进食、经期所诱发，表现为周期性发作的剧烈头痛，常伴有恶心、呕吐、畏光和视力模糊、食欲下降，逐渐加重持续几小时或更长，其特点是：① 头部一侧或两侧颞部的血管搏动性疼痛；② 头痛自发地发生与缓解；③ 无其他引起头痛的疾病存在。

遇有偏头痛的病人，应多给予精神上的鼓励与安慰，并注意劳逸结合，对已知可诱发头痛的因素如酗酒、高脂饮食及日光晒等应避免，发作重时可给予药物治疗。

（2）继发性头痛。

① 以感染引起的头痛最为常见，常有前额及枕部疼痛，也可弥漫于全头部，常有原发病的临床表现，如流感、肺炎等。

② 脑外伤后头痛，多在外伤后一天内出现，可持续一周，然后逐渐消失，如脑挫伤、脑震荡等。

③ 高血压所致头痛为持续性、紧张性跳痛或胀痛，常位于前额、后枕部，当摇头或用力时加重，伴有头晕，头痛程度与血压高低有关。

④ 毒物影响，如铅、苯、一氧化碳中毒及硝酸甘油类扩张血管药物应用过量。

继发性头痛的共同特点是表现为普遍的全头胀痛，剧烈时有搏动感，头痛的轻重程度与原发疾病的好转与否有直接关系。

2. 颅内疾患引起的头痛

（1）脑膜刺激性头痛。见于脑膜炎、蛛网膜下腔出血等。为持续性剧烈头痛，用力或摇头时头痛加重，伴恶心、呕吐、畏光等，但与头部的位置无关。

（2）颅内压增高性头痛。多见于颅内占位性病变，尤以脑瘤为多见，且常是脑瘤的首发症状，其特点是晨起和后半夜头痛明显，伴呕吐，弯腰、咳嗽和用力时加剧。

（3）其他。

① 眼部病变，如眼部炎症、屈光不正、眼内压增高等。

② 鼻、耳及口腔的炎症，如鼻窦炎、中耳炎、牙病等。

③ 神经痛，如枕大神经痛、耳后神经痛等。

④ 紧张性头痛，如由不良姿势所致颈肌紧张。

⑤ 精神性头痛，见于痛病和神经官能症者，与精神因素有关。

在大学生中，以血管舒缩性头痛最为常见，若出现头痛，要根据其发病特点，及时到医院诊疗。

（二）胸　痛

胸痛是常见症状，临床上应注意胸痛的特征。

（1）胸壁疾病。胸壁疾病所致胸痛的特点为：疼痛常固定于胸壁的病变部位，局部多有明显的压痛，使胸部运动如深呼吸、咳嗽、举臂等动作可使胸痛加剧，见于胸壁软组织炎、皮炎、带状疱疹、肋软骨炎、肋骨骨折等。

（2）肺及胸膜疾病。胸膜炎是胸痛的常见原因，其特点是呼吸时疼痛加剧，而胸廓活动时并不引起疼痛，胸壁局部无压痛，多伴有咳嗽或咳痰，常因咳嗽、深呼吸而加重，胸透可发现病变，如气胸、胸膜炎、肺癌等。

（3）心血管疾病。心血管疾病所致胸痛多位于心前区或胸骨后方，并向左肩及左臂放射，常因劳累或精神紧张诱发或加重，休息后可好转，如心绞痛、心肌梗死、心肌炎等。

（4）纵膈和食管疾病。如食管炎、食道癌、急性纵膈炎、纵膈肿瘤等。这类疾病所致胸痛的部位常见于胸骨后，呈持续性隐痛或钝痛，吞咽时疼痛加剧，或伴有吞咽困难。

（5）横膈疾病。如膈胸膜炎、膈下脓肿、肝癌、肝脓肿等。横膈病变所引起胸痛部位多在胸廓的下部，横膈中央受刺激时疼痛可放射至肩部和颈部。

（三）腹　痛

腹痛原因甚为复杂，多由腹腔内脏器病变引起。而腹内脏器病变所致者又可分为功能性与器质性两类。功能性腹痛一般是由胃肠道痉挛所致，如胃痉挛、肠痉挛等。而器质性腹痛则主要是由炎症、穿孔、破裂、梗阻、套叠、扭转、绞窄等引起，临床上习惯称之为“急腹症”。

临床上一般将腹痛分为急性和慢性。急性腹痛具有发病急、病情重和变化快的特点，常见疾病详见表 19－1。而慢性腹痛则有起病缓、疼痛程度轻而缓的特点，最常见的慢性腹痛为：

（1）胃、十二指肠溃疡；

（2）慢性胃炎、胃下垂、局限性肠炎、肠结核、慢性肝、胆疾患；

（3）腹腔脏器肿瘤，如肾癌、肝癌等；

（4）腹部手术后粘连、慢性盆腔炎。

（四）腰背痛

引起腰背痛的疾病很多，但概括来说不外乎先天性畸形与后天性疾病或损伤两大类。

表 19－1 急性腹痛常见病因及临床表现

部 位	腹内病变	临床表现
上腹	急性胃炎	多由于饮食不当而诱发，逐渐加剧的持续性上腹疼痛，伴恶心、呕吐
	溃疡病急性发作	有溃疡病史，受凉感冒，饮食不当可诱发上腹疼
	胆囊炎胆结石	常在进食油腻食物后 3～6 h，出现右上腹持续性疼痛，伴高热、寒战，疼痛可放射至右肩胛部
	急性胰腺炎	上腹及左上腹持续性痛，向腰部放射，伴呕吐、发热
	胆道蛔虫症	突然发生剑突下阵发性剧烈绞痛，间歇期可完全不痛，多伴呕吐，或吐出蛔虫
中下腹	急性阑尾炎	起病在上腹或脐周持续性痛，6～12 h 疼痛局限于右下腹，行走、咳嗽加重，多数恶心、呕吐、体温升高
	急性肠炎	脐周绞痛伴腹泻，多由暴饮生冷、刺激性大、腐败污染食物、未成熟水果等引起
	机械性肠梗阻	疼痛多为阵发性，伴反复呕吐，无排气，用手可摸到肿块
	肾、输尿管结石	逐渐加剧持续性疼痛，有时向腹股沟部放射，可见血尿
	痛经	多发生于月经前或有经第一天，下腹部痉挛性坠疼，遇寒冷、劳累时加重，伴全身乏力
全腹	弥漫性腹膜炎	在原发病基础上，疼痛突然转剧，全身症状加重，典型腹膜炎三联征——压痛、反跳痛、腹壁肌肉痉挛，肠鸣音消失
	内出血症状群	主要原因为肝、脾破裂，宫外孕，腹疼自出血部位向全腹扩展，持续性胀疼，伴急性失血症状，全腹压痛

先天性畸形引起腰背痛者常见有脊柱裂、腰椎骶化、脊柱侧弯等。下面主要介绍疾病或损伤引起的腰背痛。

(1) 外伤性。急性或慢性腰背部创伤，如扭伤、劳损、骨折等。

(2) 炎症。腰背部组织的炎症，如脊椎结核、腰肌纤维炎、膀胱炎、肾炎、盆腔炎等。

(3) 关节病变。如风湿性脊椎炎、骨质增生等。

(4) 神经根痛。多由于外伤、炎症或其他原因使神经根受刺激所致，见于坐骨神经痛、椎间盘脱出等。

(5) 肿瘤。腰背部组织的良性或恶性肿瘤，如肾脏肿瘤等。

腰痛往往不独立存在，常伴随很多症状：① 腰背痛伴有活动受限，多见于类风湿性关节炎、坐骨神经痛、椎间盘脱出等。② 腰背痛伴有尿痛、尿频，多见于尿路感染。③ 腰背痛伴有月经异常、痛经，多为妇科疾病，如盆腔炎、附件炎等。

(五) 肌肉关节病

肌肉分骨骼肌和平滑肌，在此所指的是骨骼肌，肌肉关节痛多因全身性疾病引起，也可由局部病变所致，肌肉与关节痛分述如下。

1. 肌肉痛

（1）急性肌肉痛。可由外伤、肌肉劳损、急性发热性疾病而引起，如流感、风湿热、急性肌纤维炎等。

（2）慢性肌肉痛。可由外伤、慢性肌肉劳损、结缔组织病、关节病所致，如类风湿、关节炎、骨关节炎、皮肌炎、系统性红斑狼疮等。

2. 关节痛的常见原因

（1）外伤。如关节脱位、半月软骨破裂、关节周围的软组织损伤、肢体畸形等。

（2）感染。常见于化脓性关节炎、在炎症急性期局部皮肤常有肿胀、潮红、发热和运动受限等症；结核性关节炎，多有结核病史，伴有关节酸痛肿胀，活动受限等。

（3）结缔组织病。可见于系统性红斑狼疮，周围型类风湿性关节炎，多发生于女性。

（4）机械性劳损及先天畸形可致关节疼。

（5）其他原因。如痛风、无菌性关节坏死、骨性关节炎等。

三、咳嗽与咯痰

咳嗽与咯痰是呼吸道疾病的常见症状，一方面咳嗽是人体的一种保护性反射动作，另一方面，咳嗽也是病理性的。咳嗽可增加胸内压，对心脏不利。频繁的刺激性咳嗽，可影响休息及睡眠，长期慢性咳嗽可引起肺气肿，从流行病学讲，咳嗽还可引起疾病的传播。

1. 咳嗽与咯痰的主要原因

（1）呼吸道异物刺激，如烟、粉尘、毒气、气管异物等。

（2）支气管及肺组织炎症，如气管炎、肺炎、胸膜炎、肺结核等。

（3）心血管疾病，如肺水肿、肺栓塞、肺心病等。

2. 咳嗽的性质、时间及伴随症状

（1）咳嗽无痰，称为干性咳嗽，多见于上呼吸道或气管炎症、急性咽喉炎、物理或化学刺激、早期肺结核、胸膜炎等。

（2）咳嗽伴有痰液称为湿性咳嗽。常见于慢性支气管炎、支气管扩张、慢性肺脓肿等。

（3）发作性咳嗽可有痰或无痰，见于气管异物、气管受压、百日咳或急性喉炎。

（4）夜间咳嗽多见于左心功能不全、肺结核、慢支，咯铁锈色痰见于大叶性肺炎。

（5）咳嗽伴有呼吸困难多为呼吸器官有严重病变或有心脏功能不全。

（6）咳嗽伴发热多为呼吸系统的急性炎症，如肺炎、流感、肺结核。

（7）咳嗽伴胸痛示病变已累及胸膜，见于胸膜炎及大叶性肺炎。

（8）咳嗽伴咯血常见于肺结核、支气管扩张、支气管肺癌等。

在青年学生中，引起咳嗽、咯痰的疾病多为感冒及急性咽喉炎，在感冒流行季节要注意增加户外活动，多饮开水，多食蔬菜水果，以增强自身抗病能力，预防疾病的发生。

四、心 悸

心悸是指病人自觉心跳快而强，并且常用“心里发慌”、“心蹦蹦跳”或“心乱跳”等词来描述。或心慌伴有心前区不适感。体检时常发现心率过快或过慢、心律紊乱、心脏搏动增强等。

（一）引起心悸的主要原因

（1）心脏搏动增强，包括生理性的和病理性的。

生理性多见于健康人在强烈体力活动或精神过度紧张之时，但也可见于大量吸烟、饮酒、饮浓茶或咖啡，或应用某些药物如麻黄素、咖啡因、氨茶碱、阿托品、肾上腺素类药物的人，且常与摄入量的大小及个体敏感程度有关。

病理性心脏搏动增强所致心悸多见于：心室肥大，常见于风湿病、高血压病、冠状动脉硬化性心脏病等；引起心输出量增加的病变，如贫血、高热、甲亢等均可致心率加快，心脏搏动增强，从而引起心悸。

（2）心律失常、心动过速、心动过缓或心律不齐，均可使患者感到心悸。

（二）伴随症状

（1）胸痛。可见于冠状动脉粥样硬化性心脏病、心包炎、心肌炎、心脏神经官能症等。

（2）发热。可见于风湿热、重度贫血、甲亢、结核病、心包炎、心肌炎、细菌性心内膜炎及其他发热性疾病等。

（3）昏厥、抽搐。可见于高度房室传导阻滞、心室颤动或阵发性心动过速引起的心悸性脑缺氧综合症。

（4）伴有呼吸困难。可见于急性心肌梗死、心包炎、心肌炎、心功能不全、重症贫血、心脏神经官能症等。在青年学生中，发生心悸者多为生理性。若出现病理性心悸，应到医院就诊，以明确诊断。

五、恶心与呕吐

恶心与呕吐是常见症状。恶心主要表现为上腹部的特殊不适感，中上腹嘈杂胀闷，或是一阵阵地向上顶撞。常伴有头晕、流涎、出汗、脉搏缓慢、面色苍白、心悸、血压下降等迷走神经兴奋症状。呕吐是指胃内容物或一部分小肠内容物通过食道逆流出口腔的一种复杂的反射动作。呕吐可将食入胃内的有害物质吐出，从而起保护作用。但持久而频繁剧烈的呕吐可引起失水、电解质紊乱、代谢性碱中毒以及营养障碍。

（一）引起呕吐的主要原因

（1）反射性呕吐。其特点是有恶心的先兆，吐后不感轻松，胃虽已排空但干呕不止。可见于腹腔脏器炎症，如阑尾炎、胆囊炎、胰腺炎、肠道蛔虫病、肠梗阻等。咽部受刺激所致呕吐也属反射性。

（2）中枢性呕吐。任何中枢神经病变引起颅内压增高时，均可发生呕吐。其特点是喷射状。胃内容物常急剧而有力地喷出，呈顽固性，吐后不感轻松，常无恶心的先兆。多见于脑膜炎、脑炎、高血压脑病、脑溢血等。另外，不少药物（如吗啡、洋地黄等）或化学毒物也可引起中枢性呕吐。

(3) 前庭障碍性呕吐。常伴有眩晕、眼球震颤以及恶心、血压下降、面色苍白、出汗、心悸等植物神经失调症状。见于迷路炎、运动病等。

(4) 神经官能症呕吐。此种呕吐与精神因素有密切关系，无恶心，食后立即发生，呕吐常不费力，吐出量不多，吐完后可再进食。营养状况无明显改变。

(5) 条件反射性呕吐。如嗅到厌恶的气味或看到厌恶的食物所引起，也与精神因素有关。

（二）伴随症状

(1) 呕吐为喷射状且伴有剧烈头痛，一般为颅内压增高的象征；

(2) 呕吐伴有头痛、发热，多见于某些传染病，如流感、病毒性肝炎的早期；

(3) 呕吐伴有腹部绞痛，多见于细菌性食物中毒、急性胃肠炎、急性细菌性痢疾、肠梗阻等；

(4) 呕吐伴黄疸，多见于急性黄疸性肝炎、急性胆道感染、胆石症、胆道蛔虫病等。

在青年学生中，引起恶心呕吐的常见原因为胃源性，通常呕吐前伴有恶心，吐后觉胃部舒适。一般呕吐与饮食有关，如进食不洁食物、酗酒等。在日常生活中，应注意饮食卫生，不暴饮暴食，不酗酒。如在同一食堂进食者，同时或先后发现呕吐，则应注意到食物中毒的可能性。

六、腹　泻

肠黏膜的分泌与吸收障碍，肠蠕动过快，导致排便频率增加、粪稀薄，含有异常成分者，称为腹泻。腹泻可分为急性腹泻和慢性腹泻。急性腹泻起病急骤，每天排便可达10次以上，粪便量多而稀薄，排便时常伴肠鸣、腹痛或里急后重且伴有发热。慢性腹泻起病缓慢，或由急性转为慢性，病程在两个月以上。慢性腹泻多有慢性消化系统疾病或全身性疾病所引起。

肠黏膜分泌旺盛，水分吸收减少或全不吸收及肠蠕动亢进，是急性腹泻主要的发病机理。急性腹泻是一种突然发生的腹泻，多数伴有发热、腹痛、呕吐。急性腹泻的发病原因大致可归纳为急性肠道疾病、急性中毒、全身性疾病，而以急性肠道感染、中毒及过敏性因素最为常见。

(1) 饮食不当。暴饮暴食、吃不清洁食物或腐败水果，都可引起急性腹泻，大便多呈水样，伴呕吐、腹疼，病程较短，轻者无需用药。只要平时注意饮食卫生，避免暴饮暴食，就可预防此类腹泻发生。

(2) 食物中毒。误食中毒食物，如毒蕈、发芽的马铃薯、河豚鱼等，或带有细菌及细菌毒素的食物，都可引起严重的腹泻、呕吐。一般应及时到医院就诊。

(3) 急性传染病。如霍乱、伤寒、副伤寒、细菌性痢疾等。

(4) 过敏性疾病。有些人对某些食物过敏，若进食此类食物则出现腹泻，如进食鱼、虾、乳类、菠萝等致敏物质。预防方法是不食过敏性食物。

(5) 化学药品和毒物。某些药品有引起腹泻的副作用。如新斯的明、利血平、某些抗生素(如金霉素、氯霉素、洁霉素等)、中药巴豆、化学毒物(如吡、苯、铅等)。

七、出　血

出血,可分为内出血和外出血。内出血多为内脏器官破裂出血,如肾出血、肝脾破裂出血、宫外孕破裂出血等。大出血时,病人面色苍白,血压下降,脉搏细弱,此类出血,病情急而重,要分秒必争地送往医院抢救。外出血是指血液排出体外或溢出体表的一类病症,常见的有咯血、呕血、衄血、牙龈出血、便血、尿血、皮下黏膜出血、外伤性出血等。我们将外出血的常见病症分述如下。

(一) 咯　血

咯血又称咳血,是指喉部以下的呼吸器官出血,经咳嗽动作从口腔排出。咯血首先须由口腔、咽、鼻出血鉴别,口腔及咽部出血易观察到局部病灶,如牙龈炎、口腔溃疡等,鼻出血多从前鼻孔流出。引起咯血的原因繁多:

(1) 呼吸系统疾病。如气管创伤、炎症或肿瘤,支气管炎、支气管扩张、支气管黏膜结核、支气管异物等;肺部疾患如肺结核、肺炎、肺脓肿、肺癌等。

(2) 心血管疾病。最常见的是风湿性二尖瓣狭窄、高血压、急性肺水肿等。

咯血伴发热多见于肺炎、肺结核、肺脓肿、流行性出血热、支气管肺癌等。咯血伴胸痛,多见于大叶性肺炎、肺梗塞、肺结核、支气管肺癌等;咯血伴呛咳,多见于支气管肺癌、肺炎、支原体肺炎;咯血伴脓血痰,多见于肺脓肿、空洞型肺结核、支气管扩张等。青壮年咯血多见于支气管扩张、肺结核、风湿性心脏病、二尖瓣狭窄等。

(二) 呕　血

呕血又称为吐血,即患者呕吐血液。由于上消化道(食管、胃、十二指肠)的急性出血所致,在确定为呕血之前,必须排除口腔、鼻、咽、喉等部位的出血,呕血与咯血的鉴别见表 19 - 2。

表 19 - 2　咯血与呕血的鉴别

鉴别项目	咯　血	呕　血
病史	肺结核、支气管扩张、心脏病等	消化性溃疡、肝硬化等
出血前症状	喉部痒感、胸闷、咳嗽等	上腹部不适、恶心、呕吐等
出血方式	咯出	呕出,可为喷射状
血的鲜色	鲜红有泡沫,常混有痰	暗红色或咖啡色,常混有食物
反应	呈碱性	呈酸性
柏油样便	无	有,可在呕血停止后仍持续数天
出血后痰	痰中常带血	无痰
肺部体征	有,如罗音	无

此外，鼻、咽、喉、口腔等部位的出血，经吞咽后再行呕出者，称“假性呕血”。大量服用某些中药、铁剂、活性炭或大量食入动物血等，呕吐物也常呈棕褐色或黑色，应注意与呕血区别。

引起呕血的原因很多，常见于消化疾病。

(1) 食管疾病。食管静脉曲张、食管炎、食管异物、食管外伤、食管癌、食管静脉曲张破裂出血常最严重。

(2) 胃十二指肠疾病。消化性溃疡、胃癌、应激性溃疡，十二指肠球部溃疡出血较重。

(3) 肝、胆道、胰腺疾病。如肝硬化、食管与胃底静脉曲张破裂、急性出血性胆管炎、壶腹癌、胰腺癌等。

呕血原因虽多，但需特别提出的是，消化性溃疡、食管或胃底静脉曲张破裂出血较重，急性胃黏膜出血较重。且呕血是上消化道出血的典型症状，故有此类病人应迅速送医院抢救。

(三) 衄　血

衄血，包括鼻衄和齿衄(牙龈出血)。

1. 鼻　衄

鼻衄又叫鼻出血，是多种局部或全身疾病的一个症状。出血量少者仅涕中带血，多则每次可达数百毫升，反复鼻衄可引起贫血，急速大量鼻出血可致休克。鼻衄原因主要有以下几点。

(1) 炎症。鼻腔各种急、慢性炎症均可导致出血，其中以干燥性鼻炎最常见。

(2) 外伤。鼻骨和颅骨骨折及鼻腔手术后出血。

(3) 肿瘤。良性血管瘤多有反复出血病史，鼻咽癌初发时多为涕中带血。

鼻衄比较常见，遇到鼻衄病人，首先安慰患者，使之镇静，若病人精神过分紧张，可给予镇静剂，对出血量较多者，应迅速送医院，小量出血可先采用局部简易止血法：用手指捏紧两侧鼻翼，如为鼻中隔前下方血管丛区出血，便能起到暂时压迫止血作用，也可用无菌棉片沾以血管收缩药，如麻黄素、肾上腺素、滴鼻净等填于出血侧鼻腔，如无药物，仅用棉片填塞出血侧鼻腔，也可起到止血作用，若仍不能止血，应及时到医院治疗。

2. 齿　衄

齿衄也称牙龈出血，是口腔科的常见症状，由局部因素所致或全身疾病在口腔局部的表现，全身疾病已在本节前讲述，故仅局部因素作一介绍。

(1) 缘龈炎。多因牙石沉积牙颈部，刺激牙龈发炎所致，常因刷牙、说话或咀嚼食物时出血。

(2) 牙周炎。常由缘龈炎发展而来，除有缘龈炎症状外，尚有牙周袋形成并有溢脓、牙槽骨吸收、牙齿松动等症状。

(3) 坏死性龈炎。常发生自发生牙龈出血、疼痛、口涎增多并有恶臭。

(4) 龈瘤。常见于青壮年女性，妊娠期妇女更多，称为妊娠性龈瘤，在妊娠后期可缩小或停止生长。

在青年学生中，除上述局部因素外，引起齿衄的常见原因是维生素 C 缺乏，进食蔬菜及水果较少所致，所以，在日常生活中一定应注意多食水果蔬菜，尤其是绿叶蔬菜，以补充体内所需维生素，而防止牙龈出血的发生。

（四）便　血

消化道出血时，血从肛门排出，鲜红、暗红或柏油样，或粪便带血，称为便血。一般认为消化道出血是在 100 mL 以上即可出现黑便。

一般来说，便血多提示下消化道特别是结肠与直肠部位的出血，便血伴呕吐提示上消化道出血，上消化道出血排出的多呈暗红色的血便或柏油样黑便，下消化道出血时多为暗红色或鲜红色的血便。常见便血原因有：

(1) 肛门疾病。痔和肛裂是便血的常见原因，其特点是便后滴血，色鲜红，血和大便不混合，患者可有肛门异物感或疼痛。

(2) 直肠疾病。直肠息肉或直肠癌。便血一般不多，呈鲜红，不与粪便相混，粪便有时变细或一侧有凹陷性压迹。

(3) 结肠疾病。结肠息肉或结肠癌，另外，溃疡性结肠炎、急性细菌性痢疾、食物中毒等均可便血，同时有黏液和脓排出，并伴有腹疼、发热、里急后重的感觉。

（五）尿　血

正常人尿液中无红细胞或偶见个别红细胞，如离心沉淀后的尿液，镜检下每高倍视野有 2 个以上红细胞，可称为血尿。血尿轻者尿色正常，须经显微镜检查方能确定，即镜下血尿。重症者尿呈洗肉水色甚至血色，称肉眼血尿。引起尿血的原因有：

(1) 泌尿系统疾病。如泌尿器官炎症、结石、肿瘤、息肉、畸形或血管异常、寄生虫、外伤等。这是最为常见的原因，多见于急性肾盂肾炎，尿路感染，肾、膀胱、输尿管结石等。

(2) 尿路邻近器官疾病。如前列腺炎、急性盆腔炎、直肠或结肠癌、急性阑尾炎等。尿血在大学生中以急性肾盂肾炎及结石最为常见，在女大学生中若出现血尿应与月经、阴道出血或痔出血等污染尿液所致血尿相区别。若出现尿血，不要惊慌，应及时到医院进行检查、治疗。

（六）皮肤黏膜出血

皮肤黏膜出血是因机体的止血与凝血机能障碍所引起，以皮肤黏膜的广泛或局部性出血，或受伤后出血不止为临床特点，出血常形成红色或暗红色的斑，压之不褪色，直径在 2 mm 以内者称为出血点，3～5 mm 者为紫癜，大于 5 mm 者称为瘀斑，局部隆起或有波动感者则为血肿。引起皮肤黏膜出血的原因如下。

(1) 血小板因素。血小板因素所致出血较为多见，血小板减少或血小板功能缺陷均可致出血，主要表现为紫癜，尤以前者为多见，如特发性血小板减少性紫癜（由于感染、血液病等所致）。

(2) 血管性因素。血管性因素所致出血主要是出血点、紫癜、瘀斑等，很少有血肿，可见于过敏性紫癜；由于感染、维生素 C 缺乏、化学因素等所致的症状性非血小板减少性紫癜等。

泛发的皮肤出血点、紫癜、瘀斑，伴牙龈出血、鼻衄、血尿、血便者，常提示血小板减少性紫癜；对称性紫癜伴关节痛及腹疼、血尿者常为过敏性紫癜。

（七）外伤性出血

外伤性出血，在青年学生中较为常见，损伤部位可遍及身体表面任何一处，出血量以出血部位的大小、深浅而异，一般外伤出血，轻者局部可用“创可贴”治疗，重者多须及时送医院给予清创处理、缝扎止血，需要缝合的伤口应在受伤后6～8 h之内给予清创缝合，以利创面的愈合，创面大或污染重者，应在24 h之内注射破伤风抗毒素。

一般受伤者，离医院较远，而出血不止时，应采取什么方法止血呢？这里介绍三种常用的止血方法，可做为急救常识。

1. 直接压迫止血法

最为方便和常用，用一块消毒纱布，或手头能找到的干净毛巾、手帕等，直接加压于出血部位，不必过于用力，若在出血部位深处疑有骨折时，施加压力不能过大，一般较小的出血在直接按压数分钟后便能止住，头皮的血管丰富，即使伤口不大流血也较多，如遇头皮外伤，不要惊慌，用直接压迫止血的方法，持续加压约10 min，即可达到止血目的，因头皮下有坚硬的颅骨，局部加压便可使损伤的血管受压立即闭合而达到止血目的，对有些部位的出血，压之可止，松之又出时，可采用加压包扎止血。

2. 指压动脉压迫点止血

简称指压止血法或指压法。使用指压法，要熟悉各动脉压迫点，根据出血部位，用拇指或其他手指准确地将动脉压在坚硬的骨面上，就可迅速阻断血流而止血，如使用直接按压法和加压包扎法无效时，就可改用本法。下面将常见出血部位的动脉压迫点介绍如下。

（1）颞浅动脉。位于两侧耳屏（即小耳朵）前的1 cm，可以摸到动脉搏动，即是颞浅动脉，用拇指压迫双侧，能止住头顶部出血；压迫一侧，可止住同侧头前部的出血。

（2）面动脉。由下颌角开始，贴着下颌骨下缘向前滑移约3 cm，可摸到一个骨性凹陷，此处可触及搏动，这是面动脉，用手指压迫一侧，可止住同侧前颜面出血，用一手的拇指和食指同时压迫双侧动脉，可止住双侧颜面部出血。

（3）手指动脉。位于手指的两旁，而不在手指的背侧和掌侧，这里虽然摸不到动脉搏动，但若以拇指和食指捏紧伤指根部的两侧，就可有效地止住伤指的出血。

3. 止血带止血法

主要用于四肢大出血的抢救，此种方法不宜掌握，需要有医学知识的医生及扁而宽的橡皮止血带，否则不是止不住血，就是可能使伤肢遭受严重损害。

八、便　秘

便秘是指排便次数减少，每2～3天或更长时间1次，无规律性，粪便干硬，常伴有排便困难感。

按发病部位，可分为结肠性与直肠性便秘。

（一）结肠性便秘

（1）机械性便秘。由结肠内或结肠外的机械梗阻引起，如肠梗阻、结肠肿瘤、肠套叠、肠扭转等。

（2）动力性便秘。由结肠蠕动功能减弱或丧失所致，如营养不良，长期卧床或应用吗啡、阿托品等。

（二）直肠性便秘

是由于直肠黏膜感受器敏感性减弱，致粪块堆积于乙状结肠或直肠内引起，多见于肛裂痔、肛周脓肿、直肠癌等，经常服用泻剂或灌肠，也可使直肠黏膜反应性降低，引起便秘。

如果只是经常性的排便次数较少，而没有其他症状，又没有器质性疾病，可不用药物治疗，只要改变生活习惯，便秘就可改善，按时大便，多吃一些含纤维素的食物和新鲜蔬菜、水果，如芹菜、香蕉、地瓜，适当地进行体育锻炼等。对于较明显的便秘可到医院，让医生给予指导性用药，养成排便习惯后停药。

九、晕　厥

晕厥是因心脏一时性广泛性供血不足或代谢异常导致大脑功能障碍，而突然发生的短暂意识丧失，多数可于短时恢复。引起晕厥的原因大致可分为四类。

1. 心源性晕厥

又称阿斯综合征：冠心病、心肌病等各种心脏疾病发生严重心律失常或急性心排血受阻，导致急性心脏缺血而发生晕厥。这类晕厥最危险，甚至危及生命。

2. 脑源性晕厥

由于脑部或供应脑部的血管发生血液循环障碍引起的暂时性脑供血不足而发生晕厥，如脑动脉硬化、颈椎病等。

3. 血液成分异常所致晕厥

因血液中葡萄糖吸氧含量过低或因换气过度，二氧化碳排出过多发生呼吸性碱中毒而引起脑部毛细血管收缩，使脑细胞缺氧而致脑功能障碍发生晕厥，多见于低血糖、重度贫血等。

4. 反射性晕厥

主要是由于反射性周围血管扩张，心脏输出量减少或小动脉收缩反射功能失常而引起，常见的有血管抑制性晕厥、直立性低血压晕厥和排尿性晕厥等，反射性晕厥在大学生中最为常见，故重点述之。

（1）血管抑制性晕厥。最多见，多发于青年女性，常有家族史及明显的诱因，如疼痛、情绪紧张、恐惧、抽血和注射以及各种穿刺术和小手术等，焦虑、闷热、疲劳、空腹、失眠等情况亦可引起。晕厥常有头晕、恶心、上腹部不适、面色苍白、全身无力等前驱症状，若此时马上躺卧则症状可缓解或消失，否则可突然昏倒，意识丧失，血压下降。一般几秒或几分钟后神志即恢复，醒后病人有头晕乏力等不适感。

血管抑制性晕厥的特点是：① 晕厥发作时多有明显诱因，晕厥前有短时的前驱症状；② 晕厥最常发生于直立位或坐位；③ 晕厥时血压下降，心率减慢而微弱，面色苍白且持续至晕厥后期；④ 恢复较快，无明显后遗症状；⑤ 多发生于体弱的年轻女性。

（2）直立性低血压性晕厥。其特点是：发生于卧位或蹲位突然站立时，一般无明显诱因，前驱症状不明显，晕厥时血压急剧下降，心率变化不大，恢复较快。

（3）排尿性晕厥。多见于中、青年男性，发生在排尿中或排尿后，尤其是夜间醒来排尿时，膀胱排空或腹压下降导致周围血管扩张所致，一般持续 1～2 min 自行苏醒。晕厥的发生与体格虚弱、缺少锻炼、血管舒缩功能调节力差有关，所以，提醒大学生在刻苦学习的同时，要注意锻炼身体，合理安排作息时间，增加营养，以防晕厥的发生。

十、皮肤瘙痒

皮肤瘙痒是一种主观感觉，视病因、病情和感受不同而有很大差异。痒感可轻可重，可持续，可间断，也可阵发。轻者无关紧要，重者可影响工作和生活。皮肤瘙痒是很多疾病的一个症状，引起此症状的全身疾病如糖尿病、肝、胆疾患，甲亢及恶性淋巴病等，在此不做详细介绍。在大学生中，引起皮肤瘙痒多见于皮肤疾病，其原因有以下几点。

（一）过　敏

最常见的疾病为“荨麻疹”，此病可由食物（鱼、虾）、花粉、蚊虫叮咬、精神因素、某些化学刺激物或药物（磺胺类）等引起，其特点是患处发痒，丘疹骤起骤退，消退后不留痕迹，若再接触原过敏物质，可引起复发。荨麻疹的防治，最根本的是找出并去除过敏源，轻者脱离过敏源则自愈，重者给予抗过敏药物治疗则很快痊愈。

（二）感　染

主要是病毒及霉菌感染，如病毒感染所致传染性疣，此病女青年多见，可自体接种及传染他人，初起为粟粒状半球形丘疹，中心有脐窝，主要散发于前胸、后背。防治则在洗澡时不要乱用别人的毛巾、少用刺激性肥皂及浴液洗澡，一旦患病，尽早到医院治疗，以免自身传播，增加痛苦。真菌感染致皮肤瘙痒者多见头癣、体癣及股癣、手癣、肢癣及花斑癣等。本病在夏季发病率较高，因真菌喜欢潮湿温暖的环境且传染性强，所以癣症的防治首先要保持皮肤的清洁干燥，注意个人卫生，一旦患病，及时到医院治疗。

（三）其　他

神经性皮炎与精神因素有关，如神经衰弱、过度紧张、饮酒均可诱发。接触性皮炎是接触某种外界物质后，在接触部位的皮肤黏膜上所发生的一种急性皮炎，如化妆品等。皮肤瘙痒在大学生中常见，重点在预防，从以上病因可看出，只要注意个人卫生，避免或去除过敏物质，加强体质锻炼，增强体质，保持良好的精神状态，避免吃刺激性食物等，此类病即可减少。

十一、乳房包块

有些女大学生洗澡时，突然摸到乳房里有硬块或月经前感觉乳房胀疼，恐惧紧张起来，生怕是“癌”，其实20岁左右的女性，患乳腺癌的极为罕见，但也不可过于大意，作为女大学生，最多见的是良性肿瘤，乳房包块见于下列疾病。

（一）乳腺小叶增生

如同子宫一样，女性的乳腺每月也受体内雌、孕激素的作用而作出反应，在激素分泌增多时，即月经前期，乳腺小叶也随之增生，有人感觉此时乳房胀痛，乳腺小叶呈扁平状，韧不硬，与皮肤和深部肌肉没有粘连，但与周围组织的分界并不清楚。在月经过后，增生的乳腺小叶便缩小，胀痛也随之减轻至消失，以上过程是乳腺增生的典型症状。乳腺小叶增生多为双侧，因疼痛常自行缓解，因而大多不需治疗，若痛重、增生明显者可到医院，服天冬素片、乳洁平、中药逍遥散等或红外线扫描治疗。

（二）乳房纤维腺瘤

乳房纤维腺瘤是良性肿瘤，好发于18～30岁，多发生在乳房的外上部分，多在一侧发病，呈圆球形或卵圆形，表面光滑，活动度大，质地坚韧，边界清楚，生长缓慢，不受月经周期的影响。纤维腺瘤的治疗方法是手术切除，因乳房内良性肿瘤绝不会自行消失，目前还没有能够使纤维腺瘤消掉的有效药物，若不治疗，天长日久还有变成恶性的可能，故发现后应尽早手术治疗。

附：乳房的自我检查方法

检查乳房内是否有肿块，不可用手指抓捏乳房，否则可能将捏起的正常乳腺组织误诊为“肿块”，应当用手掌平置于对侧乳房上，从上向下，从外向内依次移动手指，正常乳腺不会出现“肿块”现象，如有异常肿块，则在手指与胸壁之间可明显地触及，并同时注意肿块的大小、位置、硬度、移动度、压痛等。作为女大学生，可经常性检查一下自己的乳房，若出现异常，不要惊慌，及时到医院治疗。

第二节　各科常见病及防治原则

一、上呼吸道感染

（一）急性咽炎

1. 病　因

咽部是吞咽、呼吸、预防保护、调节中耳气压等功能的重要场所，同时也附着不少病毒和细菌，当机体抵抗力降低时，这些病毒和细菌即引起感染，导致急性咽炎。

2. 临床表现

起病急、咽部痒、疼、灼热感，严重时可出现耳痛，痰液增多。查体见咽部黏膜弥漫性充血、水肿，以悬雍垂、腭弓明显，两侧颌下淋巴结肿大。

3. 防　治

注意休息，多饮水。适当口服一些解热止痛剂、抗病毒、抗细菌的药物。局部可含服润喉片等。

（二）急性喉炎

1. 病　因

喉是以软骨为支架，由肌肉、韧带、纤维组织、黏膜构成的管状气管，当吸入过多的粉尘或有毒气体、声带过度劳累、外伤等情况时，病毒和细菌就会乘虚而入，引起急性喉炎。

2. 临床表现

起病急、声音嘶哑，夜间有犬吠样咳嗽，可出现吸入性痰鸣音和吸气性呼吸困难。严重时可有缺氧的表现，如面色苍白，出冷汗，口唇发紫，烦躁，最后昏迷或并发心衰死亡。查体可见喉头黏膜弥漫性水肿，喉腔变窄，可有分泌物阻塞，且能闻及痰鸣音。

3. 防　治

（1）快速给予足量的抗菌素或激素，静脉点滴；

（2）呼吸困难时及时吸氧；

（3）必要时可将气管切开；

（4）保持喉腔的湿度和温度；

（5）注意呼吸道通畅，随时吸痰；

（6）对烦躁的患者给予适量的镇静剂；

（7）及时输液，纠正电解质紊乱，纠正心衰。

总之，对急性喉炎患者，应尽早送医院，由专业医生诊疗。积极治疗喉炎是预防慢性喉炎的有力措施。

（三）急性扁桃体炎

1. 病　因

扁桃体位于咽峡部，在悬雍垂和腭弓之间，具有抗感染和免疫功能。扁桃体炎由溶血性链球菌感染引起。多发生在冬春季节，以青少年多见。

2. 临床表现

发病急，常有头痛、发热、全身不适、咽痛等。查体见急性病容，咽部黏膜充血，扁桃体充血肿大且附有白色脓性分泌物。如急性感染治疗不及时、不彻底，可转为慢性。本病可合并急性下颌淋巴结炎、急性中耳炎、鼻炎、喉炎、风湿病、肾炎、风湿性关节炎。故对该病应及时认真地诊疗。

3. 防　治

治疗要及时，如有高热应卧床休息，多饮开水，进流质饮食。局部可用淡盐水漱口，保持鼻腔通畅，以预防中耳炎、鼻炎、鼻窦炎的发生。根据病情适当应用大量的有效抗生素或磺胺药。治疗后应积极参加锻炼，增强身体素质，提高自身的抗病能力，预防该病的发生。

（四）普通感冒

1. 病　因

本病主要由鼻病毒引起，次为副流感病毒、呼吸道合胞病毒、柯萨奇病毒等。一年四季均可发病，冬末春初最多。往往多在过度劳累、受凉或有呼吸道慢性炎症情况下发病。当全身或呼吸道局部防御机能低下时，外来的及原存在于上呼吸道的病毒乘虚而入，迅速繁殖而致病。

2. 临床表现

起病急，早期咽部痒、干，鼻塞，流清涕，打喷嚏等，并伴有咽痛、低热、头痛。查体见咽部轻度充血，鼻黏膜水肿，有较多分泌物，一般 5～7 天痊愈。

3. 诊断和鉴别诊断

根据病史、咽部及鼻黏膜发炎的症状和体征可做出诊断。本病应与流行性感冒鉴别。流行性感冒简称“流感”。由流行性感冒病毒引起的呼吸道传染病，通过飞沫传染，常引起暴发流行。

4. 治　疗

发热头痛时可用退热止痛剂，如扑热息痛等。咽痛可用消炎含化片，盐水漱口，流清涕鼻塞时可用扑尔敏。咳嗽严重时可用止咳化痰药。有细菌感染时，适当应用抗生素。中医疗法，根据辨证施治，风寒者辛温解表，荆防败毒散加减；风热者辛凉解表，银翘散加减；暑热者清温解表。

5. 预　防

适当地加强锻炼，增强机体抵抗力和对寒冷的适应性，避免发病的诱因，搞好环境卫生及个人卫生。

二、急性支气管炎

（一）病　因

支气管炎是由病毒、细菌感染或物理、化学因素刺激所致的气管和支气管急性炎症。当体弱、受凉、过度劳累时可诱发该病。一年四季均可发病，以冬春季多发。

（二）临床表现

起病急，开始有鼻塞、流涕、咽喉痛、全身酸痛等症状。咳嗽早期，咯出的痰为白色黏液样痰，1～2 天后变为黄色黏稠脓痰，早晚咳嗽较剧烈。常伴有低或中等度发热。查体肺部可变为黄色黏稠脓痰，早晚咳嗽较剧烈。常伴有低到中等度发热。查体肺部可闻及干罗音，偶尔可听到哮鸣音。

（三）防　治

卧床休息，进食易消化的食物。适当地给予解热镇痛药和抗生素等抗感染药物。剧烈咳嗽时，可用止咳痰药。

预防重于治疗，平时要经常参加适当的体育锻炼，以增强抵抗力。避免过劳、受凉，防止有害气体、烟雾和粉尘等的吸入。不吸烟，不饮酒。积极治疗慢性咽炎、喉炎和扁桃体炎等慢性病灶。

三、肺　炎

（一）病　因

肺炎指肺实质性病变的急性炎症，由多种原因引起。肺炎分类方法很多，目前最常用的分类法是病因学分类法。根据病因分为细菌性肺炎，立克次氏体性肺炎，病毒性肺炎，霉菌性肺炎，支原体肺炎，衣原体肺炎，过敏性肺炎等。肺炎球菌性肺炎是细菌性肺炎中最常见的一种，约占90%以上。好发于冬春寒冷季节。以青壮年男性最多见。

（二）临床表现

起病急，常有寒战、高热、呼吸困难、咳嗽、咯粘痰、脓痰或铁锈色痰、食欲不振、呕吐、腹泻、烦躁不安等症状。体检可见患者侧呼吸音减弱，有小水泡音或捻发音，还可听到支气管呼吸音或支气管肺泡呼吸音；有时可听到胸膜摩擦音。X线检查肺部可确诊。

（三）诊断与鉴别诊断

根据病人表现寒战、高热、咯铁锈色痰、胸痛及肺实变体征，化验呈白细胞显著增高，X线呈大片均匀致密阴影与肺叶或节段相符合，有助于肺炎的诊断。

本病应与支原体肺炎、肺脓肿、渗出性胸膜炎、金黄色葡萄球菌性肺炎等相鉴别。

（四）并发症

本病常并发化脓性胸膜炎、肺脓肿、化脓性心包炎、中毒性心肌炎、化脓性脑膜炎等。

（五）防　治

应卧床休息，注意保暖，进食易消化的饮食，多饮水。进食困难者适当给予静脉补液补充维生素。高热者可用物理降温，如冰敷、酒精擦浴等。也可适当用退热药。如有呼吸困难应给予吸氧，咳嗽可用镇咳化痰药，胸痛可用止痛剂，根据不同病原菌给予选用适当的抗菌素控制感染。

预防本病主要是积极参加各种文体活动，增强身体素质。防止受凉、过劳和大量的吸烟饮酒。积极治疗急慢性呼吸道感染。

四、急性胃肠炎

（一）病　因

急性胃肠炎的病因很多，但多数为进食不当，如暴饮暴食或进食生冷、粗糙不易消化的食物，细菌或细菌毒素或某些毒物如砷、汞等刺激胃肠道均可引起发病。另有少数人因进食某些食物如虾、蟹等过敏而致发病。偶尔可见肉毒杆菌毒素致病。

（二）临床表现

起病急，症状轻重不一。开始上腹部不适或疼痛，继而出现恶心、呕吐、腹泻。呕吐物最初为胃内的食物残渣，继之吐出黄绿色胆汁。大便呈水样，深黄或深绿色，含有不消化的食物，腹泻严重时可有发热、脱水或出现休克，肠鸣音亢进。因细菌及其毒素致病者，可有头晕、乏力、头痛等全身症状。

（三）诊断与鉴别诊断

根据有饮食不当的病史，起病急，有呕吐、腹痛、腹泻的临床表现，查体见腹部无固定的压痛点，大便稀水样，检查大便有少许白细胞或红细胞，一般即可诊断。

本病应与急性菌痢、霍乱、副霍乱相鉴别。对可疑污染的食物进行细菌培养和大便培养，即可确诊。

（四）治　疗

急性胃肠炎患者，应卧床休息，注意保暖。呕吐、腹泻严重时，应禁食，给予静脉补液，并选用适当的抗菌素或磺胺类药物。症状较轻者可进食流质或半流质食物，并多饮水及对症治疗。

（五）预　防

预防主要是注意饮食卫生，避免暴饮暴食，不吃可疑被污染的食物，不吃腐败变质的食物，或超过保存期的食物或饮料。不吃不熟的臭虾或各种肉类。平时要注意食具的卫生消毒，养成良好的卫生习惯，如饭前便后要洗手。搞好环境卫生，消灭苍蝇、蟑螂等害虫。炊事人员如有肠道传染病应及时隔离治疗。防止生、熟食在操作过程中发生交叉污染。海产品或腌制品，吃前应洗净充分加热。

五、慢性胃炎

（一）病　因

慢性胃炎的病因目前尚未明确，可能与以下因素有关。

（1）由某些原因所致急性胃黏膜炎症后，持续不愈或反复发作。

（2）理化因素对胃黏膜的长期刺激。如长期进食过快，大量饮酒、浓茶、吸烟过度以及某些药物如水杨酸类、保太松、消炎痛等均可刺激胃黏膜致使发生糜烂、出血，甚至溃疡。

（3）免疫因素与萎缩性胃炎有关，尤其是A型萎缩性胃炎。

（4）由于幽门括约肌功能失调或部分胃切除后丧失幽门导致胆汁反流，其中胆盐可破坏胃黏膜屏障，致慢性胃炎。

（5）细菌或其毒素随唾液咽入胃内，刺激胃黏膜，加上胃酸缺乏使细菌易于生长繁殖。

（6）其他慢性病如糖尿病、晚期肝硬化，也可合并慢性胃炎。有人认为精神因素、情绪波动等也与慢性胃炎发病有关。

（二）临床表现

慢性胃炎分浅表性和萎缩性胃炎两类。二者可以同时并存，也可单独存在。

萎缩性胃炎由于胃酸缺乏，致消化功能减退，病人食欲明显降低，严重者可见消瘦、乏力、舌炎、腹泻等。

浅表性胃炎无特异性症状，轻重程度不一，有的可无任何症状，有的却很严重。常见的临床表现有上腹部无规律性隐痛、钝痛或烧灼感、饱胀感，以食后为甚。由于胃内积气过多而致嗳气。查体无特异性体征。

（三）诊断与鉴别诊断

本病的诊断最好做胃镜检查结合胃黏膜活检。可明确病变的部位及程度。

该病应注意和溃疡病、胃癌等疾病鉴别。

（四）治疗与预防

纠正不良饮食习惯，消除可能病因。根据病情可适当选用药物治疗。疼痛可用阿托品，消化不良可用1%稀盐酸、胃蛋白酶合剂，有胆汁反流可用胃复安。也可用黄连素、庆大霉素等消炎。

六、高血压

（一）病　因

高血压的发病原因目前尚未明确。一般认为与高级神经活动紊乱有密切关系。长期精神过度紧张及情绪波动，可引起大脑皮层功能障碍，使皮层下血管舒缩中枢平衡失调，血管收缩神经占优势，使全身小动脉发生痉挛，因而血压升高；疾病的早期因小动脉痉挛是一时性的，所以血压升高只是暂时的，但如血管舒缩中枢长期兴奋，血压即持续升高。此外肾上腺皮质及髓质的分泌增加，也是促使血压升高的一种因素。

（二）临床表现

高血压分为急进型和缓进型两种。但临床上常见的绝大多数为缓进型。

1. 缓进型高血压

早期表现有头痛、头晕、耳鸣、眼花、失眠、心悸、易疲劳、健忘，注意力不集中。血压在安静时可正常，仅在精神紧张、情绪波动、寒冷或剧烈运动后暂时性升高，舒张压波动在 12～13.5 kPa 之间，过后仍可恢复正常。后期表现为血压持续升高，舒张压常在 14.6 kPa 以上。休息后血压也不能降至正常。常伴有心、脑、肾、眼底的器质性病变。

2. 急进型(恶性高血压)

临床上少见，约占高血压患者的 1%～5%，多见于青年和中年。病程进展迅速，血压显著升高。舒张压可持续高达 17.3～18.6 kPa(130～140 mmHg)以上。伴有严重的心、肾、眼底的改变。如不及时治疗，后果严重。

（三）诊断及鉴别诊断

在安静状态下，多次测量血压≥21.3/12 kPa(160 mmHg/95 mmHg)或收缩压及舒张压中有一项超过或等于上述标准，结合临床表现并能排除其他继发性高血压，即可诊断为高血压。该病应与慢性肾炎、慢性肾盂肾炎鉴别。高血压诊断标准：成年人正常血压为小于 18.66 kPa/12kPa(140 mmHg/90 mmHg)，如果大于 21.3 kPa/12.6 kPa

(160 mmHg/95 mmHg)为高血压。正常血压和高血压之间即 18.66～21.3 kPa/12～12.6 kPa(140～160 mmHg/90～95 mmHg)为临界高血压。

（四）治　疗

首先避免情绪紧张，生活要有规律，饮食宜低盐低脂，控制体重，注意劳逸结合，定期检测血脂以调节饮食。戒烟戒酒，适当进行体育锻炼，药物治疗应酌情选用，轻度高血压可给予小量镇静剂和降压药即可控制。中度及重度高血压病人，尤其伴有糖尿病或高脂血症者，即使舒张压在 90～100 mmHg(12.00～13.3 kPa)，也应给予降压药治疗。本病是慢性病，容易复发，必须长期服药，定期检查，使血压稳定于接近正常水平，以避免高血压对脏器的损害。

（五）预　防

积极适当地参加文体活动，注意劳逸结合，保持情绪乐观，避免疲劳、紧张、忧虑、恐惧和激动；限制进食过多的钠盐和动物脂肪及含胆固醇多的食物；戒烟戒酒；定期查体，早期发现，早期治疗。

七、风湿性心瓣膜病

（一）病　因

风湿性心瓣膜病简称风心病，是风湿性心瓣膜炎遗留的慢性瓣膜病，表现为瓣膜口狭窄，或关闭不全，导致血流动力学改变。从而出现心脏杂音及心脏扩大以致心衰。风湿的反复发作，可加重心瓣膜病变。

（二）临床表现

1. 二尖瓣狭窄

轻者可无症状，较重者可出现心悸、气促。劳累时可有呼吸困难、咳嗽、咯血，甚至可发生急性肺水肿。查体可见患者两颊紫红，口唇发绀(二尖瓣面容)。心尖区可触及舒张期震颤，心浊音界向左扩大。心尖区第一心音亢进。可听到拍击音。肺动脉瓣区可闻及第二心音亢进和分裂。X 线可见左心房增大，肺纹理增加，肺动脉段突出和右心室增大。心脏呈梨形。心电图可见二尖瓣 P 波、电轴右偏。

2. 二尖瓣关闭不全

轻者无症状，重者出现疲倦、乏力、心悸、劳累后呼吸困难。查体可见心尖搏动增强并向左移位。心浊音界向左下扩大，心尖部可听到响亮而粗糙的收缩期杂音，向左腋下左背部传导。第一心音减弱或消失，可有肺动脉瓣区第二心音亢进和分裂。X 线检查呈左心室扩大，左心房也扩大，病变明显时有肺淤血，肺动脉段突出及右心室扩大。心电图示左心室肥厚和劳损。

3. 主动脉瓣关闭不全

轻者仅有心悸及头部搏动感，心前区不适，重者可有肺淤血及左心衰，少数病人可有心绞痛。查体可发现颈动脉搏动明显。心尖搏动增强并向左下移位。呈抬举性搏动。心浊音界向左下扩大，主动脉瓣区可听到吹风样舒张期杂音，向心尖传导。主动脉瓣区第二心音减弱或消失。X线检查呈左心室增大。心电图呈电轴左偏。

4. 联合瓣膜病变

病变同时侵犯两个或两个以上瓣膜称为联合瓣膜病变。该病对心脏功能的影响是综合性的。其临床表现系由受累心瓣膜的征象综合而成,预后更为不良。

(三) 并发症

常见并发症有呼吸道感染、心力衰竭、心律失常、亚急性细菌性心内膜炎、栓塞等。

(四) 防　治

(1) 治疗并发症;

(2) 有手术指征者可采取手术治疗;

(3) 积极预防风湿热的复发;

(4) 心功能良好又无风湿活动的患者,应进行适当的体力活动,增强身体的抵抗力和免疫力。

八、病毒性心肌炎

(一) 病　因

病毒性心肌炎多见于青少年,一般在20～30岁最多。各种病毒均可引起心肌炎。病毒直接侵犯心肌,病变的广泛程度决定了临床表现的轻重。

(二) 临床表现

本病早期常有胸部隐痛、胸闷、心慌,也可有乏力、气短、头晕症状。一般病例有暂时性的心脏扩大,但随病情的好转而恢复正常。严重者心脏可明显增大,可有心律失常,心动过速与体温升高不成比例。第一心音减弱或分裂,心尖区可闻及Ⅱ～Ⅲ级吹风样收缩期杂音。合并心包炎时可听到心包摩擦音。急性期血沉快,血清酶有不同程度的提高。心电图示ST－T的异常变化,即ST下移,T波低平或倒置,也可有Q－T延长、房室肥大等。X线检查,局灶性心肌炎无异常征象。严重时可见肺淤血或肺水肿。

(三) 诊断与鉴别诊断

凡临床上有心脏扩大、心律失常、心功能不全等症状,且无常见心脏病证据,应考虑心肌炎的可能。如同时伴有病毒感染的急性表现更有助于心肌炎的诊断。诊断病毒性心肌炎应与风湿性心肌炎、冠心病、原发性心脏病、心包病变鉴别。

(四) 治　疗

治疗病毒性感染无特异性药物,重点在于心肌炎症的控制和并发症的处理。注意卧床休息,减轻心脏负荷,缩小心肌受损范围,注意营养和饮食。药物治疗即控制原发病灶,治疗心肌炎。如出现心源性休克或严重的心律失常,应按常规处理。如有心力衰竭可酌情选用利尿剂、血管扩张剂。一般不用洋地黄制剂。

（五）预　防

预防该病要注意生活要有规律、劳逸结合，注意饮食卫生，积极锻炼身体，不断提高抗病能力。积极治疗上呼吸道感染和肠道感染等病灶。平时身体虚弱者，在流感等高发季节，应尽量减少去公共场所。必要时可用板蓝根、大青叶等抗病毒中草药。

九、神经衰弱

（一）病　因

神经衰弱是多因素疾病，有些因素比较明显，有些因素比较隐蔽，一般有以下几种。

1. 精神因素

是诱发神经衰弱的重要因素，各种生活事件都可以成为精神刺激因素。工作学习上的困难，政治运动中受冲击，与领导和同事关系紧张，失恋，家庭不和，亲人患重病或死亡，事业失败，各种挫折，意外事件等。若未能正确对待和处理，则会引起抑郁、焦虑、悲伤、恐惧、委屈、痛苦等负性情绪体验，以致长期思想矛盾，心情苦闷，从而形成持续性神经活动的过度紧张，导致神经衰弱的发病。

2. 遗传因素

先天和后天形成的个体生理特征和心理特征。本病患者家庭中有精神病史、癫痫史、精神发育迟滞史者均较常人为多。本病多见于心胸狭窄、胆怯、自卑、多疑、敏感、忧虑、依赖性强、缺乏自信心的人或偏于主观、任性、急躁、好强、自制力差的人。如具备易感素质则遇到一般的精神因素也可发病。

3. 躯体因素

营养不良，贫血，中毒，颅脑损伤，过度疲劳，严重疾病后的虚弱状态等由于抵抗力降低而易致病。

4. 既往的精神创伤

如早年所受的挫折和既往的痛苦经历，成为神经衰弱发病的根源。

（二）临床表现

1. 兴奋性增高

患者对外界刺激十分敏感，怕声、怕光、怕热，在嘈杂的环境中特别烦躁易激动，情绪不稳；往往微不足道的事情也可引起剧烈的情感反应。常有躯体的不适感，平时不易觉察的内脏活动，如头部肌肉收缩或血管扩张而引起的头痛、头昏、头部紧缩感或紧压感。多在脑力活动或情绪波动后加重。心跳稍快即感心慌。

2. 睡眠障碍

主要表现为入睡困难，卧床后久久不能入寐，焦虑、烦躁，有些病人勉强入睡也十分表浅，且易惊醒或早醒。醒后常无睡眠后的舒适感，因而白天精神萎靡。梦多，且多为噩梦，能清楚地回忆梦境。

3. 疲乏无力

表现为随意活动减退，肢体软弱无力，常有筋疲力尽的感觉，甚至做些简单的体力劳动，便感疲乏不堪，第二天也难于恢复。

4. 脑力减退，容易疲劳

表现为不能有效地用脑，效率明显地比过去低，思考困难，注意力不集中，记忆力减退，近事遗忘，工作学习不能持久。用脑时间稍长，便感头昏脑涨，坚持不下去。

5. 植物神经功能失调

表现在心血管方面可有多汗、心悸、面部潮红，四肢发凉或发热，皮肤划痕症。在胃肠方面可有食欲不振、消化不良、腹胀、便秘、腹泻等。在呼吸功能方面有胸闷、气急、呼吸不畅等。在泌尿生殖功能方面，可有尿频、月经不调、遗精、阳痿或早泄。病人常怀疑自己患了“不治之症”，经常为上述症状而感焦虑痛苦，加上对疾病认识不足而顾虑重重，情绪低落，意志消沉，萎靡不振。

（三）诊　断

神经衰弱的诊断，不能单凭病人诉说的症状而轻率下结论。必须详细询问病史，包括家族遗传史、个人发育史、既往生活经历、社会和家庭关系、躯体疾病史、遭受过的精神因素、面临的困难、个性特点等。还要进行全面的体格检查，然后将病人症状、病情演变及检查结果综合起来考虑，才能作为临床诊断的依据。

（四）鉴别诊断

神经衰弱必须与以下疾病鉴别。

1. 神经衰弱症状群

有些疾病如肝炎、结核、高血压、甲亢、动脉硬化等均可出现神经衰弱症状群。但这些症状群是继发的，在症状出现之前已有原发的躯体疾病，且和精神因素无明显关系。

2. 过度疲劳状态

疲劳是由于脑力或体力过度劳累，缺少休息而产生的，在疲劳因素消除之后，经过充分的休息即可恢复。不需特殊治疗。

3. 焦虑症

指没有明确对象或内容，而出现的一种控制不住的痛苦体验，常伴有紧张恐惧和植物神经功能障碍。严重时可发展为惊恐发作，使其无法从事正常活动。

4. 抑郁性神经症

本病以情绪低落为主，表现为消沉、悲伤、沮丧，喜欢回忆过去不愉快的痛苦的经历，自怨自艾，甚而消极厌世，精神萎靡，生活懒散，兴趣日减，食欲不振。但没有神经衰弱的紧张、焦虑、急躁和易激动的表现。服用抗抑郁药有明显效果。

5. 早期精神分裂症

该病早期也出现类似神经衰弱的症状，但精神分裂症在病前可无明显的精神因素，而往往有人格改变，孤僻、淡漠、思想离奇、社会适应能力差，对治疗要求不迫切，即使被动地看了病，回家也不按时服药。

神经衰弱是一种心因性疾病，应以心理治疗为主，药物、物理和其他治疗为辅。心理治疗即精神治疗，有个别谈心和集体心理治疗两种方式，各有所长，可以兼用，取长补短。目前用的药物,最多的是抗焦虑药,也可用镇静催眠药调整睡眠障碍。中医中药治疗如针灸、理疗、按摩等。进行适当的体力活动和体力劳动,可以增强体质,调整中枢神经的功能。对多年久病患者可以采取胰岛素低血糖治疗。

（五）预　防

神经衰弱严重地影响着学生的脑力和智力,为保护大学生的心身健康,必须重视本病的预防工作。

(1) 积极开展心理卫生咨询工作,宣传心理卫生常识。

(2) 指导学生克服不良性格,学会控制自己的情绪,处理好人际关系,心情舒畅,胸襟宽广,愉快的生活、学习。

(3) 研究用脑艺术,提倡科学用脑,合理利用时间,注意劳逸结合。

(4) 发挥社会主义制度的优越性。国家、学校、家庭共同努力,建设一个有利于身心健康、安定团结,有秩序的、法制和民主健全的社会环境,人际关系正常化,学校要有一个良好的学习环境。

十、焦虑症

（一）病　因

本病发病与心理冲突、遗传因素、病前性格有关。患者多有自卑,对己苛求,夸大困难,患得患失,惶惶不安,依赖性强,特别注意身体的健康状况,对内脏功能特别地关注。另有人认为,焦虑症的产生可能与多种神经递质的相互作用有关。与血中皮质类固醇的浓度增高有关。

（二）临床表现

表现为精神症状和躯体症状两大类。患者情绪激动,心烦意乱,胆怯,惊慌,忧虑,恐惧,紧张,过敏以及有死亡逼近感。躯体症状为头晕、头痛、失眠、震颤、心悸、乏力、厌食、口干、恶心、呕吐、腹泻、尿频、月经紊乱、阳痿、呼吸窘迫感等。

（三）诊　断

焦虑症发作的症状典型,一般诊断不难。但应注意与精神抑郁症和神经衰弱的鉴别。所以要综合整个临床情况,分清主次,全面考虑,方能鉴别。

（四）治　疗

对发作病人,最主要是迅速查清病情排除相似的器质性疾病,并做解释性的心理治疗。使患者安定下来,情绪稳定,逐渐好转。

十一、精神分裂症

（一）病　因

精神分裂症的病因至今尚未明确,调查资料表明,遗传因素在发病中有一定的作用。有遗传倾向的人,在遇到各种创伤(指精神创伤)、环境突变、自身感染、中毒等情况下易发病。故认为，精神分裂症与代谢障碍和自体中毒有关。

（二）临床表现

精神分裂症的表现复杂多样，几乎所有精神分裂症的病人都能出现精神症状。主要表现为：

（1）思维障碍。即联想过程缺乏联系性和思维逻辑性。严重者出现言语支离破碎即破裂性思维。

（2）妄想。认为处处有人在诽谤或暗害自己，被人跟踪、监视等。

（3）情感障碍。常表现为情感倒错，对亲人疏远、冷淡，甚至敌对，对周围的事情漠不关心。

（4）意识行为障碍。表现为意志减退、孤僻、被动，严重时表现为终日呆坐或卧床，完全沉溺在自己的内心世界，幻想意欲之中。有的可出现刻板动作，木僵等行为障碍。

（三）治　疗

应采取综合治疗的原则，包括心理治疗、药物治疗、胰岛素休克治疗、电休克治疗。病人发病前多有性格孤僻、“内向”，常有心理障碍，所以治疗时，在用药物调整大脑功能的同时，了解患者的思维活动和精神面貌，尽早通过心理咨询，使病人正确认识和对待自身疾病，消除心理障碍，与医生很好地合作，取得较好的疗效。

十二、急性阑尾炎

（一）病　因

阑尾腔狭小，一端和盲肠相通，另一端为盲端。当有异物粪石、寄生虫进入阑尾腔时，都容易造成阑尾腔的梗阻。细菌可以从肠腔直接侵入，也可以通过血液循环达到阑尾而致阑尾发炎。可发生在任何年龄，但40%的病人发生在25～30岁，成为年轻人的多发疾病。

（二）临床表现

阑尾炎发病时往往先以上腹部或脐周疼痛开始，经数小时至10小时后疼痛转移而固定于右下腹部。患者常伴有右下腹麦氏点压痛和反跳痛，化验呈白细胞增多。

根据病理变化的特点，阑尾炎分为化脓性阑尾炎、单纯性阑尾炎、坏疽性阑尾炎。化脓性和坏疽性阑尾炎可发生阑尾穿孔，形成阑尾周围脓肿和腹膜炎。

（三）防　治

急性阑尾炎应尽早治疗，以免病情加重，导致严重并发症如引起腹膜炎等。一般以手术切除阑尾为主。但也可以酌情采用中西医结合的保守治疗。平时要注意预防本病，加强锻炼，饭后不要马上做剧烈活动。对慢性阑尾炎应适时手术治疗。

十三、尿路结石

（一）病　因

尿路结石指肾、输尿管、膀胱、尿道等部位的结石的总称，多数结石原发于肾脏和膀胱,发病原因复杂,如营养缺乏,新陈代谢障碍,尿道感染,尿道梗阻致使尿液郁积。长期卧床的人也易患尿道结石。

（二）临床表现

由于结石的大小、形状、部位的不同,出现的症状也各有不同。小的结石可自行从尿中排出,大的不移动的结石可无临床症状。在肾盂和输尿管的结石容易引起肾盂输尿管联合部或输尿管梗阻。此时,肾区或侧腹部可发生严重的刀割样绞痛。沿输尿管向会阴部放射。病人呻吟不止,面色苍白,大汗淋漓,血尿等。尿道结石可有尿痛,排尿中断,尿频和终末血尿。

（三）治　疗

根据病情采取不同的治疗方法。如剧烈疼痛可用解痉止痛剂。合并感染应采取控制感染的方法如用抗生素、磺胺药等,保守治疗无效可用手术治疗或体外碎石术。

（四）预　防

预防重于治疗,平时多饮水是防止结石形成最好的方法。适量限制蛋白,不多吃含草酸和钙多的食物如菠菜、豆类和海带,并治疗尿路感染、前列腺肥大等,以免诱发结石的形成。

十四、破伤风

（一）病　因

破伤风是破伤风杆菌侵入人体的伤口内繁殖且分泌毒素而引起的疾病。伤口内有泥土和坏死组织或引流不畅形成缺氧的情况下更易发病。

（二）临床表现

破伤风大多数表现为全身型,偶尔表现为局限型。

本病潜伏期一般为1～2周。前驱期为乏力头晕、头痛、咀嚼无力、张口不便等。一般此期1～2天。进入发作期表现为肌肉痉挛,出现“苦哭”面容,有角弓反张。咽喉部肌肉痉挛,引起吞咽困难,呼吸困难。声音、光、震动、饮水均可诱发强烈的痉挛。患者面色发绀,呼吸急促,表情十分痛苦,口吐白沫,头频频向后仰,手足抽搐不止。但患者神志始终清楚。

（三）治　疗

对症治疗和全身治疗的同时还要进行伤口的处理。注射破伤风抗毒血清,其作用是中和血液中游离的毒素,使已经和神经结合的毒素无效。

（四）预　防

尽量避免各种创伤的发生。一旦发生要及时正确地处理伤口。对于未接受过破伤风注射的患者,伤后一周应重复注射抗毒血清,直至伤口愈合。

十五、痛　经

（一）病　因

凡经期前、经期、经期后发生腹痛及其他不适，以至于影响工作和日常生活，均称为痛经。痛经有原发和继发。原发为功能性痛经，其他器官无器质性病变，多见于未婚青年；继发性痛经又称器质性痛经，如子宫内膜移位症，慢性盆腔炎。

（二）临床表现

阵发性下腹绞痛，胀痛，坠痛。疼痛剧烈可有面色苍白，四肢厥冷，甚至虚脱。还可伴有恶心、呕吐、尿频、头痛、无力等。

（三）防　治

可用止痛剂、解痉剂等。也可用中草药和针刺疗法。

十六、功能性子宫出血

功能性子宫出血，是由于神经内分泌系统功能失调所引起的子宫出血，简称“功血”。主要表现为月经过多、过频及周期不规则。

功血有无排卵型及有排卵型两种，无排卵型是由于青春期精神过度紧张、恐惧、环境与气候的改变、营养不良等因素影响卵泡不能排卵，失去正常的月经规律。月经周期紊乱，经期延长，血量增多。有时因失血过多导致贫血。有排卵型功血多见于生殖期年龄的妇女。治疗主要是解除患者顾虑，避免精神紧张、过度劳累，避免受凉，禁食生冷食物，保证充分的休息和睡眠，增加营养，尽快止血，调整月经。

十七、近视眼

（一）病　因

近视眼是眼屈光不正中最常见的疾病，是眼光学系统中介质（角膜、房水等）所具有的对光的总屈折力变大，外物通过介质形成的影像落在视网膜黄斑的前面，就叫近视眼。各种引起眼屈光力过强或眼轴过长的因素均可导致近视。

近视有假性近视和真性近视两类。假性近视为功能性近视或调节性近视。视远物不清，视近物正常。该近视是由长时间近距离用眼使睫状肌调节紧张或痉挛引起。此期如及时解除睫状肌痉挛，视力可完全恢复正常，此期也是真性近视的前兆，是青少年防治近视眼的关键时机。真性近视指静屈光状态下验光有明确近视度数。此期必须配镜矫正或手术治疗，视力才能恢复正常。

（二）治　疗

近视眼的治疗原则是尽早发现、尽早治疗，以防病情发展。假性近视可用双眼雾视法、药物调节睫状肌。针刺攒竹、睛明、丝竹空等也可以。治疗真性近视最简便的方法是医院确诊后配镜矫正，也可手术治疗，但适用于单纯性中、低度近视，疗效较好，对高度近视手术效果不好。

（三）预　防

预防近视眼主要有以下几方面。

（1）养成良好的用眼习惯。

（2）体姿要端正，眼与桌面的距离 33 cm。

（3）教室照明光线要达标准，光线来自前方或左前方。

（4）用眼时间不易过长，一般 45 min 后应休息 10 min。

（5）不能躺着、走路、乘车、乘船看书。

（6）积极参加文体活动，每天做眼保健操。

（7）注意营养和劳逸结合。

（8）定期检查视力，及时发现、及时治疗。

（9）如自我发现视力减退应即刻去医院检查治疗。

（10）开展用眼卫生的宣传教育，不断提高自我保护能力。

十八、沙　眼

（一）病　因

沙眼是由比病毒大比立克次体小的衣原体引起，由公用毛巾等媒介间接传播。早期眼内有异物感，痒并有分泌物，重者可羞明、流泪、疼痛。严重者后期可影响视力，甚至造成失明。

（二）防　治

轻者可用药物治疗，每天滴氯霉素眼药水 4～6 次，临睡前用眼膏。坚持治疗 2～3 个月。重者可手术治疗。预防沙眼首先要讲究个人卫生，不用他人的毛巾、脸盆。对患了沙眼的病人应及时隔离，及早治疗，用过的毛巾应经常煮沸消毒。在 59～60 ℃的温度中，沙眼衣原体仅能存活 5～10 min。

十九、龋　齿

（一）病　因

龋齿俗称“虫牙”，发病原因很多，它与人体的内外环境因素，细菌的作用，牙体的排列，口腔唾液分泌的多少，口腔卫生条件的好坏，饮食习惯等有关。在诸多因素的作用下，牙齿硬组织逐渐发生破坏和崩解，一般由浅入深，轻者仅在牙釉质或牙本质层，而严重者整个牙冠被破坏或只剩下残根。

（二）防　治

确诊后尽早治疗，可用药物治疗和充填疗法。对填充后无法固定者可用修复法。预防龋齿的方法如下。

（1）要养成良好的卫生习惯，进食后及时刷牙，保持口腔干净。

(2) 在低氟区要注意在饮茶、饮水中加适量的氟。

(3) 及时发现、及时治疗。

二十、牙周炎

(一) 病　因

阻生齿与其周围组织间形成的不易清洁的死角,临床上称为“盲袋”。当身体抵抗力下降时,积存在盲袋内的食糜残渣就易滋生细菌造成感染。感染初期,患区肿痛,且向耳颞部放射,严重时张口困难。还可出现全身不适、发热、食欲减退症状等。

(二) 防　治

用3%双氧水和0.9%生理盐水冲洗局部,然后涂入碘甘油。已形成脓肿时应切开引流,同时进行全身抗感染治疗。

第二十章　急救医学基础知识

在日常工作、学习和生活中，突然发生的疾病或意外损伤，医学上称为急症。急症患者若不能得到紧急合理的救治，可产生严重后果，不仅直接关系到病人健康与生命安危，而且与病残、死亡率密切相关。因此，熟悉急症、掌握急救技术，对急症病人进行现场合理的急救处理，是自救的根本所在。

第一节　急救组织的建立

在抢救急症病人的过程中，是否有一个技术过硬、互相配合协调工作的急救组织，是抢救病人成功与否的关键。根据患者发病地点的不同，急救组织的建立可分以下两种情况。

一、现场急救组织的建立

病人处于危急情况，立即组织现场人员积极参与急救。在现场人员中选用懂得医学急救知识的人进行现场急救。如在心跳、呼吸骤停和意识丧失的意外发生时，迅速而有效地进行人工呼吸及心脏按压技术，使呼吸循环重建；在外伤大出血而即将引起休克，危及生命的关键时刻，采取有效措施，尽快进行止血以保证病人的生命安全等。

充分利用现场的通信、交通工具以最快的速度与最近的医疗急救机构进行联系，尽快争取得到各级医疗急救组织的参与。

二、各级医疗部门急救组织的建立

(1) 农村及厂矿急救组织。目前我国农村、城市、厂矿企业、部队学校都设有比较完善的卫生组织。如：卫生院、卫生所、保健室等。这些卫生组织是建立在基层的，对各种急症病员的救治起着重要作用。

(2) 县医院和厂矿医院急救组织。一般县医院、厂矿医院都设有急症科或急诊室，并有指定的医生护士值班，负责急症的急救处理，使急症病人得到及时的救治。

(3) 地市级医院急救组织。地市级医院多在门诊设立急症科，同时设有抢救室和观察床，并有专职医生护士负责急症处理。

第二节　常用的急救技术

一、心肺脑复苏术

各种原因引起的心跳、呼吸骤停是较常见的最为重要的急症。常温下心跳骤停 3 s 会感觉头晕，10～20 s 出现晕厥，40 s 左右发生惊厥，30～45 s 后瞳孔散大，60 s 则延髓受抑制而呼吸停止，大小便失禁。4～6 min 后脑细胞发生不可逆性损害。因此，在心跳骤停 4 min 内施行有效的心肺脑复苏，是挽救患者生命的关键。其复苏措施实施得越早，成功率越高，反之，死亡率越高。在心跳呼吸骤停和意识丧失的意外情况发生时，以迅速有效的人工呼吸与心脏按压方法使呼吸循环重建，同时积极保护大脑，最终使大脑智力完全恢复，这一系列的抢救措施和复苏过程称为心肺脑复苏。

心肺脑复苏的抢救是非常紧急的过程，抢救成败的关键取决于争取时间和有效措施。因此，重要的是现场心肺脑复苏和复苏后的正确有效处理。根据抢救实践需要，将复苏分为现场心肺脑复苏与二期心肺脑复苏，现分别简述如下。

（一）现场心肺脑复苏

这是复苏中抢救生命的重要阶段，如果现场心肺复苏不及时，抢救措施不当甚至失误，将会导致整个复苏的失败。现场心肺复苏必须严格掌握的最基本抢救方法与步骤如下。

（1）判断病人神志意识是否存在。

（2）呼救他人迅速赶来协助抢救。

（3）就地放置病人体位为仰卧位。

（4）通畅呼吸道，清除呼吸道内异物。

（5）明确呼吸是否存在。

（6）口对口或口对鼻孔向病人呼吸道内吹气。

（7）触摸颈动脉或股动脉有无搏动来判断心跳是否停止。

（8）胸外心脏按压，建立人工循环。

（9）心跳骤停初期采取心前区叩击，有条件时可施行直流电非同步除颤，并应用心肺复苏药物。

（10）护送医院急诊科，继续复苏。

（二）二期心肺脑复苏

主要抢救方法、步骤与措施分五方面，分述如下。

1. 疏通呼吸道

保证呼吸道通畅。

2. 人工呼吸

根据引起呼吸停止的原因不同，人工呼吸采取的方法也不相同，通常采取的方法有口对口人工呼吸法、仰卧胸外加压法和俯卧加压法。分别介绍如下。

(1) 口对口人工呼吸法。

① 将患者仰卧于硬板床上或地上，保持呼吸道通畅，术者站在病人左侧，用右手紧捏病人鼻翼避免漏气。病人鼻部可盖一层纱布。

② 用左手托起病人下颌部使头后仰、口张开，术者深吸气后，口唇紧贴病人嘴唇，用力口对口吹气。若病人牙关紧闭，则施行口对鼻孔吹气，使病人胸部扩张，每次吹气大于 800 mL 为宜。

③ 停止吹气，让肺自动缩回将气体排出。吹气频率为 12～16 次/min。

④ 若心跳停止，吹气同时进行心脏按压，人工吹气与心外按压分别操作，其比例为 1∶(4～5)。

⑤ 有条件可用急救吹气管或简易呼吸器，婴幼儿宜采用口对鼻方法吹气。

⑥ 口对口呼吸持续时间不宜过长，否则使空气进入胃内引起急性胃扩张导致横膈上抬，肺活量减少且兴奋迷走神经，更易诱发心跳骤停而影响心肺复苏。

(2) 仰卧胸外加压法。

① 放置病人于仰卧位，背部垫以软枕，使患者肩及头略低，头偏向一侧。

② 清除患者口腔、鼻腔中分泌物和异物，保持呼吸道通畅。

③ 术者两腿分开如骑马式，跪在病人大腿两侧。将两掌分别放在患者胸廓前下方的肋弓上，拇指放在剑突附近，其他四指分布于胸部肋骨上。

④ 术者上身向下、向前，肘部弯曲，使上身与病人上身近乎平行，借两掌支持的力量自前下方向后方压挤持续 2 s。然后两手突然松开，以让胸廓自然扩张。

⑤ 2 s 后重复以上动作，以 14～16 次/min 为宜。

⑥ 注意用力不要过猛，以免肋骨骨折。压力方向不能与地面垂直，要自前下方压向后下方。

(3) 俯卧式加压法，适用于溺水患者。

① 置患者于俯卧位，一臂伸直，一臂弯曲放于头下，头偏向一侧或放病人于斜坡上，头低脚高。

② 术者两腿分开，两下肢以骑马的姿势跪于病人大腿两侧。

③ 术者上身挺直，两臂伸展，两掌张开分别按压在病人最末一肋骨上，使自己的体重由病人的后下方压向前上方，持续 3 s。

④ 3 s 后，术者上身后仰，两掌松开以使胸廓自然扩张吸进空气。

⑤ 2 s 后重复以上动作，每分钟 12～15 次为宜。

3. 人工循环

(1) 心前区叩击。心跳骤停初期，采取此方法最有价值，及时应用此法可能触发心脏电兴奋而引起心肌收缩，使循环得以恢复。

① 操作方法：在心跳停跳一开始即应用拳头向病人胸骨中点猛力叩击 1～2 次。临床抢救中最好是术者将自己左手掌平放于病人胸骨中部，将右手握紧拳猛击左手背部，这样完成猛力叩击同时也避免病人家属的某些误会。如不成功，应尽快尽早做胸外心脏按压术。

② 注意要点：a. 要求在心跳骤停 1 min 内进行。b. 对缺氧而跳动着的心脏，因拳击可引起室颤，故避免应用。c. 对室性心动过速而循环尚未停止的患者，更不宜应用胸壁拳击法。

(2) 胸外按压法。

① 操作方法：a. 病人仰卧硬板床或地面上。b. 术者站立或跪在病人左侧。c. 术者左手掌根部置于病人胸骨中下 1/3 交界处。d. 术者右手交叉压在左手背上，肘关节伸直，借助身体之力向下(脊柱方向)按压，使胸骨下陷 3～4 cm 后(婴幼儿下陷 1.3～1.5 cm)突然放松，每分钟按压 70～80 次。

因婴幼儿心脏位置较高，应按压胸骨中部以防损伤肝脏，其每分钟按压次数，随年龄减小而相应增多。

② 注意要点：a. 按压必须与人工呼吸同步进行，且触摸颈动脉有无搏动，以判断按压效果。b. 按压不宜过重过猛或过轻，过轻效果不好，过重过猛可致肋骨骨折及内脏损伤。c. 按压放手后，手掌不要离开原按压部位以始终保持按压部位的准确性。d. 按压需要耐心持续，直至脉搏血压恢复到正常为止。e. 因抢救需要停止按压时(心内注射，做心电图)不要超过 15 s。

(3) 胸内心脏按压法。即开胸心脏按压，需要一定条件及适应症，在此不多述。

4. 复苏时药物的应用

在人工呼吸与心脏按压基础上，借助药物作用提高心肌应激性，加强心肌收缩力，增加冠状血管血流，促使心脏复跳及循环重建。给药的途径，近年来认为心内注射给药并发症多，并可误伤肺脏和冠状动脉，且要中断心脏按压，不宜应用。提倡静脉或气管内注药。其效果与心内注射相同。因此主张应首选静脉给药的安全途径。在气管插管的前提下，气管内注入 0.9%生理盐水＋肾上腺素 1 mg，其疗效最佳。

(1) 用药选择：复苏药物可分三类。

第一类：心肌兴奋或迷走神经抑制药物，选用肾上腺素、甲氧胺、阿托品。

第二类：心肌抑制药：适用于室颤药物，首选利多卡因。

第三类：碱性药物，选 5%小苏打。

(2) 用药剂量方法：

① 心脏复苏药物应首选甲氧胺 20 mg 静注，其次选用肾上腺素 1 mg 静注。

② 当心脏出现室颤或复跳后出现室性节律(室速)可用利多卡因 1～2 mg/kg 静注为宜。也可先用除颤药物利多卡因 50～100 mg/次静脉注射，利多卡因极量为 300 mg/h。

③ 阿托品是迷走神经阻滞剂，能解除迷走神经对心脏的抑制作用，从而使心率增快，改善房室传导阻滞。尤适用于锑剂中毒所致的心搏骤停，静注 0.5～2 mg/kg。

④ 溴苄胺能阻滞交感神经节后纤维，具有除颤、复律、起搏作用，当利多卡因无效时可应用之，其能增加心肌收缩力抗心律失常，对心脏复苏有独特作用。在急诊心脏复苏中应用溴苄胺 125～250 mg 静注，也可以应用 25%葡萄糖 40 mL＋溴苄胺 250 mL 静注。

⑤ 当心跳骤停时间大于10 min时，在充分通气的前提下可考虑补入少量5%小苏打50 mL为宜，或严重高血钾及严重代谢性酸中毒时可适当补入5%小苏打50～100 mL。

5. 复苏中电技术的应用

心搏骤停时复苏中的电技术指电击除颤、电复律与人工心脏起搏。这些电技术的应用需要具备必要的条件和临床专门熟练的技术，故在此不予多述。

总之，当抢救心肺复苏有效时，具有下列表现则提示复苏成功：① 自动心搏恢复；② 颈动脉、股动脉触及搏动；③ 皮肤、口唇黏膜颜色改善；④ 瞳孔由散大变缩小；⑤ 自主呼吸出现；⑥ 意识恢复。

二、出血急救术

成人总血量占体重的7%～8%，如果一次失血量超过全身血量的20%，人就会出现全身无力、头晕等症状。如果急性出血超过总血量的30%，就会有生命危险。因此，及时有效地止血，积极防止休克发生，是抢救急性大出血病人生命的关键。所谓出血，是指血液从损伤的血管流出。血液经破裂的皮肤或黏膜流至体外称外出血，流入软组织、器官或体腔内叫内出血。

（一）出血的诊断要点

1. 依据出血方式和血液颜色可判断出血性质

血液从血管近心端呈喷射流出，并随心搏速度变化，血色鲜红者为动脉出血；血液从血管远心端缓慢溢出，血色暗红者为静脉出血；血液从整个创面向外渗出，为毛细血管出血。

2. 全身症状

除有外伤出血部位疼痛外，失血量较大者可有皮肤苍白、四肢厥冷、呼吸急促、脉搏细弱及血压下降等休克表现。

3. 辅助检查

有以下几种。

(1) 血常规。血红蛋白及红细胞计数下降，白细胞增多。

(2) 尿常规。泌尿系出血，尿内常有大量红细胞或呈现血尿。

(3) 穿刺术。体腔出血时作诊断性穿刺可抽出血液。

(4) 超声波检查。体腔出血可出现液平，颅内出血脑中线波向对侧移位。

（二）出血的急救处理

处理原则是及时有效止血，防治休克，尽快恢复血管再通，抢救病人生命。

1. 外出血的急救处理

(1) 临时止血法。在现场急救及紧急情况下采用。

① 加压包扎法。用无菌敷料盖住伤口，再用绷带加压包扎。对一般小血管或毛细血管出血有效，为急救中最常用的止血方法。

② 指压法。用手指在出血血管的近心端，将血管压在骨骼上。如颈部出血，可在胸锁乳突肌的内侧将颈总动脉向第 6 颈椎横突压迫。颜面出血，可在下颌角前 1.5 cm 处压迫动脉。头皮的前半出血，在耳前对着下颌关节压迫颞动脉，后半出血在耳后乳突与枕骨后粗隆间压迫枕动脉。上肢出血，在上肢内侧对着肱骨压迫肱动脉。下肢出血，依出血部位不同，可分别压迫股动脉、股动脉及胫前后动脉。总之，指压法为较大动脉出血在现场应用的简便而有效的急救措施，但不能持久。选择指压点的原则是：选用离出血最近的近心端指压点。颈部出血时，严禁同时压迫两侧颈动脉以防脑部缺血，同时防止颈动脉窦受压引起血压突然下降，避开气管以防窒息。

③ 填塞止血法。用无菌纱布或干净布料填塞在伤口内，外用加压法包扎，以压迫破裂的血管。此法用于伤口较大较深的现场急救。

④ 加垫屈肢止血法。当四肢远端出血，可利用关节的极度屈曲来压迫血管达到止血目的。多用在前臂或小腿出血，可在肘窝或膝关节后方放一棉垫，然后使关节极度屈曲，用绷带捆拢固定。

⑤ 止血带止血法。常用橡皮带、绷带或用连有血压计气囊的止血带等。不管用什么材料的止血带，止血时必须上在患肢伤口的近心端。如肘关节以下的伤口应将止血带上在上臂，膝以下的伤口应将止血带上在大腿。但尽量靠近伤口处，止血带不要直接缠于皮肤上，要衬以纱布垫，松紧度以出血停止，摸不到远端脉搏为宜。上止血带后，应记住上止血带的时间。上止血带时间一般不应超过 2 h，每隔 0.5 h 应松解一次，每次解 1～5 min，松解时可用指压法止血。此法最长不得超过 3～5 h，以免远端组织缺血坏死。

（2）彻底止血法。

① 结扎止血。遇有伤口血管破裂出血快且较多时，用止血钳夹住出血血管，用丝线将血管结扎，这是常用而可靠的方法。

② 血管修复法止血。遇有较重要的血管损伤又不宜作血管结扎者，可采用血管修补术。目前不少医院开展显微外科，能有效成功地进行血管吻合术或血管移植术。

③ 药物止血法。止血药物较多且效果好，局部止血药有明胶海绵、淀粉海绵等。对凝血机制较差的出血者，可全身用药。使用凝血药维生素 K 或各种凝血因子。

2. 内出血的急救处理

（1）常见内出血原因。内脏出血多见于外伤引起的内脏损伤破裂。如肝脾肾破裂等。也可见于上消化道各种溃疡出血，肝硬化食道静脉曲张破裂出血，妇科宫外孕破裂出血，以及呼吸系统支气管扩张，肺结核引起大出血等。

（2）内出血的处理原则。凡遇有内出血时，应立即送往当地医院进行急救处理，切不可延误时机。运送过程中搬动要轻，采取合适的姿势。如咯血患者采取平卧位，上消化道出血宜采用头低足高位。运送中可用冰袋置于出血内脏在体表投射的相应部位。

第三节　常见急症的急救

一、晕　厥

晕厥是由于暂时性脑缺血引起的短时间意识丧失现象。

（一）病　因

1. 血管舒缩障碍

血管舒缩障碍性晕厥又称血管神经性晕厥。平时遇见的晕厥多属此类。

(1) 情绪激动、剧烈疼痛、惊吓所引起的称为普通型晕厥。多见于体质较弱的女青年，如打针时晕针，见血后晕倒都是此型晕厥。

(2) 孕妇及长期卧床的人突然起立，以及久蹲突然起立都可发生晕厥，此类称为体位性低血压晕厥。

(3) 晚上、清晨或午睡起来排尿时发生的晕厥，称为排尿性晕厥，多见于男性。

2. 心源性晕厥

心源性晕厥指因心脏输出量减少，甚至心脏停搏，使脑组织一时缺血晕倒。此类患者有心脏病史，发作时往往有心脏停搏或出现室性心动过速、室颤等。

（二）临床表现

(1) 前驱症状。发作前多有短暂头晕、恶心、心慌、无力、眼前发黑等，然后摔倒在地。

(2) 短暂的意识障碍。起初心跳加快，血压下降，患者面色苍白，四肢发凉，头出冷汗，也可出现脉搏慢，呼吸缓慢，肌肉松弛，瞳孔缩小。一般仅收缩压下降，舒张压多无变化或略降低。在心源性晕厥患者中，可听不到心跳，摸不到脉搏，测不着血压。

（三）处　理

1. 血管舒缩障碍性晕厥的处理

(1) 立即让患者平卧，取头低足高位，使其呼吸通畅，切不可把昏倒在地上的病人扶坐起来。同时解开病人衣领、腰带，有利于胸部的血液供给，并注意保暖。

(2) 有针灸针时可针刺人中、少商、百会等穴。无针时可用手指掐人中、涌泉与少商穴。

(3) 病人清醒后，立即喝开水或热糖水，并至少仰卧 10 min，否则易使昏倒复发，也可口服血管舒张药。

2. 心源性晕厥

应立即送医院抢救治疗。

二、休　克

（一）类　型

休克是由各种原因引起的急性周围循环衰竭，全身组织缺氧的一种综合症。根据病因休克可分为以下几类。

(1) 低血容量性休克。重度脱水或大出血是引起休克的重要原因。

(2) 感染性休克。全身性感染所致。

(3) 心源性休克。心脏病患者。

(4) 神经源性休克。即创伤性休克。

(5) 过敏性休克。食物、药物、花粉等过敏。

(二) 临床表现

(1) 休克前期,各种类型休克病人都可有口渴,表情紧张,脉搏快而有力,血压有可能增高等现象。

(2) 休克发生后,病人出现面色苍白,四肢发凉,出冷汗,口唇及指端青紫,呼吸急促,表情淡漠,不能答话,反应迟钝,脉搏快而无力,每分钟可达 120～160 次,血压明显下降。收缩压可降至 10.6 kPa 以下。

(三) 处理原则

休克发生后,总的治疗原则是去除病因,恢复有效循环血量,纠正微循环障碍,增进心脏功能,恢复正常代谢。早期合理的抢救处理,对休克治疗效果起着决定性作用。

(1) 一般处理。患者体位一般采取头和躯干抬高 20°～30°,下肢抬高 15°～20°,以增加回心血量。尽量不要搬动病人,进行就地抢救,要特别注意观察病人的呼吸、脉搏、血压、神志的变化情况。

(2) 应用镇静止痛药。对诊断明确而烦躁不安者,在医生指导下可用苯巴比妥钠 0.1 g 肌肉注射,严重疼痛者可肌注度冷丁 50～100 mg。但有头、胸外伤、昏迷及肾上腺皮质功能减退者禁用。

(3) 补充血容量。是抗休克治疗的根本措施,采取静脉补液,紧急情况下可采用多通路静脉补液或静脉切开输液。补液量视病情而定,一般达到以下指标为准:病人安静,外周循环良好;尿量每小时多于 30 mL;成人血压维持在 10.67～12.00 kPa;脉压＞4.00 kPa,脉搏＜120 次/min。

(4) 积极处理原发病。特别是外科疾病引起的休克,如不处理原发病,休克就难以纠正,常常需要在抗休克的同时积极进行手术治疗,对感染性休克,必须给予足量的有效抗菌素,对过敏性休克,除抗休克处理外,还应当使用抗过敏药物,如肾上腺皮质激素,副肾素等。

(5) 纠正酸中毒。休克患者必伴有代谢性酸中毒,休克时间越长,酸中毒越严重。因此可用 5%碳酸氢钠或 11.2%乳酸钠等碱性药物纠正。

(6) 应用血管活性药物。合理使用血管活性药物能改善组织缺氧,阻止休克的发展。常用的血管扩张剂有多巴胺、异丙基肾上腺素及山莨菪碱等。

(7) 强心剂的应用。为改善休克病人心脏功能,可用西地兰 0.2～0.4 mg 或毒毛旋花子甙 K0.05～0.25 mg 加入 25%葡萄糖 20 mL 内缓慢推注。如果出现心力衰竭者,则应按心力衰竭处理。

(8) 激素的应用。在严重感染性休克做到有效抗菌素治疗的同时,一般主张激素短期大剂量应用,可用地塞米松 1～3 mg/kg 加入 5%葡萄糖液内静脉滴注。

总之,纠正休克是临床上紧急而复杂的治疗过程,医务人员既要发扬救死扶伤的人道主义精神,又要技术熟练和紧张而有秩序的工作,才能使病人转危为安。

三、急性酒精中毒

酒精是中枢神经系统抑制剂,是通过酒精脱氢酶进行代谢的,速度大约为 7～10 g/h,血中酒精浓度约以每小时 200～300 mg/L 速度减少。由于酒精可产生耐受,所以排出率个体差异很大。一般血中浓度达 3000 mg/L,则发生昏迷,而酒精耐受者除外。

(一) 临床表现

酒精中毒轻者表现为共济失调,发音困难,感觉中枢抑制,眼球震颤,呼吸有酒味,重者表现为抽搐,昏迷和呼吸衰竭。昏迷和呼吸抑制是肺吸入及外伤常发生的合并症,亦常是死亡的原因。

(二) 诊断要点

有明确的饮酒史及以上临床表现。实验室诊断包括直接测定酒精浓度或通过渗透压间隙来推算酒精浓度。

(三) 治疗原则

1. 轻　者

应卧床休息,注意保暖,也可以催吐,使其吐出胃内残余的酒,方法是用手或勺把轻触舌根。

2. 重　者

如出现昏迷或抽搐者,应立即送医院抢救。救治酒精中毒的最基本方法是支持治疗和护理,特别应注意防止吸入窒息。综合措施包括催吐洗胃,输液,给氧,选用适当的解毒剂以及处理中毒所引起的昏迷、抽搐、呼吸抑制等。近年来有文献报道用阿片受体拮抗剂钠洛酮有显著疗效。轻者肌注 0.4 mg,重者 10%葡萄糖 40～60 mL 加钠洛酮 0.8～1.2 mg 静注,极重者 1 h 后再重复用 0.4～0.8 mg 加 10%葡萄糖 40 mg 缓慢注射。心动过速,高血压患者慎用。应避免使用果糖和强利尿剂治疗。

四、急性心肌梗死

急性心肌梗死为急性缺血性心脏病,是因冠状动脉急性闭塞,血流阻断,心肌产生严重而持久缺血以致局部坏死。其病因大多为冠状动脉粥样硬化所致。另外冠动脉持久痉挛也是心肌梗死的重要原因之一。

(一) 临床表现

约半数患者于心肌梗死前期出现梗死先兆,或在梗死先兆的基础上骤然加剧。如一向健康的中老年,突然出现心绞痛,且呈进行性加剧;原有心绞痛发作频繁,疼痛加剧,时间延长;含服硝酸甘油也不能使心绞痛缓解;疼痛时伴恶心呕吐,出大汗和明显的心动过缓，疼痛时并有心功能不全症状，心绞痛发作时心电图 ST 段明显抬高或下降，胸前导联 T 波高耸或原缺血型进行性加重，即 ST 段压得更低，T 波倒置更深，也可出现心律失常。

突然发生剧烈心前区疼痛，为胸骨后或心前区压榨性剧痛；无明显诱发因素；疼痛时间比心绞痛持续时间长，一般 1～2 h，甚至可长达十几小时，疼痛区域较广泛并可呈放射疼，但也有 1/5 的病人心肌梗死后无疼痛，这些多见于老年人，往往表现为休克、心力衰竭等其他严重病症。

心脏听诊第一、二心音减弱；可出现舒张期奔马律；可听到心尖部有收缩期杂音；部分病例 2～3 天后出现心包摩擦音；可出现心律不齐；叩诊心浊音界可增大；血压比原来水平低。

心电图示有异常 Q 波或 QS 波；ST 段抬高或明显下降；T 波倒置或高耸。也有部分心肌梗死患者心电图可正常，要密切结合临床做出诊断。

实验室检查，在心肌梗死早期，谷草转氨酶(GOT)、乳酸脱氢酶(LDH)和磷酸肌酸激酶(CPK)升高。血清 C 反应蛋白阳性，血清黏蛋白含量增高。白细胞数常在 10.0×10^9/L 以上，中性粒细胞多在 75%～90%，嗜酸细胞数减少。血沉一般加快。

（二）治疗措施

基本原则为立即就地抢救。先给予止痛镇静药，同时服用扩张冠状动脉药物，如硝酸甘油 0.3～0.6 mg 舌下含服，有条件者尽快供氧，尽早转入医院治疗。具体措施如下。

(1) 吸氧。采用鼻管吸入法，2～4 L/min。

(2) 止痛。首选药为硝酸甘油舌下含服，如不能缓解，可用小剂量盐酸吗啡 2～5 mg 静脉或皮下给药，必要时可重复用药。也可用杜冷丁 50～100 mg 皮下或肌肉注射。同时可静注或肌注罂粟碱 30～60 mg，每 6 小时 1 次，若心率低于 55 次/分，用阿托品 0.5～1 mg 皮下或肌肉注射，每 6 小时 1 次。

(3) 增加冠状动脉血液供应，以限制梗范围的扩大，可用硝酸甘油 25 mg 加入 10%葡萄糖 500 mg 静脉滴注，初滴速度要慢，12.5 μg/min，然后按心率、血压及临床效应调整滴速为 25～50 μg/min，给药时间一般为 2 h。若收缩压低于 10.7 kPa (80 mmHg)加多巴胺 10～20 mg 滴注；为减少心肌氧消耗，可用心得安 5～10 mg 加入 10%葡萄糖内静脉滴注 2～3 h(心衰、哮喘、低血压、心率慢者禁用)，还可用硝苯吡啶 20 mg 每日 2～3 次口服，以改善心室舒张功能，增强冠脉血流。

(4) 预防合并症。对室性早搏，可用利多卡因 50～100 mg 缓慢静注，也可连续滴注，每次量不超过 100 mg，24 h 累积量应小于 300 mg。对室性心动过速，也可用利多卡因 1 mg/kg 静注，每日总量不超过 300 mg。

(5) 冠状动脉溶栓治疗。急性心肌梗死后 3 h 内采取溶解冠状动脉内血栓的方法以恢复心肌灌注，能抢救濒死心肌并可缓解心绞痛。

溶栓疗法适应于急性心肌梗死发病 3 h 内，心电图 ST 段抬高≥0.2 mV，病人年龄≤70 岁。

（三）用药注意

用药前查凝血时间、凝血酶原时间、血纤维蛋白原水平。用药后 2～4 h 内重复上述检查。要求纤维蛋白原水平降低一半以下，凝血酶原时间延长一倍以上。达不到这些指标，应调换药物。在溶栓治疗过程中应配合使用肝素和阿司匹林。当冠状动脉再通时会马上出现再灌注性室性心律失常，心绞痛突然缓解，心电图中的 ST 段迅速复位。

五、电击伤

电击伤是指人体直接接触电源时，电流通过人身体而产生对组织的损伤。随着电器化的发展，家庭用电和工业用电日益增多，不注意安全用电，就可能造成触电事故。

（一）诊断要点

有触电现场或电击史。

轻者可有头晕、肌肉痉挛或抽风，四肢发麻，面色苍白，呼吸心跳增快，或发生晕厥，暂时意识丧失，一般无阳性体征。

重者触电后，心跳、呼吸立即停止。

局部表现为电灼伤，创面一般较深，甚至烧焦，与正常组织分界清楚。往往累及深层肌肉甚至骨骼，伤及血管时可引起出血。

（二）预防措施

掌握安全用电知识，不用湿手接触电源开关，不在电线上挂衣物。雷雨天不要站在树下或电线杆等高建筑物的下面。

（三）治　疗

发现触电者，立即关闭电门，切断电源。用干燥竹、木、塑料等不导电物品使触电者迅速脱离电源。

立即进行现场急救，若呼吸心跳停止，立即进行口对口人工呼吸及胸外心脏按压术。（见“心肺脑复苏”），经抢救心跳恢复后，立即给 5%碳酸钠溶液 100～200 mL 静脉注射；用 20%甘露醇 250 mL 静脉注射，用 ATP20～40 mg，辅酶 A50 单位肌肉注射或静脉点滴。

灼伤局部用碘酊、酒精、生理盐水依次清洁创面，用油纱布包扎，或用清创方法去除坏死组织，换药包扎后给抗菌素防止感染。

对昏迷者可针刺人中、少商、风池、内关、涌泉、十宣等穴，强刺激手法不留针。

六、中　暑

中暑是由于高温、湿热环境或烈日曝晒所致体温调节功能失调的一类急性疾病。重症中暑死亡率较高，应当提高警惕。

（一）诊断要点

(1) 有高温接触史，气温在 31℃以上即有发病的可能。

(2) 有先兆中暑症状：大汗、口渴、恶心、头晕、胸闷、心悸、疲乏无力，体温正常或略高(37.5 ℃左右)。

(3) 轻症中暑者，除有先兆中暑症状外，可伴有面色潮红、皮肤灼热、呕吐、血压下降，体温多在 37 ℃以上。

(4) 重症中暑者，除以上症状外常伴有昏迷抽搐、高热。病人可突然晕倒，面色苍白，脉搏细弱，呼吸不匀，体温可达 40 ℃以上。

(二) 治疗措施

(1) 应迅速将患者撤离高温环境，转移至阴凉通风处休息。对先兆中暑和轻症中暑者可口服 0.2%～0.3%的盐水饮料，头部冷敷。

(2) 重症中暑时应采取以下紧急措施积极抢救。

① 采取物理降温，可用冷水或冰水，或含 10%～15%的酒精擦洗全身，用电风扇吹风，头颈、腋窝、腹股沟等大血管处放置冰袋。

② 药物降温，氯丙嗪 25 mg 加生理盐水 250～500 mL 静脉滴注，1～2 h 内滴完；对体温不降者可注射解热剂，如氨基比林等。

③ 纠正水电解平衡紊乱，可用 5%～10%葡萄糖生理盐水 1 500～2 000 mL 静脉滴注。24h 内总输液量不要超过 3 000 mL，以免发生肺水肿。

④ 出现抽搐者可用安定 5～10 mg 静脉注射，10～20 min 后重复一次；或用苯巴比妥钠 0.1～0.2 g 肌肉注射。

⑤ 出现呼吸、心衰、急性肾功能衰竭的患者，应及时处理。如用呼吸兴奋剂山梗菜碱 3 mg 肌注，强心剂用西地兰 0.2～0.4 mg 加入 25%葡萄糖液 20 mL 中静脉缓推，速尿 20 mg 肌肉或静脉注射是抢救急性肾功能不全者常用药物。

⑥ 如收缩压低于 12 kPa(90 mmHg)者可用去甲肾上腺素 0.25～0.5 mg 静脉点滴。对昏迷患者易早用青霉素等抗生素药以预防吸入性肺炎。

(3) 中草药治疗，对高热、无汗、口干渴、脉洪大，宜清解气热。可用生石膏 200 g (先煎)，知母 9 g，甘草 4.5 g，香薷 6 g，水煎服。

(4) 新针疗法，取十宣、人中、涌泉、百会、曲池、大椎等穴。先刺十宣放血，再针人中、涌泉，中强刺激。

(5) 刮痧疗法。如病情较重，有发冷发热，神志昏迷现象时，可用钝的片状用具(如瓷汤匙等)蘸冷水刮背部、颈部、胸肋、肩臂等处，使皮肤出现紫红色，再用棉花蘸麻油或食油涂擦，腹部以食盐摩擦，效果很好。

七、溺　水

溺水是由于大量的水通过口鼻灌入呼吸道和消化道内，从而发生呼吸道堵塞的一种意外伤害。其严重后果是引起窒息。

(一) 诊断要点

(1) 有明确的溺水现场。

(2) 由于窒息而缺氧，故全身青紫，球结膜充血，口鼻有泡沫。

(3) 因胃内充满水，故上腹部膨胀，四肢冰冷，心音微弱，心率缓慢，血压下降，严重者呼吸、心跳停止。

(二) 抢救方法

(1) 发现落水者，应立即把患者救上岸，将口、鼻里的泥沙杂物取出，并把舌拉出口外，以保持呼吸道通畅。让患者俯卧，垫高腹部，保持头低位，迅速把进入胃和肺里的水压出来。

(2) 患者呼吸停止时，应立即施行人工呼吸。人工呼吸可采用俯卧式加压法，也可倒出水后，迅速改为仰卧位，进行口对口人工呼吸。心跳停止者，可静脉或心内注射0.1%肾上腺素0.5～1 mL或异丙肾上腺素0.5～1 mg，同时施行胸外心脏按压术。

(3) 昏迷者可用尼可刹米0.25～0.5 g或安钠咖0.25～0.5 g肌肉注射，4 h后可重复给药。也可用山梗菜碱10 mg肌肉注射，30 min后可重复给药。

(4) 神志清醒者，可给热茶或黄酒内服，并注意保温。必要时给抗菌素，以防吸入性肺炎等合并症。

(5) 适当补液。严重淡水溺水者，可给3%氯化钠溶液500～1 000 mL静脉点滴；严重的海水溺水者，勿输盐水，可给5%葡萄糖500～1 000 mL静滴。

八、急性中毒

急性中毒是指人体吸入、食入或皮肤黏膜沾染毒物而迅速引起的疾病。根据中毒原因可分为生活性中毒(包括误服和自杀)，环境污染性中毒(包括空气、水的毒性污染)及职业性中毒(从事有毒作业)。因毒物种类繁多，中毒的表现也多种多样，但无论何种中毒，一般病情都比较急，症状比较重，要迅速进行抢救。

(一) 诊断要点

(1) 发病急，可能一次有许多人同时发病。常有急性胃肠炎的症状或神经系统的症状，如恶心、呕吐、腹痛、腹泻、惊厥、澹妄、昏迷等。

(2) 了解病史，特别注意了解病人的中毒经过，有无不良的环境因素(如喷洒、配制农药)，有无食用含毒食品(如毒蕈等)和腐败变质的肉类，以及误食药品、服毒自杀、投毒谋杀的迹象等。

(3) 注意检查病人神志、呼吸、脉搏、血压、瞳孔等情况。病人有无特殊表现，如磷化锌中毒，患者呕吐物和粪便带有大蒜味，在暗处可出现磷的荧光，一氧化碳中毒者面颊、口唇出现樱桃红色；有机磷中毒，瞳孔显著缩小等。

(4) 特殊检查。条件允许时可取病人吃剩的食物、呕吐物、粪尿或可疑的食物作毒物鉴定。如怀疑有机磷中毒，测血胆碱酯酶，急性铅、汞中毒时，测尿铅、尿汞有助于诊断。

(二) 处理原则

在未明确诊断前，必须立即进行现场抢救。尽快使患者脱离中毒环境，移至空气新鲜处，脱去污染的衣帽鞋袜，并注意保暖。密切观察呼吸、血压、脉搏。抓紧时机明确诊断，针对中毒原因给予相应的治疗措施。

(1) 经呼吸道中毒者，立即予以加压吸氧。

(2) 皮肤和黏膜中毒者，首先用清水彻底冲洗，以温水或中和剂(肥皂水或4%碳酸氢钠溶液作酸性毒性物的中和剂，醋或3%～4%硼酸溶液作碱性毒物的中和剂)。

(3) 经口中毒者除强酸、强碱等腐蚀性毒物外，都应采取催吐、洗胃和导泻的方法，以排出毒物。催吐可刺激咽部催吐。洗胃一般在吞服毒物6 h以内进行，常用的洗胃液为1∶5 000高锰酸钾或温水，经洗胃管反复灌注，直至洗出的液体清晰为止。导泻一般可口服硫酸镁20～30 g(小儿量为每岁1 g)，必要时可用盐水或肥皂水灌肠。

(4) 患者若出现呼吸停止，心脏停跳时，立即进行心肺复苏，采取人工呼吸和胸外心脏按压术，同时可给予呼吸兴奋剂或心内注射药物。

(5) 明确诊断尽快应用解毒剂。

① 特异性解毒剂。依地酸二钠钙为铅的特效解毒剂；二巯基丙磺酸钠为汞、砷的特效解毒剂；解磷定、阿托品为有机磷的特效解毒剂。

② 一般性解毒剂。活性炭、牛奶、蛋清、豆浆、绿豆汤、浓茶水等口服，可作一般性解毒剂。

九、鼻出血

鼻出血并非鼻科的独立疾病，而是鼻腔疾病的常见症状之一，在耳鼻喉科门诊疾病中占有相当的比例，也是由全身疾病或鼻腔邻近疾病所引起。出血多为单侧，但亦有双侧，对鼻出血如不及时处理，常因出血过多引起失血休克，甚至危及生命，故对本病应予以重视。

(一) 病　因

1. 局部病因

有鼻及鼻窦外伤，鼻腔炎症，鼻中隔病变(如鼻中隔偏曲、嵴或棘、鼻中隔穿孔等)肿瘤等。

2. 全身性病因

有急性发热性传染病，心血管、肝肾疾病，血液系统疾病，营养不良及维生素缺乏症，内分泌失调，另外，登山、潜水、飞行时气压急速变化等因素以及磷、砷、汞、铅中毒也可引起鼻出血。

(二) 诊断要点

鼻出血诊断并不困难，关键是立即止血，弄清鼻出血原因，因此除局部病因外必须弄清与全身有关的疾病，并详细进行有关的检查。

(三) 治　疗

止血是当务之急，对失血过多引起休克者应抗休克，并注意防止血压回升后的再出血。

一般处理，对鼻出血者首先要给予精神安慰，消除情绪紧张及恐惧心理，嘱患者将口中血尽量吐出，勿咽下，并可给镇静剂，如鲁米那、异丙嗪、安定等药物口服或肌注。

应急止血方法如下。

1. 冷 敷

鼻根部冷敷有一定的止血作用。

2. 指压止血法

对鼻中隔前部出血，出血量少者可用手指紧捏两侧鼻翼，10～15 min，一般均可达到止血目的，如松开手指后仍出血者，确定出血部位用1%麻黄素或0.1%肾上腺素棉片放入鼻腔，5～10 min，具有良好的止血作用。

3. 鼻腔填塞止血法

(1) 气囊或水囊止血法。目前医药公司已有售鼻腔止血气囊，根据鼻腔出血部位深浅选用适当型号，放入相应的出血部位，然后用10 mL注射器由气囊开口处注入适量空气或水，然后取下注射器，再将开口处用塞子塞紧或用丝线扎紧填塞24～48 h取出。亦可用橡皮指套自制气囊，取一约15 cm长的指套，直径1～2 mm塑料管将其一端2/3放入指套内，然后将指套口扎紧，其后将套放入鼻腔，再向指套内注入气或水，亦可达到止血目的。

(2) 前鼻孔鼻腔填塞止血。出血侧鼻腔表麻后用凡士林油纱条填塞止血，先用一条凡士林两头对折，放大鼻腔，两个对折头在鼻孔外，其后将两头上下分开使之成口袋状，然后再用凡士林纱条折叠式进行填塞，松紧要适中否则达不到止血目的。24～48 h取出纱条，再后用1%麻黄点鼻，3次/天。

(3) 后鼻孔填塞止血法 。对采用前鼻孔反复填塞无效者采用此法，具体做法是先用凡士林纱条做一近似病人后鼻孔大小的锥型纱球，纱球尖部系粗丝线两根，底部系一根，鼻腔表麻后用一导尿管从前鼻孔放入咽部，用血管钳将导尿管钳出口腔(另一头仍在鼻前孔)，将止血球尖端的线系在导尿管上，然后将导尿管连同线一同拉出前鼻孔，并将尖部拉入后鼻孔，在拉的过程中可用手指或血管钳将纱球底部推入鼻咽腔。前鼻孔丝线拉紧，松紧要适中，其后用小纱布卷将两条线缚于纱条卷上固定在前鼻孔，再经前鼻孔用凡士林纱条填塞。经2～3天后再取出，先取出前鼻孔纱条后，再取出后鼻孔的，然后患者用1%麻黄素或鼻通软膏点鼻，3次/天，烧灼两侧不能同时进行。

(4) 其他止血法。如冷冻止血法、注射止血法、电火花的YAG激光凝固止血法等，均有较好的止血效果，但均需专科医生操作实施，在此不做赘述。

(5) 手术治疗：

① 鼻中隔前端行黏膜下剥离划痕术。此法效果确切，简单易行，本法是在局部黏膜表麻后在克氏区用手术刀自上而下达鼻底部作2～3条切口，相距0.5 cm，然后用剥离器自切口向内将黏膜分离0.3 cm，其后将黏膜复位，用凡士林纱条压迫24 h后取出。

② 鼻中隔黏膜切除术。对鼻中隔偏曲严重或有嵴(棘)者可行鼻中隔黏膜下切除术。

③ 结扎血管止血法。出血严重经上述各项治疗无效者可采用此法，根据不同出血

部位可选择不同血管结扎，常见的有上颌动脉及颈外动脉结扎，筛前动脉结扎，上唇动脉结扎等手术。

(6) 内科治疗及其他处理方法：

① 病因治疗。在止血得以控制后要积极寻找病因，是局部的还是全身性疾病引起的，要请有关科会诊，治疗原发病。

② 使用镇静剂。适当用镇静剂以减少和消除病人的恐惧心理。

③ 止血剂的应用。安络血、止血敏、止血芳酸、6-氨基已酸、立止血等药，可肌注或加入5%葡萄糖中静脉滴注。

④ 维生素的应用。常用的有维生素C，维生素K等。

⑤ 对出血量较多或出现休克者，应进行补液、输血、抗休克治疗，并纠正电解质紊乱。

十、烧　伤

烧伤后及时开展有效的救治和恰当的后送，对减低损伤程度、减轻病人痛苦、降低伤后并发症和死亡率都有十分重要意义。

(一) 现场急救

1. 脱离致伤源

火焰烧伤时，应立即卧地慢慢滚动灭火，或迅速脱去着火衣服，或跳入附近水池或小河内灭火。切勿奔跑、喊叫或用手扑打灭火，以免引起头面部、呼吸道和手部烧伤。热液、沸水烫伤时也应立即脱去浸渍的衣服。灭火后及时将烧(烫)伤部位浸泡在冷水中，亦可用纱布垫或毛巾浸冷水后敷于局部，能防止热力继续损害，减少渗出，减轻疼痛。冷疗须在伤后半小时内进行，浸泡或冷敷时间为0.5～1 h。值得提醒的是，冷疗不适用于大面积烧(烫)伤者。

酸、碱或腐蚀性化学烧伤时，应立即脱去浸渍的衣服，迅速用大量清水冲洗。生石灰烧伤，应先去除生石灰粉粒，再用大量清水冲洗，以免生石灰遇水产生热，加重烧伤。磷烧伤时，应迅速将创面与空气隔绝，防止磷继续燃烧。可将创面浸入流动水中，或用多层湿敷料包扎。早期应尽量去除磷颗粒，然后再用5%碳酸氢钠湿敷包扎，中和磷酸。电烧伤时，应立即用绝缘物阻断电源，并扑灭着火衣服。注意维护病人的呼吸和循环，出现呼吸不规则或呼吸、心跳停止时，应首先进行人工呼吸及胸外心脏按压。

2. 现场处理

对有危及病人生命的并发伤，如大出血、气道梗阻、开放性气胸、急性中毒等，应立即进行急救处理。

(1) 镇静止痛。轻病人可口服止痛片，重病人静脉注射哌啶1～2 mg/kg，或吗啡8～10 mg，1岁以内的儿童和伴有颅脑外伤或有呼吸功能障碍者忌用。可肌注鲁米那钠(成人0.1 g，小儿1～2 mg/kg)。用药后病人若仍烦躁不安，可能为血容量不足、脑缺氧的表现，应及时采取抗休克措施，不宜重复使用镇静剂。

(2) 轻、中度烧伤有口渴者。可口服适量烧伤饮料(每片含氯化钠0.3 g、碳酸氢钠

0.15 g、苯巴双妥 0.03 g、糖适量。每片以 100 mL 开水冲服)。也可口服加盐的米汤、菜汤、豆浆等饮料。不可单纯喝白开水,以免发生水中毒。大面积烧伤病人,如有条件,应尽快进行静脉输液(等渗盐水、平衡液或血浆制品)。

(3) 烧伤创面现场不予特殊处理,不涂任何有色的外用药,以免影响对创面深度的判断。可用清洁敷料或干净被单保护创面。

(4) 记录致伤原因和现场的急救措施,初步估计烧伤面积和深度,便于分类和进一步治疗时参考。

(二) 后　送

1. 后送原则

(1) 已发生休克,无论其烧伤面积与深度如何,应先就地进行抗休克治疗,待休克基本纠正后,方能后送;

(2) 烧伤伴有严重合并伤者,病情危重,应先就地抢救,待病情稳定后再酌情后送;

(3) 轻、中度烧伤休克的发生率低,在后送时间上无严格要求;

(4) 重度烧伤虽无休克的表现,亦应在伤后 6～8 h 内送到指定医疗单位,否则先就地抗休克治疗,待病情相对稳定后(伤后 24 h)再后送;

(5) 特重烧伤应在伤后 2 h 内送到附近医疗单位,否则也应就地抗休克治疗,待休克稳定,48～72 h 再后送。

2. 后送前处理

转送前应向接收单位详细报告病情。同时准备好抢救药品与器械,以保证转送途中的安全。具体措施如下。

(1) 保证输液不中断。后送途中超过 1 h 者,大面积烧伤病人应先建立静脉通道,保证途中输液不中断。可输注平衡液或等渗盐水,切忌单纯补给葡萄糖水或口服大量开水,否则易发生水中毒,导致脑、肺水肿等严重后果。中、小面积烧伤病人给予口服烧伤饮料或其他含盐饮料。

(2) 气管切开。头、面、颈部深度烧伤或吸入性损伤,在转送途中有可能发生气道梗阻者,应预先作气管切开,途中应备有吸氧及吸痰设备。

(3) 给镇静剂。为使病人安静,转送前可肌肉或静脉注射哌啶 1～2 mg/kg,有颅脑外伤或呼吸障碍者,可改用鲁米那钠肌肉注射。严禁用冬眠合剂或其他周围血管扩张剂,以免发生体位性低血压。

(4) 创面处理。除头面部外,其他部位均应包扎,防止后送途中创面污染及加重损伤,在后送前及途中应静脉滴注或肌肉注射青霉素预防感染。严重烧伤还应留置导尿管,便于途中对休克情况的监护。

(5) 抢救治疗记录。严重烧伤病人,应由有经验的医护人员护送,准备充足的液体和急救药品。作好抢救及治疗记录移交接收单位。

3. 后送途中处理

转送工具要求平稳,并备有途中开展治疗或紧急处理的设备。转送途中病人应横放,即身体与运输工具行进方向垂直。注意以下几点。

(1) 每 0.5～1 h 观察一次病人的神志、脉搏、呼吸及尿量，并根据变化及时做出相应处理，做好病情记录。

(2) 注意保持呼吸道通畅，发现呼吸道梗阻应立即行气管切开与给氧，紧急情况时可用粗针头直接插入气管内；已行气管切开者，要注意吸痰，并妥善固定套管。

(3) 有合并伤或中毒的病人，应注意全身变化，并经常检查局部及伤肢包扎固定情况，上有止血带的病人，要按时松解。

(4) 注意防寒、防暑、防尘措施。

(三) 化学烧伤的处理

1. 化学烧伤的特点

(1) 化学烧伤的损害程度。与化学物质的种类、浓度、接触时间，化学物质所处的物理状态，与人体接触面积的大小，是否有吸收中毒以及现场急救措施有着密切关系。

(2) 对组织有无持续损伤。化学烧伤后，除非及时将化学物质彻底清除，否则存在对组织的持续性损害。除酸烧伤外，化学烧伤后休克期所需的补液量比一般热力烧伤多。

(3) 化学烧伤常伴有全身中毒。如鞣酸、铬酸、黄磷烧伤可引起肝、肾功能损害，甲酚吸收后可发生正铁血红蛋白症及溶血性贫血。

(4) 吸入性损伤。化学蒸气或烟雾直接刺激呼吸道引起吸入性损伤，一些挥发性化学物可由呼吸道吸入，刺激肺泡引起肺水肿。

2. 处理原则

化学烧伤的现场急救处理极为重要，应分秒必争地迅速排除化学物的损害作用。急救措施包括灭火、冲洗、清创及全身解毒、排毒。伤后应立即脱去污染衣服，用大量流动清水冲洗创面，任何部位的化学烧伤禁忌热水冲洗。及时冲洗不仅可稀释化学物浓度，加速散热，减少损害，且可使局部血管收缩，减少毒物吸收。冲洗持续时间一般要求在 1 h 以上，碱烧伤冲洗时间应更长些。冲洗后可酌情使用中和剂，但时间不宜过长，一般为 20 min，完毕后必须再用清水冲洗，否则中和产生的热或化合物可加重组织损伤。有些化学物质遇水生热，必须先去除创面上的化学物质后再用水冲洗。如四氯化钛遇水后生成盐酸并释放热，生石灰与水化合生成氧化钙，同时释放大量热。对可能引起吸收中毒的化学烧伤，应在处理创面的同时使用解毒及拮抗药物治疗。及时补液、利尿、给氧。黄磷或无机氰烧伤自创面吸收，可以致死，单靠上述措施处理仍不够，应争取及早切除、消除创面。

(四) 眼部化学性烧伤

1. 病　因

(1) 碱(常见有氢氧化钠、氨水、石灰)烧伤。碱与眼组织结合，形成可溶于水的碱性蛋白物，使组织液化坏死，并向周围及深部渗透扩散，其后果严重。

(2) 酸(常见有硫酸、硝酸、盐酸等)烧伤。与眼部接触后，立即与组织蛋白结合凝固，形成痂膜，阻挡剩余的酸继续向深层渗透，因此，同等损害酸性较碱性轻。

2. 诊断要点

(1) 有酸或碱性化学物质溅到眼部的受伤史。

(2) 轻者仅有刺激症状,视力不受影响。

(3) 重者视力显著下降,结膜高度充血或苍白坏死,角膜混浊,甚至呈乳白色。

3. 急救措施

(1) 现场急救。分秒必争就地取水冲洗,亦可将面部置入盆内,不停地眨眼、摇头,使面部化学物质充分稀释,这是减轻重度烧伤的关键。在医院中,用0.5%地卡因滴眼,表面麻醉后,再用3%硼酸(碱伤)或3%碳酸氢钠(酸伤)中和液,彻底冲洗,湿敷,以除去残存的致伤物。

(2) 散瞳、预防虹膜炎。抗生素眼药水、眼药膏点眼,以预防感染。

(3) 前房穿刺。重度碱烧伤1～2 h内,穿刺前房,减少碱烧伤对深部组织损害,因新生房水有消炎、营养作用(目前尚有争议)。

(4) 维生素C的应用。用维生素C 2.0 g+50%葡萄糖40 mL静滴,每日1次;或维生素C 1 mL,作球结合膜下注射,可促进结缔组织修复,减少角膜穿孔。

(5) 激素应用。创面上皮愈合后可用激素,以减少伤后组织产生的大量胶原纤维,达到减少炎症渗出和减轻眼球粘连的目的。

(6) 自血疗法。注射全血或血清0.5 mL于球结合膜下,每周2次,有抑制胶原酶和减少毒素的作用。

(7) 胶原酶抑制剂的应用。化学烧伤后10～20天,角膜可产生胶原酶,使角膜软化,甚至穿孔。胶原酶抑制剂通过络合钙作用,使胶原酶失去活性,达到延缓或阻止角膜溃疡形成。伤后两周,开始点0.37%～1%的EDTA,每日6～8次。

(8) 结膜瓣转移术或移植术。适用于重度烧伤后,结膜及上巩膜形成的腐肉样的损害,切除其腐肉后,用健康的结合膜瓣转移或移植以覆盖创面,亦可作口腔黏膜移植。

(9) 深层角膜烧伤。在行结膜瓣遮盖术,或角膜板层移植术前,注意服药降眼压,以减少角膜穿孔的发生。

(五) 眼部热烧伤

1. 病　因

因烫水、沸油、火焰或熔化的金属(铁、铅、铝等)溅于眼部造成。

2. 急救措施

(1) 眼睑轻度烧伤。用消毒盐水冲洗局部消毒后暴露。有水泡者用消毒空针抽出液体,涂眼膏包扎,口服抗生素。重度者应以0.25%庆大霉素盐水湿敷,促进焦痂脱落,肉芽创面早期植皮,行睑连合以预防睑外翻或睑裂闭合不全;结膜重烧伤做结膜瓣转移术或唇黏膜瓣移植,以防眼球粘连或睑内翻。

(2) 角膜Ⅱ度以上烧伤 。清洗、预防角膜感染,用1%阿托品眼膏散瞳,每日2次;局部点抗生素眼药水或用眼药膏;伤后4～7天,口服一周激素,以减轻结膜和角膜炎性反应,防止角膜溃疡形成。角膜有穿孔危险时,可行结膜瓣覆盖术,或角膜板层移植术。同时镇静、镇咳、降低眼压,以防角膜穿孔。

第二十一章　献血卫生知识

第一节　无偿献血的概念及意义

一、概　念

无偿献血是指为了拯救他人生命，志愿将自己的血液无私奉献给社会公益事业，而献血者不向采血单位和献血者单位领取任何报酬的行为。

二、意　义

无偿献血是终身的荣誉，无偿献血者会得到社会的尊重和爱戴。无偿献血是无私奉献、救死扶伤的崇高行为，是我国血液事业发展的总方向。献血是爱心奉献的体现，使病员解除病痛甚至抢救他们的生命，其价值是无法用金钱来衡量的。公民献血给予经济上的补偿，会使崇高奉献的光彩行为蒙上商品交易的阴影。近半个世纪以来，世界卫生组织和国际红十字会一直向世界各国呼吁“医疗用血采用无偿献血”的原则。目前许多国家和地区，包括我国的香港、澳门和台湾地区都实行了无偿献血。无偿献血是保证医疗安全用血的必由之路。只有以人道主义无私奉献而不是经济报酬为目的无偿献血，才能从根本上消除有偿供血带来的各种弊病，血液质量才能得到保证，才能保护受血者的安全，才能最大限度地降低经血液传播疾病的危险。

第二节　献血者的健康标准

一、基本标准

（一）年　龄

18～55 周岁健康公民。

（二）体　重

男性不低于 50 kg，女性不低于 45 kg。

（三）体格检查

血压 12～20 kPa/8～12 kPa；心肺正常，肝、脾不肿大，无畸形、残废。

（四）血液化验标准

（1）血比重：硫酸铜法男≥1.052，女≥1.050。

（2）血型定型：ABO 血型，必须正反定型相符。

（3）肝功能：ALT（丙氨酸氨基转移酶）<425 单位。

（4）HBsAg（乙型肝炎病毒表面抗原）阴性。

（5）抗- HCV（丙型肝炎病毒抗体）阴性。

（6）抗- HIV（艾滋病病毒抗体）阴性。

（7）RPR 或 TRUST（梅毒血清学试验）阴性。

二、不能或暂不能献血的情况

（一）暂不能献血的情况

（1）献血当天自我感觉状态不佳（如疲倦，精神不振，饥饿等）。

（2）半月内拔牙或接受小手术者。

（3）妇女月经前后三天，妊娠期，流产后未满六个月，分娩后及哺乳期未满一年者。

（4）感冒、急性胃肠炎病愈未满 1 周者，急性泌尿道感染病愈未满 1 个月者，肺炎病愈未满 3 个月者。

（5）某些传染病，如痢疾病愈未满半年者，伤寒病愈未满 1 年者，布杆菌病愈未满 2 年者，疟疾病愈未满 3 年者。

（6）近 5 年内输注全血及血液成分者。

（7）较大手术后未满半年者，阑尾、疝修补术、扁桃体手术未满 3 个月者。

（8）皮肤局限性炎症愈合后未满 1 周者，广泛性炎症愈合后未满 2 周者。

（二）不能献血的情况

（1）性病、麻风病和艾滋病患者及艾滋病病毒感染者。

（2）肝炎患者，乙肝表面抗原阳性者，丙肝抗体阳性者。

（3）严重的过敏性疾病，如经常性荨麻疹、哮喘、药物过敏等。

（4）各种结核病患者。

（5）严重的内脏疾病，如心血管疾病、肺气肿、支气管扩张及十二指肠溃疡，肾炎、肾病综合症，糖尿病、甲亢等。

（6）血液病患者，如贫血、白血病、真性红细胞增多症及各种出血、凝血性疾病。

（7）神经系统器质性疾病或精神病患者。

（8）寄生虫病及地方病患者。

（9）各种恶性肿瘤。

（10）接受过重要内脏器官切除术者。

（11）严重的慢性皮肤病患者。

（12）严重的眼科疾病患者，如角膜炎、虹膜炎、视神经炎和眼底有变化的高度近视。

(13) 自身免疫性疾病及胶原性疾病,如系统性红斑狼疮皮炎、硬皮病等。

(14) 有吸毒史、同性恋者、多个性伴侣者。

(15) 体检医生认为不能献血的其他疾病患者。

第三节　献血与健康的关系

有的人认为一个人的血液总量是有限的,献出多少就少多少,献的是鲜血,一年半载难恢复,因此,对于献血顾虑重重,下不了决心。其实当你了解了血液的生理知识之后,顾虑也许就会打消了。

一个人的血液总量是一定的,约占人体体重的8%,也就是说一个体重50 kg的人,总血量是4 000 mL。献血后,身体里的水分及无机盐,就会通过细胞间液的形成在1～2 h内补充到血管里,使得血液总量仍然恢复到献血前的平衡状态。衡量献血后血液恢复的主要指标是血液中血浆蛋白、血红蛋白,以及红细胞的含量。一个健康人每百毫升血液中平均含血红蛋白14 g、血浆蛋白6～7 g左右,红细胞每立方毫米血液中约有500万个,献血后,肝脏加快了对蛋白质的合成。根据实验观察,献血400 mL,1～2天即可补偿。血红蛋白4～5周就可恢复。2～6周,就可以恢复到原来的水平。科学告诉我们,一个人献血后,血液各种成分一个半月内就可以全部恢复。

献血后血液成分恢复得快慢和献血量、献血间隔期、献血后的营养以及每个人的个体差异有关。日本规定献血间隔期为1个月,我国规定不得少于4个月,这就保证了献血者的健康恢复。

我国还规定,每次献血前必须进行血液检查,这也就是为了了解再次献血者的血液是否恢复到了献血的标准,所以,我们按规定献血,是不会影响身体健康的,顾虑是完全不必要的。

第四节　献血后的反应及预防

一个健康的人,一次献血200～400 mL是不会损害健康的,但是有一部分献血员会有一些反应,有以下情况。

一、精神因素引起的反应

社会上有4%左右的人有晕血、晕针症状。这些人在献血时精神极度紧张,刺激血管壁收缩,以至大脑皮层供氧不足而引起暂时性休克。只要平躺5～10 min可恢复正常。医务人员如发现有晕血症状,应立即停止采血。

二、空腹献血引起的反应

由于各种原因空腹献血,往往会引起头昏、无力、出虚汗等症状。因为人体在几分钟内献出200 mL或400 mL血液后,体内肝、脾等器官马上释放出储存血液,参加血液循环。这时机体代谢加快，需要补充足够水分和营养，所以献血前一定要吃一些清淡食品，以防发生上述症状。有些献血者在献血后一二天内感觉无力，嗜睡，有的利用休息期间做些体力劳动，不注意休息，结果出现心跳加快、出虚汗等症状。这些都是属于正常的，只要多休息，适当增加营养，以上症状 1 周内会消失。

第五节　中华人民共和国献血法

第一条　为保证医疗临床用血需要和安全，保障献血者和用血者身体健康，发扬人道主义精神，促进社会主义物质文明和精神文明建设，制定本法。

第二条　国家实行无偿献血制度。国家提倡 18～55 周岁的健康公民自愿献血。

第三条　地方各级人民政府领导本行政区域内的献血工作，统一规划并负责组织、协调有关部门共同做好献血工作。

第四条　县级以上各级人民政府卫生行政部门监督管理献血工作。各级红十字会依法参与、推动献血工作。

第五条　各级人民政府采取措施广泛宣传献血的意义，普及献血的科学知识，开展预防和控制经血液途径传播的疾病的教育。新闻媒介应当开展献血的社会公益性宣传。

第六条　国家机关、军队、社会团体、企业事业组织、居民委员会、村民委员会，应当动员和组织本单位或者本居住区的适龄公民参加献血。现役军人献血的动员和组织办法，由中国人民解放军卫生主管部门制定。对献血者，发给国务院卫生行政部门制作的无偿献血证书，有关单位可以给予适当的补贴。

第七条　国家鼓励国家工作人员、现役军人和高等学校在校学生率先献血，为树立社会新风尚作表率。

第八条　血站是采集、提供临床用血的机构，是不以营利为目的的公益性组织。设立血站向公民采集血液，必须经国务院卫生行政部门或者省、自治区、直辖市人民政府卫生行政部门批准。血站应当为献血者提供各种安全、卫生、便利的条件。血站的设立条件和管理办法由国务院卫生行政部门制定。

第九条　血站对献血者必须免费进行必要的健康检查。身体状况不符合献血条件的，血站应当向其说明情况，不得采集血液。献血者的身体健康条件由国务院卫生行政部门规定。血站对献血者每次采集血液量一般为 200 mL，最多不超过 400 mL，两次采集间隔期不少于 6 个月。严格禁止血站违反前款规定对献血者超量、频繁采集血液。

第十条　血站采集血液必须严格遵守有关操作规程和制度，采血必须由具有采血资格的医务人员进行，一次性采血器材用后必须销毁，确保献血者的身体健康。血站应当根据国务院卫生行政部门制定的标准，保证血液质量。血站对采集的血液必须进行检测；未经检测或者检测不合格的血液，不得向医疗机构提供。

第十一条　无偿献血的血液必须用于临床，不得买卖。血站、医疗机构不得将无偿献血的血液出售给单采血浆站或者血液制品生产单位。

第十二条 临床用血的包装、储存、运输，必须符合国家规定的卫生标准和要求。

第十三条 医疗机构对临床用血必须进行核查，不得将不符合国家规定标准的血液用于临床。

第十四条 公民临床用血时只交付用于血液的采集、储存、分离、检验等费用；具体收费标准由国务院卫生行政部门会同国务院价格主管部门制定。无偿献血者临床需要用血时，免交前款规定的费用；无偿献血者的配偶和直系亲属临床需要用血时，可以按照省、自治区、直辖市人民政府的规定免交或者减交前款规定的费用。

第十五条 为保证公民临床急救用血的需要，国家倡导并指导择期手术的患者自身储血，动员家庭、亲友、所在单位以及社会互助献血。为保证应急用血，医疗机构可以临时采集血液，但应当依照本法规定，确保采血用血的安全。

第十六条 医疗机构临床用血应当制定用血计划，遵循合理、科学的原则，不得浪费和滥用血液。医疗机构应当积极推行血液按成分针对医疗实际需要输血，具体管理办法由国务院卫生行政部门制定。国家鼓励临床用血新技术的研究和推广。

第十七条 各级人民政府和红十字会对积极参加献血和在献血工作中做出显著成绩的单位和个人，给予奖励。

第十八条 有下列行为之一的，由县级以上地方人民政府卫生行政部门予以取缔，没收非法所得，并可以处以十万元以下的罚款；构成犯罪的，依法追究刑事责任。

（一）非法采集血液的；

（二）血站、医疗机构出售无偿献血者的血液的；

（三）非法组织他人出卖血液的。

第十九条 血站违反有关操作规程和制度采集血液，由县级以上地方人民政府卫生行政部门责令改正；给献血者健康造成损害的，应当依法赔偿，对直接负责的主管人员和其他直接责任人员，依法给予行政处分；构成犯罪的，依法追究刑事责任。

第二十条 临床用血的包装、储存、运输，不符合国家规定标准和要求的，由县级以上地方人民政府卫生行政部门责令改正，给予警告，可以并处以一万元以下的罚款。

第二十一条 血站违反本法的规定，向医疗机构提供不符合国家规定标准的血液的，由县级以上人民政府卫生行政部门责令改正。情节严重，造成经血液途径传播的疾病传播或者有传播严重危险的，限期整顿；对直接负责的主管人员和其他直接责任人员，依法给予行政处分；构成犯罪的，依法追究刑事责任。

第二十二条 医疗机构的医务人员违反本法规定，将不符合国家规定标准的血液用于患者的，由县级以上地方人民政府卫生行政部门责令改正；给患者健康造成损害的，应当依法赔偿；对直接负责的主管人员和其他直接责任人员，依法给予行政处分；构成犯罪的，依法追究刑事责任。

第二十三条 卫生行政部门及其工作人员在献血、用血的监督管理工作中，玩忽职守，造成严重后果，构成犯罪的，依法追究刑事责任；尚不构成犯罪的，依法给予行政处分。

第二十四条 本法自 1998 年 10 月 1 日起施行。